아시아의 고대 문물교류

● 집필인

공동집필자(목차순)

박천수 _ 경북대학교

요시이히데오(吉井秀夫) _ 교토(京都)대학교

이홍종 _ 고려대학교

하승철 _ 경남발전연구원 역사문화센터

이남규 _ 한신대학교

이청규 _ 영남대학교

박순발 _ 충남대학교

주경미 _ 서울대학교

류창환 _ 경남발전연구원 역사문화센터

중앙문화재연구원 학술총서 5

아시아의 고대 문물교류

초판인쇄일	2012년 3월 26일
초판발행일	2012년 3월 30일
집 필 인	중앙문화재연구원
발 행 인	김선경
책 임 편 집	김윤희, 김소라
발 행 처	도서출판 서경문화사
	주소 : 서울 종로구 동숭동 199 - 15(105호)
	전화 : 743 - 8203, 8205 / 팩스 : 743 - 8210
	메일 : sk8203@chollian.net
인 쇄	바른글인쇄
제 책	반도제책사
등 록 번 호	제 1 - 1664호

ISBN 978-89-6062-088-9   94900

정가 22,000원

아시아의 고대 문물교류

중앙문화재연구원 편

서 경 문 화 사

책을 펴내며

　　우리 연구원은 2009년부터 충북대학교와 산학 학술교류 협정을 체결하여 연구원들의 조사연구 능력 향상과 연구 활동을 심화시키고자 연구 교육 프로그램을 진행하고 있으며, 그 결과물을 『동아시아의 고분문화』와 『한국 선사시대 사회와 문화의 이해』라는 제목으로 "중앙문화재연구원 학술총서 1·2"를 간행한 바 있습니다.

　　이 학술총서는 2011년 1월부터 2011년 9월까지 "아시아의 古代 文物交流"란 주제로 한반도와 일본 열도의 교류/대륙과 한반도, 열도의 교류란 소주제로 5회에 걸쳐 실시한 강의 내용을 바탕으로 간행하게 되었습니다.

　　이 학술총서에는 「加耶, 新羅와 倭의 交涉을 통해 본 古代 韓日關係」, 「일본열도 속의 백제문화」, 「한반도 농경문화가 彌生문화 성립에 끼친 영향」, 「토기와 묘제로 본 고대 한일교류」, 「동아시아 고대 철기문화의 확산 양상과 몇 문제」, 「기원 전후 남한과 九州의 銅鏡副葬墓」, 「東아시아 고대 都城 변천과 비교 관점」, 「고신라 고분 출토 공예품을 통해 본 동서교류의 새로운 단면」, 「동북아시아의 초기마구와 지역간 교류」 등 모두 9편의 논고를 수록하였습니다. 이 학술총서가 관련 연구자들과 한국 고고학계에 작으나마 보탬이 되기를 기대하며, 앞으로도 한국 고고학계에 도움이 될 수 있는 학술총서를 지속적으로 발간할 것을 약속드립니다.

　　끝으로 바쁘신 가운데 훌륭한 강의와 옥고를 집필하여 주신 여러 선생님들께 감사드리고, 학술총서가 간행되는데 애써준 학예연구실 직원 여러분께 감사드립니다. 또한 이 학술총서의 간행을 맡아주신 김선경 사장님을 비롯한 서경문화사 관계자 여러분들께 깊은 감사의 말씀을 드립니다.

2012년 3월

중앙문화재연구원장　조 상 기

차례

Ⅰ. 加耶, 新羅와 倭의 交涉을 통해 본 古代 韓日關係

박 천 수 경북대학교

1. 머리말

일본열도의 고분시대는 주술적인 彌生시대의 전통에서 탈각하여 새로운 문화 즉 금 동제 장신구, 마구, 도질토기, 철 소재와 철제 농공구와 함께 당시 일본열도에서 갖추지 못했던 鍛冶, 금공, 製陶, 토목, 馬飼 등의 첨단 기술을 가진 공인이 이입되어 일본열도 가 본격적인 동아시아 문화권에 포함되는 중요한 획기로 평가되고 있다.

주지하는 바와 같이 종래 고분시대 일본열도에 이입된 한반도 문화의 도입 배경을 일본 연구자들은 任那日本府에 의한 것으로 보았다. 임나일본부론은『日本書紀』神功 紀의 三韓征伐, 任那日本府 기사,『廣開土王碑』왜의 침공 기록과『宋書』倭國傳 倭五 王 기사를 논거로, 19세기 말~20세기 초 菅政友, 津田左右吉, 池內宏 등에 의해 확립되 었으며, 末松保和의『任那興亡史』에 의해 완성되었다. 그런데『任那興亡史』가 출간된 시점이 1949년인 점이 주목된다. 이는 고대 한일관계사에 대한 일본인 연구자의 관점 이 패전 이후에도 전혀 변하지 않고 그대로 지속된 것을 방증하는 것이다. 임나일본부 론은 문헌사학에 의해 확립되어 이후 일본 고고학계에 고대 한일관계에 대한 해석의 틀로서 작용하였다.

그러나 국내 연구자뿐만 아니라 일본의 일부 문헌사학자에 의해 임나일본부가 6세 기 전반에 일시적으로 함안 아라가야에 파견된 왜의 외교사절이 체류한 倭臣館으로 밝 혀지게 되었다(이영식 2004). 그럼에도 일본의 고대사와 고고학계에는 아직까지 뿌리

깊게 이전시기 임나일본부론의 영향이 남아있다.

특히 일본 고고학계에서는 문헌사학의 새로운 연구 성과가 반영되지 않고, 지금까지도 한반도로부터의 문물 도입을 왜왕권의 침략에 의한 것으로 보는 시각이 불식되지 않고 있다. 즉 근래 일본학계에서는 예전과 같은 임나일본부에 대한 기술은 보이지 않으나, 4세기 후반 왜왕권이 한반도 남부 진출을 통하여 철을 포함한 필수물자와 유통기구를 장악함으로써 일본열도 내의 패권을 확립하고 고대국가가 성립된 것으로 보고 있다. 그런데 한반도 진출이라는 의미는 현대 일본의 만주진출이라는 표현에서 알 수 있듯이 침략과 동일한 개념인 점에서 일본연구자들의 근본적인 인식이 바뀐 것으로 보기 어렵다.

더욱이 근래 일본학계 일각에서는 영산강유역을 『宋書』倭國傳에만 보이는 慕韓지역으로 비정하고 이 지역의 전방후원분과 관련시켜 해석하는 논의가 제기되고 있다. 그런데 실은 慕韓論이 임나일본부설의 유력한 근거의 하나로 제시되어 온 『宋書』倭國傳에 보이는 왜의 주장을 실재한 것으로 보는 점에서 우려된다.

왜냐하면 영산강유역을 그때까지도 백제에 복속되지 않은 慕韓으로 보고, 이 지역에 전방후원분이 집중되는 현상을 왜의 영향력이 한반도 남부에 미쳤다는 해석(木村誠 2005 : 90~91)으로까지 확대되고 있기 때문이다. 또한 이른바 任那四縣을 호남지역에 비정하는 관례에 따라 이곳에서 발견되고 있는 전방후원분을 임나일본부와 관련하여 해석하려는 극단적인 견해까지도 제기되었다(小林敏男 2004 : 104~105).

이러한 시각은 영산강유역의 전방후원분이 6세기 초 돌연 출현하여 정치적 중심지인 고분군을 형성하지 못하며 1세대에 한해 조영되고, 백제왕권과 관련된 위신재를 보유한 고고학적 맥락을 이해하지 못한 점에서 전혀 그 타당성을 인정할 수 없다. 또한 慕韓의 존재는 秦韓과 함께 5세기에는 소멸되어 전혀 실체가 없고, 특히 秦韓과 慕韓이 함께 열거된 諸國과 같은 國으로 볼 수 없기 때문에 이야말로 『宋書』倭國傳의 내용이 역사적 사실이 아닌 것을 웅변하는 것이다. 그리고 任那四縣은 전방후원분이 축조되는 영산강유역이 아니라 근래의 순천시 운평리고분군 등의 조사에 의해 확인된 바와 같이 대가야의 영역인 섬진강 하구에 해당하는 지역이 분명하므로 양자의 관계를 직접적으로 연계시키는 것은 불가능하다.

필자는 宋이 바다로 격리되어 封冊體制내에도 속하지 않은 신라, 가야에 대한 통치권을 倭에 위임하는 것이 가능하였는지, 즉 과연 宋이 동아시아를 규정할 수 있는 영향력을 가진 존재인지에 대한 근본적인 문제를 제기하고자 한다.

한편 국내 학계의 일각에서는 일본열도에서 자체 진화하여 성립된 전방후원분을 한반도에서 전파된 것으로 보거나, 또는 임나일본부와의 관련을 우려하여 전방후원분의 존재를 의도적으로 회피 또는 부정하려는 경향이 있다.

그러나 영산강유역의 전방후원분은 분명히 倭와 관련된 고고자료이므로 이를 정면에서 논의하지 않고서는 5~6세기 한일관계사와 일본학계에서 아직도 완전히 불식되지 않고 내재되어 있는 임나일본부 문제를 규명할 수 없다. 필자는 전방후원분이야말로 이 시기 한일관계사와 임나일본부의 실체와 성격을 파악할 수 있는 유력한 단서를 내포하고 있는 것으로 본다.

국내에서는 일본열도로 전해준 것만을 강조할 뿐, 어떠한 이유로 가야, 백제, 신라, 심지어 고구려까지도 왜 선진문물을 제공하였는지, 아니 제공할 수밖에 없었는지에 대한 논의가 부족하였다고 할 수 있다.

그리고 양 지역간 문물과 사람의 이동을 한반도에서 일본열도로의 일방적인 흐름만으로 볼 수도 없다. 김해시 대성동고분군의 일본열도산 문물과 영산강유역의 전방후원분, 가야지역의 왜계 고분의 존재는 문물과 사람의 이동이 일방통행이 아닌 어느 정도 상호적임을 보여주기 때문이다.

고대 한일관계에 대해 이제까지 문헌사학에서는 4세기 후반 백제와 왜의 교섭기사에 의거하여 그 이전은 가야를 문물 입수의 창구로 삼았으나 그 이후에는 백제를 주된 창구로 보아왔다. 그래서 가야와 일본열도의 관계는 단지 백제에 종속된 관계 속에서 논의되거나 이른바 임나일본부와 관련하여 파악되어 왔다(延敏洙 2003 : 29~30). 또한 『三國史記』와 『日本書紀』에 의거하여 신라와 왜의 관계는 시종일관 적대적인 관계로만 묘사되어 왔다.

그러나 필자의 연구에서 밝힌 바와 같이 실상은 3~5세기까지 일본열도와의 교류 중심은 어디까지나 가야이며, 백제와의 교류는 6세기 초를 전후하여 본격적으로 개시된다(朴天秀 1995 · 1998 · 2001). 이는 정치적 교섭과 교류를 별개로 볼 수도 있으나 철과 같은 중요한 필수 물자와 정치적 권위의 창출에 필요한 금동제품과 같은 위신재의 도입과 이를 제작하는데 반드시 필요한 첨단기술을 가진 공인의 도입에는 왕권간의 정치적 교섭이 반드시 병행되기 때문에 문헌사료에만 의존한 이제까지의 교섭사를 재검토할 필요성이 제기된다.

더욱이 문헌사료에 의거하여 적대 관계로만 파악되어 온 신라와 왜의 교섭이 고고자료로 볼 때 5세기 전반과 6세기 후반에 활발하게 이루어진 점에서도 그러하다(朴天

秀 2006 · 2007 · 2009 · 2010).

본 연구에서는 3~6세기 일본열도와 한반도의 이입 문물과 이주민의 계통을 분석하여 가야, 신라와 왜의 교섭을 중심으로 다음과 같은 논의를 진행하고자 한다.

3~4세기 김해지역의 문물이 일본열도에 이입되고, 이제까지 보이지 않던 畿內의 문물이 대성동고분군에 이입된다. 이 시기 새롭게 중심지로 대두한 대성동세력과 畿內세력 상호간에 위신재가 교환된 것에 주목하여, 『廣開土王碑』庚子年(400년)조에 보이는 倭의 군사적 활동이 독자적인 것으로 볼 수 없고 어디까지나 금관가야와 관련된 것임을 밝히고자 한다.

5세기 전반 일본열도에 이입된 금동제 대장식구, 마구와 鐵鋌이 이제까지의 인식과는 달리 신라산임을 밝히고, 한반도산으로 파악되어 온 신라지역의 硬玉製 曲玉이 일본열도산임을 분명히 하고자 한다. 이를 통하여 문헌사료에 의거하여 신라와 왜의 관계를 적대적인 것으로만 보아 온 기존의 인식을 재검토하고, 이 시기 양자간 교섭의 배경에 대해 살펴본다.

5세기 후반 신라 문물을 대신하여 일본열도에 이입된 금동제 관, 대장식구, 금제 수식부이식, 마구, 무기, 무구가 대가야산임을 밝히고 문헌사료로서 파악하기 어려웠던 대가야와 왜의 관계에 대해 접근하고자 한다. 이와 함께 대가야의 발전시기와 성장배경에 대해 일본열도와의 교섭을 통하여 접근한다.

6세기 전반 대가야에 의해 이식된 왜계 고분의 피장자가 백제와 대가야의 분쟁지역인 任那四縣, 帶沙와 己汶을 사이에 두고 영산강유역의 전방후원분 피장자와 대치하듯이 남해안 일대에 배치되는 것에 주목하여 그 출현 배경에 대해 살펴보고자 한다.

6세기 후반 奈良縣 藤ノ木고분 출토품을 비롯한 신라산 문물이 기존의 백제문물을 압도할 정도로 일본열도에 이입되는 것에 주목하여 이 시기 신라와 왜의 교류가 재개되는 배경과 함께 일본열도에 이입된 中國 北朝 문물의 이입계기에 대해 살펴보고자 한다.

본 연구에서는 일본열도의 초대형 전방후원분이 奈良분지에서 大阪남부로 이동하여 출현하는 5세기 초를 전후하는 시기에 신라산 문물이 오사카 남부에 이입되고, 신라지역에 일본열도산 문물이 이입되는 것에 주목한다. 특히 왕릉인 大阪府 譽田御廟山고분의 배총인 丸山고분의 금동제 마구가 신라산인 것과 大阪府 大仙(傳 仁德陵)古墳 출토 金裝甲冑가 신라 공인에 의해 제작된 것을 분명히 하고, 양국간 교섭을 통하여 河內王朝의 출현 배경에 대해 접근하고자 한다.

2. 3~4世紀 金官加耶와 倭의 交涉

김해 양동리 235호분 출토 북방계 銅鍑, 양동리 322호분 출토 중국산 銅鼎과 일본열도산 廣形銅矛는 철을 매개로 한 동아시아의 교역이 狗耶國을 중심으로 행해지고 있었던 것을 보여주는 것이다.

이를 전하는 것이 『三國志』 魏書 弁辰條의 "國으로부터 철을 산출한다. 韓, 濊, 倭가 모두 鐵을 구해 간다. 시장의 매매에서도 모두 철을 사용하고 있고 이는 中國에서 전을 이용하는 것과 같으며 樂浪 · 帶方에도 공급하였다"는 기록이다. 이와 함께 『三國志』 魏書 倭人傳에는 "帶方郡에서 倭로 가는 데에는 해안을 따라 수행하여 韓國을 거쳐 혹은 동으로 그 北岸의 狗邪韓國으로 가는데 7천여리, 비로소 一海를 건너 천여리로 對馬國에 도착한다"라 하여 대방군에서 남서해안을 거쳐 왜에 이르는 중계지점이 狗耶國임을 기록하고 있다. 또한 일본열도의 한반도 관련 최초의 기록이 『日本書紀』 崇神 65년조에 任那國 遣使 기사인 것도 이를 방증하는 것이다.

그런데 김해지역의 새로운 중심지인 봉황토성에 연하여 조영된 대성동고분군에서는 4세기가 되면 중국산 거울과 북방계 동복의 부장이 쇠퇴하고 일본열도산 문물이 그 자리를 대신하는데, 이는 낙랑 · 대방의 멸망을 계기로 교역상대가 일본열도로 집중하는 것에 기인한다.

더욱이 일본열도산 문물은 양동리고분군 이래 부장되던 北部 九州産 광형동모와 방제경을 대신하여 畿內産 巴形銅器가 부착된 盾, 石製品 등이 출현한다. 한편 이 시기 福岡縣 沖の島유적, 兵庫縣 行者塚고분, 京都府 八幡大塚고분, 和歌山縣 丸山고분 출토 철정은 양단부의 형태가 직선을 이루며 양 측면이 요철이 없는 대칭적인 형태인 점에서 통형동기와 함께 김해지역에서 이입된 것으로 파악된다(도 01).

4세기 후반 일본열도의 금관가야산 문물과 김해지역 왕묘역인 대성동고분군의 畿內계 문물은 이 시기 금관가야와 왜왕권의 밀접한 교섭을 상징하는 것이다. 이는 구야국 시기 對倭 교섭의 상대가 선사시대 이래 일본열도측 창구의 역할을 담당해 왔던 北部 九州세력이었으나, 금관가야 시기에는 畿內지역과의 교섭이 본격적으로 개시된 것을 웅변하는 것이다.

특히 近畿지역과 주변 신흥세력의 동맹관계를 상징하는 통형동기는 금관가야의 중심세력인 김해시 대성동고분군 세력이 새롭게 이 지역의 중심세력으로 등장한 奈良북부세력에게 철과 함께 증여한 것으로 파악된다. 한편 파형동기가 부착된 盾, 석제품은

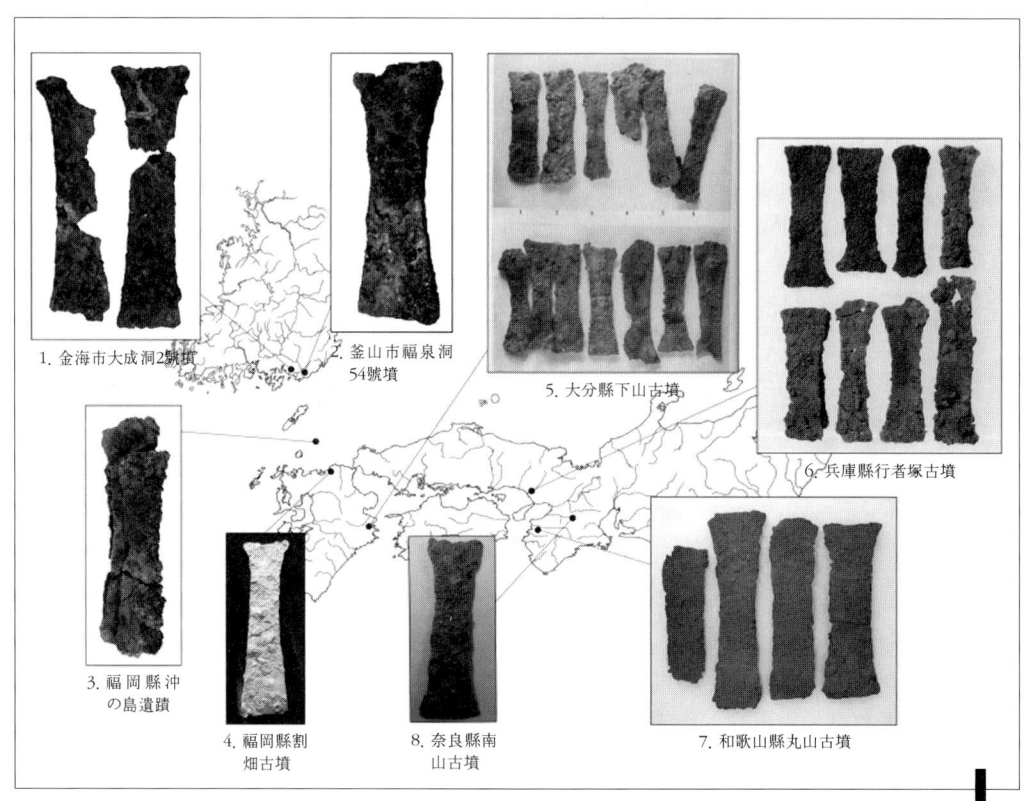

1. 金海市大成洞2號墳

2. 釜山市福泉洞
54號墳

5. 大分縣下山古墳

3. 福岡縣沖
の島遺蹟

6. 兵庫縣行者塚古墳

4. 福岡縣割
畑古墳

8. 奈良縣南
山古墳

7. 和歌山縣丸山古墳

奈良북부세력이 특별히 갖추어서 증여한 것으로 추정된다(河村好光 1995). 이러한 교환은 경제적 교환이라기보다는 양자간의 동맹관계를 확인하는 '象徵交換'으로 파악된다. 이와 같은 금관가야제의 통형동기가 착장된 鐵鉾와 板甲, 일본열도산 파형동기가 부착된 방패, 석촉을 담은 靫는 고구려, 신라와의 전쟁에 참여한 금관가야와 왜의 수장인 군사 지휘관이 공통으로 소지했던 상징적인 무기로서 금관가야와 왜의 수장층이 지위와 동맹관계를 표징하고 결속을 확인하는 증여품이다(鈴木靖民 1995).

　이 시기 금관가야는 대외적으로는 고구려, 신라와 대치하고 있었고, 가야지역 내에서는 남강수계, 낙동강수계, 남해안 일대에 관계망을 형성하고 있었던 아라가야와 경쟁하고 있었다. 김해지역과 近畿지역의 이러한 고고자료는 『廣開土王碑』庚子年(400년)조에 고구려군이 신라성을 침범한 왜를 김해지역으로 비정되는 任那加羅까지 추격하였다는 기사와 관련하여 주목된다.

　필자는 이 시기 일본열도의 금관가야산 문물, 대성동고분군의 畿內계 문물과 같은 고고자료와 함께 왜가 임나가라로 퇴각하였다는 『廣開土王碑』에 의거하여, 이를 왜군의 독자적인 출병으로 볼 수 없고, 어디까지나 직접적으로는 임나가라 즉 금관가야와 관련된 것으로 판단한다.

왜냐하면 왜의 독자적인 출병이었다면 퇴각한 곳, 즉 군선을 정박한 곳이 경주에 가까운 영일만 또는 울산만이어야 하기 때문이다. 그럼에도 왜군이 古 金海灣으로 퇴각한 것은 금관가야와 왜의 공동작전임을 암시하는 것이다.

그리고 이 시기 『廣開土王碑』에 보이는 倭에 대해 畿內세력으로 보지 않고 한반도 남부의 세력, 또는 일본열도의 지역세력으로 보는 견해도 있으나, 福岡縣 沖の島유적과 대성동고분군의 畿內産 문물로 볼 때 奈良북부의 佐紀세력, 즉 왜왕권을 주축으로 한 것으로 판단된다.

따라서 倭의 신흥세력으로 등장한 奈良북부의 佐紀세력은 금관가야와의 제휴를 통하여 군사력을 제공하는 대신 三角緣神獸鏡을 대체하는 새로운 위신재 및 철 등의 필수물자를 확보함으로써 畿內의 中樞部내에서 주도권을 획득하고자 한 것으로 판단된다.

400년 왜가 동원된 배경은 복합적이나 그 중에서도 금관가야의 관계망 속에 포함되어 있던 동래지역, 즉 복천동세력에 대해 4세기 후엽부터 가해지는 신라의 영향력 증대와 이를 넘어 김해지역에 가중되는 위협에 대한 금관가야의 적극적인 공세를 가장 직접적인 원인으로 본다.

3. 5世紀 韓半島와 日本列島의 交涉

1) 5世紀 前半 新羅와 倭

5세기 전반 일본열도에는 종래 금관가야지역에서 이입되던 鐵鋌과 형태와 규격이 다른 철정이 이입되어 흥미롭다. 奈良縣 大和 6호분 출토 철정은 이제까지 복천동 21 · 22호분 출토품과 유사하여 금관가야산 철정으로 인식되어 왔다.

그런데 복천동 21 · 22호분의 철정은 종래 이 고분군에서 부장되던 54호분 출토품과 같이 양단부의 형태가 직선을 이루며 양 측면이 대칭적인 금관가야형 철정으로 볼 수 없고, 길이 40cm 전후의 양 단부가 弧狀을 이루고 양 측면이 비대칭인 점에서 경주 월성

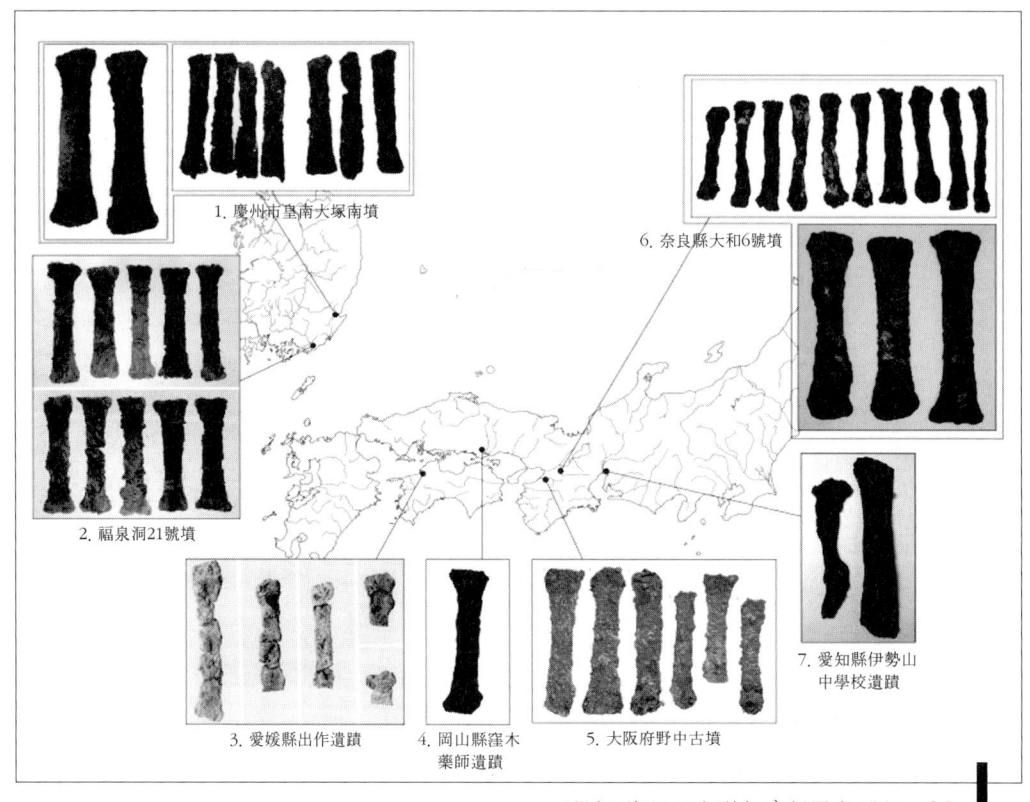

1. 慶州市 皇南大塚南墳

6. 奈良縣 大和6號墳

2. 福泉洞21號墳

3. 愛媛縣 出作遺蹟

4. 岡山縣 窪木 藥師遺蹟

5. 大阪府 野中古墳

7. 愛知縣 伊勢山 中學校遺蹟

로 가6호분, 경산 임당동 G5·6호분, 경주 황남대총 남분 출토품과 같은 신라산 철정으로 판단된다. 그래서 大和 6호분 출토 대형 철정 가운데 대부분은 신라산으로 본다.

복천동고분군 출토 철정의 성분분석 결과, 신라산으로 파악되는 39호분 출토품 등에서 창녕지역 출토품, 大和 6호분 출토품과 같이 銅 성분이 높은 분석치(村上英之介 1993)가 나온 것으로 볼 때, 이러한 철정은 동일한 산지, 즉 신라지역의 철광석을 사용하여 제작된 것으로 판단된다. 특히 大和 6호분의 소형 철정은 양단이 호상을 이루고 양 측면의 요철이 심한 비대칭적인 형태와 규격이 경주지역에서 제작된 철정과 흡사한 것에서 신라에서 공급된 것으로 본다.

그래서 이 시기 일본열도의 岡山縣 窪木藥師유적, 大阪府 野中고분, 奈良縣 南山4호분, 愛知縣 伊勢山中學校유적 출토 중소형 철정도 종래 부산지역 출토품과 유사하여 가야지역산으로 파악되어 왔으나, 실은 경주지역 출토품의 규격과 형태가 같고, 5세기 초를 전후한 시기 부산지역 철정이 신라에서 공급된 점에서 신라산으로 본다(도 02).

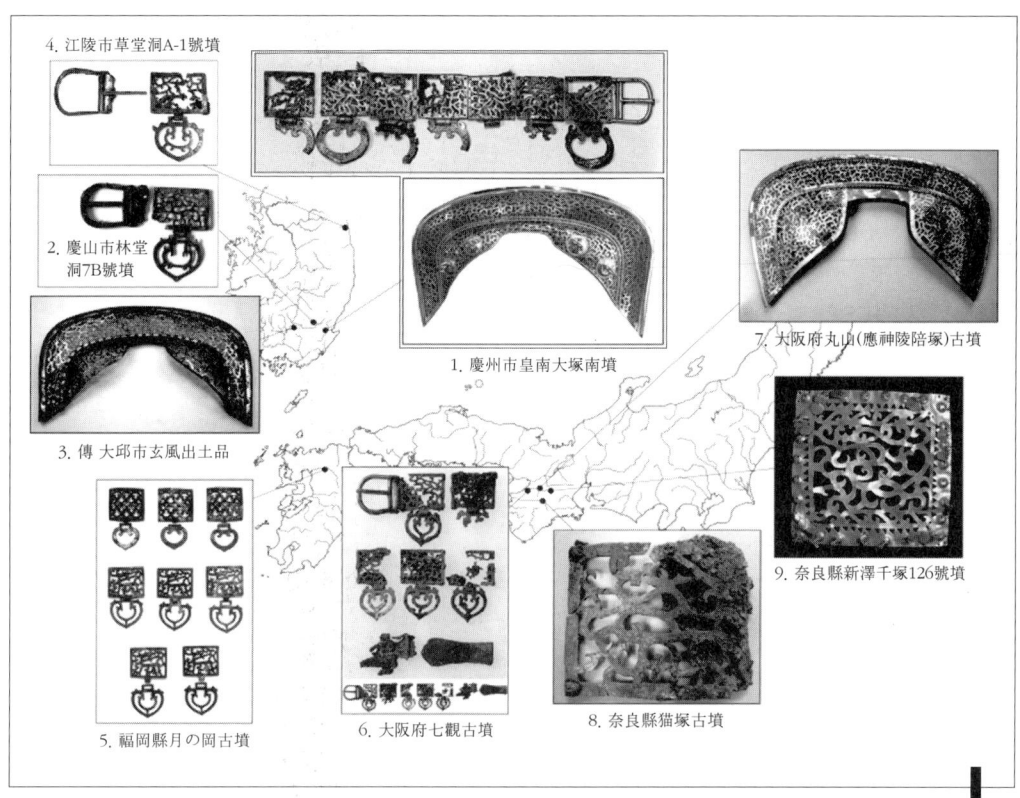

4. 江陵市草堂洞A-1號墳

2. 慶山市林堂洞7B號墳

3. 傳 大邱市玄風出土品

1. 慶州市皇南大塚南墳

7. 大阪府丸山(應神陵陪塚)古墳

9. 奈良縣新澤千塚126號墳

5. 福岡縣月の岡古墳

6. 大阪府七觀古墳

8. 奈良縣猫塚古墳

　　고분시대 중기 일본열도에 돌연 출현하는 막대한 양의 철제 갑주와 무기의 철소재
는 막연하게 가야산으로 파악되어 왔으나 실은 이제까지 적대적인 관계로만 파악해 온
신라산 철소재를 가공한 것으로 판단된다.

　　이와 함께 전기의 주술적인 벽옥제석제품을 대신하여 화려한 금공품이 출현한다.
종래 일본열도 출토 금공품에 대해서도 이 시기 한반도 남부에서 가장 화려한 금공품
이 대량으로 제작되는 곳이 신라임에도 불구하고 신라와 왜의 관계에 대한 선입관 때
문에 그 제작지는 백제 또는 가야로 파악되어 왔다.

　　그러나 부산시 복천동고분군 출토품을 근거로 이제까지 가야지역산으로 파악되어
왔던 5세기 전반의 일본열도산 금공품이 실은 신라산인 것으로 밝혀졌다(高田貫太
2003, 박천수 2006).

　　이 시기의 표지적인 신라 금공품은 奈良縣 新澤千塚 126호분 출토 金製 冠飾, 頸飾,
垂飾附耳飾, 髮飾, 指輪의 조합을 들 수 있으며 공반된 유리용기도 신라를 경유하여 이

입된 것이 틀림없다. 또한 奈良縣 五條猫塚고분의 금동제 대장식구, 금동제 頸甲, 眉庇附胄, 福岡縣 月の岡고분의 금동제 대장식구, 脛甲, 盛矢具, 鞍, 금동제 眉庇附胄, 大阪府 七觀고분의 금동제 용문대장식구, 滋賀縣 新開 1호분의 금동제 마구를 들 수 있다 (도 03).

특히 大仙고분 전방부에서는 금장갑주와 함께 硝子杯가 발견되었는데, 硝子杯는 신라의 왕릉에서 널리 부장되고 신라산 금공품과 함께 新澤千塚 126호분에서 출토된 것에서 신라를 경유하여 이입된 것으로 볼 수 있다. 그래서 大仙고분 출토 금장갑주는 신라산 금공품에 보이는 步搖가 부착된 점, 신라를 경유한 硝子杯가 공반하는 점으로 볼 때 신라계 공인에 의해 제작되었을 가능성이 높다.

5세기 초 일본열도의 甲胄에는 鋲留技法과 鐵包覆輪技法이 도입된다. 鋲留技法에 대해서는 일본열도 갑주제작의 획기적인 기술 발전으로 평가되어 한반도 남부, 특히 가야지역으로부터의 기술도입에 의한 것으로 인식되어 왔다. 즉 철제 안장에 보이는 鋲의 형태와 鋲留技法이 동일하고 鐵包覆輪技法도 철제 안장의 복륜기법과 동일한 점에서 이주공인에 의해 도입된 것으로 파악(塚本敏夫 1993)되어 왔으나 그 계보는 분명하게 밝혀지지 않았다. 필자는 이러한 鋲留技法과 鐵包覆輪技法이 大阪府 鞍塚고분, 滋賀縣 新開 1호분, 岐阜縣 中八幡고분 출토품과 같은 신라산 마구와 경주 황남동 109호분 3·4곽, 상주 신흥리 나39호분에 보이는 것에서 일본열도 갑주제작의 획기적인 변화로 인식되고 있는 이 기술이 실은 금동제 갑주의 제작기술과 같이 신라에서 이입된 것으로 판단한다(朴天秀 2009).

더욱이 이 시기 일본열도에서 신라로부터 이주민이 확인되어 주목된다. 즉 소형분임에도 불구하고 신라계 금동제품과 단야도구를 부장한 奈良縣 五條猫塚고분, 신라산 금공품, 철제품과 함께 낙동강 하류역 계통의 석곽묘를 매장주체부로 하는 兵庫縣 宮山고분, 신라산 금공품과 신라를 경유한 유리제품을 다수 부장한 奈良縣 新澤千塚 126호분의 피장자가 이에 해당하며, 이는 신라와 왜의 인적교류가 매우 활발하였음을 보여 준다.

한편 신라에는 다량의 일본열도산 경옥제 곡옥이 이입되어 주목된다. 신라지역에 경옥제 곡옥이 본격적으로 이입된 것은 4세기 후엽의 경주시 월성로 가13호분과 경산시 임당 G6호분 단계이며, 이후 경옥제 곡옥은 신라고분에 대량으로 부장된다. 즉 신라의 왕릉급 무덤인 황남대총 북분, 천마총, 금관총, 서봉총에서 출토된 금관에는 각각 77개, 58개, 58개, 41개가 되는 최상급 일본열도산 경옥제 곡옥이 다량으로 부착 장식되었다. 또 황남대총 남분 · 북분, 천마총, 금관총, 금령총에서 출토된 금제 대장식구와 경식에도 수하식으로 이용되었다. 그리고 경주의 왕릉급 무덤을 중심으로 신라 지방의 대수장묘인 대구 달서 55호분, 창녕 교동 7호분, 부산 복천동 1호분, 양산 부부총 등에서도 수백 점이 부장된다.

일본열도의 경옥제 곡옥은 고분시대 전기 말에서 중기 초에 걸쳐서 변화가 보인다. 이전 시기의 곡옥은 투명하고 선명한 녹색 부분이 포함된 것을 사용하며 크기와 형태의 차이가 크다. 또한 단부경이 큰 석제의 공구에 의한 兩面 또는 片面 穿孔이 행해진 것이다. 중기 이후에는 불투명하고 녹색 부분이 포함되지 않는 흰색 재질이 사용되며 형태차가 크지 않다. 선단이 예리한 철기에 의한 편면 천공이 행해진다(大賀克彦 2005). 그런데 이와 같은 변화가 한반도내에서 특히 신라지역에서 확인되어 흥미롭다. 즉 황남대총 북분 출토 금관에서 보는 바와 같이 이 시기까지는 투명도가 높은 경옥이 사용되다가 금관총, 서봉총 출토 금관과 같이 그 이후에는 투명도가 낮은 것으로 바뀐다. 가장 늦은 시기인 천마총 출토 금관에는 투명도가 낮은 흰색의 경옥이 주로 사용된다.

경옥제 곡옥에 대한 자연과학적 분석은 최은주와 早乙女雅博 · 早川泰弘에 의해 형광X선분석이 실시되었다. 최은주(1986)는 숭실대학교 소장 김양선 수집 경옥제 곡옥의 분석을 통하여 일본열도산에서 검출되는 미량원소인 Sr과 Zr이 검출되지 않은 것에 근거하여 이를 비롯한 신라고분 출토 경옥제 곡옥이 한반도산이라는 견해를 제시하였다. 한편 早乙女雅博 · 早川泰弘(1997)에 의한 동경국립박물관 보관의 신라 지방의 유력 수장묘인 양산시 부부총 출토 경옥제 곡옥의 분석에서는 Sr과 Zr이 확인되었다. 그 후 藁科哲男(2008)에 의한 경주시 미추왕릉지구고분군과 경산시 임당동고분군 출토 경옥제 곡옥의 분석 결과 新潟縣 糸魚川産으로 확인되었다.

이와 같이 경옥제 곡옥에 대해서는 한반도산이라는 의견도 제시되고 있으나, 그 산지가 국내에서 확인되지 않는 점, 출현시기가 일본열도가 수백 년 이상 선행한 점, 경주 미추왕릉지구고분군, 양산 부부총 등의 신라고분 출토품이 糸魚川産이라는 분석결과와 함께 앞에서 언급한 변화가 양 지역간에 일치하는 점으로 볼 때 일본열도산으로 파악된다.

신라와 왜의 교섭은 철의 유통을 담당하였던 금관가야의 쇠퇴 이후 필수품인 철과 함께 특히 신라의 금공품과 같은 위신재를 확보하기 위해 새로운 교섭 상대가 절대적으로 필요하였던 왜의 의도와 금관가야 쇠퇴 이후 일본열도와의 교역 장악과 함께 종래의 적대적인 관계를 타개하려는 신라의 이해관계가 합치하여 이루어졌던 것이다.

이는 당시 왜가 가장 필요했던 금제품과 철제품 양쪽을 모두 가진 가장 근거리에 위치한 나라가 신라였기 때문이다. 왜인의 신라 금공품에 대한 동경은 『日本書紀』仲哀紀에 신라를 眼炎之金銀彩色의 國으로 부른 것에서도 알 수 있다.

大阪府 譽田御廟山(傳 應神陵)고분의 배총인 丸山고분 출토 금동제 용문투조안장에 대해 신라산으로 보지 않은 견해(諫早直人 2009)도 있으나 안장의 구조와 투조 용문, 공반된 마구로 볼 때 신라산일 가능성이 가장 높다. 더욱이 이 시기 마구, 금동제 장신구, 철정, 철제 농공구, 공인과 같은 이입 문물의 계보가 신라인 점은 이를 방증하는 것이다. 일본열도에 이입된 문물의 계보는 같은 시기에 공반된 문물의 계보를 함께 고려하여 파악되어야 할 것이다. 이는 그 계보에 대해 논의되고 있는 和歌山縣 大谷고분 출토 금동제 행엽, 경판비와 奈良縣 藤ノ木고분의 금동제 鞍橋도 마찬가지이다.

그래서 필자는 大阪府 譽田御廟山(傳 應神陵)고분의 배총인 丸山고분 출토 신라산 용문 금동제 안장과 황남대총 북분, 금관총, 천마총 등 신라 왕릉급 무덤에 부장된 금관과 금제 대장식구에 부착된 경옥제 곡옥이 일본열도 新潟縣 糸魚川산인 점은 왕권간의 교섭을 상징하는 것으로 본다. 또한 신라산 금동제 대장식구와 일본열도산 경옥은 착장형 위신재인 것과 양자가 왕권과 지방과의 관계를 상징하는 정치적 장신구로 각각 활용된 것은 이와 같은 교섭을 시사한다.

특히 신라산 철모, 갑주, 성시구와 같은 무기, 무구가 일본열도에 이입되고 신라의 공인에 의해 金裝甲冑와 鋲留技法에 의한 갑주가 제작된 것은 양자간 교섭의 성격을 보여주는 것이다. 이와 같은 위신재적인 성격을 지닌 무기, 무구를 적대적인 관계에서는 공유하기 어렵기 때문이다. 특히 왕묘인 大仙고분 전방부 출토의 신라계 공인에 의해 제작된 금장갑주는 이를 웅변하는 것이다(도 04).

『三國史記』에는 신라와 왜의 교전 기록이 빈번하게 보이고 있으나, 『三國史記』實聖王 원년(402년)조 奈勿王子 未斯欣 파견을 통한 통교 기사 『日本書紀』應神 31년(420년)조, 仁德 11年(443년)조 등의 신라인 기술자 파견기사 등은 신라와 왜의 활발한 정치적 교섭을 시사한다.

특히 『日本書紀』允恭紀에는 가야, 백제와의 교섭기사가 전혀 보이지 않고 신라와의 교섭기사만이 보여 매우 주목된다. 즉 『日本書紀』允恭 3년조 신라로의 사절 파견과 신라로부터의 의사 파견, 允恭 42년조의 신라로부터 조문단의 파견기사는 당시 신라와 왜의 상당히 우호적인 관계를 반영하는 것이다.

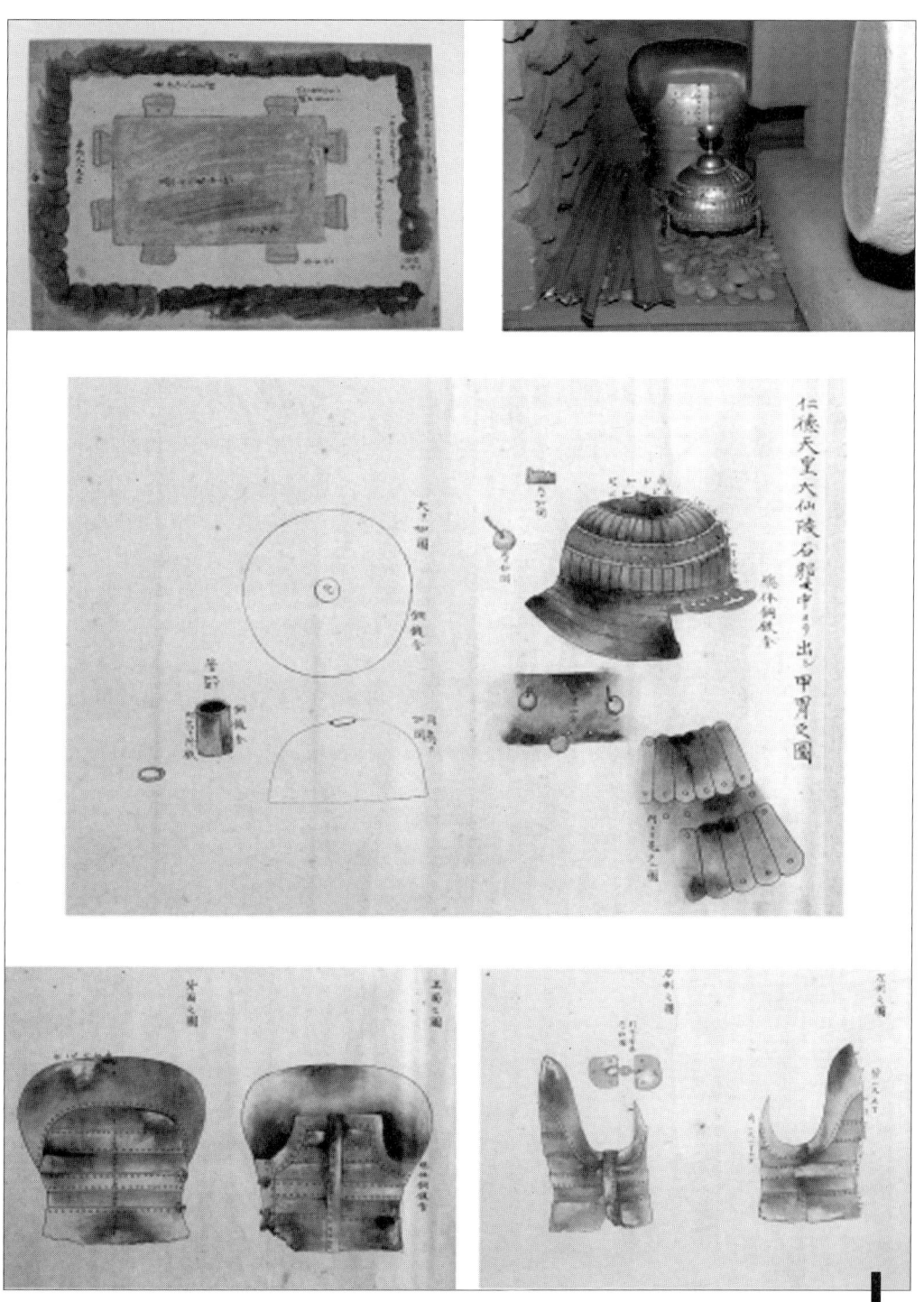

5世紀 中葉 大阪府 傳 仁德陵 古墳 前方部 出土 新羅 工人에 의해 製作된　**04**
金裝甲冑와 新羅를 經由한 琉璃容器

신라의 왜에 대한 적극적인 외교는 백제, 가야뿐만 아니라 신라를 압박하고 있던 고구려에 대한 견제가 그 배경에 있다고 할 수 있다.

신라는 동맹국이었던 고구려의 속박으로부터 벗어나기 위해 이제까지 적대국이었던 왜를 통하여 견제하려는 일종의 以夷制夷와 같은 방식을 취하였을 가능성도 상정된다. 왜냐하면 5세기 중엽 신라를 압박하던 고구려군이 철퇴하는 시점이 신라와 왜의 교류가 돌연 소원해지는 것과 상호 연동되는 것으로 파악되기 때문이다. 이는 낙동강 이동지역과 동해안 일대를 확보하고 고구려의 압박에서 벗어난 신라가 더 이상 왜가 필요하지 않게 된 것을 반영하는 것으로 본다.

이제까지 5세기 전반 신라의 낙동강 이동지역으로의 진출을 통한 발전은 주로 국내적 요인만을 그 배경으로 보아왔으나, 필자는 왜와의 교섭이 철과 금공품의 교역을 통한 부의 축적과 후방의 안전을 그 융성의 중요한 요인의 하나로 본다.

2) 5世紀 後半 大加耶와 倭

5세기 중엽 대가야는 고령을 거점으로 성장하여 황강수계, 남강 중상류역, 섬진강수계, 남해안, 금강 상류역에 걸친 넓은 권역을 형성한 가야사상의 획기적인 발전을 이루었다.

이 시기 대가야산 금제 수식부이식, 금동제 대장식구, 관 등의 장신구가 일본열도 전역에 출현한다(도 05). 또한 5세기 전반 이입되던 신라산 마구 대신, 대가야산 금동제 ‘f’字形鏡板轡와 劍菱形杏葉을 조합한 마구가 일본열도 전역에 이입되어 5세기 후반 이래 열도 마구의 주류를 형성한다.

이와 함께 宮崎縣의 山崎上原 SC16수혈과 島內 SK02수혈, 三重縣 大里西沖유적 SK105수혈과 長野縣의 宮垣外유적 10·64호수혈, 新井原 2·12호분 출토 말은 대가야산 마구가 공반된 것에서 대가야로부터 이입된 것으로 본다.

한편 이제까지 일본열도산 문물이 이입되지 않던 내륙의 대가야권역, 즉 고령 지산동 32·1-3호분, 합천 옥전 28호분, 함양 상백리고분군 출토 甲冑, 지산동 44호분의 奄美大島산 夜光貝製 국자, 지산동 45호분의 鏡, 지산동 1-5호분의 유공광구소호와 같은 일본열도산 문물이 이입된다.

종래 고령세력은 내륙의 소국에 불과했으나, 5세기 초 고구려 남정으로 인한 가야 남

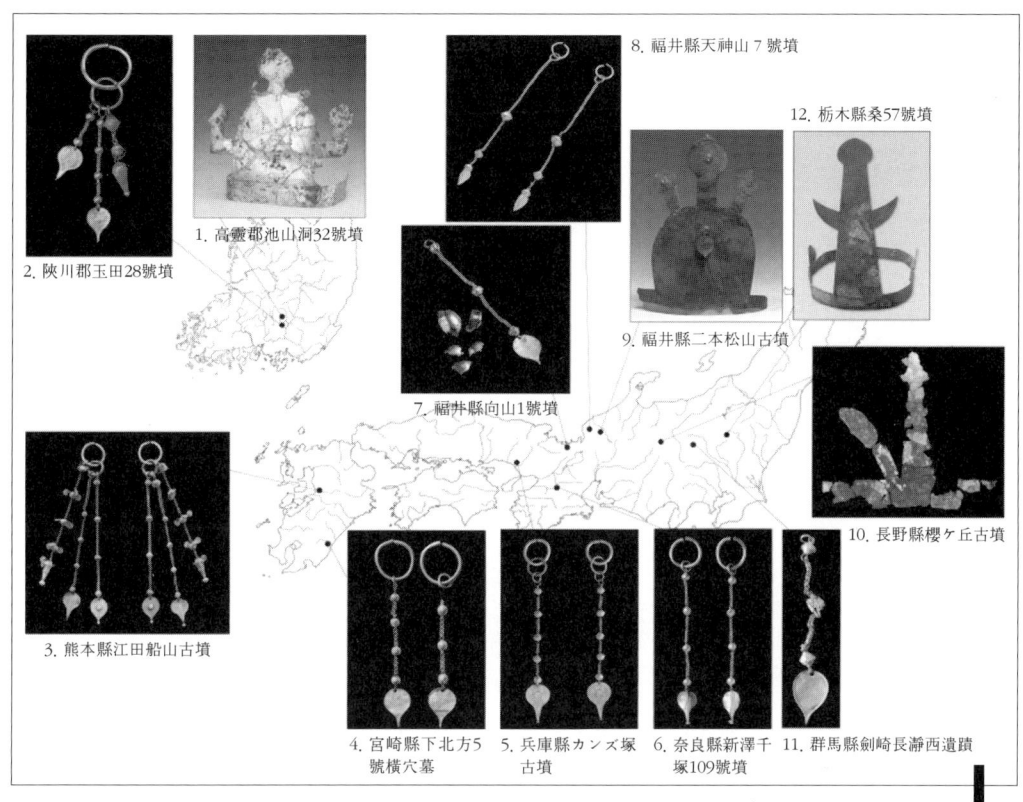

8. 福井縣天神山 7 號墳

12. 栃木縣桑57號墳

1. 高靈郡池山洞32號墳

2. 陜川郡玉田28號墳

9. 福井縣二本松山古墳

7. 福井縣向山1號墳

10. 長野縣櫻ヶ丘古墳

3. 熊本縣江田船山古墳

4. 宮崎縣下北方5
號橫穴墓

5. 兵庫縣カンズ塚
古墳

6. 奈良縣新澤千
塚109號墳

11. 群馬縣劍崎長瀞西遺蹟

부의 금관가야, 아라가야의 쇠퇴를 계기로 이 지역과 같은 안림천수계에 속한 합천군 冶
爐지역의 철산개발을 통하여 가야 후기의 중심국으로 성장한 것으로 파악되어 왔다.

필자는 5세기 후반 대가야의 급속한 발전과 내륙에 위치한 이 지역의 문물이 일본
열도에 집중 이입되는 배경을 단지 冶爐지역의 철산개발과 이를 기반으로 한 섬진강로
의 장악, 특히 하동 帶沙津의 확보만으로는 설명할 수 없다고 본다. 그래서 백제가 그토
록 집요하게 섬진강하구의 任那四縣(全榮來 1985)과 그리고 帶沙·己汶을 공략한 배경
이 무엇인가에 주목하게 되었다.

任那四縣의 위치에 대해서는 지금까지도 일본연구자에 의해 전방후원분이 축조된
영산강유역으로 비정되고 있으며, 이는 최근에도 田中俊明이 그 위치에 대해 哆唎를
영산강 동안의 광주, 영암 娑陀는 함평, 무장, 牟婁는 영산강 서안의 영광, 무안으로 비
정(田中俊明 2008 : 87)하는 것에서도 잘 알 수 있다. 그러나 이는 당시 정세와 고고자
료를 전혀 이해하지 못한 것으로 타당성이 결여된다. 왜냐하면 먼저 임나라는 명칭은

가야지역을 지칭하는 것과 동일한 정치, 문화권역을 나타내는 것으로 보기 때문이다.

종래 영산강유역을 동일한 옹관묘 문화권으로 보았으나 고총이 확인되는 나주, 광주, 해남지역의 묘제가 분명하게 차이를 보이고 있어 이를 임나라는 이름으로 묶을 수 없다. 더욱이 노령산맥 이북까지 포함하는 것은 전혀 가능성이 없다. 그래서 이제 역사적 사건과 관련된 지명의 비정은 고고자료에 의한 검증 없이는 불가능하다고 본다.

필자는 任那四縣과 己汶, 帶沙에 대해 이 지역이 백제와 대가야의 분쟁지인 점에서 그 위치는 양자 간의 국경에 해당하는 곳으로 본다. 그래서 임나사현은 영산강유역에 위치한 것으로 보기 어렵다. 왜냐하면 백제가 임나사현에 대한 공략을 개시하는 시기가 512년, 己汶, 帶沙에 진출을 시도하는 시기가 513년인 점에서, 양자는 일련의 사건으로 상호 아주 근접한 지역으로 파악되기 때문이다. 따라서 문헌비정시 이론이 거의 없는 帶沙, 즉 하동을 중심으로 양자가 비정되어야 할 것이다. 또 任那四縣의 영유기사에는 대가야의 관련이 보이지 않으나, 백제가 대가야의 영역인 己汶, 帶沙지역을 공략하는 것에서 이와 연계된 任那四縣은 전자와 같이 원래 대가야의 권역이었던 지역으로 추정된다. 특히 任那四縣의 哆唎와 己汶이 대가야의 권역을 나타내는 우륵12곡의 達已와 上·下奇物로 각각 비정(김태식 2002 : 262~263)되는 것도 이를 방증한다.

더욱이 근래 한성기에 조영된 백제산 위신재를 부장한 高興郡 雁洞고분이 확인됨으로서 백제의 영향력이 한성기에 이미 고흥지역에까지 미친 것으로 파악되어, 그때까지 백제영역에 속하지 않았던 任那四縣은 당연히 고흥반도의 以東에 위치한 것이 분명해졌다. 따라서 6세기 전반 백제의 남동쪽 국경은 노령산맥으로 볼 수 없고 고락산성, 척산성이 조영되는 여수, 검단산성이 조영되는 순천, 마로산성이 조영되는 광양지역으로 파악된다.

그래서 任那四縣과 己汶, 帶沙의 위치는 백제와 대가야의 국경에 해당하는 여수, 순천, 광양지역임이 분명하다.

근래 순천시 운평리고분군, 하동군 흥룡리고분군 출토 대가야식 묘제와 토기로 볼 때 대가야는 남강 상류역으로 진출한 후 남원분지로 남하하여 구례를 거쳐 섬진강 하구의 교역항인 하동을 확보함과 동시에 任那四縣으로 비정되는 여수, 순천, 광양지역을 장악한 것으로 본다. 즉 하동의 확보만으로는 해상교통의 안전을 보장할 수 없으므로, 대가야는 남해안의 중앙에 위치하고 길게 돌출한 반도상의 지형을 형성한 군사적인 요충인 여수지역을 점유한 것이다(朴天秀 2007).

4세기까지 이입되던 금관가야산 문물과 5세기 전반까지 이입되던 특히 신라산 금공품 대신, 그에 비교우위를 가지지 못한 대가야산 금공품이 5세기 후반 일본열도에 돌연히 유입되는 배경은 이와 관련된 것으로 본다. 즉 대가야가 남해안의 제해권을 장악함으로써 특히 백제와 왜의 교통뿐만 아니라 왜의 중국 교통에도 일정한 영향력을 행사할 수 있게 된 것이다. 그래서 왜가 특히 금공품의 수입처를 신라에서 대가야로 전환할 수밖에 없는 상황이 형성된 것으로 본다.

특히 이 시기 새롭게 각지에 대두한 유력 대수장묘인 동일본의 埼玉縣 稻荷山고분, 近畿지역의 和歌山縣 大谷고분, 서일본의 熊本縣 江田船山고분에 대가야산 금동제 장신구와 마구, 철제 무기 · 무구와 같은 위신재가 부장된 것은 雄略기 일본열도내의 정치적 변동(都出比呂志 1988)과 밀접하게 관련된 것으로 본다(朴天秀 1995). 이는 이제까지 신라에 의존해 온 호족세력이 쇠퇴하고 새로이 대가야와 결합한 신흥호족의 대두가 상정되는 것이다.

대가야와 일본열도의 호족과의 관계는 『日本書紀』雄略 8年(464년) 任那王이 膳臣斑鳩, 吉備臣小梨, 難波吉士赤目子를 보내 고구려를 공격하게 하는 기사가 주목된다. 여기의 任那王은 당시의 정황으로 볼 때 대가야왕이 분명하고 공격의 대상이 고구려인 점에서, 이는 왜의 독자적인 군사활동으로 볼 수 없고 400년 왜의 출병이 금관가야와 관련되듯이 어디까지나 대가야와 연계된 것으로 추정된다. 또한 이와 관련하여 주목되는 것은 487년 『日本書紀』顯宗 3년조 紀生磐宿禰가 任那를 근거로 고구려와 통하고, 임나인의 계책을 이용하여 백제를 공격한 기사이다. 紀生磐宿禰는 임나, 즉 대가야와 관련된 점과 紀씨인 점에 근거하여 대가야에서 백제지역을 공략하기 위해 파견한 왜인으로 본다. 특히 紀씨와 대가야와의 관계는 금동제 마구와 철제 마주 등의 대가야산 문물을 부장한 和歌山縣 大谷고분이 그 본거지에 조영된 점에서 그러하다. 더욱이 이 지역 岩橋千塚고분군의 횡혈식석실분에는 고구려의 천왕지신총에 보이는 횡가구조물이 보여 흥미롭다. 이와 함께 고성 송학동 1호분 B호석실의 계통에 대해 木棚을 근거로 이 지역으로 보는 견해가 있어 주목된다.

이와 같이 대가야는 고구려와 신라의 군사적 진출에 대항하기 위해 왜왕권뿐만 아니라 각지 호족세력의 군사력을 활용하고, 반대급부로서 문물을 제공한 것으로 추정된다.

종래 대가야의 발전 시기에 대해 문헌사학뿐만 아니라 고고학에서도 479년 南齊 遣使기록에만 의거하여 5세기 후엽으로 보았다. 그러나 대가야의 발전 시기는 대가야문물이 남강 상류역에 출현하고, 일본열도의 대가야 문물과 대가야지역의 일본열도산 문물이 이입되는 5세기 중엽으로 본다. 당시 적대국인 신라가 낙동강 하구를 장악하고 경쟁상대인 소가야가 사천만과 고성만에 포진하고 있어, 대가야는 반드시 섬진강로를 확보하여야만 비로소 양자간 교통이 가능하였기 때문이다. 5세기 중엽 일본열도의 대가야 문물은 섬진강수계의 호남 동부지역이 대가야권역에 포함된 것을 웅변하는 것이다.

대가야문물이 집중 부장된 熊本縣 江田船山고분과 埼玉縣 稻荷山고분은 象嵌銘文 大刀와 철검이 부장되어 유명하다. 그런데 상감 명문 공인의 계통은 막연하게 백제 또는 중국계로 상정되어 왔다. 이와 관련하여 環頭 內緣에 龍腹文이 시문되어 대가야산으로 판단되는 東京博物館 소장의 용문환두대도에도 상감 명문이 시문되어 홍미롭다. 왜냐하면 이 용문환두대도 명문의 書體와 상감기법이 稻荷山고분의 명문철검과 아주 유사하기 때문이다(東野治之 1992). 또한 같은 시기 창녕 교동 11호분의 명문 원두대도도 원두의 측면에 대가야 마구에 보이는 것과 같은 稜杉文이 시문된 점, 인접한 교동 10호분의 용봉문환두대도가 대가야산인 점에서 역시 같은 지역산으로 판단된다(도 06).

따라서 특히 埼玉縣 稻荷山고분 출토 철검은 대가야산 東京博物館 소장 상감 명문 환두대도의 서체와 유사하고, 또한 명문대도가 대가야에서 여러 점 제작된 것으로 보아 대가야계 공인에 의해 일본열도에서 제작된 것으로 파악된다(朴天秀 2009).

이는 대가야에서 문자의 사용이 상당한 수준인 것과 5세기 후엽의 일본열도 명문대도의 제작에 대가야로부터의 이주 工人이 참여한 것을 웅변하는 것으로 본다.

5세기 후반 일본열도에서는 대가야 공인에 의해 제작된 명문대도가 왜왕권에 의해 각 지역의 호족세력에게 위신재로 분여된다. 그런데 실은 이와 같은 장식대도를 매개로 한 일본열도의 위신재 체계가 금동장 용봉문환두대도와 은장 오각형환두대도와 같은 장식대도를 위신재로 사용하며 다라국을 포함한 그 권역내를 통제한 대가야의 刀劍制와 유사한 점이 주목된다. 이는 冠을 매개로 한 신라와 백제와는 달리 장식대도와 같은 도검을 매개로 한 위신재 체계가 동시기 대가야와 왜에 존재하는 점이 홍미롭다.

5세기 후반 일본열도의 대가야 문물은 4세기에 금관가야가 전해준 철제품과는 비교할 수 없는 화려한 금제, 금동제 장신구와 마구를 포함하고 있어 양자간 국가 경쟁력의 질적 차이를 알 수 있게 한다. 또한 대가야는 당시 왜가 원했던 말과 그 사육방법을 전해 준 점, 더욱이 국가체제의 정비에 절대적으로 필요했던 문자의 사용을 본격화시킨 점에서 일본열도의 문명화에 크게 기여한 것으로 판단된다.

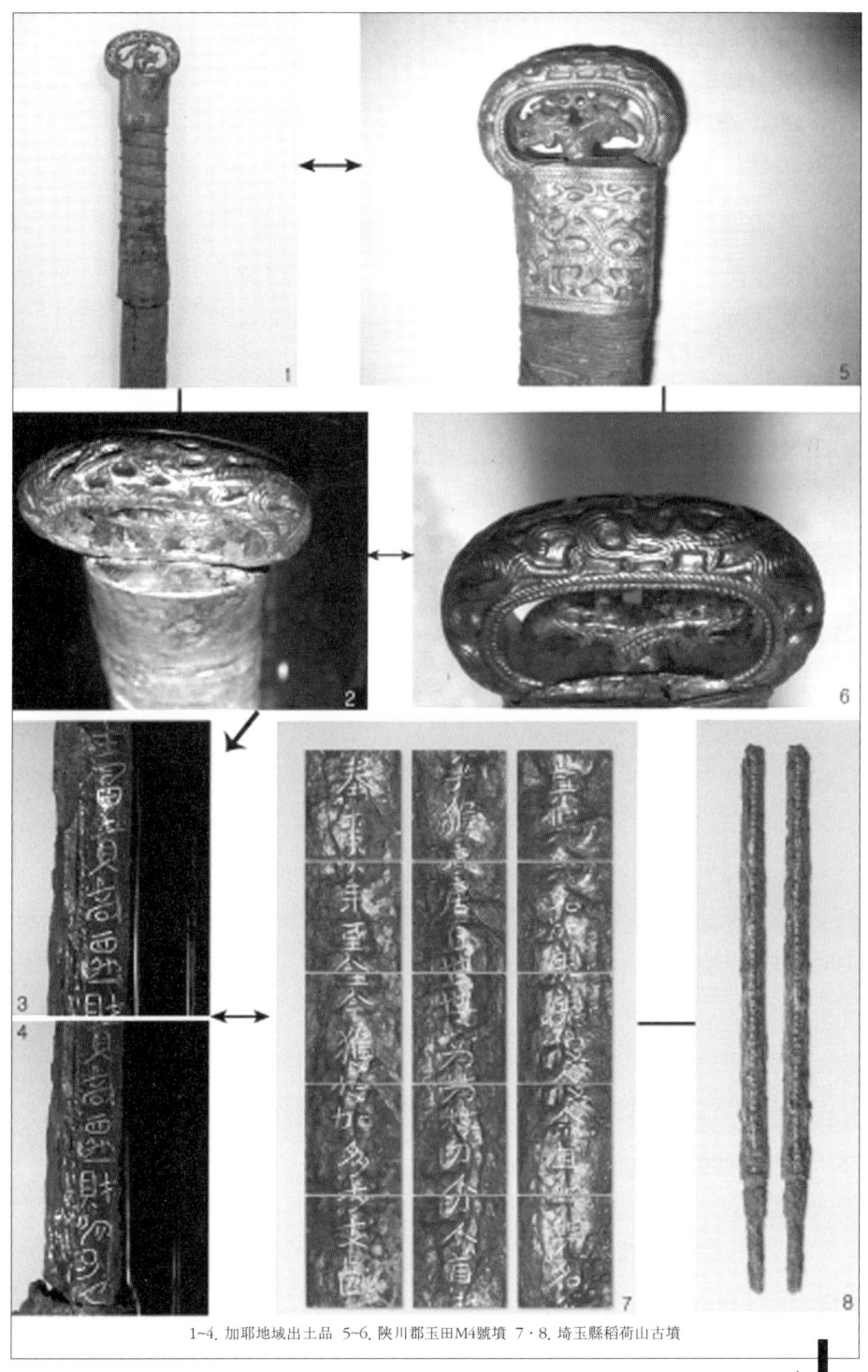

1~4. 加耶地域出土品　5~6. 陝川郡玉田M4號墳　7・8. 埼玉縣稻荷山古墳

5世紀 後半 日本列島의 銘文大刀의 系譜　06

4. 6世紀 韓半島와 日本列島의 交涉

1) 6世紀 前半 大加耶와 倭

백제가 영산강유역과 가야지역에 본격적으로 진출하는 6세기 전엽이 되면 일본열도에는 종래부터 지속되어 온 가야지역으로부터의 문물 이입이 급격히 줄어들고 백제문물이 급격하게 유입된다. 예를 들면 熊本縣 江田船山고분 부장품은 필자의 연구에 의해 그 전반기의 마구, 대금구, 철모 등은 대가야산, 그 후반기의 관, 이식, 식리, 개배 등은 백제산으로 밝혀졌다(朴天秀 1998). 이 고분에서는 다른 형식의 이식이 2조 출토되었는데, 그 중에서 보주식과 원추식은 대가야산이고 다른 하나의 심엽식은 무령왕릉 출토의 이식과 계통을 같이 하는 것이다.

이 시기 江田船山고분의 백제산 문물과 무령왕릉의 일본열도산 金松(高野眞)製 목관은 선사시대 이래의 전통적인 가야지역과 일본열도의 일상적인 교역관계를 넘어 백제가 대왜 교역의 주도권을 장악하게 된 것을 상징하는 것이다(朴天秀 1998).

6세기 전엽 백제지역 문물이 유입되는 것은 당시 일본열도에서 철생산이 개시됨으로써 가야지역의 철소재에 대한 의존도가 낮아지고, 대신 국가 정비에 필요 불가결한 고등종교인 불교, 유학과 같은 선진문물을 백제로부터 도입해야만 했기 때문인 것으로 본다.

그런데 이 시기를 전후하여 전방후원분이 영산강유역을 중심으로 전라남북도에서 출현한다. 영산강유역 전방후원분 피장자에 대해서는 왜계수장설과 재지수장설로 논의되고 있으나, 그 피장자는 이 지역의 전방후원분이 주변 재지의 수장계열, 특히 호남지역 최대의 중심지인 나주시 반남고분군과 고창군 봉덕리고분군의 수장계열과는 전혀 관계 없이 돌연 출현하고 1세대에 한해 조영되는 것과 墳形, 埴輪 祭式, 석실구조, 부장품과 같은 왜인 고유의 묘제로 볼 때 재지수장으로 볼 수 없다.

영산강유역 전방후원분 피장자는 北部 九州에 분포하는 석실유형과 해남군 조산고분에서 확인된 コホウラ제 繁根木형 貝釧의 분포, 일본열도에 이입된 영산강유역산 토기와 백제 문물의 이입 양상으로 볼 때, 北部 九州지역과 有明海연안에 출자를 둔 왜인으로 본다. 왜냐하면 『日本書紀』 雄略 23年(479년) 三斤王이 死去한 후 東城王의 귀국을 北部 九州의 筑紫國 군사 500인이 호위하는 기록과 부합되기 때문이다.

영산강유역 전방후원분은 백제 웅진기의 후반에 한정되어 축조된 점, 의도적으로 분산되어 배치된 점, 함평 신덕고분에 백제산 裝飾木棺·금동제 관·마구, 해남 용두리고분에 백제를 경유한 중국제 도자가 부장된 점에서, 그 피장자는 토착세력의 견제와 일본열도와의 외교 및 대가야 공략을 위해 백제 중앙에서 이 지역에 파견된 왜계 백제관인으로 판단된다(朴天秀 2002).

영산강유역에 왜인이 파견된 배경은 한성 함락에 의해 일시적으로 통치 기구가 와해된 백제가 웅진으로 천도한 후 자력으로 남방을 통치할 수 있는 역량과 특히 고구려전과 대가야전에 필요한 군사력이 절대적으로 부족했기 때문이다. 전방후원분을 비롯한 왜계 고분에서 무기·무구의 부장이 탁월한 점도 피장자의 역할을 상징하는 것이다.

한편 이 시기 가야지역에서 의령 景山里 1호분, 雲谷里 1호분, 고성 松鶴洞 1호분, 사천 船津里고분, 거제 長木고분에서 北部 九州계 석실을 매장주체부로 하는 고분이 출현한다. 가야지역 왜계 고분의 피장자는 송학동 1호분 B호석실을 제외하면, 영산강유역 전방후원분과 같이 모두 주변 재지 수장계열과 전혀 관계없이 돌연히 출현하고 1세대에 한해 조영되는 것, 석실구조, 埴輪祭式, 부장품으로 볼 때 재지수장으로 볼 수 없다. 가야지역의 왜계 고분 피장자는 같은 구조의 고분이 집중하고 대가야산 이식이 부장된 筑後川유역과 氷川유역 등에 출자를 둔 호족세력으로 추정한다. 또한 그 피장자는 대가야 권역내에 축조되거나 대가야산 위신재를 부장한 점에서 대가야와 관련된 왜인으로 파악된다.

또한 가야지역의 왜계 고분 피장자는 무기, 무구의 부장이 탁월한 점에서 백제가 영산강유역의 전방후원분 피장자를 이식한 것과 같이 대가야와 이에 연계된 소가야에 의해 이식되어 백제, 일본열도, 신라와의 외교 및 군사 활동, 특히 백제측에서 활동한 영산강유역 전방후원분 피장자의 활동을 견제하기 위한 군사적인 역할을 수행한 것으로 추정된다.

영산강유역의 전방후원분과 가야지역의 왜계 고분은 任那四縣과 帶沙, 己汶지역을 중앙에 두고 분산 배치되어 있고 6세기 전엽에 국한된 그 조영시기와 각각 백제와 대가야산 위신재을 보유한 것에서, 양자는 任那四縣과 帶沙, 己汶을 둘러싼 백제와 대가야의 공방전에 北部 九州의 호족세력이 백제와 대가야측에서 각각 용병으로 동원된 것을 시사한다.

백제와 대가야가 각각 북부 구주의 호족세력을 동원한 배경에는 지리적인 위치뿐만 아니라 5세기 후반 그들이 구축한 동해연안과 瀬戸内海연안의 관계망을 활용하기 위한 것으로 추정된다. 또한 畿内의 호족이 아닌 그들이 선택된 것은 역시 백제와 대가야왕권 그리고 北部 九州 세력의 의도가 강했던 것으로 추정된다.

왜냐하면 527년 『日本書紀』 繼體 21年에 발생한 磐井의 亂 이후 왜계 백제관료의 대부분이 畿內지역의 호족세력으로 교체되기 때문이다.

북부 구주지역의 왜인은 각각 백제왕권과 대가야왕권하에서 군사 외교부분에서 활약하며, 그 대가로 백제와 대가야의 문물을 출신 집단과 일본열도 전역에 각각 공급하는 역할을 한 것으로 추정된다. 필자는 이제까지 설명되지 못했던 5세기 후엽에서 6세기 전엽에 걸친 장식 벽화고분의 축조로 상징되는 구주세력의 돌연한 흥기는 이와 같은 배경에 의한 것으로 파악한다.

백제와 대가야왕권이 북부 구주의 호족세력과 각각 결합한 것은 백제와 대가야가 한반도와 일본열도내에서 영향력 강화와 함께, 일본열도내에서 북부 구주세력의 영향력 강화라는 상호 목적에 부합하였기 때문에 가능하였던 것이다.

『日本書紀』 繼體 21年(527년)조에 발생한 磐井전쟁으로 상징되는 북부 구주 호족세력과 왜왕권의 전쟁은 이제까지 단지 신라와의 결탁에 의한 것으로만 해석되어 왔으나, 이 지역 유력호족의 대외적 활동과 이를 기반으로 한 일본열도내의 영향력이 왜왕권을 위협할 수 있을 만큼 정점에 달하였기 때문에 발생한 것으로 파악한다.

영산강유역의 전방후원분과 가야지역의 왜계고분은 538년 백제의 泗沘 천도에 의한 이 지역에 대한 직접지배와 6세기 전반 백제의 대가야공략이 일단락되고 磐井전쟁 후 구주세력이 쇠퇴하는 가운데 소멸한다.

2) 6世紀 後半 新羅와 倭

이 시기 돌연 신라산 문물이 일본 열도에 출현한다. 신라산 마구와 동완 같은 위신재가 다수 부장된 奈良縣 藤ノ木고분을 비롯한 群馬縣 綿貫觀音山고분, 埼玉縣 將軍山고분이 일본열도 대수장묘인 점과 한 · 일간 항로상의 국가 제사장인 福岡縣 沖ノ島에 신라산 마구가 봉헌된 것은 이 시기 신라와 왜의 국가간 교섭을 시사한다.

奈良縣 藤ノ木고분의 마구 특히 鞍橋의 제작지에 대해서는 아직도 논의가 계속되고 있으며, 그 제작 후보지로는 문양 구성에서 중국산, 마구의 형태에서 신라산, 제작기법에서 백제산으로 지적되어 왔으며, 현재 일본열도산일 가능성이 강하게 제기되고 있다. 그러나 藤ノ木고분 출토 鞍橋는 그 구조적 특징과 공반 마구로 볼 때 신라산일 가능

성이 높다(도 07, 神谷正弘 2002, 千賀久 2003). 더욱이 이현정은 藤ノ木고분 출토 鞍橋의 三脚形의 파수와 유사한 파수가 부착된 안장이 경주 황남대총 북분, 경주 황오동 37호분, 경산 임당동 5A호분, 성주 성산동 38호분 등 5세기 후반의 신라권역에 집중 분포하는 것을 밝히고, 이를 신라 안장의 특징중 하나로 보았다(李炫姃 2007). 이 연구에 의해 藤ノ木고분 출토 안장의 구조가 신라 안장과 일치하는 것이 밝혀져 신라산일 가능성이 높아졌다. 이 마구는 위신재적인 성격으로 볼 때 신라왕권과 왜왕권간의 교섭 없이는 도입이 불가능한 것이다.

경옥제 곡옥은 6세기 후반 이래 고분에 부장되지 않고 경주시 황룡사목탑지, 서금당지, 분황사 전탑 등에서 사리장엄구, 또는 진단구로서 봉안된다. 그 후 경옥제 곡옥은 8세기 경주시 불국사 석가탑에 사리장엄구로서 봉안된 후 한반도에서 자취를 감춘다. 이는 일본열도에서 경옥제 곡옥이 사용되지 않는 시기와 일치하여 그곳에서의 수입이 두절된 것에 기인하는 것으로 추정된다.

島根縣 大座西 2호분에서 신라산 동완과 대장식구가 부장된 것에서 영일만-울릉도-隱岐-島根를 연결하는 항로가 활발하게 이용되었음을 알 수 있다.

가야 멸망 전후인 『日本書紀』 欽明 21년(560년)조에 신라와 왜가 처음으로 국교를 열었으며, 이 시기 신라가 왜에 사절을 파견한 것은 562년 대가야 멸망과 관련한 정치적인 의도로 파악된다. 남부 가야제국을 지배하에 넣고 가야 북부지역의 병합을 꾀하던 시기에 신라는 왜와 백제의 군사동맹 관계를 단절시킬 필요가 있었다.

6세기 후반은 이전시기 왜와의 교섭을 주도하였던 백제가 555년 왕자 惠의 파견을 마지막으로 더 이상 사절을 보내지 않고 왜도 사절을 파견하지 않아 백제와 왜의 관계가 그 후 20년간 단절되는 시기인 것이다. 따라서 백제로부터 전해지던 문물을 신라가 대신하여 전하겠다는 제의를 하였을 것이다(金恩淑 1994).

이 시기는 중국의 남조가 멸망하여 정치, 문화의 중심이 화북으로 옮겨짐에 따라 백제와 중국과의 관계가 멀어지고 한강 하류역을 획득한 신라가 북조와의 관계를 긴밀히 함으로써 왜가 백제에서 도입하던 선진문물을 신라로부터 받아들이게 된 것이다(金鉉球 1985).

이와 관련하여 주목되는 것은 長崎縣 壹岐 雙六고분 출토 白釉綠彩圓文碗이다. 白釉綠彩圓文碗은 北齊 출토품과 형태가 유사하며, 경주시 안압지에서 같은 기종이 출토되고, 이 고분에서는 신라후기양식 토기와 신라마구가 공반된 것에서 신라를 경유하여 이입된 것으로 파악되고 있다(도 08, 弓場紀知 2006 : 90). 그리고 群馬縣 觀音山고분

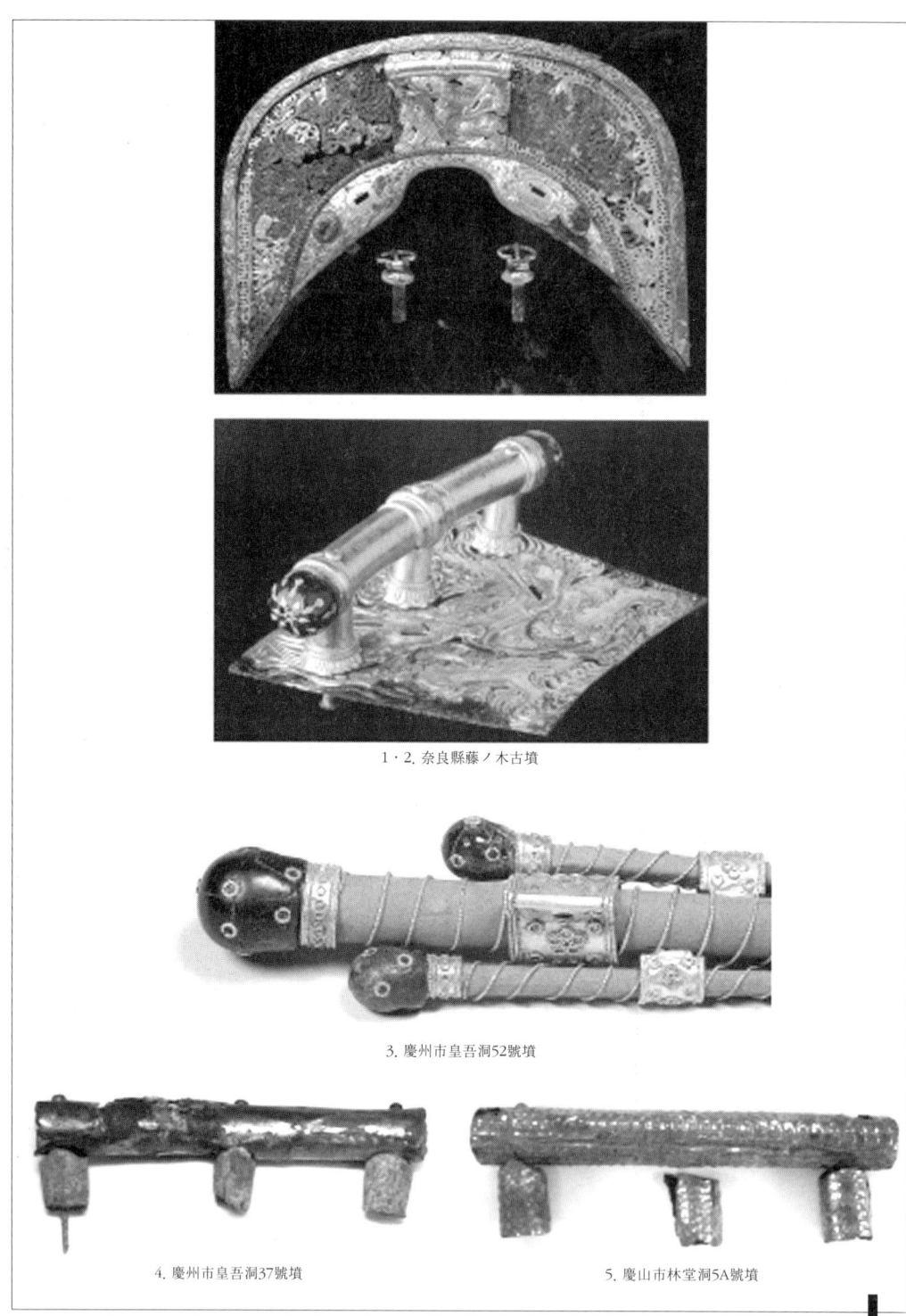

1·2. 奈良縣藤ノ木古墳

3. 慶州市皇吾洞52號墳

4. 慶州市皇吾洞37號墳

5. 慶山市林堂洞5A號墳

1. 雙六古墳

2. 雙六古墳 出土品

3. 慶州市 鴈鴨池 出土品

6世紀 後半 長崎縣 雙六古墳 出土 中國 北齊産 白釉緣彩圓文碗과 關聯資料 o8

출토 銅製水甁은 北齊의 庫狄廻洛墓 부장품과 유사하다. 종래 이 水甁에 대해서는 중국에서 직접 이입되거나 공반된 鏡 가운데 무령왕릉 출토경과 동범경이 존재하는 점에서 백제를 경유한 것으로 파악되어 왔다. 그러나 이 고분에서는 다른 중국제 유물이 보이지 않고, 이 시기 한반도 정세와 신라산 마구가 공반된 점에서 水甁은 그곳에서 직접 전래된 것이 아니고 신라를 경유하여 들어온 것으로 보는 것이 합리적이다.

이는 신라가 한강 하류역을 차지함으로써 대중교섭에서 유리한 입지를 차지하고 구 가야지역에 해당하는 남해안의 동반부를 확보함으로써 백제와 왜의 교통이 어려워진 것에 기인한다. 즉 왜가 백제로부터 전수받았던 중국의 선진문물을 신라로부터 받아들일 수밖에 없는 상황이 조성된 것이다.

5. 3~6世紀 韓日交涉으로 본 日本列島의 政治的 變動

일본열도의 초대형 전방후원분은 奈良분지 동남부에서 3세기 중엽에 출현하여 그 후 북부로 이동하였다가, 4세기 말-5세기 초가 되면 大阪남부로 이동한다. 특히 초대형 전방후원분이 奈良북부에서 大阪남부로 이동한 것에 대한 해석은 크게 묘역이동설과 정권중추이동설이 있다.

최근 조사에 의해 佐紀고분군의 가장 이른 시기의 왕묘로 보아온 五社神고분(전장 276m)이 가장 늦은 시기로 밝혀져, 종래 4세기 후엽 津堂城山고분(전장 208m) 단계에 이미 왕권이 大阪남부로 이동하였다는 견해는 재고를 요하게 되었다(白石太一郎 2008 : 452). 그래서 4세기 후엽에도 왜왕권의 본거지는 奈良분지 북부에 있었던 것으로 밝혀졌다.

4~6세기 일본열도의 왕권은 왕묘인 초대형 전방후원분이 4세기 전엽 나라분지 동남부에서 북부로 이동하는 시기, 5세기 초 奈良분지에서 大阪평야로 이동하는 시기와 6세기 전엽 大阪평야 남부에서 북부로 이동하는 시기에 왜왕권내의 정권이 교체된 것으로 본다. 초대형 전방후원분의 이동에 보이는 일본열도 왕조의 지속과 단절이 한반도 남부의 정세와 밀접하게 관련되며, 특히 河內왕조와 繼體왕조의 성립이 각각 신라, 백제왕권과의 교섭과 관련된 것을 밝혀 그 외부적 요인의 중요성을 환기시키고자 한다.

먼저 4세기 전엽 奈良분지 동남부에서 북부의 佐紀고분군으로 이동하는 배경에 대하여 한반도 문화의 이입과 관련하여 살펴보고자 한다. 필자는 佐紀고분군으로 초대형 전방후원분이 이동하는 시기에 大和·柳本고분군과 관련된 대규모 취락인 纒向유적이 급격하게 쇠퇴하는 점에 주목하여 奈良분지 동남부의 세력이 단지 묘역만을 북부로 옮긴 것으로 볼 수 없고 중심지가 동남부에서 북부로 이동한 것으로 파악한다.

이 시기는 한반도 북부에서 313년 낙랑·대방군이 고구려에 의해 멸망하는 시기인 점이 주목된다. 이로 인해 奈良분지 동남부의 세력이 종래 위신재로 사용한 三角緣神獸鏡을 포함한 중국산 문물을 도입하던 관문이 폐쇄된다. 그래서 종래 삼각연신수경을 통한 중국 왕조의 권위로 일본열도의 왕권을 장악해 온 奈良분지 동남부의 세력이 쇠퇴하는 것으로 본다. 이 시기 대성동고분군에서 부장된 철소재인 鐵鋌과 鐵製甲冑, 筒形銅器는 일본열도로 이입되어 당시 유력 수장묘에 부장된다. 이와 함께 이 시기 김해시 대성동고분군에 畿內산 위신재가 출현하는 것은 우연의 일치로 보기 어렵다. 이는 새롭게 대두한 奈良분지 북부세력의 활동으로 파악되며, 이 세력은 금관가야와의 제휴를 통하여 군사력을 제공하는 대신에 이전시기의 중국산 위신재를 대체하는 금관가야산 통형동기와 철제품을 도입함으로써 畿內의 중추부내에서 주도권을 획득한 것이다.

그래서 4세기 후반 일본열도에 금관가야산 철제품이 이입되고, 김해 대성동고분군에서 출토된 파형동기와 벽옥제 석제품으로 볼 때 금관가야는 畿內지역 가운데 이 시기 왕권을 장악한 佐紀세력과 교섭한 것으로 본다. 이는 佐紀세력이 삼각연신수경을 대신하여 파형동기와 벽옥제 석제품을 위신재로 분여한 주체로 파악되기 때문이다(田中晉作 2009).

佐紀세력은 313년 고구려에 의한 낙랑·대방군의 멸망으로 인해 중국과의 교섭이 단절되어 쇠퇴한 奈良분지 동남부세력을 대신하여 금관가야와의 교섭을 통하여 철제품과 위신재를 도입함으로써 정권을 장악한 것으로 본다.

필자는 앞에서 언급한 바와 같이 일본열도의 금관가야산 문물, 대성동고분군의 畿內계 문물과 같은 고고자료와 함께 왜가 임나가라로 퇴각하였다는 문헌사료에 의거하여, 400년 고구려와의 전쟁의 주체는 佐紀세력으로 본다.

그런데 돌연 4세기 말~5세기 초에 조영된 古市고분군의 仲ッ山고분(傳 仲津媛陵, 全長 286m)에 인접한 鞍塚고분, 珠金塚고분과 百舌鳥고분군의 上石津ミサソザイ고분(傳 履中陵, 全長 365m)의 배총인 七觀고분에 신라산 마구, 철정, 철모 등이 부장되어 주목된다. 양 고분의 마구는 종래 부산 복천동고분군에서 출토된 마구와 유사한 것에서 금관가야산으로 인식되어 왔으나, 그 형식으로 볼 때 경주 황남동 109호 3·4곽에서 출토된 마구와 병행하는 시기의 신라산이 분명하다(朴天秀 2009). 더욱이 같은 시기 경주 월성로 가13호분과 경산 임당동 G6호분 출토품과 같은 양질의 경옥제 곡옥이 돌연 출현한다.

이와 같이 5세기 초 이전시기부터 이미 大阪남부에 신라산 마구가 이입되고 신라에 일본열도산 경옥제 곡옥이 본격적으로 이입되는 것이 주목된다. 왜냐하면 이 시기 경옥제 곡옥이 大阪남부고분에서 주로 부장되는 점에서 신라에 이입된 곡옥은 大阪남부 세력을 통해 입수된 것으로 파악되기 때문이다.

이는 금관가야와 왕권을 장악한 奈良분지 북부의 佐紀세력이 교섭하는 시기에 새롭게 대두한 大阪남부의 세력은 이미 신라와의 교섭을 개시한 것으로 볼 수 있게 한다. 즉 초대형 전방후원분이 奈良북부에서 大阪남부로 옮겨지며, 특히 譽田御廟山고분(傳 應神陵), 大仙고분(傳 仁德陵)이 조영되는 시기에 왜왕권의 교섭 대상이 금관가야에서 신라로 바뀐 것이다. 그래서 4세기 말 왜왕권의 中樞部를 구성하는 양대 세력인 奈良북부와 大阪남부의 대외교섭 상대가 각각 금관가야와 신라이고, 이와 같은 각각 다른 교섭 상대의 성쇠가 양대 세력의 흥망에 결정적인 영향을 미친 것으로 생각된다.

400년 고구려 남정의 결과 금관가야와 동맹관계였던 奈良북부의 佐紀세력이 패퇴하고 신라와 동맹한 신흥세력인 大阪남부세력이 왕권을 쟁탈한 것이다.

그래서 필자는 초대형 전방후원분의 奈良북부에서 大阪남부로의 이동은 단순히 묘역이동으로 볼 수 없고 왕조의 교체로 파악한다. 더욱이 초대형 전방후원분을 축조한 河內왕조의 융성은 신라와의 교섭을 통한 필수물자인 철, 위신재인 금공품과 첨단기술을 가진 공인의 도입이 중요한 배경으로 작용한 것으로 볼 수 있다. 한편 신라는 왜와의 교섭을 통하여 철을 수출하고 왜와의 동맹관계를 통하여 신라를 압박하던 고구려를 견제하고 후방의 안전을 도모한 것으로 추정된다. 5세기 전반의 낙동강 이동지역과 고구려 영역인 동해안으로의 진출은 이를 하나의 배경으로 한 것으로 볼 수 있다.

이 시기 일본열도의 대가야문물은 금제·금동제 장신구, 금동제 마구와 함께 말과 사육방법을 포함하였을 뿐만 아니라, 더욱이 왜의 문자사용을 본격화시킨 점에서 일본열도의 문명화에 기여한 것으로 판단된다. 일본열도의 대가야산 문물은 신라, 백제에 필적했던 5세기 후반 대가야의 국제 경쟁력을 웅변하는 것이다.

그런데 6세기 전엽 繼體陵으로 비정되는 今城塚고분이 남부에서 북부로 이동하여 조영되는 시기에 왜왕권과의 교류 주체가 바뀌는 점이 주목된다.

즉 6세기 초를 전후하여 일본열도에 도입된 문물의 舶載地가 대가야에서 백제로 전환되고 가야지역에 이입되던 왜계 문물이 백제 지배하의 영산강유역에 집중된다. 熊本縣 江田船山고분의 백제산 문물과 무령왕릉의 棺材인 일본열도산 金松은 4세기 후반 왜와의 교섭을 시작한 이래 가야지역과 왜와의 전통적이고 일상적 교역관계를 넘어 백제가 일본열도와의 교류 주도권을 장악하게 된 것을 상징하는 것이다.

이 시기 武寧王과 繼體의 관계는 和歌山縣 隅田八幡神社의 人物畵像鏡에서도 확인된다. 이 거울의 명문에는 武寧王과 즉위전의 繼體가 등장하며, 그 제작 시기는 문헌사학에서 무령왕 즉위 다음해인 503년으로 비정되고 있는데 鏡의 형식학적인 연구(車崎

正彦 1993)로 보아도 그 타당성이 인정된다.

繼體세력은 종래 河內세력과 전통적으로 밀접한 교류관계에 있었던 가야세력을 배제하고 백제를 교섭 창구로 하여 선진문물을 도입하여 河內세력과 차별화를 시도함으로써 畿內에서 우위를 확보한 것으로 파악된다. 이와 같이 畿內 중앙정권 내부의 권력교체에 한반도 세력과의 교섭이 중요한 역할을 한 것으로 추정된다. 또한 雄略에서 繼體로 변하는 왜의 정치적 변동과 동성왕에서 무령왕으로 바뀌는 백제의 정변이 상호 연동하였을 가능성이 높은 점도 주목된다.

6. 맺음말

종래 문헌사료에 의거하여 4세기 후반 이래 한일관계는 시종일관 백제가 왜와의 교섭을 주도하고, 가야는 그에 부용적인 역할로, 신라와 왜는 항상 적대적인 관계로만 인식되어 왔다. 그러나 백제와 왜의 교섭기사가 보이며 七支刀가 일본열도에 전래되는 4세기 후반에도 금관가야산 문물이 일본열도에 유입되고 금관가야의 왕묘인 대성동고분군에 일본열도산 위신재가 다수 부장된다. 마찬가지로 5세기 후반에도 대가야산 문물이 일본열도에 유입되고, 일본열도산 문물이 대가야권에 이입되는 것에서 여전히 그 교류의 중심이 4세기 후반의 금관가야와 같이 대가야임을 시사하는 것이다.

일본열도의 한반도산 문물과 한반도의 일본열도산 문물로 볼 때, 4세기 후반 이래 지속적인 백제와 왜의 정치적 교섭은 인정되나 백제산문물이 일본열도에 유입되고 영산강유역에 전방후원분이 출현하는 5세기 말 이전까지 양자간 교류의 주역은 어디까지나 가야로 본다.

더욱이 문헌사료에 의거하여 적대적인 관계로만 파악되어 온 신라와 왜의 관계는 고고자료로 볼 때 삼국시대에 걸쳐서 교류가 지속되었을 뿐만 아니라 특히 5세기 전반과 6세기 후반에는 그 교섭의 중심으로까지 부상한 점에서, 문헌사료에만 의거한 한일관계사 연구의 한계를 지적할 수 있겠다.

이와 같이 고대 한일교섭사에서 가야가 배제되고 백제와 왜 일변도로, 또한 신라와 왜의 관계가 적대적으로 묘사된 것은 8세기 전후한 시기의 국제관계를 그 배경으로 들수 있다. 이와 함께 『일본서기』 편찬에 백제측 사료가 바탕이 되고, 가야를 부용국으로 주장하고 신라에 적대적이었던 백제유민들이 그 편찬에 관여하였기 때문일 것이다. 그래서 신라와 왜는 시종일관 적대적으로 볼 수 없고 시기별로 和戰 양면적인 관계였다고 판단한다.

이러한 상황에서 삼국시대 한일관계는 항상 고정된 것이 아니라 양 지역간 정치적 정세에 따라 매우 錯綜적이고 역동적이었다.

이제부터 일방적으로 문헌사료에만 의거해 온 해석을 지양하고 풍부한 한일 양국의 고고자료와 문헌사료의 결합을 통한 고대 한일관계사의 새로운 조명이 기대된다.

일본열도의 왜왕권을 비롯한 호족세력은 5세기까지 가장 중요한 필수 물자인 철을 한반도 남부에 의존할 수밖에 없었고, 또 권력을 유지하기 위한 위신재를 비롯한 선진문물을 반드시 한반도로부터 도입해야만 했다. 한편 백제, 신라, 가야는 국가간 항쟁에서 승리하기 위하여 일본열도와의 외교·군사적 동맹관계가 필요하였다. 한반도와 일본열도의 관계는 당시 한반도가 四國으로 분립되어 경쟁하고 있어 상대적으로 왜가 유리한 입장이었던 것은 부정하기 어렵다. 그러나 한편 왜가 철을 비롯한 필수물자를 한반도에 의존할 수밖에 없었던 외부자원 의존형 국가이었음을 환기시키고자 한다.

고대 한반도와 일본열도의 관계는 어느 한쪽의 일방적이 아닌 양자가 절대적으로 필요한 상호적이었으며, 더욱이 그 관계가 단지 문물의 이동이 아닌 상호간 인간의 이동을 동반한 것이었다. 그 인간의 이동에도 한반도로부터의 일방적인 거대한 흐름과 함께, 이에 상응하는 일본열도로부터의 흐름이 있었다.

특히 영산강유역의 전방후원분을 비롯한 공주, 부여지역의 橫穴墓는 영산강유역뿐만 아니라 백제 왕도에도 왜인이 거주했음을 시사하며, 이는 일본열도 전역에 한반도로부터 수많은 이주민이 정착한 것을 고려한다면 지극히 자연스러운 현상이라 할 수 있다.

필자는 종래 고대 한일관계가 침략과 대항, 지배와 종속관계로 묘사된 배경이 실은 신라와 왜의 관계를 적대적인 관계로 보는 것에 기인하는 점에서, 이를 전면적으로 재고할 필요성을 제기하고자 한다.

그리고 이제까지 일본열도의 王朝交替는 주로 내부적 요인에 의해 파악되거나 막연하게 동아시아적 계기를 강조하여 왔으나, 본 연구에서는 특히 河內왕조의 출현과 융성이 신라와의 교섭과 관련되고 繼體왕조의 출현이 백제와 연관된 점에서 그 외부적 요인을 환기시키고자 한다.

參考文獻

참고문헌

國文

藥科哲男(外), 2008, 「한반도 玉類의 이화학적분석과 유통」, 『호남지역 읍락사회의 변천』, 호서고고학회.

高田貫太, 2003, 「5·6世紀 洛東江以東地域과 日本列島의 交涉에 관한 豫察」, 『韓國考古學報』50, 韓國考古學會.

_____, 2005, 「日本列島 5·6世紀 韓半島系 遺物로 본 韓日交涉」, 慶北大學校 大學院 博士學位論文.

金恩淑, 1994, 「6世紀 後半 新羅와 倭國의 國交成立過程」, 『新羅文化財學術發表會論文集』第15輯, 新羅文化宣揚會.

김태식, 2002, 『미완의 문명 7백년 가야사』1·2·3, 푸른역사.

김현구 外, 2003, 『일본서기 한국관계기사 연구(II)』, 일지사.

朴天秀, 2006, 「3~6세기 韓半島와 日本列島의 交涉」, 韓國考古學報』61, 韓國考古學會.

_____, 2007, 『새로 쓰는 고대 한일교섭사』, 사회평론.

_____, 2009, 「考古學을 통해 본 新羅와 倭」, 『湖西考古學報』21, 湖西考古學會.

_____, 2009, 『日本列島속의 大加耶文化』, 高靈郡·慶北大學校.

_____, 2011, 『國內外 所藏 大加耶文物』, 高靈郡·慶北大學校.

延敏洙, 2003, 『古代韓日交流史』, 혜안.

이영식, 2004, 「가야와 왜, 그리고 임나일본부」, 『가야 잊혀진 이름 빛나는 유산』, 혜안.

李炫姃, 2007, 「신라고분 출토 안교손잡이 시론」, 『嶺南考古學』41, 嶺南考古學會.

全榮來, 1985, 「百濟南方境域의 變遷」, 『千寬宇先生還曆記念 한국사학논총』, 정음문화사.

田中俊明, 2008, 「5~6世紀南海岸地域의 加耶·百濟·倭」, 『전남동부지역의 가야문화』, 한국상고사학회.

崔恩珠, 1986, 「韓國 曲玉의 硏究」, 『崇實史學』第4輯, 崇實大學校史學會.

日文

弓場紀知, 2006,「壹岐雙六古墳出土の白釉綠彩圓文碗 -その年代と中國陶瓷史上の位置づけ-」,『雙六古墳』, 壹岐市文化財調查報告書 第7集, 長崎縣壹岐市教育委員會.

金鉉球, 1985,『大和政權の對外關係研究』, 吉川弘文館.

大賀克彥, 2005,「稻童古墳群の玉類について -古墳時代中期後半における玉の世-」,『稻童古墳群 - 福岡縣行橋市稻童所在の稻童古墳群調查報告』, 行橋市教育委員會.

都出比呂志, 1988,「古墳時代首長系譜の繼續と斷絶」,『待兼山論叢』, 史學篇22, 大阪大學文學部.

東野治之, 1992,「銘文解讀」,『修理報告有銘環頭大刀』, 東京國立博物館.

諫早直人, 2009,『古代東北アジアにおける騎馬文化の考古學的研究』, 京都大學院文學研究科.

鈴木靖民, 1995,「伽耶の鐵と倭王權について歷史的パースペクティーヴ」,『日本古代國家の展開』上, 思文閣.

木村誠, 2005,「朝鮮三國と倭」,『古代を考える -日本と朝鮮-』, 吉川弘文館.

朴天秀, 1995,「渡來系文物からみた加耶と倭における政治的變動」,『待兼山論叢』史學編29, 大阪大學文學部.

_____, 1998,「考古學から見た古代の韓・日交涉」,『靑丘學術論集』第12集, 財團法人韓國文化研究振興財團.

_____, 2001,「三國・古墳時代における韓・日交涉」,『渡來文化の波 -5~6世紀の紀伊國を探る-』, 和歌山市立博物館.

_____, 2002,「榮山江流域における前方後圓墳の被葬者の出自と性格」,『考古學研究』49-2, 考古學研究會.

_____, 2004,「大加耶と倭」,『國立歷史民俗博物館研究報告110 - 古代東アジアにおける倭と加耶の交流』, 國立歷史民俗博物館.

_____, 2007,『加耶と倭』, 講談社.

白石太一郎, 2008,「倭國王墓造營地移動の意味するもの」,『近畿地方における大型古墳群の基礎的研究』, 奈良大學文學部.

寺澤薰, 2000,『日本の歷史02 -王權誕生-』, 講談社.

小林敏男, 2004,「日本古代國家形成過程 -五・六世紀を中心に-」,『シンポジウム倭人のクニから日本へ -東アジアからみる日本古代國家の起源-』, 學生社.

神谷正弘, 2002,「藤ノ木古墳出土金銅製鞍について」,『考古學ジャーナル』NO482, ニューサイエンス社.

田中晋作, 2009,『筒形銅器と政權交替』, 學生社.

早乙女雅博・早川泰弘, 1997,「日韓硬玉製勾玉の自然科學分析」,『朝鮮學報』第162輯, 朝鮮學會.

車崎正彥, 1993,「倭鏡の作者」,『季刊考古學第43號 -鏡が語る古代史-』, 雄山閣.

千賀久, 2003,「日本出土「新羅系」馬裝具の系譜」,『東アジアと日本の考古學III -交流と交易-』, 同成社.

村上英之介, 1993, 「韓國福泉洞古墳鐵鋌の微量成分分析と若干の考察」, 『古代學評論』第 3 號, 古代を考える會.

塚本敏夫, 1993, 「馬具(近畿) -初期馬具から見た渡來系工人の動向と5世紀の鐵器生産體制-」, 『古墳時代における朝鮮系文物の傳播』, 第34會埋葬文化財研究集會, 埋藏文化財研究會.

河村好光, 1995, 「海をわたってきた鍬形碧玉製品」, 『考古學研究會40周年記念論集 -展望考古學-』, 考古學研究會.

英文

朴天秀, 2008, 「Kaya and Silla in Archaeological Perspective」, 『EARLY KOREA』1, KOREA Institute HARVARD University.

_____, 2010, 「Cultural Exchange between the Korean Peninsula and the Japanese Archipelago between the Third and Sixth Centuries」, 『Early Korea-Japan Interactions:New Perspectives on Old Issues』, (Early Korea Project Workshop), Cambridge, KOREA Institute HARVARD University.

II. 일본열도 속의 백제문화

요시이히데오(吉井秀夫) 교토(京都)대학교

1. 머리말

　문헌기록과 금석문자료를 통해서 볼 때 고구려, 백제, 신라의 삼국 가운데 백제는 일본열도와 가장 밀접한 관계를 맺었던 나라였다. 백제는 五経博士를 비롯해서 여러 가지 지식과 기술을 가르칠 수 있는 사람들을 야마토(大和)정권으로 파견했다. 또 성왕이 불상과 경전을 보냄으로써 일본에 공식적으로 불교가 전파되었고, 6세기 말에 아스카데라(飛鳥寺)가 건립되었을 때도 백제는 瓦博士를 비롯한 절의 축조에 필요한 기술자를 파견했다. 660년에 백제가 멸망하자 야마토정권은 군대를 보내서 백제 부흥운동을 지원했는데, 결국 백촌강 전투에서 대패해 버렸다. 그 후 일본으로 망명한 백제인들은 오사카(大阪)에 설치된 百濟郡을 비롯한 일본 각지에서 생활하게 되었다. 특히 백제 왕족들은 '구다라노코니키시(百濟王)'라는 성을 받아 8세기대까지 天皇家와도 밀접한 관계를 유지했다. 그런데 고고학의 경우 신라계나 가야계 고고자료에 비해서 백제계 고고자료에 대한 관심은 결코 크지 않았다. 그것은 일본 고고학자가 백제에 관심이 없었기 때문이라기 보다는 일본에서 출토된 외래계 자료와 비교할 만한 백제의 고고자료가 많지 않았기 때문이다.

　이러한 상황에서 필자는 1999년에 국립중앙박물관에서 특별전『백제』가 개최되었을 때 일본에서 출토된 백제계 고고자료를 통사적으로 개관한 바가 있다(吉井秀夫 1999a). 또 1999년부터 2004년까지 국립공주박물관의 '일본 소재 백제문화재 조사'에 참가하면서 큐슈(九州)지방과 킨키(近畿)지방을 중심으로 일본 각지의 백제계 고고자료를 조사했다(국립공주박물관 1999・2000・2002・2004). 그리고 그 조사 성과를 바탕으로 하여 일본열도에서 출토된 백제계 고고자료를 검토해 왔다(吉井秀夫 1999b・2002・2003・2004・2008・2010). 그런데 그 동안 백제고고학에서는 새로운 연구 성과가 많이 나왔기 때문에 일본의 백제계 고고자료에 대해서는 재검토해야 할 과제가 적지 않다. 그래서 본고에서는 일본열도에서 출토된 백제계 고고자료를 검토하기 위한 기본적인 문제점을 정리한 다음, 최근 필자가 관심을 가지고 있는 횡혈식석실과 금동제 장신구를 예로 들면서 연구의 현상과 앞으로의 과제에 대해서 생각해 보겠다.

2. 일본열도에서 출토된 백제계 고고자료를 연구하기 위한 문제점

이전에 필자는 일본열도에서 출토된 백제계 고고자료를 연구하기 위해서 주의해야 할 문제로써 (1) 비교・참조할 수 있는 백제의 고고자료에 대한 정보가 적고, (2) 일본에서 출토된 고고자료 가운데 어떤 것을 백제계 고고자료로 인정할 것인지가 불분명함을 지적한 바가 있다(吉井秀夫 1999b : 69~73).

이들 문제 가운데 첫 번째 문제에 관해서는 한국 및 일본에서 조사연구가 진전됨으로써 비교・참조할 수 있는 자료가 많이 늘어났음을 지적할 수 있다. 그래서 백제계 고고자료의 기원과 일본으로의 유입경로에 대해서도 더 구체적으로 연구할 수 있게 되었다. 토기를 예로 들어 보면, 국립공주박물관에서 조사했을 때에 '광의의 백제토기'로 정의하면서 조사・검토한(吉井秀夫 1999b) 4~5세기대의 '백제토기'에는 영산강유역의 토기와 유사한 예가 많음이 연구자 사이에서 인정을 받게 되었다(吉井秀夫 2002・2004, 김종만 2008). 또 킨키(近畿)지방을 비롯한 각지에서 출토되는 5세기대의 적갈색연질토기(소위 '韓式土器')에도 영산강유역이나 금강유역의 토기와 관계가 있다고 생각되는 예가 적지 않음이 밝혀졌다(酒井清治 1998). 7세기 후반에는 나니와노미야(難波宮)가 만들어졌고, 그 이전 단계부터 외교와 관련된 시설이 있었던 오사카(大阪) 우에혼마치(上本町)대지 일대의 유적에서 7세기 전반에 사비지역의 전형적인 백제토기인 병형토기와 완이 출토된 것도 중요한 발견이었다(寺井誠 2008・2009).

그런데 이러한 토기의 구체적인 기원지의 비정, 일본으로의 이동 경위, 그리고 그 역사적인 배경을 밝히기 위해서는 앞으로 검토해야 할 과제가 적지 않다. 선술한 것 같이 4~5세기 '백제토기' 에는 영산강유역의 토기와 유사한 예가 많다. 그런데 영산강유역의 토기는 지역마다 특징이 강함이 밝혀지고 있다(서현주 2006). 또 영산강유역보다는 금강유역 토기와 관계가 있다고 생각되는 예도 지적되고 있다(金鍾萬 2008). 구체적인 토기 제작지를 추정하기 위해서는 앞으로 백제토기의 지역성과 그 변천에 관한 상세한 연구가 필요하겠다.

그리고 토기를 만든 집단의 평가도 검토되어야 할 문제이다. 금강유역과 영산강유역은 원래 마한제국의 일부이며, 4~5세기대를 통해서 백제의 영역으로 편입된 지역이다. 그런데 그 구체적인 편입 과정과 시기에 대해서는 의견이 일치되지 않고 있다. 그 때문에 만약 구체적으로 기원지를 추정할 수 있다고 하더라도 그 토기를 만들고 쓴 집단이 백제 중앙세력과 어떤 관계가 있었는지에 따라 그 토기에 대한 역사적인 평가가 많이 달라질 것이다.

다음으로 일본에서 출토되는 고고자료 가운데 어떤 것을 백제계 고고자료로 인정하는가에 대해서 검토해 보자. 이전에 필자는 백제계로 인정할 수 있는 고고자료에는 (1)류 : 백제에서 제작된 것이 일본으로 들어온 것, (2)류 : 일본에 온 백제인이 일본에서 제작한 것, (3)류 : 일본에 사는 사람이 (1)·(2)류를 직접 혹은 간접적으로 모방해서 제작한 것 등으로 분류할 수 있다고 지적했다. 그리고 이들 가운데 (1)류는 백제에서의 반입품이며, (2)·(3)류는 일본으로 들어온 후부터 형태적, 기능적, 기술적으로 많이 변화하여 일본열도내에서 일반화되기 이전 단계까지의 자료를 백제계 고고자료로 인정할 수 있다고 생각했다(吉井秀夫 1999b : 71~72). 이와 같은 기본적인 입장은 현재도 변경할 필요는 없다고 생각하고 있다.

최근 일본고고학에서는 종래 (1)류라고 생각되어 온 외래계 고고자료가 오히려 (2)·(3)류로 판단되는 경우가 적지 않다. 그리고 그 연구 성과를 바탕으로 백제계를 비롯한 외래계 고고자료의 역사적인 의의에 대한 평가도 달라지고 있는 것 같다. 예를 들면 오사카 오바데라(大庭寺)유적 발굴을 계기로, 종래 가야나 백제에서 들어온 토기(陶質土器)라고 생각된 것의 대부분이 일본열도에서 생산된 토기(須惠器)라고 판단하게 되었다. 그 결과 일본인 연구자의 관심은 須惠器의 기원에 관한 논의보다는 새로운 토기제작기술이 일본열도에서 어떻게 수용되어 '일본화' 되었는지에 대한 논의로 기울고 있는 것 같다. 유사한 연구동향은 후술할 횡혈식석실이나 금동제 장신구에 관한 연구에서도 지적할 수 있다. '일본고고학'이 일본열도의 지역사 연구인 이상, 이러한 연구 경향의 변화는 당연할지도 모르겠다. 그런데 고고자료를 변화시킨 내적인 요인에만 주목해서 외적인 요인에 대한 관심이 상대적으로 낮아지게 되는 것은 문제가 있다고 생각한다. 이러한 상황을 타개하고 백제와 일본의 관계사 연구를 발전시키기 위해서는 한국내의 새로운 조사연구 성과를 잘 정리해서 일본 고고학계에 소개하는 노력도 필요하겠다.

3. 일본열도의 횡혈식석실 수용과 전개과정에 대해서

백제 최초의 왕도였던 한성에 위치한 가락동·방이동고분군의 횡혈식석실은 일본 고고학계에서는 큐슈(九州) 북부지방과 킨키(近畿)지방 횡혈식석실의 기원을 생각하기 위한 중요한 자료로서 자주 소개되었다(森下浩行 1986). 하지만 이들 석실이 백제 석실이 아니라 6세기 후반 이후의 신라계 석실이라는 주장이 제기됨으로써, 이들 석실을 일본열도 횡혈식석실의 기원으로 생각할 수 있는지 의심스러워졌다. 그러므로 일본 열도 횡혈식석실의 출현과정을 생각하기 위해서는 백제의 초기 횡혈식석실의 실태와 그 상한에 대한 재검토가 필요함을 필자는 지적해 왔다(吉井秀夫 1996a·1996b· 2003·2008·2010).

다행히 그 동안 발굴조사가 늘어나면서 한강유역 및 금강유역에서 한성기까지 올라갈 수 있는 석실이 많이 발견되었다(도 01). 이들 가운데에는 공주 수촌리유적과 원주 법천리유적과 같이 중국제 도자기와 금동제 관모·신발을 비롯한 많은 부장품이 출토된 예가 있다. 또 하남 광남동유적, 성남 판교지구 문화유적, 서울 우안2지구 국민임대주택 부지내 유적 등 한성과 인접한 지역에서도 횡혈식석실이 발견되었다. 그래서 가락동·방이동고분군 석실분 대신에 새로 발견된 석실이 일본열도 횡혈식석실의 기원을 생각하기 위한 비교대상이 되어야 하겠다. 이들 고분은 정식 보고서가 발간되어 있지 않는 경우가 적지 않기 때문에 필자와 같은 외국인이 본격적으로 검토하기 힘들다. 하지만 필자가 현재까지 입수한 정보를 바탕으로 석실의 구조와 매장방식에 대한 기본적인 경향을 정리하고, 새로운 석실의 발견이 일본열도 횡혈식석실의 수용과 전개에 관한 연구에 어떤 영향을 미치는지를 생각해 보겠다.

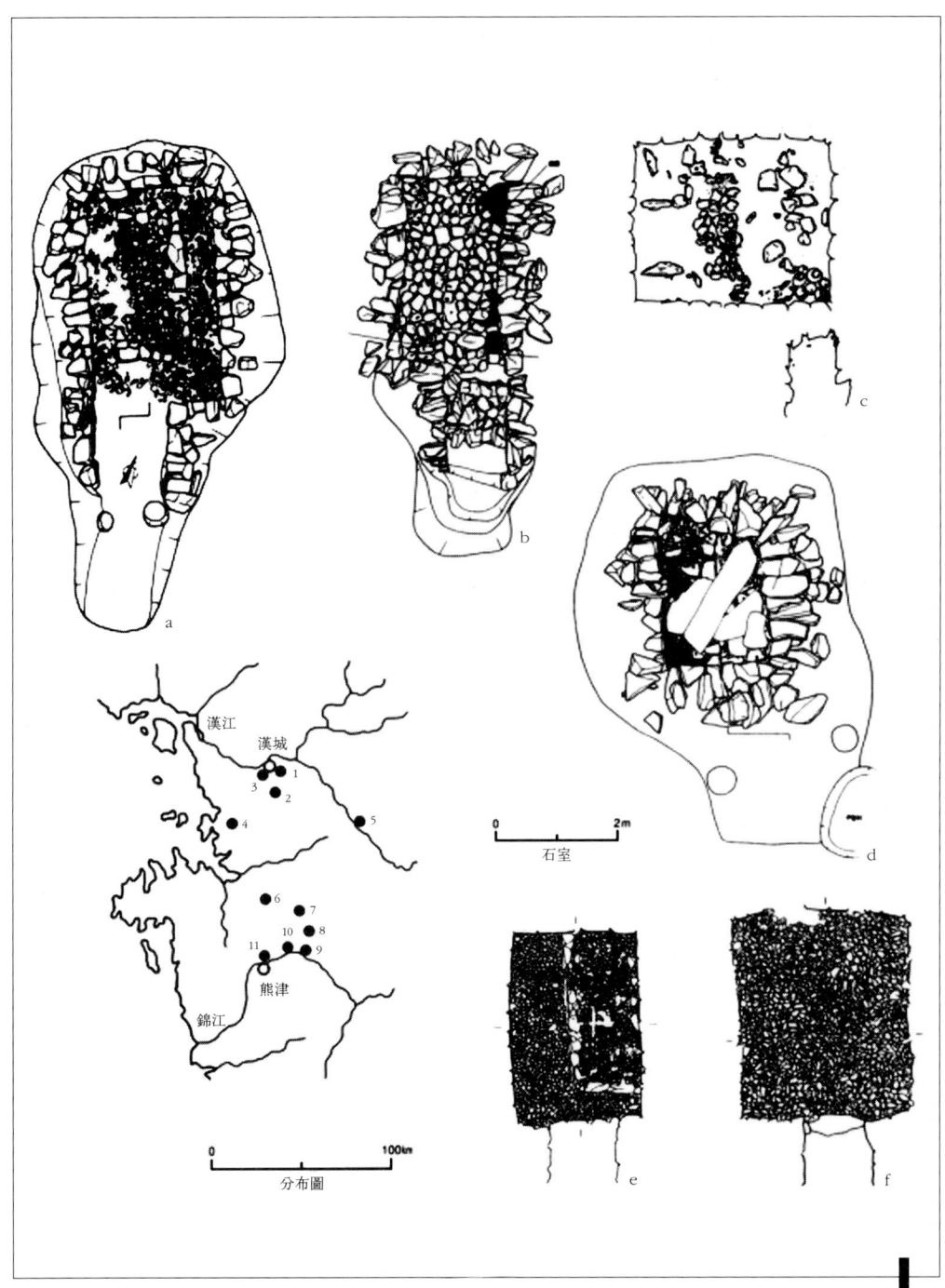

한성기 횡혈식석실의 분포와 다양성(吉井 2010) 01

1. 광암동, 2. 판교지구, 3. 우안 2지구, 4. 마하리 · 와임리, 5. 법천리, 6. 용원리, 7. 주성리, 8. 신봉동, 9. 부강리, 10. 송원리, 11. 수촌리 / a. 신봉동 92-1호 석실, b. 법천리 1호 석실, c. 마하리 석실, d. 법천리 4호 석실, e .수촌리 4호 석실, f. 수촌리 5호 석실

먼저 석실구조를 정리해 보자. 한성기까지 올라갈 수 있는 횡혈식석실의 현실 평면형은 정방형에 가까운 예와 너비 : 길이=1 : 1.5~2.0 전후의 장방형인 예로 나눌 수 있다. 현실 평면이 정방형에 가까운 예의 경우 측벽이 직선적인 예와 연기 송원리 KM-016호분과 같이 측벽이 불룩해진 예가 있다. 연도에는 중앙연도와 좌편, 우편연도가 있다. 또 명확한 연도시설이 없고, 간단한 횡구구조가 있었다고 생각되는 예가 원주 법천리 4호분, 고창 봉덕리 1호분, 나주 복암리 3호분 등에서 발견되었다. 현실 평면이 장방형인 석실의 경우도 중앙연도와 좌편, 우편 연도의 예가 모두 있다. 또 용원리 C지구 석실분과 같이 현실 평면이 너비 : 길이=1 : 3 전후의 세장방형이며 중앙연도인 석실도 발견되었다.

이상과 같은 다양한 석실 가운데 현실 평면이 정방형에 가까운 예는 웅진기의 송산리형석실로, 장방형에 가까운 예는 표정리형석실(吉井秀夫 1993)로 이어졌을 것으로 예상된다. 하지만 이들의 구체적인 계통과 변천과정을 생각하기 위해서는 주의해야 할 몇 가지 문제점이 있다. 먼저 주의하고 싶은 것은 석실 규모의 차이이다. 공주 주변에서 발견·조사된 웅진기 송산리형석실 가운데 현실 길이가 3m를 넘는 예는 송산리고분군의 왕묘급 석실에 한정된다(吉井秀夫 1991). 그런데 한성기까지 올라갈 수 있는 횡혈식석실을 보면 현실 길이가 3m를 넘는 예가 적지 않다. 또 석실의 입지 및 연도와 묘도 구조의 차이도 지적할 수 있다. 웅진기 석실은 낮은 언덕의 사면에 입지하고 현실, 연도, 묘도의 바닥이 거의 수평으로 연속된 예가 많다. 그 반면에 한성기 석실은 낮은 언덕의 구릉선상에 입지하고, 현실 하반부가 묘광내에 위치하기 때문에, 송원리 KM-016호분과 같이 묘도가 경사지나 현실과 연도 사이에 단이 있는 경우가 많다. 이상과 같은 차이에 어떤 의미가 있고, 한성기에서 웅진기로 어떻게 변화했는지에 대해서는 앞으로 많은 검토가 필요하겠다.

석실구조와 함께 석실내에 몇 명의 피장자가 어떻게 매장되었는지도 검토되어야 할 문제이다. 필자는 웅진기 백제 횡혈식석실분 매장방식이 못과 관고리를 사용한 '들어나르는 관'을 쓴 二人並列葬임을 지적해 왔다. 그리고 이러한 특징은 한성기 백제에 횡혈식석실이 나타났을 때에 함께 수용되었다고 생각한 적이 있다(吉井秀夫 1995). 하지만 최근의 조사상황을 보면 한성기 횡혈식석실에서는 관고리를 쓰지 않고, 못이나 꺾쇠로 조립된 목관을 썼을 것으로 추정되는 경우가 많은 것 같다. 또 피장자 수를 보면 수촌리 3~5호분의 경우처럼 단장이라고 판단되는 예가 있는 반면, 화성 마하리석실분이나 청원 주성리 1호 석실분과 같이 두 번 이상의 추가장이 상정되는 예도 있다. 이상

이들 석실의 기원은 웅진기가 아니라 한성기 횡혈식석실에 있었을 가능성이 높다고 생각된다. 다만 다카이다야마고분 및 후지노모리고분에서 나온 못과 꺾쇠는 백제 횡혈식석실에서 출토된 예와 차이가 있다. 한성기 횡혈식석실에서 출토된 못은 길이가 10cm 전후인 것이 일반적이고, 머리 형태는 반구형, 방형, 원형 등 다양하다. 그런데 다가이다야마고분에서 출토된 못은 길이가 15cm 전후의 대형품이다. 후지노모리고분에서 출토된 못도 길이가 12cm가 넘고, 머리형태가 'ㄴ'자형이다. 그리고 이러한 못의 특징은 6세기대 킨키지방 횡혈식석실에서 출토된 예와 유사하다. 이러한 못의 차이가 백제내의 시기차나 지역성을 반영하고 있는지, 일본에서 수용되면서 차이가 생겼는지에 대해서는 앞으로 좀 더 검토해야 하겠다.

4. 일본열도에서 출토된 금동제 장신구의 수용과 전개에 대해서

5세기부터 6세기까지 일본 각지의 고분에서는 금, 은, 금동으로 만들어진 관, 이식, 허리띠, 신발, 목걸이, 반지, 팔찌 등이 출토된다. 이러한 금속제 장신구의 기원이 한반도에 있음은 일제시대 일본인이 한반도 각지의 무덤을 발굴해서 금관을 비롯한 다양한 장신구를 발견함으로써 널리 알려지게 되었다. 그 후 일본과 한국에서 발견예가 늘어나면서 양국의 금속제 장신구의 계통과 영향관계에 대한 연구도 진행되었다. 일본에서 출토된 금동제 신발은 백제의 신발과 기본적인 구조가 같은데, 시간이 지나면서 일본적인 구조와 제작기술로 만들어진 신발이 나타났음을 지적한 바가 있다(吉井秀夫 1996). 또 금제 이식도 구조와 의장의 특징을 통해서 백제와의 관계가 지적된 예가 있다(이한상 2001). 반면 금동관의 경우 유사성을 지적할 수 있는 신라계나 가야계 관에 비해서 백제계 관의 존재를 구체적으로 지적하기 힘들었다.

그런데 1990년대 이후 발굴조사가 늘어나면서 백제와 관련된 금동제 관과 신발의 발견예가 늘어나고 있다. 특히 한성기에 만들어졌다고 생각되는 고분에서의 출토예가 늘어나면서 그 시기의 금동관과 신발의 특징을 알 수 있게 되었다(이한상 2010a · 2010b). 즉 금동관의 경우 고깔모양의 본체(관모)에 문양판이나 꽃봉오리 모양의 장식이 조합된다. 관모 측면에는 불꽃무늬와 용무늬, 삼엽무늬, 거북등무늬 등이 투조된 예와 물고기비늘무늬, 당초무늬 등이 타출기법으로 표현된 예가 있다. 신발의 경우도 바

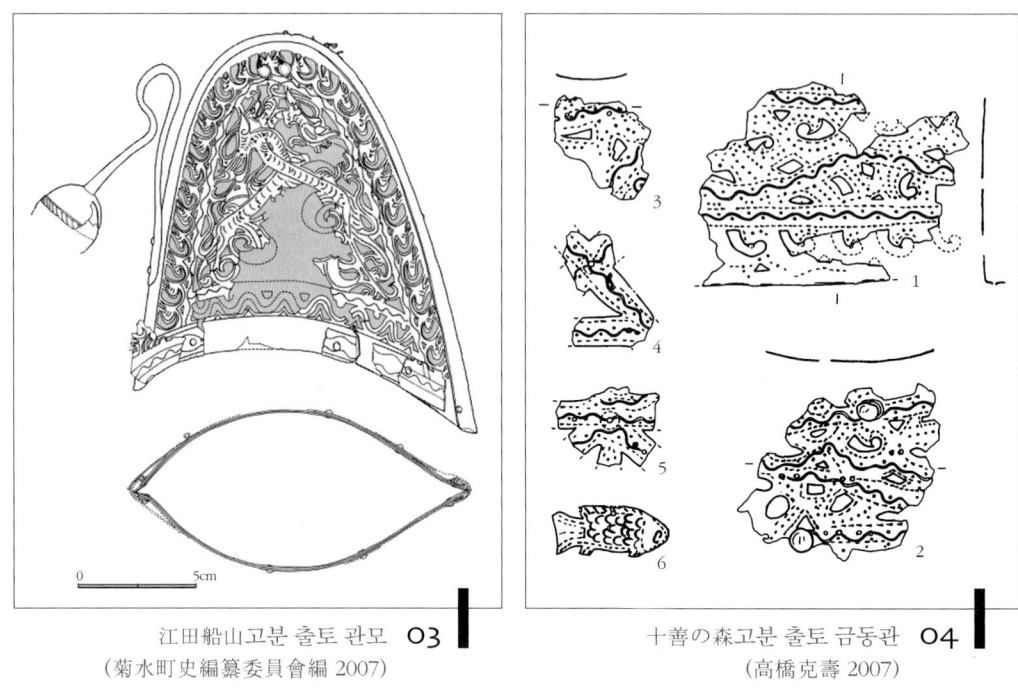

江田船山고분 출토 관모 **03**
(菊水町史編纂委員會編 2007)

十善の森고분 출토 금동관 **04**
(高橋克壽 2007)

닥판과 측판에 '凸'자무늬, 용무늬, 거북등무늬 등이 투조된 예가 일반적이다.

이상과 같은 백제의 금동제 관과 신발에 대한 새로운 발견을 통해서 구마모토(熊本) 에다후나야마(江田船山)고분에서 출토된 관모(도 03)가 백제계 문물임을 확실히 말할 수 있게 되었다. 관모 전체의 모습, 불꽃무늬와 용무늬의 투조, 꽃봉오리 모양의 장식 등의 특징은 백제의 관모와 거의 같다. 또 관모 하단에 남아 있는 금동판편은 백제 출토 예에서 보이는 장식판의 흔적일 것이다. 전체적인 구조로 보아 에다후나야마고분에서 출토된 관은 백제고분에서의 출토예와 비교해 보더라도 잘 만들어진 관이라고 평가할 수 있다(桃崎祐輔 2008 : 300·312).

또 일본열도 각지에서 출토된 투조 금동제품의 형태와 계통에 관해서도 재검토가 필요하겠다. 일본열도의 6세기대 고분에서는 투조된 금동판이 출토된 예가 의외로 많다. 그런데 에다후나야마고분 관모를 제외하면 원래의 형태를 복원할 수 있는 예는 결코 많지 않다. 어느 정도 크기의 파편이 남아 있는 후쿠이(福井) 주젠노모리(十善の森) 고분 출토예(도 04, 西山要一 1981)나 오사카 미네가즈카(峯ヶ塚)고분 출토예(下山惠 子·吉澤則男 編 2002)는 관모의 일부라고 추정된 바가 있다. 그런데 최근 백제에서 투조된 신발이 많이 발견되었기 때문에 관모 이외의 장신구의 일부였을 가능성을 앞으로

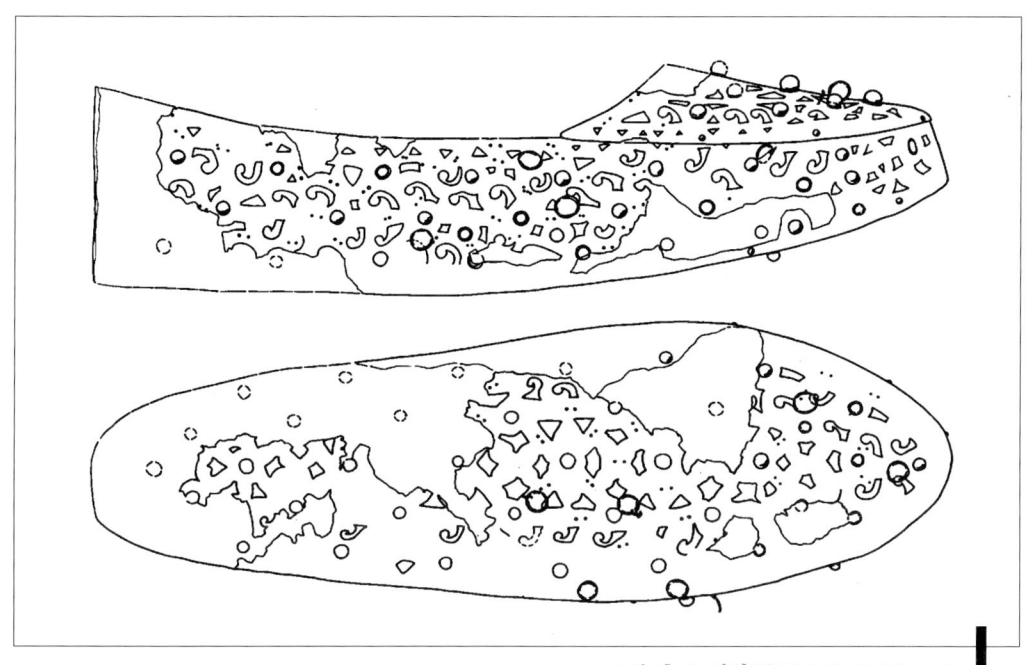

다시 검토해 볼 필요가 있겠다.

예를 들면 모리시타 쇼지(森下章司)는 주젠노모리고분에서 출토된 용문 투조 금동
판을 그 형태적인 특징으로 보아 관모가 아니라 신발 파편일 가능성이 있음을 지적한
바가 있다(森下章可・吉井秀夫 1995 : 97). 또 다카하시 카쯔토시(高橋克壽)는 원주 법
천리 1호분에서 출토된 용문 투조 신발과의 비교를 통해서 주젠노모리고분에서 출토
된 금동판의 일부가 용문과 '파두상문(波頭狀文)'이 조합된 신발의 바닥판과 측판 일
부일 가능성을 지적했다(高橋克壽 2007). 또 그는 일본에서 유사한 예가 발견된 적이
없는 독특한 구조를 가진 군마(群馬) 야츠(谷ッ)고분에서 출토된 신발(도 05)을 그 투조
기법의 공통성을 통해서 역시 백제계 신발로 추정했다. 필자도 역시 이들 유물의 기원
은 백제계 투조 신발에서 구할 수 있는 가능성이 높다고 생각하고 있다.

일본에서 가장 많이 출토된 광대이산식관(廣帶二山式冠)도 백제 장신구와의 관계
를 재검토해야 할 유물이다. 현재까지의 연구(中村潤子 1983, 岡林孝作 1991, 森下章
司・吉井秀夫 1995)를 통해서 광대이산식관은 그 형태적인 특징 이외에 물고기형 영락
이나 유리구슬로 장식되고 광대의 중앙부에 나비형 장식이 부착되는 공통점이 있음이
밝혀졌다. 광대부의 장식에는 (1) 거북등무늬를 타출기법으로 표현한 예, (2) 꽃무늬를

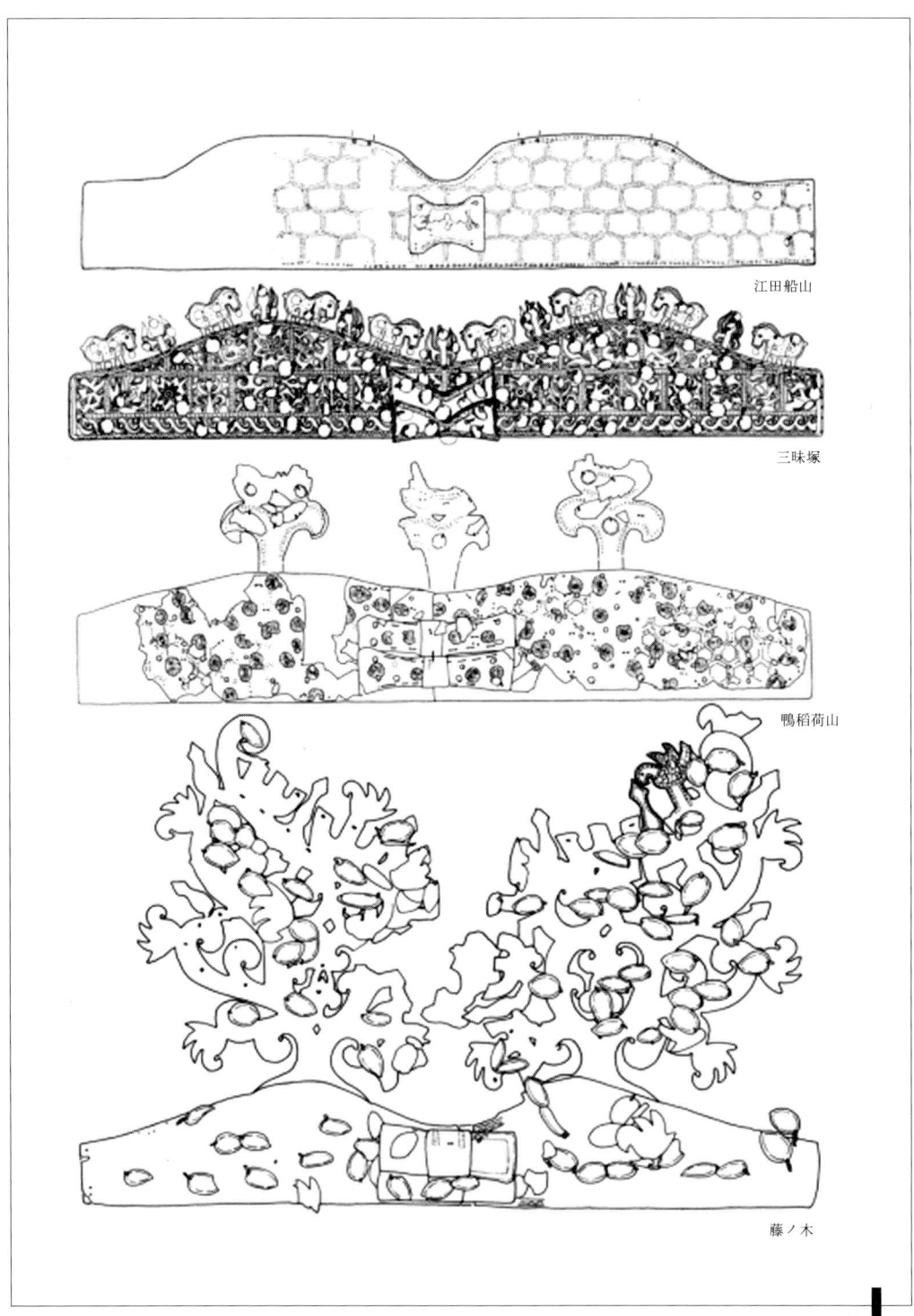

江田船山

三昧塚

鴨稲荷山

藤ノ木

광대이산식관과 그 변천(森下章司・吉井秀夫 1995) 06

비롯한 여러 가지 문양을 투조기법으로 표현한 예, (3) 주연에 따라 파상열점무늬가 있지만, 내부는 무문인 예 등 3가지로 크게 나눌 수 있다. 이들 문양기법에 대해서 오카바야시 코사쿠(岡林孝作)는 (1)→(2)→(3)으로 변화했다고 생각했다. 반면 모리시타(森下章司)는 (1)과 (2)는 출현 시기에 차이가 없고, 문양의 단순화 및 조잡화, 유리옥의 장착 방법의 변화, 입식의 대형화 등을 지표로 해서 편년이 가능할 것이라고 생각했다(도 06). 이와 같이 광대이산식관은 일본에서의 출토수가 많을 뿐만 아니라 형식학적인 변천을 확인할 수 있고, 같은 형태의 관이 한반도에서는 출토된 바가 없었기 때문에 일본 특유의 관이라고 평가되어 왔다.

이러한 견해에 대해서 모리미쯔 토시히코(毛利光俊彦 1995)는 익산 입점리 1호분에서 출토된 금동관편 가운데 광대이산식관으로 복원할 수 있는 자료가 있음을 지적했다. 또 함순섭(1997)은 함평 신덕 1호분에서 출토된, 타출기법으로 거북등무늬가 표현된 금동판이 광대이산식관일 가능성을 지적했다. 이상과 같은 자료를 바탕으로 광대이산식관의 원류를 백제나 영산강유역에서 구하려는 학설이 제기되었다(毛利光俊彦 2000, 박천수 2001).

전술한 것과 같이 광대이산식관은 일본열도 내에서의 출토예가 많고 형식적인 변천을 확인할 수 있다는 점이 일본열도에서 출토된 다른 금동관과의 차이이다. 같은 기술로 만들어지고, 광대이산식관과 공반하는 경우가 많은 반통형금구가 일본의 독자적인 머리 모양인 미즈라(美豆良)를 장식하는 도구로 추정할 수 있는 점(森下章司 2010)을 통해서도 광대이산식관이 일본에서 독자적으로 발전되었을 가능성이 높다. 반면 역시 광대이산식관과 함께 나오고 제작기술도 공통되는 금동제 신발의 구조와 제작기술을 보면, 백제에서의 새로운 금공기술의 수용 없이는 광대이산식관을 만들지 못했음을 알 수 있다. 그러므로 광대이산식관의 계보를 생각할 때는 관자체와 입식의 형태적인 유사성보다는 유리구슬의 장식이나 투조기법과 같이 관에 보이는 기술적인 특징의 유사성과 연속성을 비교 검토할 필요가 있다(森下章司・吉井秀夫 1995 : 92).

이러한 검토의 구체적인 예로서 관과 신발에 보이는 '波頭狀文'의 공통성과 차이점을 검토해 보겠다(吉井秀夫 2011). 다카하시 카쯔토시(高橋克壽 2007)가 지적한 바와 같이 일본에서 출토된 관과 신발의 주연 문양대를 구성하는 '파두상문'과 유사한 문양대가 백제의 관과 신발에도 보인다. 그런데 '파두상문'이라고 표현되는 투조는 원래는 어떤 문양을 표현하기 위해서 뚫은 구멍에 불과하다. 그러므로 '파두상문'이 어떤 문양을 표현하려고 했는지는 유물마다 정확히 분석해야 한다.

'파두상문'의 비교 **07**
(吉井秀夫 2011)

1. 식리총 신발, 2. 수촌리 1호 석실
관모, 3. 江田船山고분 관모, 4. 三
昧塚고분 관모, 5. 東宮山고분 관
모, 6. 十善の森고분 관모

수촌리 II-1(도 07-2)·4호분 출토 관모와 江田船山고분 관모(도 07-3)의 경우 머리가 안쪽을 향하도록 '파두상문' 구멍을 배치하고 그 사이에 서로 안쪽을 향하는 두 개의 '삼각문' 구멍을 배치함으로써 선단부가 두 개로 갈라진 불꽃무늬가 표현되어 있다. 불꽃무늬의 세부 문양은 조금기법으로 표현되어 있다. 이들 예와 유사한 불꽃무늬 표현은 경주 식리총에서 출토된 신발 주연부(도 07-1)에서도 보인다. 이 신발은 주조품이라고 여겨지고 불꽃무늬 표현은 투조가 아니라 부조로 표현되어 있다. 마노매 준이치(馬目順一 1980)는 이러한 불꽃무늬의 기원을 중국 남조나 북조에서 구할 수 있다고 지적한 바가 있다. 백제의 관을 만든 장인들은 불꽃무늬의 표현을 어느 정도 이해한 상태에서 문양을 새겼다고 볼 수 있다.

산마이주카(三昧塚)고분에서 출토된 광대이산식관(도 07-4)의 경우는 광대의 밑쪽을 따라 머리가 아래쪽 (바깥쪽)을 향하도록 '파두상문' 구멍이 배치되어 있다. 그리고 그 사이에는 아래쪽에만 안쪽(위쪽)을 향하도록 '삼각문' 구멍이 배치되어 있다. 그리고 이들 구멍 사이에 표현되어 있는 문양은 불꽃무늬가 아니라 파두가 연속된 문양이다. 토구산(東宮山)고분 출토예(도 07-5)의 경우는 광대의 위쪽과 아래쪽에 머리를 아래쪽으로 향하도록 '파두상문' 구멍이 배치되어 있고, 그 사이의 아래쪽에 위쪽을 향하도록 '삼각문' 구멍이 배치되어 있다. 실물을 관찰하지 못했기 때문에 세부를 표현한 조금기법이 있는지를 알 수 없는데, 이 예도 역

시 불꽃무늬가 아니라 파두가 연속된 문양을 표현한 것으로 이해할 수 있다. 주젠노모리(十善の森)고분 출토예(도 07-6)도 '파두상문' 구멍과 '삼각형문' 구멍의 배치상태로 보아 파두가 연속된 문양을 표현하려고 한 것 같은데, 조금기법이 부분적으로 남아 있을 뿐이어서 원래의 문양을 이해하지 못했는지도 모르겠다.

이상과 같이 '파두상문' 구멍이 배치된다는 점에서는 공통되면서도 백제의 관모 및 신발의 예와 일본의 광대이산식관 및 신발의 예는 구멍이 배치되는 방향과 구체적으로 표현하려고 하는 문양이 서로 다름을 알 수 있다. 이렇게 문양이 달라지는 이유로는 관모와 광대이산식관은 금동판의 모습이 다르기 때문에 서로 다른 문양이 선택되었을 가능성을 생각해 볼 수 있다. 하지만 필자는 광대이산식관의 제작자가 불꽃무늬를 잘 이해하지 못했기 때문에 '파두상문' 구멍만을 모방해서 파두를 연속된 문양으로 재구성했을 가능성을 생각해 보고 싶다. 이와 같이 제작방법을 잘 모르는 인물이 모방한 결과 문양뿐만 아니라 기술적으로도 큰 변화가 생기는 예는 금동제 신발에서도 확인한 적이 있다(吉井秀夫 1996). 이와 같이 구체적인 제작기술의 연속성과 단절을 검토함으로써 백제의 금공기술이 일본열도에 어떻게 수용되었는지를 밝힐 수 있을 것이다.

5. 맺음말

이상 본고에서는 토기, 횡혈식석실, 금동제 장신구를 예로 들면서 일본열도 속의 백제문화를 생각하기 위해 주의해야 할 몇 가지 문제점을 검토해 봤다. 백제고고학은 한성기, 웅진기, 사비기의 왕도 주변에서 발견된 유물이나 유구를 연구대상으로 한 단계에서 한강, 금강, 영산강유역의 여러 지역에서 발견된 유물과 유구를 종합적으로 연구해야 하는 단계에 들어갔다고 할 수 있다. 앞으로 일본열도 속의 백제계 고고자료의 계통과 그 역사적인 배경을 밝히기 위해서는 유사한 유물이나 유구를 찾을 뿐만 아니라 그들이 각 시기의 백제사회에서 어떤 의미를 가졌는지를 알 필요가 있다. 이러한 의미에서 앞으로 백제고고학연구가 크게 발전될 것을 기대하면서 본고를 마무리하겠다.

國文

國立公州博物館, 1999, 『日本所在 百濟文化財 調査報告書 I -近畿地方-』, 國立公州博物館研究叢書 第9册.

＿＿＿＿＿＿＿, 2000, 『日本所在 百濟文化財 調査報告書II-九州地方-』, 國立公州博物館研究叢書 第11册.

＿＿＿＿＿＿＿, 2002, 『日本所在 百濟文化財 調査報告書III-近畿地方-』, 國立公州博物館研究叢書 第14册.

＿＿＿＿＿＿＿, 2004, 『日本所在 百濟文化財 調査報告書IV-長野·東京·千葉地方-』, 國立公州博物館研
究叢書 第15册.

吉井秀夫, 1996, 「금동제 신발의 제작기술」, 『碩晤尹容鎭教授停年退任紀念論叢』.

＿＿＿＿, 1999a, 「일본 속의 백제」, 『특별전 백제』, 국립중앙박물관.

＿＿＿＿, 1999b, 「日本 近畿地方의 百濟系 考古資料에 관한 諸問題-5·6세기를 中心으로-」, 『日本所在
百濟文化財 調査報告書 I -近畿地方-』, 국립공주박물관.

＿＿＿＿, 2004, 「土器資料를 통해서 본 3~5세기의 百濟와 倭의 交渉關係」, 『漢城期 百濟의 물류시스템
과 對外交涉』, 학연문화사.

＿＿＿＿, 2011, 「백제의 관과 일본의 관」, 『백제의 관』, 국립공주박물관.

朴天秀, 2007, 『새로 쓰는 고대 한일 교섭사』, 사회평론.

寺井誠, 2009, 「외교의 창구 難波의 고고학적 연구」, 『고대 영남과 오사카의 만남-道路·土器·鐵器-』.

徐賢珠, 2004, 「4~6世紀 百濟地域과 日本列島의 關係」, 『湖西考古學』第11輯.

＿＿＿, 2006, 『榮山江 流域 古墳 土器 研究』, 학연문화사.

李漢祥, 2001, 「日本 出土 百濟耳飾의 年代」, 『古代研究』8집.

＿＿＿, 2010a, 「백제의 금속제 관 문화」, 『백제의 관』, 국립공주박물관.

＿＿＿, 2010b, 「삼국시대의 금속제식리 문화」, 『고대인의 신』, 복천박물관.

咸舜燮, 1997, 「小倉Collection 金製帶冠의 製作技法과 그 系統」, 『古代研究』第5輯.

日文

岡林孝作, 1991, 「冠・帽」, 『古墳時代の研究』8.

高橋克壽, 2007, 「日本出土金銅製透彫冠・履の系譜」, 『鹿園雜集』第9號.

菊水町史編纂委員會編, 2007, 『菊水町史 江田船山古墳編』, 和水町.

吉井秀夫, 1991, 「朝鮮半島錦江下流域の三國時代墓制」, 『史林』74-1.

_____, 1993, 「百濟地域における橫穴式石室分類の再檢討-錦江下流域を中心として-」, 『考古學雜誌』
        第79卷2號.

_____, 1995, 「百濟の木棺-橫穴式石室墳出土例を中心として-」, 『立命館文學』第542號.

_____, 2002, 「日本出土百濟(馬韓)土器の諸問題」, 『日本所在 百濟文化財 調查報告書Ⅲ-近畿地方-』,
        國立公州博物館.

_____, 2003, 「百濟墓制の導入と展開」, 『檢証古代日本と百濟』, 大巧社.

_____, 2008, 「墓制からみた百濟と倭-橫穴式石室を中心に-」, 『百濟と倭國』, 高志書院.

_____, 2010, 「百濟墓制研究の新潮流」, 『季刊考古學』第113號.

金鍾萬, 2008, 「日本出土百濟系土器の研究-西日本地域を中心に-」, 『朝鮮古代研究』第9號.

桃崎祐輔, 2008, 「江田船山古墳遺物群の年代をめぐる豫察」, 『王權と武器と信仰』.

馬目順一, 1980, 「慶州飾履塚古新羅墓の研究-非新羅系遺物の系統と年代-」, 『古代探叢』, 早稻田大學出
        版部.

毛利光俊彦, 1995, 「日本古代の冠-古墳出土冠の系譜-」, 『文化財論叢Ⅱ』.

_____, 2000, 「二山式帶冠の源流を探る-百濟から日本へ-」, 『日韓古代における埋葬法の比較研究』.

朴天秀, 2001, 「三國・古墳時代における韓・日交涉」, 『渡來文化の波- 5～6世紀の紀伊國を探る-』.

北山峰生, 2007, 「初期橫穴式石室考」, 『研究集會 近畿の橫穴式石室』.

寺井誠, 2006, 「近畿地方出土三韓・三國系土器の再檢討」, 『大阪歷史博物館 研究紀要』第5號.

_____, 2008, 「古代難波における2つの瓶を巡って」, 『大阪歷史博物館 研究紀要』第7號.

森下章司・吉井秀夫, 1995, 「6世紀の冠と沓」, 『琵琶湖周邊の6世紀を探る』, 京都大學文學部考古學研究室.

森下浩行, 1986, 「日本における橫穴式石室の出現と系譜-畿內型と九州型-」, 『古代學研究』111.

西山要一, 1981, 「福井縣上中町十善の森古墳出土の金銅製冠帽」, 『古代研究』22.

李勳・山本孝文, 2007, 「公州水村里古墳群に見る百濟墓制の變遷と展望」, 『古文化談叢』56.

酒井淸治, 1998, 「日韓の甑の系譜から見た渡來人」, 『楢崎彰一先生古希記念論文集』, 同論文集刊行會.

_____, 2008, 「韓國出土の須惠器」, 『生産の考古學Ⅱ』, 同成社.

中村潤子, 1983, 「廣帶式二山冠について」, 『古代學研究』101.

太田宏明, 2003, 「畿內地域における導入期の橫穴式石室」, 『關西大學考古學研究室開設五拾周年記念
        考古學論叢』上卷.

下山惠子・吉澤則男編, 2002, 『史蹟古市古墳群峯ヶ塚古墳後圓部發掘調査報告書』, 羽曳野市教育委員會.

和田淸吾・吉井秀夫, 2000, 「日本出土「百濟」系土器をめぐる１予察」, 『福岡大學總合研究所報』第240號, 總合科學編 第3號.

Ⅲ. 한반도 농경문화가 彌生문화 성립에 끼친 영향

이 홍 종 고려대학교

1. 彌生문화란

1) 彌生시대 연구사

1950년대에는 야요이시대의 고고학적 자료가 적어서 개념정의에 대한 어려움이 있었지만 고바야시 유끼오에 의해 이전의 죠몽문화와 뚜렷이 구분되는 물질문화적 성격을 바탕으로 온가가와식토기의 출현과 더불어 도작농경이 개시된 시기로 정의되었다.

1960년대에 접어들어서는 죠몽토기로 분류되었던 야마노테라유적 등의 돌대문토기에서 볍씨흔, 포흔이 발견되고, 지석묘 등과 공반함으로서 죠몽문화의 산물이 아닌 야요이적 제요소가 등장하기 때문에 야요이 개시기의 수전도작과 관련지어 생각하기에 이르렀다. 오까모토는 이 시기에 등장하는 대형호를 농경생활을 영위하기 위한 저장용토기로 해석하기 시작하였다.

1970년대에는 야요이시대를 야요이토기(온가가와식)로부터 분리시켜 '일본에서 식량생산을 기반으로 한 생활이 개시되었던 시대', '대륙과의 교섭을 통해 농업이 일반화되면서 처음으로 식량이 생산되었던 시대'로 정의하였다.

1980년대에 접어들어서는 사하라 마코토에 의해 돌대문토기도 야요이시대에 편입시키면서 돌대문토기 단순기와 수전도작이 공존했던 단계를 야요이 조기, 본격적인 야요이토기인 이타츠케식토기가 출현하는 시기를 야요이 전기로 구분하였다. 또한 이시기는 야마사키 등 큐슈지역의 고고학자에 의해 본격적인 야요이시대 토기에 대한 전반적인 편년작업이 활발히 진행되었다.

1990년대 이후는 타사끼, 후지오, 야네 등 젊은 야요이시대 연구자들에 의해 돌대문토기와의 관계, 야요이토기의 시원, 계통, 지역간 비교·연구를 포함한 문화 전반에 대한 포괄적인 연구가 진행되었다.

2000년대에는 실연대문제가 역사민속박물관의 연구팀에 의해 제기되면서 일본 내에서도 그에 대한 찬성론과 반대론이 팽팽이 맞서있는 시기라고 볼 수 있다.

2) 彌生문화의 정의

야요이문화를 한 마디로 정의하기란 매우 어렵다. 일본열도는 연해주로부터 큐슈까지 2,000km에 달할 정도로 매우 길게 뻗어있어서 지역에 따른 문화의 수용양상이 다르고 그 시기도 천차만별이기 때문이다. 그렇지만 야요이문화가 처음으로 정착한 북부 큐슈지역에 한정해서 야요이문화의 성립을 바라본다면 다음과 같이 몇 가지로 정의될 수 있을 것이다.

⑴ 완성된 형태의 수전 등장

  - 이타츠케유적(건전형) : 1977~1978년에 발굴. 대지(미고지) 하단부에 이중 환호 중 외호를 겸하는 수로를 두르고 그 아래쪽으로 장방형의 수전을 만든다. 하층은 유우스Ⅰ, Ⅱ단계 및 이타츠케Ⅰ시기에 속해 등장기의 수전으로 인정된다.
  - 나바타케유적(습지형) : 곡저부를 이용한 수전형태로 돌대문단순기부터 중복되면서 수전이 조영되었다.

⑵ 기능분화된 농경구

  - 목제 농경구를 제작하기 위한 공구로서 마제의 태형합인석부, 주상편인석부, 편평편인석부 및 수확구가 새롭게 등장한다.
  - 목제 농경구의 출현 : 가래, 고무래, 절구공이 등 농경도구가 새롭게 출현한다.

⑶ 철기의 사용

이타츠케유적 출토 가래의 가공흔 중 철기를 사용한 흔적과 마가리다유적에서 돌대문토기와 함께 철기파편이 출토되었으나 논란의 여지는 있다.

⑷ 지석묘의 등장

⑸ 형질인류학적 차이점

2. 죠몽에서 야요이로의 전환

1) 야요이토기란

⑴ 야요이토기의 구성

조리용의 옹, 저장용의 호, 공헌용의 고배, 차림용의 발로 구성되며 죠몽시대와 비교할 때 호의 증가가 뚜렷하다.

⑵ 개시기의 토기문제

돌대문토기와 이타츠케식토기와의 관계로서 이전에는 온가가와계토기가 야요이의 시작이라 여겼지만 유우스식단계에 이미 완성된 도작농경이 시작되었고, 토기 역시 죠몽양식에서 벗어나기 때문에 이를 야요이의 시작으로 보아야 한다는 견해들이 제시되었다.

⑶ 죠몽에서 야요이토기로의 이행

기존의 토기편년은 죠몽토기에서 그 계보를 설정하고 있지만 돌대문토기의 존재와 성격이 밝혀짐에 따라 돌대문토기와 이타츠케식토기로의 이행 배경을 살피는 것이 중요하다고 판단된다.

⑷ 호의 등장

특히 호의 등장은 돌대문토기와 같이하는데 이는 우리나라의 단도마연토기와 형태적으로 유사하다.

⑸ 유우스식토기와 이타츠케식토기

　　4종류로 구분한다.

2) 도작농경의 시작

　　북부 큐슈지역에서는 이타츠케유적 등 초기 수전의 양상으로 보아 돌대문토기기에 완성된 체제로 수용되었지만, 세토나이ㆍ킨키지역은 야요이Ⅱ기에 접어들어서 시작되었을 것으로 보고 있다.

3. 야요이문화의 성립과정

1) 시기문제

　　彌生時代의 개시는 도작농경을 수반한 제문화가 北部 九州地域을 중심으로 처음 등장하는 시점으로 그 상한은 기원전 450년경으로 비정되어 왔으나 최근 역사민속박물관의 토기에 대한 AMS 측정에 의해 기원전 930년까지 소급되어야 한다는 주장이 제기되면서 彌生 개시기에 대한 절대연대는 상당히 혼란스러운 상황이다. 역사민속박물관이 제시한 무문토기와 야요이토기의 계보도 연대를 보면(도 01), 彌生 조기는 기원전 930년경, 전기는 기원전 810년경, 중기는 기원전 350년경, 후기는 기원 전후로 실년대를 제시하고 있는데 이는 기존의 연대보다 무려 500년 이상이 소급된 것이다(藤尾愼一郎 2004). 이러한 연대는 토기에서 시료를 채취하여 측정한 것이기 때문에 비슷한 시기 무문토기와의 상대적인 비교ㆍ검토가 필요하다. 절대연대의 측정치로만 본다면 송국리문화의 한반도 등장 시기는 기원전 900년경에 해당되는데, 변형된 송국리형주거지가 夜臼 단계에 북부 큐슈지역에 등장하는 것으로 보아 彌生 早期 연대는 이를 상회하지는 않을 것이다. 또한 夜臼式土器의 중심값을 안정적인 절대연대로 본다면, 彌生 早

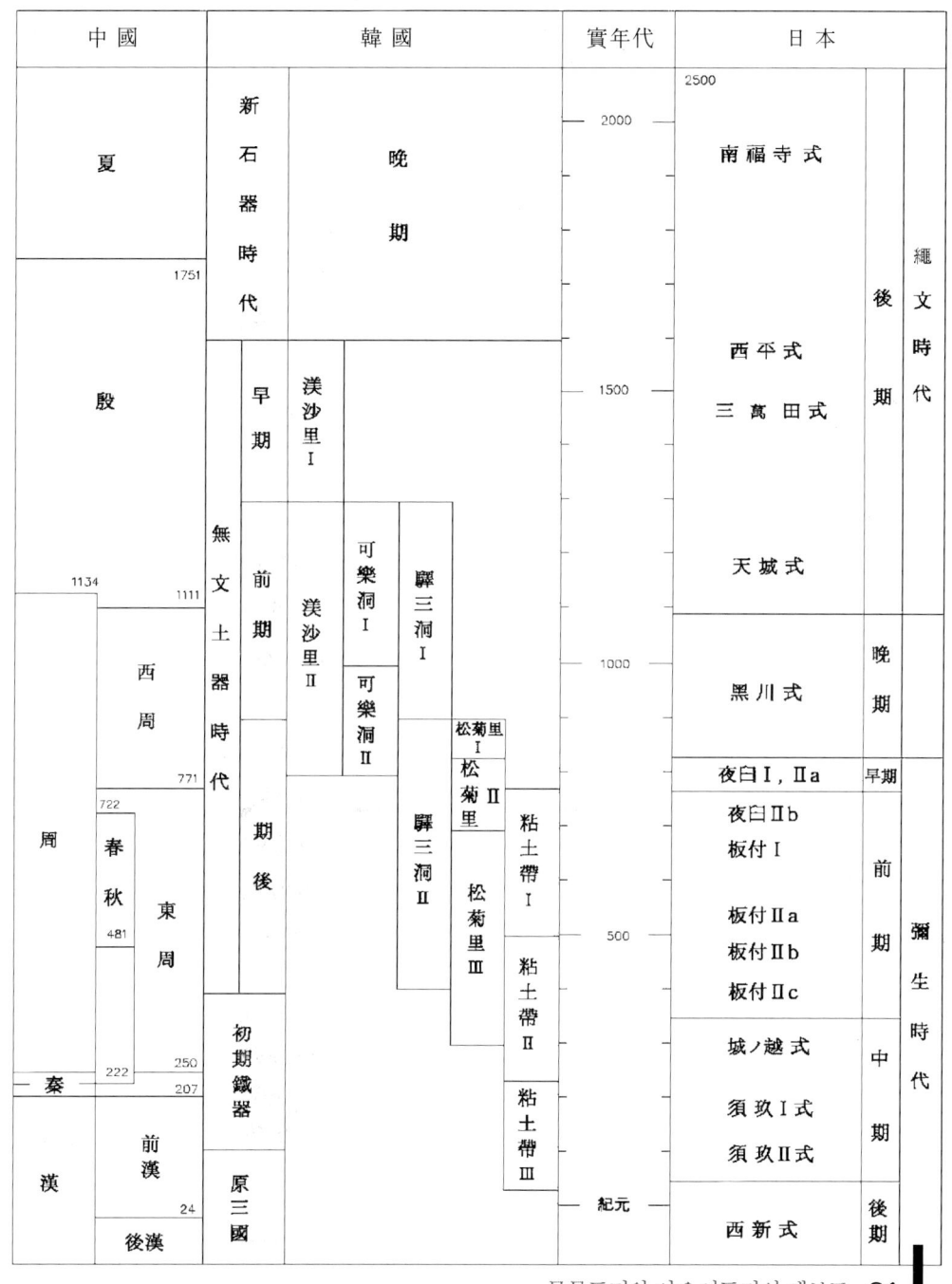

무문토기와 야요이토기의 계보도　01

期는 기원전 850~800년경, 전기는 800~750년경으로 개시연대를 설정할 수 있을 것이다(이홍종 2006). 彌生 개시기를 전후한 시기에 해당되는 무문토기로는 미사리식토기·역삼동식토기·송국리식토기가 있는데, 미사리식과 역삼동식은 彌生早期의 夜臼式土器, 松菊里式土器는 彌生 前期의 板付式土器와 기형상 유사성을 가지고 있다.

2) 성립기의 토기

彌生 早期土器의 대명사로 불리우는 夜臼式土器(刻目突帶文土器)의 시원에 대해서는 크게 두 가지 설이 있다. 福岡平野에서 가장 이른 시기의 수전과 刻目突帶文土器가 공반된다는 점을 들어 北部 九州地域을 등장지역으로 보는 견해(山崎純男 1989)와 繩文晚期 中半에 近畿地域에서 발생한 후, 北部 九州地域으로 파급된 것으로 보는 견해가 있다(泉 拓良 1990, 家根祥多 1993). 전자의 경우, 刻目突帶文土器의 등장 배경에 대해서는 직접적으로 언급하고 있지는 않다. 후자의 견해는 토기 자체의 변화상을 고찰한 것으로 어느 한 토기에서 계보를 찾은 것이 아니라 서로 다른 토기권에 속한 지역간의 교류를 통해 여러 요소가 결합되면서 近畿地域에서 먼저 각목돌대문토기가 탄생한후, 큐슈지역으로 파급되면서 우연히 수전농경과 결합된 것으로 보았다. 이러한 견해

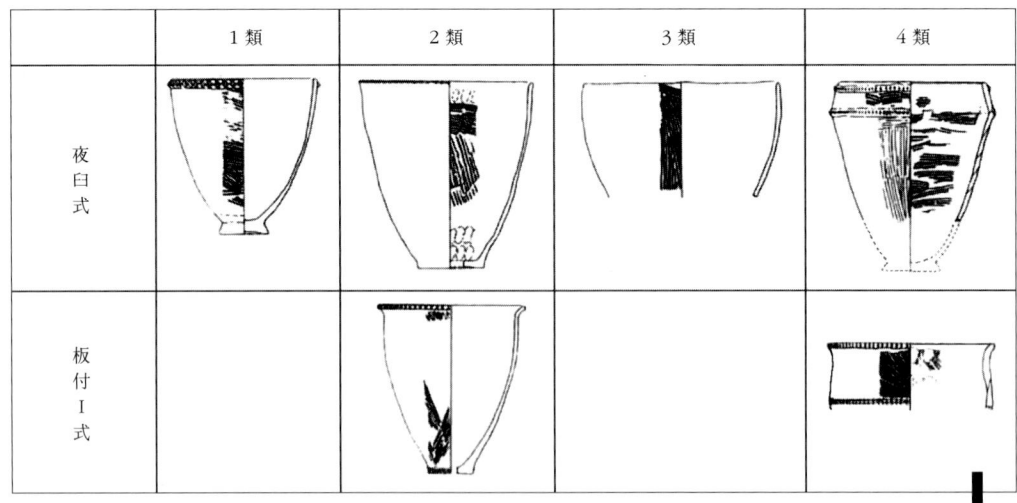

	1 類	2 類	3 類	4 類
夜臼式				
板付 I 式				

유우스식토기와 이타츠케식토기의 유형(山崎純男 1989) **02**

에는 彌生 성립 이전에 각목돌대문토기가 등장하였으므로 繩文集團이 능동적으로 수전농경문화를 받아들일 역량을 이미 갖추고 있었다는 견해의 근간이 되기도 하지만(田中良之 1984), 토기상에서는 그렇다하더라도 彌生文化의 차별성을 고려할 때, 어느 정도는 외래계집단의 관여가 불가피했을 것으로 해석하기도 한다(家根祥多 1997).

彌生 성립기 토기의 편년적연구는 山崎純男(1989), 田崎博之(1994), 藤尾愼一郎 (1987) 등 주로 九州地域의 연구자들에 의해 주도되었고, 앞서 언급한 近畿 발생설의 두 연구자는 각목돌대문토기의 성립과 관련된 지역간의 문제에 초점을 두었다.

유우스(夜臼)식은 夜臼 I, 夜臼 IIa, 夜臼 IIb로 구분되는데, 夜臼 IIb는 前期로 편년되고 있는 이타츠케(板付) I 과 공반된다. 따라서 早期에 해당되는 토기는 夜臼 I, 夜臼 IIa이고, 전기에 속하는 토기는 夜臼 IIb, 이타츠케 I, 이타츠케 II가 해당된다(도 02). 夜臼土器와 板付土器의 차이는 外反口緣의 등장에서 찾을 수 있다. 夜臼式土器는 외반구연토기가 존재하지 않는 반면, 板付式土器는 형태상 夜臼와 유사하더라도 모두 외반구연을 특징으로 한다. 彌生 早期와 前期의 시기구분도 바로 이 板付式土器의 등장이 획기가 되는 셈이다(이홍종 2006).

이상에서 彌生 早期土器는 夜臼 I · 夜臼 IIa, 前期는 夜臼 IIb · 板付式으로 구분하고 있음을 살펴보았다. 夜臼式土器는 기형 혹은 제작기법상 繩文的인 요소와 非繩文的인 요소를 모두 포함하고 있지만 刻目突帶文이라는 특징은 새로운 요소이고, 板付式土器는 형태상 夜臼式과 유사한 것도 있지만 제작기법이나 기형상에 있어서 현저한 차이점이 지적된다. 山崎純男(1989)은 전술한 바와 같이 夜臼式과 板付式 甕形土器를 유형에 따라 夜臼土器는 4類, 板付式土器는 2類로 구분하고 있다.

3) 집단문제

미사리유적에서 출토된 미사리식토기(각목돌대문토기)의 절대연대는 기원전 17~16세기이지만 남부지역의 송죽리유적과 어은유적의 연대는 기원전 13~10세기대로서 일본 각목돌대문토기의 출현 직전에 해당된다. 우리나라 초기 각목돌대문토기의 경제적기반은 전작농경으로 추정되는데 남부지역에서 어떻게 수전농경집단으로 변화하여 北部 九州地域으로 진출하였는지에 대해서는 아직까지 고고학적인 자료가 불확실하다. 그러나 남부지역에서 각목돌대문토기 및 역삼동식토기집단이 송국리문화를 받아들였다는 것은, 주거지는 송국리형을 채용하면서도 토기는 재지계를 그대로 사용한 점으로 보아 의심의 여지가 없다. 필자는 일본 각목돌대문토기의 출현에 대해서 우리나라 남부지역의 영향을 주장해 왔다. 안재호(2004)도 본촌리유적 3호주거지 출토 각목돌대문토기와 菜畑遺蹟 출토 夜臼式土器의 절대연대가 거의 같다는 것으로부터 일본 각목돌대문토기의 출현을 남부지역에서 구한 바 있다. 한편 藤尾愼一郞(2006)은 시기적인 동시성은 인정하면서도 양 지역 각목돌대문토기의 문화전체를 고려할 때, 한국은 전작형태인데 비해 일본은 수전형태이며 아울러 석기의 조합도 다르다는 점을 들어 한국 남부지역에서 수전농경문화와 함께 각목돌대문토기가 등장하였다는 점에 동의하지 않고 있다. 또한 형식학적으로 한국 남부는 포탄형(Ⅰ류)만 존재하는데 비해 일본에서는 만곡형(Ⅳ류)이 세토나이카이(瀨戶內)・近畿지역에서 먼저 출현한 다음 北部 九州의 영향을 받아 포탄형이 출현하였으며 각목의 시문법이나 기면조정 등 세세한 부분에서 차이가 인정된다는 점도 지적하고 있다. 그러나 그 차이는 우리나라와 일본에서 출토되고 있는 점토대토기와 같은 정도라는 점도 언급하면서 직접적인 영향관계는 금후의 과제로 남겨두고 있다.

이처럼 彌生 早期土器인 각목돌대문토기의 출현문제에 대해서는 한일 학자간에 이견이 있지만, 필자는 수전농경을 기반으로 한 문화체계(송국리문화)가 한반도로부터 건너가면서 彌生文化가 탄생하였다는 점, 그 주체는 송국리토기집단 그 자체가 아니라 각목돌대문토기와 역삼동계라는 점에 주목하여 송국리문화를 채용하였던 동시기 남부지역의 재지집단이 그 주체가 될 수밖에 없었을 것으로 판단하였다.

4) 단계(도 03)

(1) 1단계

미사리식토기의 특징으로는 저부로부터 벌어지면서 올라가 그대로 구연부를 이루는 기형으로 구연 하단에 1개의 각목돌대문이 존재한다. 아직까지 그다지 많은 유적이 조사되지 않아 정확한 성격을 파악하는데 어려움이 있지만 중부지역의 한강유역과 남부지역의 남강유역에 분포권을 갖고 있으면서 충적대지상에 입지하고 있다. 이러한 입지여건으로 보아 충적대지상의 전작농경과 관련된 농경집단의 가능성이 제기되었지만(이홍종 2003), 이후 조사성과가 축적되면서 전기의 토기집단도 도작을 영위했을 가능성이 제기되면서 수도작 농경의 파급에 의해 그 기술체계를 채용하여 수전농경집단으로 전환하였을 것으로도 추정 가능하다(이홍종 2005). 수전이 조사된 옥전유적에서 적은 양이긴 하지만 각목돌대문토기가 출토되고 있고 전라도지역에서도 최근 출토예가 있으며, 역삼동계토기는 남부지역에서 송국리주거형과 공반되는 점이 이러한 가능성을 추정케 한다. 따라서 北部 九州地域 彌生 早期의 夜臼式土器는 수도작 기술체계를 채용한 남부지역의 각목돌대문토기집단과 역삼동계토기집단의 이주에 의해서 발생되었을 가능성이 크다.

앞에서도 언급한 바와 같이 北部 九州地域의 각목돌대문토기는 기형상 繩文土器와 유사한 것도 있지만(IV류), 그 밖의 옹형토기나 호형토기의 계보는 繩文土器에서 구하기 어렵다. 또한 이들 토기의 등장은 繩文文化에서는 찾아볼 수 없는 수전농경과 관련된 새로운 기술체계가 출현하는 것과 궤를 같이하고 있어 우리나라 농경문화의 파급과 깊은 관계를 갖고 있다. 주지하는 바와 같이 夜臼式土器는 총 4류로 구분된다. 이 중에서 I류는 시기상 선행하는 우리나라 남부지역의 미사리II식과 관련된다고 볼 수 있다. 夜臼土器 중 전혀 관련성을 찾아볼 수 없는 토기는 IV류로서 이러한 기형은 繩文 晚期土器에서 그 계보가 찾아지고 있지만 각목돌대문기법은 역시 미사리식토기의 요소를 채용한 것이다. 문제는 이들 夜臼土器가 일본에서는 수전농경과 직접 결합한 형태로 등장하고 있지만, 우리나라에서는 아직 그러한 관계를 보여주는 유적이 확인되지 않고 있다. 또한 夜臼IIb 토기는 송국리형주거지와 공반되지만 우리나라에서는 아직 각목돌대문토기가 송국리형주거지에서 출토된 적이 없다.

역삼동식토기는 공열문을 제외한 구순각목문(A)(夜臼II류)과 구순각목문이 없는 (B)(夜臼III류) 두 종류에서 夜臼式토기와의 관련성을 찾을 수 있다. 필자는 미사리식토기나 역삼동식토기가 남부지역에서 확인되고 있고 시기상 夜臼土器보다 선행하고 있는 점에 주목하여 彌生 早期文化는 송국리문화를 채용한 남부지역 무문토기집단(미사리계, 역삼동계)의 이주에 의해 성립한 것으로 보았다. 이러한 관점은 충청지역의 송국리문화가 남부지역에 그대로 반영되지 않고 남부지역 재지계의 무문토기집단이 송국리형주거지나 그 문화를 수용해 가는 과정, 즉 남부지역에서는 역삼동식토기가 송국리형주거지에서 주로 공반되고 있는 점을 고려할 때, 이들 무문토기집단이 송국리문화를 채용해서 彌生 早期文化를 탄생시킨 장본인으로 추정하였던 것이다. 바로 이 단계가 彌生사회 발전의 제1단계인 조기에 해당되는 시기이다(이홍종 2006).

(2) 2단계

구순각목문을 채용한 관창리식은 충남 서해안지역에 집중 분포하며 시기적으로 이들 지역이 송국리문화의 가장 이른 시기에 해당된다. 관창리식의 성립에 대해 필자는 송국리문화가 한반도에 등장하면서 재지계토기인 역삼동식의 구순각목기법이 송국리식토기에 절충된 형식으로 보았다. 같은 유적에서 각목문이 시문된 것과 없는 것이 혼재하는 것이 송국리문화의 초창기 양상이라면, 이후 각목문이 점차 사라지면서 송국리식토기가 완성되어 간 것으로 파악하였던 것이다. 때문에 충남 서해안지역을 제외한 다른 지역에서는 관창리식토기를 거의 찾아볼 수 없는 것이다. 즉 송국리식토기는 역삼동식토기에서 변화된 것이 아니라 처음부터 새롭게 등장한 기형으로서, 이들 외래적인 요소가 충남 서해안지역에서 재지적인 요소와 절충 혹은 혼재하면서 변화 발전한 것으로 파악하였다.

송국리식토기는 크게 3단계의 형식변화가 이루어졌음을 언급한 바 있다(이홍종 2005). 이 중에서 송국리Ⅱ식은 외반구연옹의 확산이 이루어지는 단계로서 彌生土器 가운데 외반구연옹이 출현하는 것은 板付Ⅰ式 토기이다. 板付Ⅰ式은 彌生 早期와 前期를 구분하는 토기형식으로서 외반구연옹이라는 새로운 형식의 등장과 더불어 외경접합·판목구조정이라는 夜臼式土器와는 전혀 다른 제작기법을 사용하고 있다. 따라서 板付Ⅰ式土器의 출현은 새로운 문화적 교류에 의해 탄생된 것으로서 이 시점이 彌生社會에 있어서 또 하나의 획기가 되는 것이다.

板付式土器가 夜臼式과는 다른 계통으로서 외반구연을 특징으로 하는 송국리식토기와 유사한 기법에 의해 제작되었다는 점을 지적하였다. 그렇지만 양토기는 외반구연이라는 특징과 제작기법상의 공통점을 갖고 있으면서도 기형상에서는 차이점을 보여주고 있다. 송국리식토기가 동체부에 최대경을 갖는데 비해서 板付式土器는 구연부에서 최대경을 이루고 있다. 문화나 기술적 요소로 볼 때, 송국리식토기가 板付Ⅰ式 단계에 접촉하였음은 분명함에도 불구하고 이러한 차이점이 나타나는 이유는 과연 무엇일까? 필자는 이를 문화의 교류와 변동이라는 측면에서, 송국리식토기와의 교류 속에 제작기법과 외반이라는 특징적인 요소를 받아들이면서 板付式土器가 탄생한 것으로 보았다. 이는 서로 다른 두 문화체계의 접촉으로 인해 문화요소들의 채용과 수정이 일어나는 통합과정을 거쳐 발생한 문화적 변동현상으로 이해하고자 한다. 결국 板付式土器의 성립은 송국리문화와의 직접적인 접촉과정에서 송국리식토기의 요소들이 夜臼式土器와 절충된 것으로서 이 단계부터 송국리주거형이 본격적으로 등장한다는 점도 이를

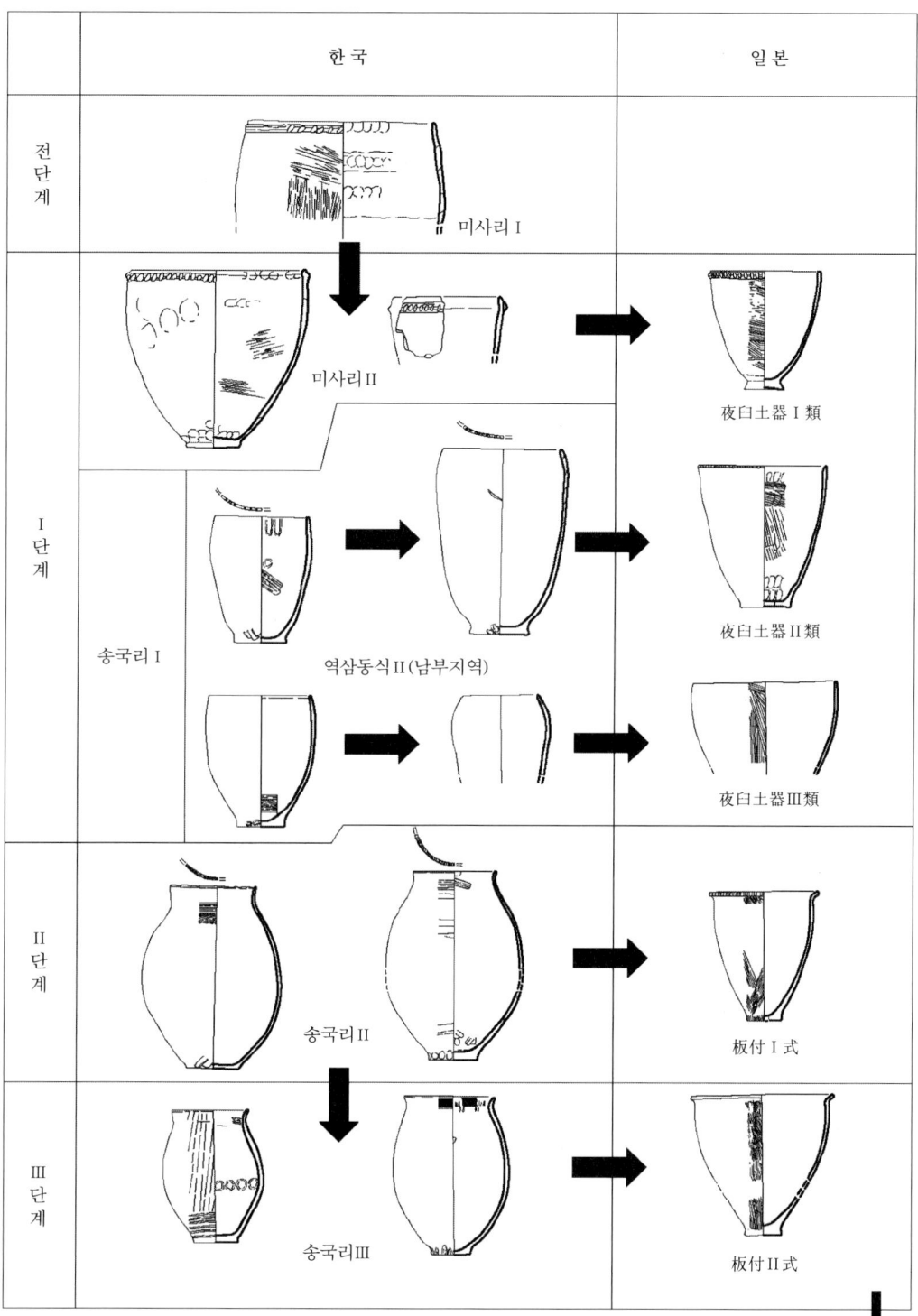

	한국	일본
전단계	미사리 I	
I단계	미사리 II / 송국리 I / 역삼동식 II(남부지역)	夜臼土器 I 類 / 夜臼土器 II 類 / 夜臼土器 III 類
II단계	송국리 II	板付 I 式
III단계	송국리 III	板付 II 式

무문토기와 야요이토기의 관계모식도 03

뒷받침하고 있다(이홍종 2006).

(3) 3단계

송국리문화와의 교류는 토기상에 커다란 변화를 야기시켜 板付式土器를 탄생시키는 계기가 되었음을 살펴보았다. 이러한 송국리문화와의 교류는 일회성에 그친 것이 아니라 지속적으로 진행되어, 다시 한 번 板付式土器에 변화를 초래하는데 板付II式으로의 변화가 이에 해당된다. 板付II式은 早期段階부터 유지되어 왔던 구순각목문이 사라진 순수 외반구연토기로서 구연부만 비교한다면 상하가 대칭하는 'ㅅ' 자형을 이루고 있어 송국리식토기III과 유사하다. 조기부터 유지되어 왔던 각목문을 탈락시킨다는 것은 송국리문화와 彌生文化는 지속적이고 활발하게 교류관계가 유지되어 왔음을 의미하는 것으로서, 결국 板付II式이 또 하나의 획기를 이루는 셈이다. 또한 이 단계(彌生전기말)가 되면 북부 九州地域을 중심으로 점토대토기가 점재적으로 분포하며 세형동검이 등장한다. 주지하는 바와 같이 우리나라에서 점토대토기집단은 세형동검과 밀접한 관계를 갖고 있는데 北部 九州地域에서도 같은 양상으로 전개되고 있는 것이다. 그러나 직접적인 공반관계가 아니라 주변의 유력집단에 의해 소유된 형태로 출토되고 있다. 이것은 점토대토기집단이 세형동검을 매개로 한 교역집단이었음을 의미하며, 이를 필요로 했던 彌生社會는 이미 강력한 지배계층이 존재하였던 것으로 파악할 수 있다. 이러한 배경에는 정착농경을 중심으로 彌生社會가 발전하는 과정에서 지배구조가 확립되었고, 이들 지배계층의 요구에 의해 점토대토기집단과 청동기를 매개로 한 교역관계가 존재하였음을 의미한다. 결국 이 단계부터 彌生社會의 체계가 완성되었음을 의미하며 환호취락과 같은 거대한 도시가 탄생되는 시점이기도 하다.

이처럼 토기간의 관계로 보아 彌生文化의 성립은 단 한 번의 충격이나 정보에 의한 것이 아니라 지속적이고 활발한 무문토기문화의 파급과 교류에 의해서 성립해 간 것임을 알 수 있다. 彌生文化가 적어도 3차례에 걸쳐 변화하였음을 지적한 山崎純男(1989)의 견해도 이러한 맥락에서 이해될 수 있을 것이다.

4. 야요이문화 성립 이후의 교류

1) 중심취락의 등장

위에서 살펴본 바와 같이 彌生社會는 송국리문화와의 지속적인 관계 속에서 板付II式 토기가 성립하는 彌生 前期末이 되면, 지배체제가 완비되면서 청동기를 매개로 한 한반도의 점토대토기집단과 교역을 하는 세력집단이 등장하게 된다. 토기상으로도 夜臼式土器의 잔재가 완전히 사라지고 새로운 彌生土器가 완성되는 시점에 해당된다. 이 시기부터는 각 지역의 독자적인 정치체가 성립하면서 이들 지배계층의 요구에 의해 이전과는 다른 대등한 관계에서 한반도와의 교역이 이루어지게 된다. 이처럼 彌生社會가 완성되어가는 과정에서 고고학적인 증거로서 중심취락의 등장을 들 수 있다. 대취락 가운데 생산, 소비, 분배(교역)를 담당한 취락을 중심취락으로 정의하였을 때, 중심취락이 그 기능을 수행하기 위해서는 행정장소(취락내의 상위계층 영역), 의식장소(광장 혹은 의례와 관련된 집합영역), 생산장소(농경, 석기, 토기 등의 전문생산영역), 관리장소(생산품의 보관과 관리의 영역), 일반 거주장소(상위계층과 구분되는 하위계층의 거주영역), 교역장소 등이 필요할 것이다. 그러나 교역장소는 그 실상을 파악하기가 매우 난해한 점이 있어 최소 5개 영역의 구분이 가능한 취락을 중심취락으로 분류된다. 이와 같은 중심취락의 등장은 사회적 통합과정에서 주변지역에 영향력을 행사할 수 있는 새로운 정치체의 등장을 의미하는 것이다.

2) 중심취락의 역할

송국리형취락 중에서 중심취락에 해당되는 것은 대부분 환촌형에 속한다. 환촌형은 중심적 기능을 수행하는 장소를 중심으로 위계에 따른 주거지 배치의 차별성이 인정되고, 아울러 기능에 따른 시설물이 집중화된 상태로 배치되는 특징을 갖고 있다. 彌生시대의 중심취락인 요시노가리유적을 보면, 공간배치나 기능적 측면에서 송국리형취락 형태 중 환촌형에 속한다. 따라서 彌生時代의 취락도 송국리형취락의 공간배치와 유사한 모습을 보여주는 것으로 판단된다. 결국 송국리문화의 문화체계가 彌生社會의 발전 과정 속에 그대로 반영되어 가는 과정에서 중심취락이 탄생되는 것으로 해석할 수 있

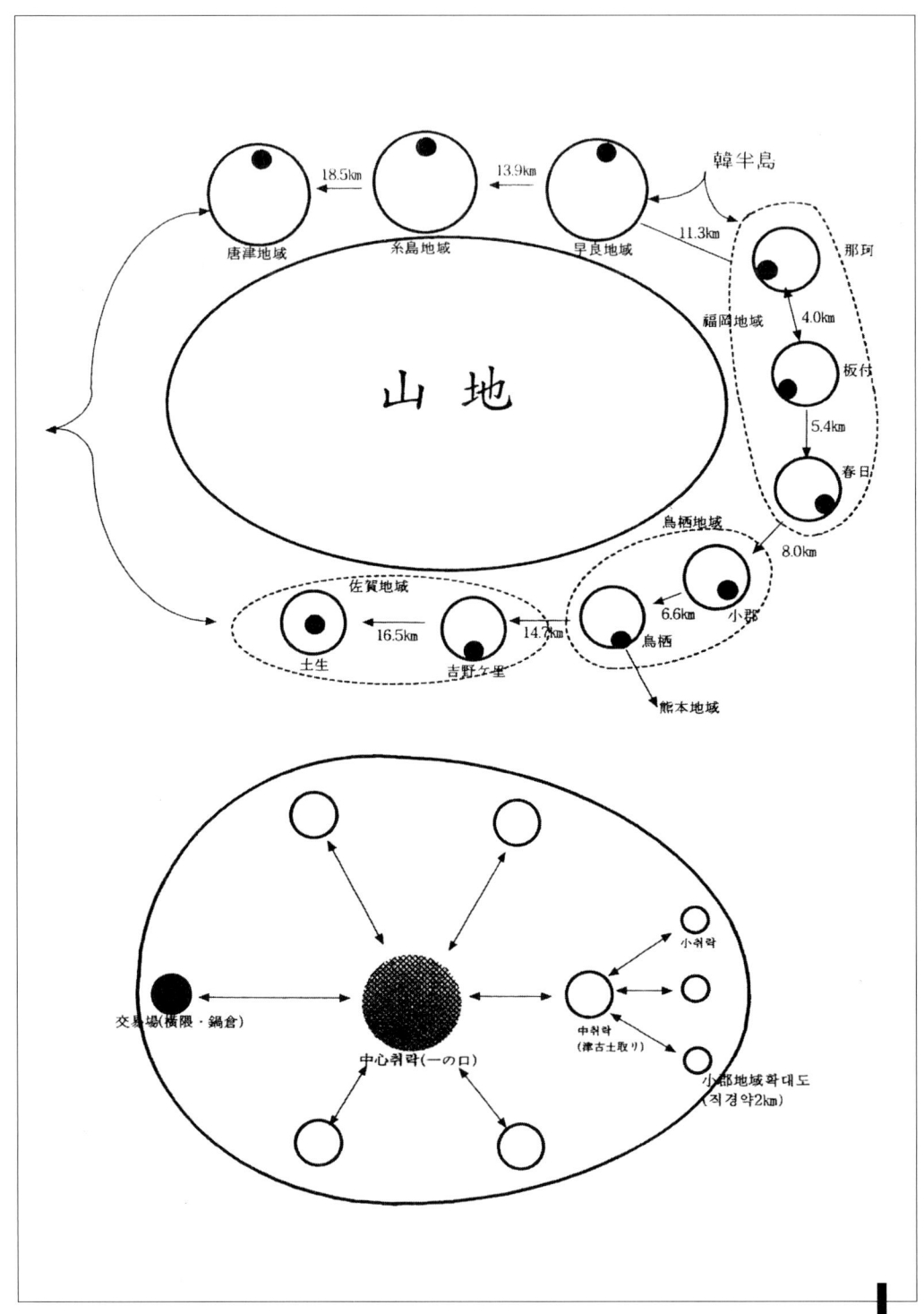

을 것이다. 彌生時代의 중심취락 가능성이 있는 지역은 대부분 세형동검이 출토되며 더불어 주변에서 점토대토기가 출토되고 있다(도 04). 이는 중심취락이 주변취락에 대한 장악만이 아니라 대외적인 교역까지도 담당한 세력집단이었음을 의미한다.

교역을 담당했던 점토대토기집단의 교역형태는 점토대토기의 출토지점과 출토상황을 고려할 때, 彌生 중심취락과 가까운 곳에 일정의 영토를 점유해서 교역하는 방법을 택했던 것 같다. 물론 이 방법은 점유지나 교역인의 안전에 대한 상대방의 정치적 배려가 전제되어야만 가능할 것이다. 土生遺蹟을 제외한 北部 九州의 점토대토기 출토지를 보면, 각 지역의 점토대토기집단의 교역모식도 중심지와 약간 떨어진 지점에 거점을 확보하고 있음을 확인할 수 있다. 즉 각 지역의 중심취락 주변에 설치된 교역거점을 통해서 중심지의 지배자나 그의 대리인과 교역하였던 것으로 추정되며 이 때 교역품은 중심취락 주변에 집중한다. 그리고 이들 중심취락을 통해서 그의 통제하에 있는 각각의 중, 소 취락과 연결된다. 석재나 석기, 토기의 제작과 공급과정에서도 이러한 시스템하에 움직였음이 확인되고 있다(田崎博之 2002, 柏原孝俊 2002). 한편 土生遺蹟은 유적이 처음 형성되어 소멸되기까지 점토대토기집단이 계속 거주해 왔다는 점에서 다른 유적과는 성격을 달리하고 있다. 이러한 사실은 彌生社會의 요구에 따라 청동기제작과 공급을 위해 점토대토기집단이 정착해서 활동했던 거점지역으로 판단된다.

5. 맺음말

이상에서 송국리문화가 彌生社會와 어떻게 교류하였으며, 이를 통해 彌生社會가 어떠한 발전과정을 거쳐 완성되어 갔는지에 대해 간략하게 살펴보았다. 그 결과 송국리문화의 간접적인 영향에 의해 처음으로 彌生文化가 탄생된 이후, 송국리문화와의 직접적인 교류에 의해 점차 彌生社會가 완성되면서 吉野ヶ里遺蹟과 같은 중심취락이 등장하게 된다. 중심취락의 등장은 곧 彌生社會의 완성을 의미하며 이들 취락은 독자적인 세력을 형성하고 대등한 관계속에서 점토대토기집단과 청동기를 매개로 한 교역관계까지 발전하게 된다. 이후(중기)의 彌生社會는 우리나라와의 관계가 그다지 활발하지 못하다가 彌生 後期에서 고분시대 초기에 들어가면서 다시 빈번하게 교류가 이루어진다.

參考文獻

참고문헌

國文

金壯錫, 2003, 「충청지역 송국리유형 형성과정」, 『韓國考古學報』51, 韓國考古學會.

_____, 2006, 「충청지역의 선송국리 물질문화와 송국리유형」, 『韓國上古史學報』51, 韓國上古史學會.

安在晧, 1992, 「松菊里類型의 檢討」, 『嶺南考古學報』11, 嶺南考古學會.

_____, 2004, 「한국농경사회의 성립」, 『국립역사민속박물관연구보고』119.

이진민, 2004, 「중부지역 역삼동유형과 송국리유형의 관계에 대한 일고찰」, 『韓國考古學報』54, 韓國考古學會.

이형원, 2007, 「반송리 청동기시대 취락의 구조와 성격」, 『화성 반송리 청동기시대 취락』, 한신대학교 박물관.

이홍종, 2000a, 「무문토기가 미생토기 성립에 끼친 영향」, 『先史와 古代』14, 韓國古代學會.

_____, 2000b, 「우리나라의 초기 수전농경」, 『한국농공학회지』제42권 제3호.

_____, 2002, 「송국리문화의 시공적전개」, 『湖西考古學』第6·7合輯, 湖西考古學會.

_____, 2003, 「송국리형취락의 경관적 검토」, 『湖西考古學』第9輯, 湖西考古學會.

_____, 2005, 「송국리문화의 문화접촉과 문화변동」, 『韓國上古史學報』48, 韓國上古史學會.

_____, 2006, 「무문토기와 야요이토기의 실연대」, 『한국고고학보』60, 한국고고학회.

최성락, 2006, 「일본 야요이시대 연대문제에 대하여」, 『한국고고학보』58, 한국고고학회.

日文

家根祥多, 1993, 「遠賀川式土器の成立をめぐって -西日本における農耕社會の成立-」, 『論苑考古學』.

_____, 1997, 「朝鮮無文土器から彌生土器へ」, 『立命館大學考古學論集』Ⅰ.

甲元眞之, 2007, 「環境變化の考古學的檢證」, 『砂丘形成と寒冷化現象』.

工樂善通, 1991, 『水田の考古學』, 東京大學出版會.

藤尾愼一郎, 1987, 「板付Ⅰ式甕形土器の成立とその背景」, 『史淵』第124輯.

_____, 2004, 「新彌生年代の試み」, 『季刊考古學』第88號, 雄山閣.

藤尾愼一郎 외, 2006, 「彌生時代の開始年代-AMS炭素14年代測定による高精度年代體系の構築」, 『彌生時代の新年代』, 雄山閣.

相原孝俊, 2002, 「北部九州における彌生時代磨製石器の一樣相」, 『環瀬戶內海の考古學』, 古代吉備研究會.

山崎純男, 1989, 「彌生文化成立期における土器の編年的研究」, 『鏡山猛先生古稀記念古文化論攷』.

李弘鍾, 2004, 「韓國中西部地域における無文土器時代の實年代」, 『彌生農耕の起源と東アジア』, 國立歷史民俗博物館國際研究集會 2004(3).

田崎博之, 1994, 「夜臼式土器から板付式土器へ」, 『牟田裕二君追悼論集』.

_____, 2002, 「燒成失敗品からみた彌生土器の土地環境の利用と開發」, 『環瀬戶內海の考古學』, 古代吉備研究會.

田中良之, 1986, 「繩文土器と彌生土器」, 『彌生文化の研究 3 : 彌生土器』Ⅰ, 雄山閣.

泉 拓良, 1990, 「西日本突帶紋土器の編年」, 『文化財學報』第8輯, 奈良大學文學部文化財學科.

春成秀彌, 1973, 「彌生時代はいかにしてはじまったのか -彌生土器の南朝鮮起源をめぐって-」, 『考古學研究』20-1號.

中文

葛劍雄, 1997, 『中國移民史』, 福建人民出版社, 福州.

IV. 토기와 묘제로 본 고대 한일교류

하 승 철 경남발전연구원 역사문화센터

1. 머리말

한반도와 일본의 교류는 선사시대 이래 지속되어 왔다. 그러나 그 흐름은 한결같지 않았는데 때론 장기간 막혀 있기도 하고, 때론 폭발적으로 증가하여 넘쳐났다. 그러한 교류는 서로에게 자양분이 되어 역사발전을 이끈 원동력으로 작용하였다.

토기는 집단 상호간의 직접적인 교류를 나타내는 증거가 될 수 없을지 모르지만 그 변동을 주의 깊게 관찰하면 의미있는 변화를 읽어 낼 수 있다. 최근 조사된 경남 김해 구산동유적(최종규 2010)의 경우 출토된 토기 중 80% 이상이 일본 야요이(彌生)계토기임이 밝혀졌고, 야요이인들이 장기 거주한 집단취락이 존재했음을 알게 되었다. 한반도 남부의 무문토기사회는 야요이인들을 받아들여 그들을 정주케 하였고, 그들 야요이인들은 한반도와 북부 큐슈의 정보교환, 교류에 중요한 역할을 담당했던 것으로 이해된다.

기원 후 한동안 급감했던 왜계토기는 3세기 후반을 기점으로 또 다시 증가한다. 하지키(土師器)는 낙동강 하구의 김해·부산지역을 중심으로 폭넓게 분포한다. 하지키인들 역시 남해안 일대에 거주하였고 일부는 가야사회에 편입되었다. 왜를 비롯한 주변 國들과의 교역을 통해 성장한 금관가야의 국제성을 엿볼 수 있다. 이후 등장한 스에키(須惠器) 역시 직접 이입품뿐만 아니라 이를 모방한 토기가 다량 존재함을 알게 되었고 재지토기문화에 영향을 미치거나 편입되어 가는 과정이 밝혀지고 있다. 반대로 일본 열도에서도 무문토기시대부터 삼국시대까지 한반도인들의 이주, 정착이 빈번하게 이루어졌음이 밝혀지고 있다.

외래계토기의 이입과 생산, 양식화는 사람의 이주, 정착을 직시하므로 그 맥락을 이
해하는 것이 당시 국가간의 상호작용을 이해하는데 근간이 된다.

본 고찰에서는 삼국시대 한반도 출토 하지키계토기, 스에키의 출현양상을 통해 한
일교류에 대해 검토해 보기로 한다. 더불어 5~6세기 한반도와 왜의 교류를 통해 등장한
전방후원형고분, 왜계고분에 대해 간략히 부언해 두고자 한다.

2. 한반도 출토 하지키계(土師器系)토기

한반도 출토 하지키계토기에 대해서는 안재호(1993), 武末純一(1998 · 2002), 신경
철(2001), 高久健二(2004), 井上主稅(2006), 홍보식(2006)에 의해 연구가 진행된 바 있
다. 이들 중 井上主稅(2006 : 133)는 기왕의 論者들이 제시한 자료들을 재검토하여 土
師器系土器로 판정되지 않는 연질고배를 명확히 제시하였는데 이는 타당한 분류로 판
단된다.

한반도 출토 하지키계토기는 甕, 把手附甕, 直口壺, 小形丸底鉢, 小形丸底壺, 小形
器臺, 複合口緣壺, 高杯 등이며 옹이 주류를 차지한다. 하지키의 계보는 북부 큐슈의 布
留式系土器와 山陰系로 구분할 수 있는데 후자는 대부분 壺形土器이다. 하지키는 형태
적인 특징과 마연 · 깎기 · 목리 · 조으기 등 하지키계토기의 정면기법을 통해 판별해
낼 수 있는데 간략히 정리하면 다음과 같다.

• 옹은 구연이 내만하고 마연정면이나 동체부 내면을 깎기로 조정하는 것이 특징이다.
• 山陰系 壺는 이중구연으로 특징이 뚜렷하나 재지화된 토기 중 구연 하단에 돌대가 생기면서 이
  중구연의 형태로 착각하기 쉬운 것도 있어 주의를 요한다.
• 소형기대는 'X'字 형태인데 점차 재지화되면서 돌대, 침선 등이 돌려지고 다양한 형태가 출현
  한다.
• 소형환저호 역시 재지화되면서 돌대가 생기고 평저화된 기형이 등장한다.
• 고배는 배부 하단이 편평하고 상부는 직선적으로 벌어지며 마연, 목리조정 등으로 정면하는 경
  우가 많다. 대각은 각기부가 좁고 각부 하단에서 크게 벌어진다. 각부 내면은 조으기흔적이나
  깎기흔적, 깎기풍의 마연기법이 나타난다.

1) 시기별 출토현황

(1) 3세기 후반

3세기 후반에 해당하는 토기는 많지 않은데 부산 동래패총(홍보식 1997) 출토품이 해당될 수 있겠다. 동래패총 출토 토기는 대부분 연질토기와 와질토기인데 기종이나 기형은 물론 구연부, 문양, 타날, 정면기법 등 세부적인 속성에서 별다른 차이가 없으므로 중심 연대는 3세기 후반이 적당할 것으로 판단한다. 출토된 하지키계토기(도 01-1)는 F피트 제4층에서 옹 1점, 제7층에서 소형기대 1점, 제8층에서 고배 3점, 광구발 1점, 소형옹 5점, 제9층에서 이중구연호 1점, 제10층에서 이중구연호 1점, 복합구연호 1점, 옹 5점, 고배 2점, 제12층에서 이중구연호 1점, 제19층에서 장경호 1점 등이다. 하지키계토기는 北九州系의 布留式 하지키와 山陰系토기이다.

(2) 4세기 전엽

4세기에 접어들면서 하지키계토기는 급격히 증가하고 패총, 주거지 등 생활유적뿐만 아니라 분묘에까지 부장되는 현상이 나타난다. 부산 동래패총, 부산 조도패총, 김해 부원동패총, 김해 봉황대유적, 김해 회현리패총, 창원 성산패총 등 낙동강 하구의 김해·부산을 중심으로 남해안지역 생활유적에 집중한다. 분묘 출토품은 경주 월성로 가-31호묘, 김해 대성동 13호분 등이다.

김해 봉황대유적 1·12트랜치, 27·28호 수혈에서 하지키계토기가 출토되었다. 27호 상부에서 출토된 옹(도 01-2)은 반입품일 가능성이 높은데 보고자들은 4세기 전반대로 추정하고 있으며 井上主税(2006)는 3세기 말~4세기 초로 편년하고 있다.

경주 월성로 가-31호묘(도 01-3~5)에서는 도질토기 대호, 고배 등과 土師器系 小形鉢, 소형기대, 고배 등이 공반되었다. 井上主税(2006)는 소형기대의 전체적인 형태가 'X'字形을 띠고 있어 布留1式 이후 단계로 보아야 한다는 점, 庄內式土器의 영향이 인정되지만 재지화된 제작기법이 보인다는 점 등을 지적하였는데 타당한 것으로 본다.

김해 대성동 13호분은 주·부곽식 목곽묘로 왜계유물은 목제 방패에 부착되었던 것으로 추측되는 파형동기와 녹색응회암제의 석촉류, 활석제의 이형석제품, 하지키계 파수부옹(도 01-6)이다. 13호분은 주·부곽의 길이 10m에 가까운 대형의 목곽묘로 최고 수장층의 묘임은 확실하며 일본 畿內지역에서 반입된 위세품이 부장되기 시작한 최초의 고분에 해당한다. 부곽에서 출토된 파수부옹은 일본의 布留式甕에서 그 계보를 찾을 수 있으나 파수가 부착된 점은 재지화된 요소이다. 이후 김해 및 부산지역에서 옹이 고분의 부장품의 하나로 정착하게 되는데 하지키가 낙동강 하구양식에 편입됨(안재호 2005)을 의미한다.

(3) 4세기 중엽

4세기 중엽이 되면 하지키계토기의 분포권은 더욱 확대되어 전남, 경북, 강릉 등에서도 출토되고 있다. 또한 고분 출토 하지키계토기의 출토량도 늘어나며 가야토기 제작기법이 적용된 토기도 증가한다. 낙동강 하구양식(안재호 2005)에는 하지키의 유입으로 새로운 기종이 출현하기도 한다.

강릉 강문동 IV-1호 주거지에서 출토된 하지키계 直口壺(도 01-7)는 김해 대성동 35호분(도 01-17) 출토품에 비해 구경부가 짧고 동체부가 편구형에 가까울 정도로 큰 점 등으로 보아 한 단계 앞선 형식임은 확실하다. 공반된 토기는 장동옹, 평저발, 격자문타날호 등이며 자세한 편년은 이루어지지 않았으나 현재로선 4세기 중엽이 무난하다.

전남 함평 소명(전남대학교박물관 2003) 17호 주거지에서 출토된 연질옹(도 03-2)은 구연이 긴 편이며 만곡하고 단부는 둥글다. 영남지역의 하지키계토기가 4세기 중엽 이후 구연이 짧아지고 침선, 돌대가 생기는 등 재지화가 진행되므로 소명 출토품은 4세기 중엽에 해당된다.

부산 동래 복천동 57호(도 01-12·13·15·16), 김해 대성동 47호분(도 01-9~11)에서 출토된 하지키계 파수부옹과 소형기대, 고배는 하지키의 제작기법이 남아있으나 고배의 기형, 각부 돌대 등은 재지화된 모습이다. 파수부옹 역시 구연에 돌대가 돌아가고 평저화되는 등 재지화가 상당히 진행된 상태이다.

김해 본산리 II지구 15호 목곽묘에서 출토된 하지키 고배(도 01-14)는 기형, 정면수법 등이 하지키와 거의 흡사하여 반입품 내지 충실한 모방품으로 판단된다. 공반된 승석문단경호, 대부직구호, 컵형토기 등으로 볼 때 4세기 중엽에 해당할 것으로 본다. 본산리 II지구 11호 목곽묘에서 출토된 하지키계 고배(도 01-8)는 현지 모방품으로 판단되며 시기는 15호 출토품과 동일한 것으로 본다.

이밖에도 부산 조도패총, 김해 회현리패총 출토품, 진해 용원유적 출토품, 김해 구지로 9호·15호·34호 목곽묘 출토 옹, 김해 예안리 93호분 출토 파수부옹도 4세기 중엽으로 편년할 수 있다.

⑷ 4세기 후엽

　　4세기 후엽에도 금관가야권을 중심으로 하지키의 이입과 하지키 모방토기의 제작이 빈번하게 이루어진다. 경산 임당동(도 03-5)과 경주 사라리(도 03-6)에서 출토된 하지키계토기는 금관가야권에서 2차 파급된 것으로 본다.

　　진해 용원유적에서는 원형계주거지와 타원형수혈, 패총 등이 조사되었다. 출토된 토기로 보면 유적은 4세기 후반에서 5세기 전반에 집중 형성된 것으로 파악된다. 하지키계토기는 정상부 피트에서 소형기대가 출토되었고, 제5·6·9피트에서 고배(도 01-18·19)가 출토되었다. 공반된 외절구연고배로 보면 4세기 후엽에 해당할 것으로 본다.

　　경주 임당 저습지유적(영남문화재연구원 2008) 피트7 1-3층, 피트15 2-2층에서 고배대각(도 01-20) 2점이 출토되었다. 대각 저위에서 크게 벌어지며, 내면 상부는 물손질, 저위는 회전물손질로 정면하였다. 하지키 모방품으로 판단되며 저습지 출토 토기의 대부분이 4세기 후반대에 해당하므로 하지키 역시 4세기 후엽일 것으로 본다.

　　야요이 중기부터 왜계토기의 출토가 빈번한 사천 늑도에서 하지키, 스에키의 출토가 이어지는데 늑도진입로유적(동아문화연구원 2006) II·III층에서 스에키, 하지키, 소가야토기 등이 다량 출토되었다. 하지키 고배(도 02-3)는 내·외면 모두 마연한 흔적이 뚜렷하며 반입품 내지 충실모방품이다. 옹(도 02-4)은 내만구연이지만 타날, 회전물손질 정면, 동체부 상단의 침선 등으로 볼 때 재지화된 상태이다. II층은 5세기 늦은 시기의 자료가 포함되어 있으나 III층은 대부분 4세기 후엽에 해당하는 자료이다.

　　창녕 계성리유적 봉화골 I 지구 수혈건물지 8호에서 하지키 대형복합구연호(도 02-6)가 출토되었다. 구경 20.8cm, 잔존높이 53cm이다. 경부는 동부로부터 '〈' 字를 이루고 구연부는 거의 직선으로 올라가며, 단부는 바깥쪽으로 꺾이고 뚜렷한 면을 가진다. 복합구연은 1차 구연을 만든 후 점토를 덧붙여 2차 구연을 제작하는「擬口緣」접합방법을 채용하였다. 이 토기는 현지 모방품일 가능성도 있으나 계보는 西部瀨戶內~畿內地域일 것으로 추정하기도 한다(井上主稅 2008). 연대는 공반된 도질토기 고배, 컵형토기, 연질옹 등으로 판단하여 4세기 말 5세기 초일 것으로 본다.

　　김해 부원동유적은 A·B·C지구로 나뉘어져 조사되었다. A지구는 5개의 층위로 구분되었으나 I~III층의 유물은 4세기부터 5세기 후반대의 유물이 혼재하고 있어 층위의 공반관계를 믿기 어렵다. IV층은 비교적 동시기의 자료로 판단되나 보고서 도면 30-7·8(동아대학교박물관 1981 : 118)의 고배 뚜껑은 5세기 중·후엽으로 볼 수 있어 불안한 점이 있다. 두 점의 토기가 수습과정에서 오류가 있었을 가능성도 있겠다. V층

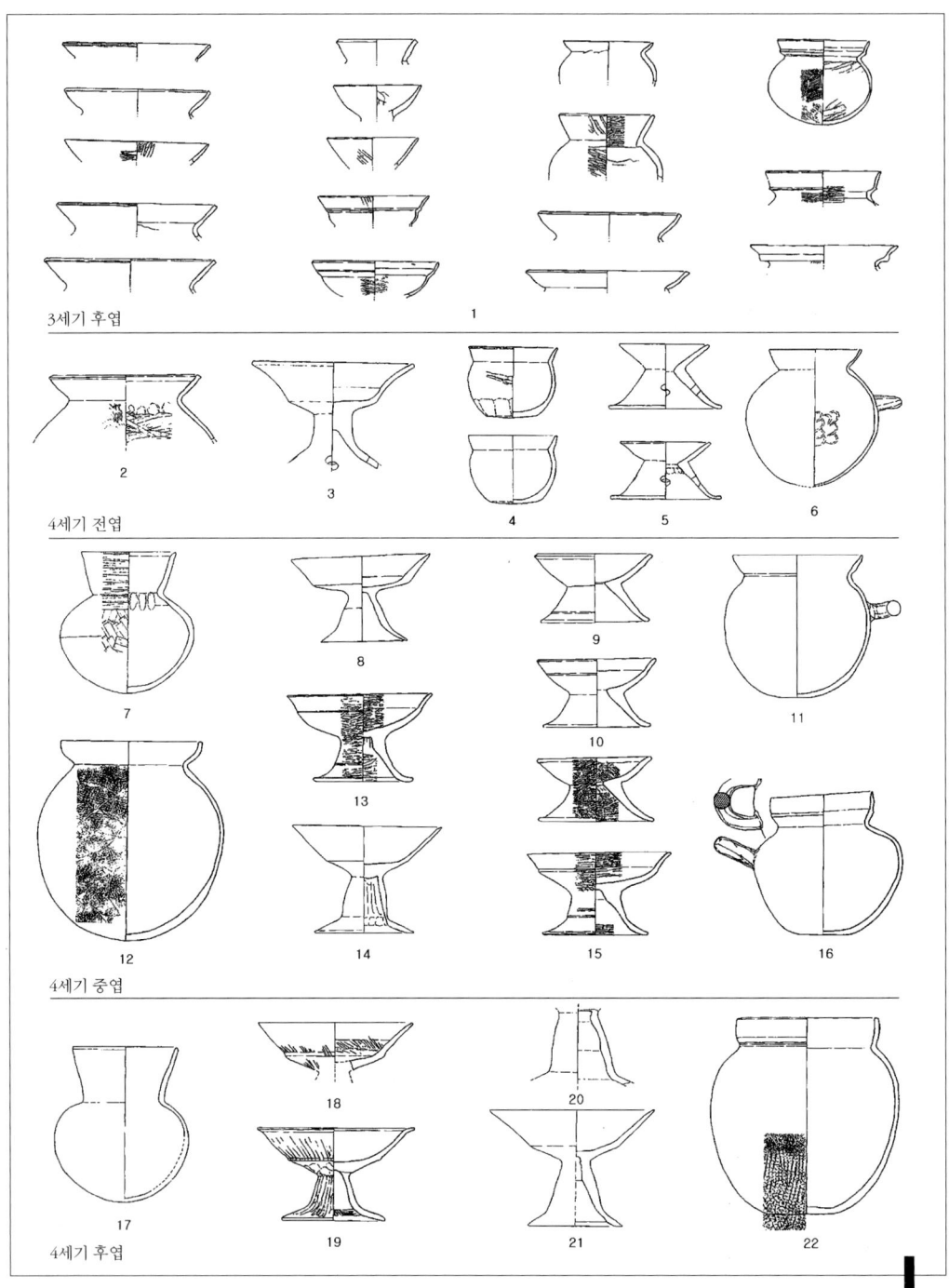

3세기 후엽

1

4세기 전엽

2

3

4

5

6

4세기 중엽

7

8

9

10

11

12

13

14

15

16

4세기 후엽

17

18

19

20

21

22

3세기 후엽~4세기 후엽 한반도 출토 하지키계토기 **01**

1. 동래패총, 2. 봉황대, 3~5. 경주 월성로 가-31호묘, 6. 김해 대성동 13호묘, 7. 강릉 강문동 IV-1호 주거지, 8. 김해 본산리 II-11호묘, 9~11. 김해 대성동 47호묘, 12 · 13 · 15 · 16. 부산 복천동 57호묘, 14. 김해 본산리 II-15호묘, 17. 김해 대성동 35호묘, 18 · 19. 진해 용원패총, 20. 경산 임당동 저습지 유적, 21. 마산 현동 8호묘, 22. 김해 예안리 120호묘

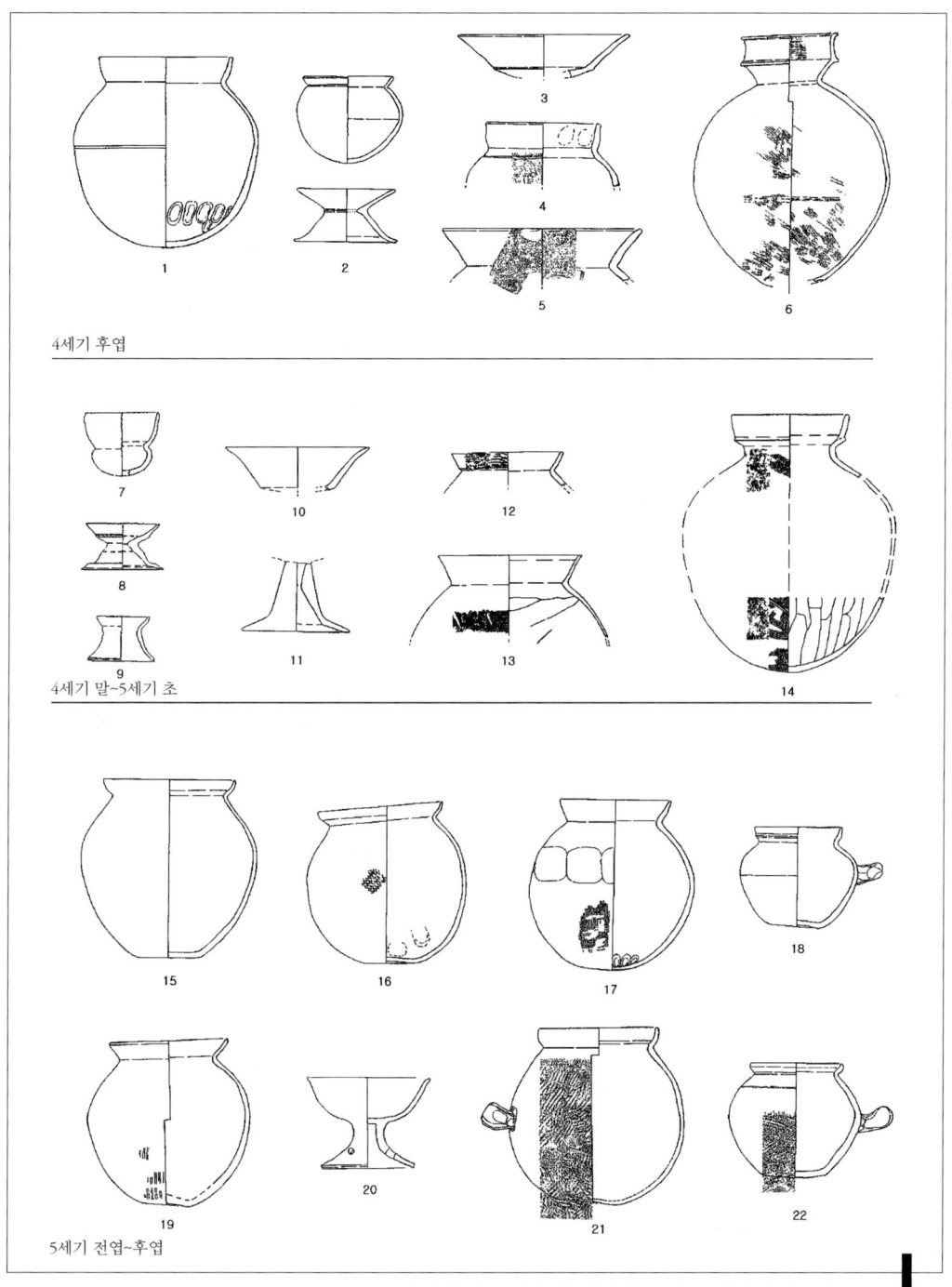

4세기 후엽

4세기 말~5세기 초

5세기 전엽~후엽

1. 김해 예안리 31호묘, 2. 부산 복천동 10호묘(동아대), 3~5. 늑도 진입로 Ⅱ·Ⅲ층, 6. 창녕 계성리 8호 주거지,
7~14. 김해 부원동유적, 15. 창원 도계동 6호묘, 16. 김해 능동 21호묘, 17·18. 부산 복천동 93호묘, 19. 김해 능동 1
호묘, 20. 마산 현동 22호묘, 21. 김해 예안리 35호묘, 22. 김해 예안리 122호묘

유물은 큰 편차가 없는 것으로 보이는데 보고서 도면 28-8(동아대학교박물관 1981 : 115) 이단일렬투창고배, 도면 29-5(동아대학교박물관 1981 : 116) 투창고배와 V층 출토 소형기대, 외절구연고배 등의 연대를 참조하면 4세기 말에서 5세기 초의 연대를 부여할 수 있다.

부원동유적 A지구에서 출토된 하지키계토기(도 02-7~14)는 布留式系의 옹, 고배, 소형기대 등인데 대부분 현지 모방품이며 4세기 말 5세기 초에 해당한다.

B지구는 5개의 층위로 구분할 수 있었으나 Ⅰ~Ⅲ층은 교란이 심하고 Ⅳ, Ⅴ층은 비교적 안정적이며 출토유물은 큰 차이가 없어 시기차는 없는 것으로 본다.

C지구에서는 원형계주거지와 구상유구가 확인되었다. 구상유구의 Ⅰ~Ⅲ층은 교란되었을 것으로 파악되나 Ⅳ·Ⅴ층은 비교적 안정적이다. 출토유물은 동일한 시기로 이해해도 무방하고 노형토기나 통형고배 등의 연대로 보아 A지구 출토품보다 이른 것은 확실하며 4세기 전엽이 타당한 것으로 본다. 부원동유적 C지구에서 출토된 하지키계토기는 고배인데 대부분 현지 모방품이며 4세기 전엽의 연대로 추정한다. 이밖에도 김해 대성동 2호분과 35호분, 부산 복천동 10호묘(동) 출토 옹과 소형기대(도 02-2), 경주 사라리유적, 마산 현동유적 8호묘(도 01-21), 김해 예안리 31(도 02-1)·120호묘(도 01-22) 출토 옹 등은 공반된 유물로 보아 4세기 후엽에 해당된다.

⑸ 5세기

5세기에 접어들면 하지키의 반입량은 급감하며 출토 유적 또한 급격히 줄어든다. 김해 부원동유적, 진해 용원유적 출토품 중 일부가 하지키계토기이며, 김해 능동유적, 창원 도계동유적, 김해 예안리유적, 동래 복천동고분군 등에서 하지키계토기의 부장은 계속되지만 출토량은 적다.

창원 도계동고분군 6호 목곽묘(도 02-15), 김해 능동유적 1·21호(도 02-16) 목곽묘에서 출토된 土師器系 옹은 공반된 장경호, 고배의 형식으로 보아 5세기 전엽으로 편년할 수 있다.

마산 현동 22호 목곽묘 출토 적갈색 고배(도 02-20)는 기형이나 투공으로 보아 반입품으로 추정되며 공반된 이단일렬투창고배, 화염문투창고배 등의 연대로 보면 5세기 중엽이 적당하다.

김해 예안리고분군 35호 석곽묘에서 출토된 파수부옹(도 02-21)은 구연이 극히 짧아졌고 동최대경이 동체부 하위에 있는 것으로 하지키계 파수부옹 중 가장 늦은 형식이다. 예안리 122호묘 출토 파수부옹(도 02-22)은 35호묘(도 02-21)에 비해 약간 앞선 형식이나 현재로선 동일 시기로 묶어도 무방하다. 공반된 토기는 이단교호투창고배로 5세기 후엽으로 편년된다.

2) 분포와 금관가야

한반도 출토 하지키계토기는 낙동강 하구의 김해, 부산을 중심으로 창원 도계동과 성산패총, 마산 현동유적 등 금관가야 권역 내에 분포한다. 이전 시기의 야요이계토기의 주분포권역이 울산에서 사천 늑도에 이른 사실로 보면 3~4세기대의 왜계토기의 분포권은 상당히 축소된 셈이다. 현재 가장 내륙에서 확인된 자료는 강릉 강문동 IV-1호 주거지(도 03-4) 출토품이다. 신라권역에서는 3곳에서 하지키계토기가 출토되었는데 경주 사라리 19호묘 출토 옹(도 03-6)과 경산 임당 저습지 출토 고배(도 03-5)는 모방품으로 금관가야권에서 2차 파급되었을 것으로 파악되며, 경주 월성로 가31호묘 출토품은 반입품이다. 앞으로 경주를 비롯한 신라권역에서 하지키계토기가 폭발적으로 증가할 가능성은 낮지만 4세기 전후의 자료는 증가할 가능성이 충분하다. 마한 · 백제지역의 경우 4곳이 알려져 있는데 광주 금곡동 1호 주거지(도 03-1), 함평 소명(도 03-2), 담양 중옥리(도 03-3), 광양 용강리 석정유적 등이다. 마한 · 백제지역은 신라권역에 비해 자료의 증가가 예상되지만 중심 분포권인 금관가야에 미치지 못할 것임은 확실하다.

하지키의 계보는 북부 큐슈 布留式系와 山陰系로 분류된다(井上主稅 2006 : 154). 야요이토기와 달리 반입품보다 현지 모방품이 훨씬 높은 비율로 출토되며 정면수법은 차이를 보이지만 기형을 충실히 모방한 제품은 왜인이 제작했을 가능성이 높다고 판단한다. 충실한 모방품은 대체로 패총, 주거지 등 생활유적에서 출토되는 비율이 높고 분묘에 매납된 토기는 재지화된 기종이 많다. 현지에서 하지키를 생산할 수 있는 상황은 상당수의 왜인이 한반도로 이주하였음을 의미하는데 낙동강 하구와 남해안에 이입된 하지키는 현지의 토기문화에 상당한 영향을 준 것으로 파악된다. 이 점에 대해서는 이미 武末純一(1989)의 지적이 있었는데 소형기대, 광구소호, 연질고배의 등장이 하지키와 관련된다는 견해는 타당한 면이 많다. 또한 안재호(2005 : 341) 역시 낙동강 하구양식의 특징적인 기종의 대부분이 하지키계토기의 기형을 계승하였다는 견해를 밝힌 바 있다.

하지키계토기의 영향으로 가야토기의 낙동강 하구양식에 나타난 새로운 형식의 토기는 파수부옹이 대표적인 예이다. 파수부옹은 4세기 전엽의 김해 대성동 13호묘(도 01-6) 출토품을 시작으로 고분에 부장되기 시작하는데 대성동 47호묘(도 01-11)→복천동 57호묘(도 01-16)→김해 예안리 120호묘(도 01-22)→부산 복천동 93호묘(도 02-18)→김해 예안리 35호묘(도 02-21)에 이르기까지 지속적으로 확인된다. 대성동 13호묘 출토 연질옹은 布留式甕의 형태를 충실히 모방하고 있으나 파수가 부착되었고 전면 물손질 정면이 이루어진 점은 현지 공인의 솜씨로 추정된다. 이후 소형화, 타날성형, 평저, 동부 침선, 경부 돌대 등 하지키의 영향에서 벗어나 독자적인 제작기법이 계승되며 고분의 주요 부장품으로 부장되는 점은 주목된다(井上主税 2006 : 148). 이질적인 토기문화를 수용하고 기존에 없던 새로운 형식의 토기를 생산하여 생활용, 의례용으로 사용한다는 사실은 왜인의 이주와 정착, 왜인 문화의 수용에 별다른 거부감이 없었던 사실을 나타낸다. 또한 동래패총, 진해 용원유적, 부원동패총, 봉황대유적 등에서 직접 반입된 하지키 고배가 출토되므로 하지키인의 이주가 3세기 후반부터 4세기 전 기간을 걸쳐 지속적으로 이루어졌음을 짐작할 수 있다. 나아가 김해 본산리 II-15호묘 출토 하지키 고배(도 01-14), 마산 현동 8호묘 출토 하지키 고배(도 01-21) 역시 직접 반입품으로 판단되므로 피장자는 왜인이거나 그와 관련된 인물일 가능성이 높다.

이처럼 금관가야권역에 하지키인들이 대거 이주한 배경은 가야지역 철기 생산과 관련이 있음을 우선 지적할 수 있겠다. 금관가야 권역에 하지키계토기가 급격히 증가한 3~4세기대는 가야와 일본열도의 정치체들이 급성장하던 시기로 철의 수요는 폭발적으로 늘어났을 것으로 추측된다. 부산 낙민동패총이나 성산패총에서 단야로가 확인되었고 진해 용원유적이나 봉황대유적, 부원동패총에서 鐵滓 등이 출토된다는 사실과 철기 생산과 관련된 유적에서 하지키계토기가 출토된다는 연구(손명조 2003)는 하지키인들의 주요 목적이 철의 확보와 원활한 공급이었음을 증명한다. 또한 니시진마치 5차 2호 주거지에서 출토된 대형 판상철부의 철소재는 김해 대성동 29호묘 출토 철소재와 동일한 것으로 알려져 있어(武末純一 2002) 하지키인들의 주요 목적이 鐵이었을 가능성을 시사한다. 비록 출토량은 적지만 생활유적 곳곳에 하지키가 출토된다는 사실은 하지키인들이 철의 생산과 교역에 대거 동원되었던 사실을 반영하며 가야토기에 하지키의 제작기법이 가미되는 것은 하지키 공인의 존재는 물론 하지키의 수요가 많았음을 의미한다. 가야인들이 하지키를 생산하였던 경우라도 하지키를 재현하거나 무덤에 부장하는 현상은 하지키인들의 항상적인 이주와 정착이 있었고(高久健二 2004 : 378) 가야인들과 하지키인들이 공존했음을 의미한다. 또한 소형기대나 광구소호가 재지화되는 과정은 문화의 개방도가 높았던 점은 물론 하지키인들이 가야 사회에 편입된 것으로 이해할 수 있다. 특히 해안가의 거점지역을 중심으로 하지키계토기가 일정한 비율로 출토되는 점은 금관가야 수장층에 의해 하지키인들이 통제, 배치된 상황을 의미하는 것으로 볼 수 있다.

3) 하지키를 통해 본 금관가야와 왜의 교류

기원 전후한 시기부터 3세기 후반대까지의 교류는 남해안의 거점별 정치체에 의해 개별적으로 추진되었던 것으로 나타난다. 이중 출토된 자료로 보면 김해 양동리집단이 부각되는데 양동리분묘군에는 漢鏡 · 靑銅鼎 · 鐵鍑 · 금박유리옥 등의 중국제 유물과 광형동모 · 방제경 · 하지키계토기 등 왜계유물이 집중된다.

4세기대부터는 김해 대성동세력이 교류의 중심지로 부상하는데 이를 증명하는 고고자료는 방패, 화살통 등에 장식되었던 것으로 추측되는 巴形銅器와 가야지역에서 희소한 촉형석제품, 방추차형석제품, 통형석제품 등이다.

통형동기를 비롯한 각종 석제품은 김해 대성동, 양동리, 부산 복천동고분군 등 금관가야 핵심고분과 일본 近畿지역에 집중분포[1]하고 있어 금관가야 수장층과 畿內세력과의 긴밀한 교류양상을 입증해 주고 있다. 특히 최근에는 통형동기의 제작지를 금관가야로 보는 입장(신경철 2004, 田中晉作 1998, 井上主稅 2006)이 제기되고 있는데 통형동기의 출현이 近畿보다 선행하는 점(신경철 2004), 출현시기부터 여러 형식이 갖추어진 점, 산발적이지 않고 집중적이고 계속적인 부장이 이루어진 점(田中晉作 1998), 대성동 15호분과 같은 소형분에도 부장이 이루어진 점(田中晉作 1998) 등은 한반도 제작설을 뒷받침하는 근거로 작용할 수 있으나 금관가야 수장묘에 통형동기 외에 파형동기 및 각종 석제품 등 일본 전기고분을 대표하는 유물이 일괄 부장된 점(山田良三 2000), 통형동기가 금관가야 주변지역에 전혀 확산되지 않은 점(柳本照男 2008) 등은 일본지

---

1 일본지역의 筒形銅器는 畿內를 중심으로 북쪽은 埼玉縣 熊野神社古墳, 남쪽은 熊本縣 淸水古墳까지 광범위하게 확인되지만 금관가야는 김해 대성동고분군, 김해 양동리고분군, 부산 복천동고분군에 한정되어 부장되는 차이점을 나타낸다(山田良三 2000, 井上主稅 2006).

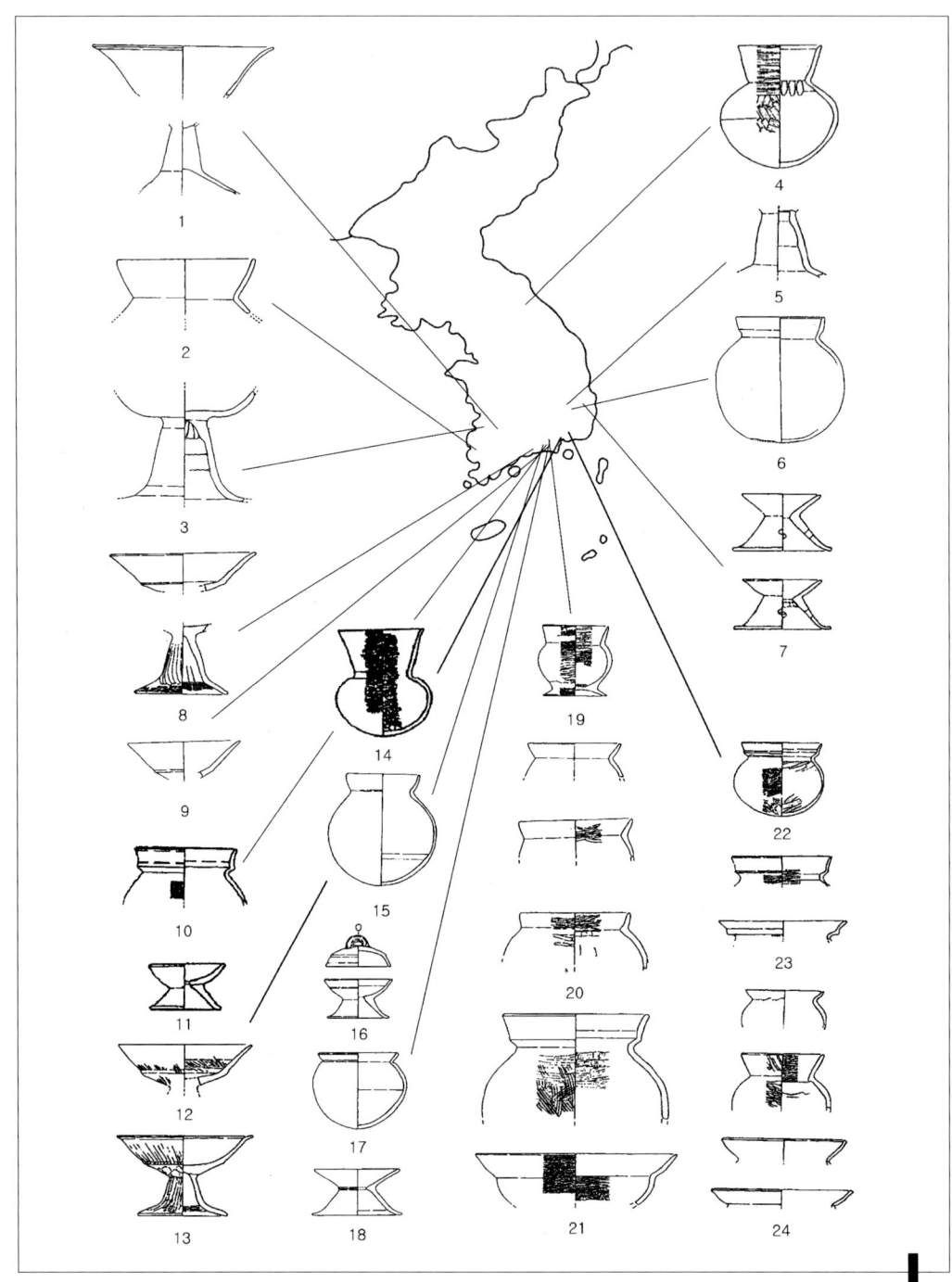

3~4세기 한반도 하지키계(土師器系)토기 출토 현황 **03**

1. 광주 금곡동, 2. 함평 소명, 3. 담양 중옥리, 4. 강릉 강문동, 5. 경산 임당, 6. 경주 사라리, 7. 경주 월성로 가31호묘,
8. 사천 늑도 진입로, 9. 고성 동외동, 10. 창원 성산, 11~13. 진해 용원, 14. 부산 복천동 42호묘, 15. 김해 구지로 9호
묘, 16. 김해 대성동 47호묘, 17·18. 부산 복천동 10호묘, 19~21. 김해 봉황동, 22~24. 동래 패총

역 제작설의 근거로 설득력이 있는 것이 사실이다. 필자 역시 일본의 출토범위가 금관가야와의 교역범위를 훨씬 넘어서는 점에 대해 강한 의구심을 가지고 있는데 앞으로의 상황을 지켜 볼 대목이다. 어쨌든 현재로선 위세품의 교류양상으로 보아 금관가야 수장층과 일본 近畿지역과의 교섭은 상당히 중시되었음을 알 수 있다. 수장층의 교섭과 더불어 일반민들의 교류도 빈번했던 것을 알 수 있는데 일상생활품인 하지키계토기가 금관가야권을 중심으로 분포하고 있으며 경주 월성로고분군과 사라리유적 출토 하지키계토기 역시 금관가야를 통해 전달되었을 가능성이 높다.

앞으로 남해안의 마산만, 진동만, 고성 등지에서 하지키계토기의 증가가 충분히 예상되지만 집중도는 낙동강 하류역에 비해 떨어질 것은 확실하므로 3세기 후엽에서 5세기 초에 이루어진 일반민들의 교류 역시 금관가야가 중심임은 변함없다.

하지키가 일본열도에서 파급된 것이라면 有蓋臺附把手附小壺는 금관가야에서 일본 열도로 전달된 토기이다. 大阪府 野中古墳, 廣島縣 池の内 3號墳, 大阪府 持ノ木古墳, 京都府 芝ケ原 9號墳에 부장된 유개대부파수부소호는 금관가야와 왜왕권의 교섭루트인 瀨戸內연안에 위치하고 있어 금관가야 수장층에 의해 제공된 것으로 이해할 수 있다.

또한 일본의 스에키 생산 역시 금관가야와 왜 교류의 대표적인 사례인데 大阪府 大庭寺遺蹟에 금관가야, 아라가야, 소가야계 공인은 수장층에 의해 제공된 전문기술자들로 각지의 가야계 공인이 일본열도에서 동시에 조업에 참여할 수 있었던 상황은 금관가야 수장층의 주도하에 가야 각지 수장층이 참여한 결과로 판단된다.

금관가야와 왜의 교섭이 쇠퇴하는 시기는 5세기 전반으로 추정되는데 신라와 가야 내륙의 정치체가 성장함에 따라 관문사회의 이점이 줄어든 것이 그 직접적인 원인으로 판단된다.

3. 한반도 출토 스에키(須惠器)

1) 한반도 출토 스에키의 연대

한반도 출토 스에키는 개배가 가장 많고, 고배·유공광구소호·장군·자라병 등이 포함된다. 스에키에 대한 연구는 酒井淸治(1993), 木下亘(2003), 조영제(2004), 안재호(2005), 홍보식(2006), 하승철(2007·2011), 김일규(2011) 등에 의해 이루어졌다. 출토된 스에키의 형식과 상대편년에 대해서는 대체로 의견을 같이하지만 연대에 대해서는 견해차가 있는데 홍보식과 김일규는 한 분기 이상 늦게 편년하는 견해를 갖고 있다. 한반도 출토 스에키는 일본 스에무라(陶邑)편년으로 TK208형식부터 TK10형식 사이에 해당되지만 TK23~TK47형식에 해당하는 자료가 많다. 특히 광주 동림동유적이나 광주 산정동유적 등 영산강유역에서 TK208형식의 스에키가 출토되는 점이 주목된다.

필자는 일본 스에키를 우치시가(宇治市街)유적 SD302-오바데라TG231·232-TK73-TK216-TK208-TK23-TK47-MT15-TK10의 순서로 생각하며 TK47형식까지를 5세기대로 이해한다. 일본 스에키의 출현은 4세기 말에 이루어졌을 가능성이 높다고 판단하는데, 그 주요한 근거는 가야토기의 형식변화와 일본 경도부 우치시가유적 출토 스에키와 공반된 목재의 연륜연대(A.D. 389년)에 두고 있다(하승철 2007).

오바데라TG231·232는 형식의 폭이 긴 것으로 파악하는데 5세기 전엽에 해당할 것으로 본다. 오바데라TG231·232형식을 古, 新단계로 나눈다면 우치시가유적 SD302 출토품은 古단계에 해당한다. 일본 스에키의 생산은 4세기 후엽에 시작된 것으로 추측되며 가야, 마한·백제인들의 이주와 도질토기 공인의 참여에 의해 가능하였다고 판단한다. 많은 연구자들이 지적하듯이 초기 스에키에 보이는 「釜形」개배, 평저발, 유공광구소호 등은 영산강유역과 관련된 토기일 가능성이 높다.

한반도에서 다량 출토되는 TK208~TK10형식의 스에키는 소가야토기와 공반되는 경우가 많으므로 이를 토대로 변화를 추정하면 다음과 같다.

TK208형식 스에키는 광주 동림동·산정동유적에서 다량 출토되었는데 공반된 소가야토기는 뚜껑과 삼각투창고배, 수평구연호, 파배 등이다. 소가야 수평구연호는 기고 18cm 전후→16cm 전후→14cm 전후로 변하며, 동체부가 점차 작아지는 반면, 구경이 동최대경보다 점차 커지는 것으로 변화한다. 동림동 출토 수평구연호(도 04-10)는 동최대경보다 구경이 작고 구경부의 외반도가 약한 것으로 5세기 전엽에 해당하는 자료이다. 스에키와 공반된 수평구연호의 변화는 동림동 102호 구(도 04-10)→산청 명동 II8-2호묘(도 04-20)→의령 천곡리 21호분(도 04-37) 순서로 변화한다. 천곡리 21호분 출토품은 가장 늦은 형식에 속하며 6세기 2/4분기에 해당한다.

소가야 삼각투창고배는 배부가 깊고 곡선적인 형태에서 점차 얕아지면서 직선적으로 변하고, 구연이 짧아지며 뚜껑받이 턱은 점차 무디어지는 것으로 변한다. 기고는

15cm 전후→12cm 전후→10cm 전후로 변하는데 대각이 점차 낮아진다. 5세기 전반대의 토기는 대각에 돌대를 돌린 것이 많은 반면, 5세기 후반대는 돌대, 침선 등이 없는 것이 대부분이다. 광주 동림동과 산정동 출토품들은 기고가 높고, 대각에 돌대를 돌리는 등 5세기 전반대의 자료이다. 합천 봉계리 20호 출토 삼각투창고배(도 04-23)는 산청 명동유적 I 68호(도 04-16) 출토 고배에 비해 배신이 직선적이다. 오곡리 M1호 출토 고배 대각과 동일한 형식인 오곡리 B11호(도 04-19) 출토 고배는 봉계리 출토 고배보다 대각이 높고 각단부가 곧추서는 형태이다. 합천 봉계리 20호 출토 삼각투창고배(도 04-23)와 유사한 고배(도 04-24)가 출토된 마산 합성동 82호분 출토 수평구연호(도 04-25)는 TK23형식이 출토된 산청 명동 II8-2호 출토 수평구연호(도 04-20)보다 늦은 형식이다. 광주 동림동 1호 주거지에서 출토된 소가야 파수부배 역시 5세기 전반대에 해당한다. 따라서 TK208형식은 5세기 중엽으로 판단되고 TK23형식은 5세기 후엽일 것으로 본다.

TK23형식은 공반된 소가야토기가 필자의 분류(하승철 2001)로는 5세기 후엽을 벗어나지 않는 점과 일본 奈良縣 下田 2호분의 주구에서 출토된 금송제의 목관 底板이 연륜연대 460년에 해당할 것으로 추정된 점(辰巳陽一·淸岡廣子 2009), 辛亥年(471년)銘 鐵劍이 출토된 稻荷山古墳의 분구상에서 TK47형식 스에키가 출토된 점(白石太一郎 1982, 都出比呂志 1982)을 근거로 5세기 후엽의 이른 시기로 설정한다.

MT15~TK10형식의 연대는 고성 송학동 1B-1호분의 연대를 통해 확인해 볼 수 있다. 고성 송학동 1B-1호분에서는 MT15~TK10형식 스에키가 출토되었다. 고성 송학동 1B-1호분은 2회 정도 추가장 되었던 것으로 이해한다(하승철 2010 : 146). 현실 내 꺾쇠의 출토 위치, 경식 등 장신구류, 후벽과 전벽의 유물부장 상태 등을 고려하면 3개의 목관을 확인할 수 있다. 출토된 신라토기 대부장경호는 6세기 1/4분기로 편년되는 경주 월성로 가4호묘 출토품과 유사하며 유개합은 창녕 계성 III-1호분 출토품과 동일한 시기로 6세기 2/4분기로 설정한다. 공반된 소가야토기는 TK10형식이 출토된 의령 천곡리 21호분 출토 개배들보다 이른 형식이며, 고령계토기 역시 지산동 44호분 단계(6세기 1/4분기)에 속하는 것이 많다.

따라서 고성 송학동 1B-1호분은 6세기 전엽으로 설정할 수 있고, TK10형식이 출토된 의령 천곡리 21호분은 6세기 2/4분기로 설정한다.

TK47형식은 고성 송학동 1A-1호분에서 출토된 마구의 형식이 합천 옥전 M3과 동일한 것으로 판단하여 5세기 4/4분기로 설정한다.

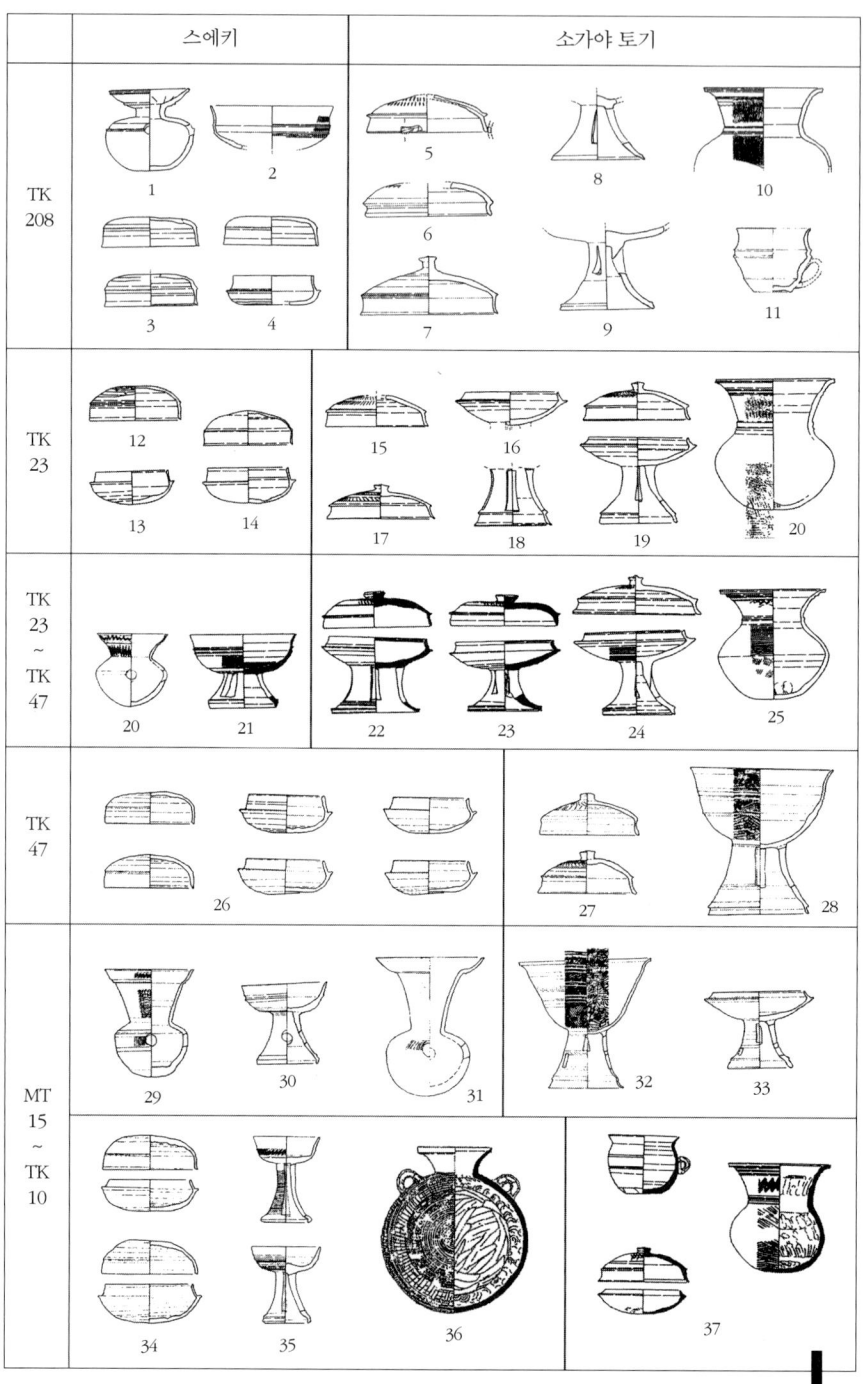

	스에키	소가야 토기
TK 208		
TK 23		
TK 23 ~ TK 47		
TK 47		
MT 15 ~ TK 10		

1 · 5~10. 광주 동림동 102호 구, 2 · 3 · 4. 광주 산정동 1호 · 8호 · 9호 구, 11. 광주 동림동 1호 주거지, 12 · 15 · 16. 산청 명동 I 68호묘, 13. 산청 명동 II 8-2호묘, 14 · 17 · 18. 함안 오곡리 28번지 M1호, 19. 함안 오곡리 28번지 B11호묘, 20. 산청 명동 II 8-2호묘, 21~23. 합천 봉계리 20호, 24 · 25. 마산 합성동 82호묘, 26~28. 고성 송학동 1A-1호묘, 29 · 31~33. 고성 송학동 1B-1호묘, 30. 고성 송학동 1A-2호묘, 34 · 35. 산청 생초 9호묘, 36 · 37. 의령 천곡리 21호묘

2) 시기별 출토현황

(1) 5세기 후반

앞서 언급한 바와 같이 한반도 출토 스에키는 TK208형식부터 집중한다. 스에키형식에 따라 TK208형식, TK23형식, TK23~TK47형식, TK47형식으로 구분할 수 있다. TK208형식은 광주 동림동유적과 산정동유적, 광주 향등유적 등 영산강 상류지역의 자료들이 해당된다. TK23형식은 서울 몽촌토성, 청주 신봉동, 고창 봉덕, 고흥 한동, 고흥 방사, 부안 죽막동, 함안 오곡리 28번지 M1호, 산청 명동 I 68호 · II8-2호 등이 해당되고, TK23~TK47형식은 장성 대덕리 1호, 담양 서옥고분군, 합천 봉계리 20호, 산청 명동 22호 출토품이 해당된다. TK47형식은 광주 하남동 9호, 고령 지산동 I -5호, 산청 명동 II14호, 부산 연산동 1호 석곽묘, 공주 정지산, 고성 송학동 1A-1호 출토품이 해당된다.

TK208형식~TK47형식 스에키는 가야, 마한 · 백제지역에 폭넓게 분포하는 것을 알 수 있고 현재의 자료에 의하면 영산강유역 출토품이 이른 단계에 속한다.

기종별로 살펴보면, 한반도 출토 스에키 중 가장 많이 출토된 기종은 개배이다. TK208형식 개배는 바닥이나 천정이 편평하고 구연이 긴 것이 포함되는데 광주 동림동 60 · 140호 구(도 05-3 · 5), 광주 산정동 8 · 9호 방형건물지 출토품 등이 해당된다. TK23형식은 천정이 높고 둥근 편이며 구연은 약간 밖으로 벌어지는 형태이며 단부는 내경하는 '凹' 狀으로 처리되거나 내경면을 가진다. 신부 외면은 회전깎기로 조정하였다. 부안 죽막동 출토품(도 05-14)이 기고 5.6cm로 가장 높다. 산청 명동 II8-2(도 04-13) · 68호(도 04-12), 함안 오곡리 28번지 M1호(도 04-14), 청주 신봉동 출토품(도 05-8 · 9)은 TK23형식에 속한다.

TK23형식~TK47형식 개배는 가장 소형화되는 것이 특징이다. TK47형식으로 추정되는 고성 송학동 1A-1호분 출토 뚜껑(도 05-26)은 구경 11.9~12.8cm, 기고 4.1~4.7cm에 해당하고 배는 구경 9.8~10.4cm, 기고 4.2~5.0cm이다.

스에키 고배는 광주 동림동 19호 구(도 05-2), 공주 정지산 23호 주거지(도 05-25), 부안 죽막동(도 05-14), 광주 월전동 3호, 담양 서옥 3호(도 05-16), 합천 봉계리 20호(도 05-17)에서 출토되었다. 부안 죽막동 출토품은 기고 16.2cm로 대형이고 나머지는 10cm 정도이다. 배부가 깊고 약간 둥글며 구연은 곡선적으로 벌어진다. 구연 하단에 돌린 돌대는 짧고 예리하며 아래에 파상문을 시문하는 것이 보통이다. 배신 하위에는 회전깎기로 조정하였다. 각기부는 넓고 각부 접지면은 곧추선다. 광주 동림동 19호 구

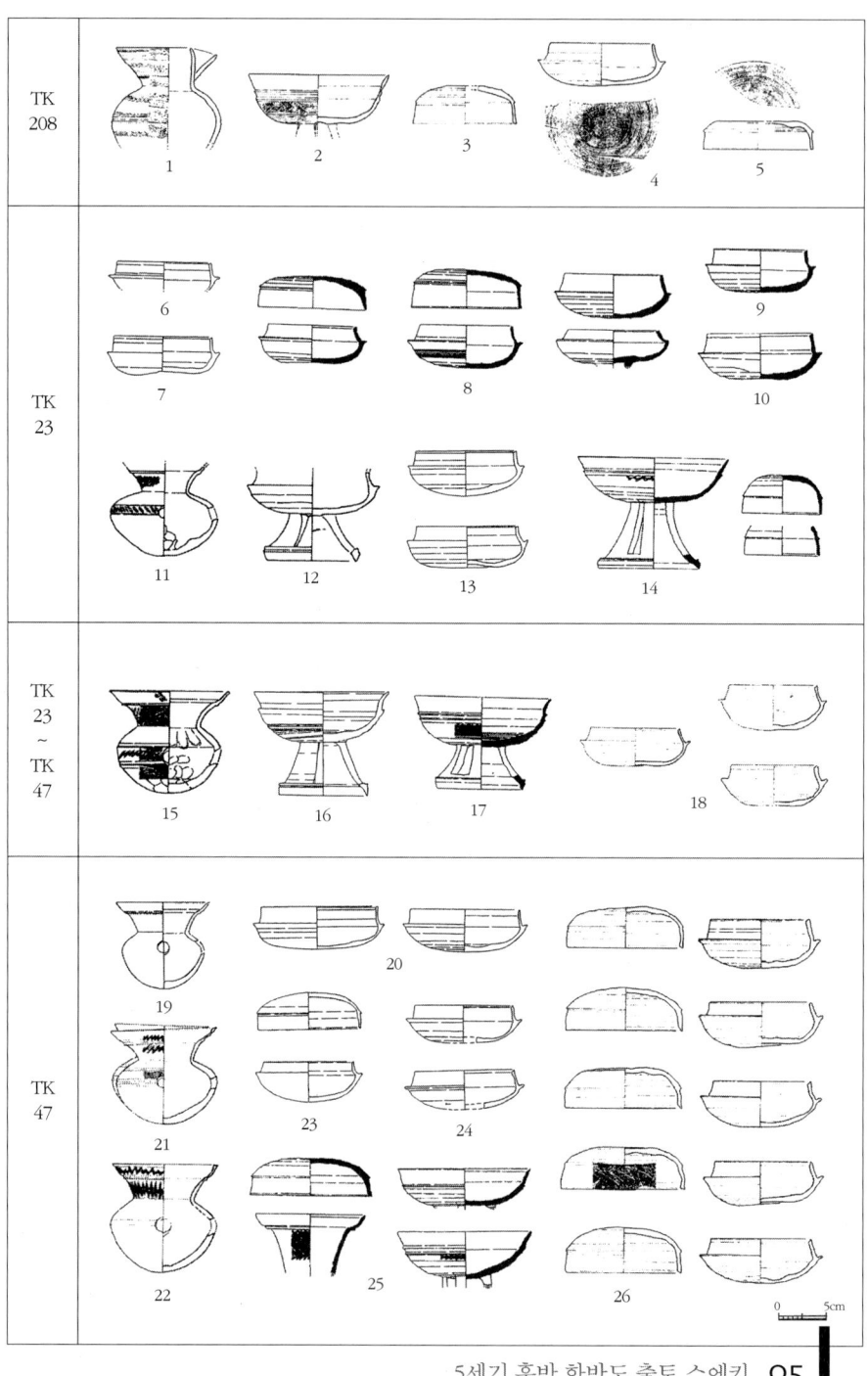

TK 208	1 2 3 4 5
TK 23	6 7 8 9 10 11 12 13 14
TK 23 ~ TK 47	15 16 17 18
TK 47	19 20 21 22 23 24 25 26

0   5cm

5세기 후반 한반도 출토 스에키 **05**

1. 광주 동림동 18호 구, 2. 광주 동림동 19호 구, 3. 광주 동림동 60호 구, 4. 광주 동림동 101호구, 5. 광주 동림동 140호 구, 6. 고흥 방사 12호 주거지, 7. 고흥 한동 18호 주거지, 8. 청주 신봉동 B1호묘, 9. 청주 신봉동 A32호 묘, 10. 서울 몽촌토성 제3호 저장공, 11. 광주 산정동 16호 구, 12. 광주 산정동 9호 방형건물지, 13. 고창 봉덕 주구, 14. 부안 죽막동, 15. 장성 대덕리 1호, 16. 담양 서옥 3호분, 17. 합천 봉계리 20호분, 18. 산청 명동 22호, 19. 나주 복암리 3호 96석실, 20. 광주 하남동 9호 구, 21. 고령 지산동 Ⅰ-5호분, 22. 산청 명동 Ⅱ14호, 23. 부산 연산동 1호 석곽묘, 24. 마산 대평 M1-1호분, 25. 공주 정지산 23호 주거지, 26. 고성 송학동 1A-1호분

표 1 _ 5세기 후반 한반도 출토 스에키

형식	유적	출토유물
TK208~ TK23형식	광주 산정동유적 (호남문화재연구원 2008)	8호·9호 방형건물지, 1호·2호·16호 구 출토 개배, 고배
	광주 하남동유적 9호 구 (호남문화재연구원 2008)	溝에서 출토된 뚜껑 1점, 배 3점
	광주 향등유적 (호남문화재연구원 2004)	3호 주거지에서 뚜껑 1점, 15호 주거지에서 뚜껑 1점 출토
TK208~ TK47형식	광주 동림동유적 (호남문화재연구원 2007)	18호·19호·60호·101호·140호 溝에서 출토된 개배, 고배, 광구호 등
TK23형식	서울 몽촌토성 제3호저장공 (몽촌토성발굴조사단 1985)	스에키 杯身 1점 출토
	청주 신봉동고분군 A지구 32호묘 (충북대학교박물관 1990)	스에키 杯身 1점 출토
	청주 신봉동고분군 B지구 1호묘 (충북대학교박물관 1990)	스에키 개배 2점, 杯身 4점 출토
	고흥 방사 12호 주거지 (호남문화재연구원 2006)	개배 배신 1점
	고흥 한동 18호 주거지 (호남문화재연구원 2006)	개배 배신 1점
	광주 월전동유적 (전남대학교박물관 1996)	3호 지상건물 북쪽 구상유구에서 출토된 고배 1점
	고창 봉덕유적 주구 (호남문화재연구원 2003)	방형추정분 남쪽 주구에서 출토된 배 2점, 유공광구소호 1점, 북쪽 주구 출토 유공광구소호 1점
	사천 늑도진입로유적 II층 (동아문화연구원 2006)	사천 늑도진입로유적 II층에서 스에키 개배 출토
	함안 오곡리 28번지 유적 (우리문화재연구원 2010)	M1호분에서 개배 출토
TK23~ TK47형식	부안 죽막동 제사유적 (국립전주박물관 1994)	뚜껑, 무개고배, 대형옹 등이 스에키로 파악됨
	순천 대곡리 한실A-1호 (목포대학교박물관 1997)	배 1점
	광주 하남동유적 (호남문화재연구원 2008)	9호 溝에서 뚜껑 1점, 배 3점 출토
	담양 서옥고분군 (호남문화재연구원 2007)	3호분 분정에서 스에키 고배 1점
	고령 지산동고분군 1-5호분 (영남문화재연구원 2004)	유공광구소호 1점
	합천 봉계리고분군 20호분 (동아대학교박물관 1986)	고배 1점
	산청 명동유적 (경남발전연구원 2004·2009)	II8-2호 출토 배 1점, I 68호 출토 뚜껑 1점, I 22호 출토 스에키 배 3점, II 14호 출토 유공광구소호 1점

TK47형식	공주 정지산유적 (국립공주박물관 1999)	수혈에서 뚜껑, 고배, 유공광구소호 등 출토
	부산 연산동유적 (우리문화재연구원 2009)	석곽묘 1호 출토 개배
	마산 대평리고분군 M1-1호분 (경남발전연구원 2011)	구릉 정상부의 봉토분에서 배 2점 출토
TK47~ MT15형식	고성 송학동고분군 1A-1·2호 (동아대학교박물관 2005)	1A-1호분 스에키 개 5점, 배 6점 출토 1A-2호분 고배

출토품은 바닥이 편평한 것으로 TK208단계로 추정되고 담양 서옥고분군, 합천 봉계리 20호 출토품이 깊고 곡선적인 형태로 TK23~TK47형식으로 판단된다.

유공광구소호는 광주 산정동 16호 구(도 05-11), 고령 지산동 I-5호(도 05-21), 산청 명동 II14호(도 05-22), 나주 복암리 3호분 96석실 1호 옹관(도 05-19) 출토품이 있는데 기고 10.4~12.3cm, 구경 10.1~13.0cm이다. 편구형 동체이며 구연과 경부에 밀집파상 문을 시문하였다.

(2) 6세기 전반

MT15~TK10형식 스에키가 해당된다. 기종은 개배, 고배, 유공광구소호, 유공장군, 제병 등이다. MT15~TK10형식 스에키는 해남 용일리 용운 3호분 출토 제병(도 06-13),

표 2 _ 6세기 전반 한반도 출토 스에키

형식	유적	출토유물
MT15~ TK10형식	해남 용일리 용운 3호분 (국립광주박물관 2004)	3호분 횡구식석실 출토 편병, 기고 26.6cm, 구경 9.4cm
	나주 복암리 3호분 96석실 (국립문화재연구소 2001)	1호 옹관 출토 유공광구소호, 기고 12.3cm, 구경 13.0cm 4호 옹관 출토 유공광구소호, 기고 16cm
	김해 관동리유적 9호수혈 (삼강문화재연구원 2009)	고배 배부편
	고성 송학동고분군 (동아대학교박물관 2005)	1B-1호, 1B-3호, 1A-11호 출토 유공광구소호, 개배, 1A-2호 고배
TK10형식	의령 천곡리고분군 21호분 (영남문화재연구원 1997)	제병, 구경 10.3cm, 기고 25.5cm
	김해 여래리유적 수혈 25호 (우리문화재연구원 2009)	개배, 기고 5.1cm, 구경 12.7cm
	산청 생초고분군 9호분 (경상대학교박물관 2002)	개배 4점, 고배 3점, 소형합, 복환판비, 주문경

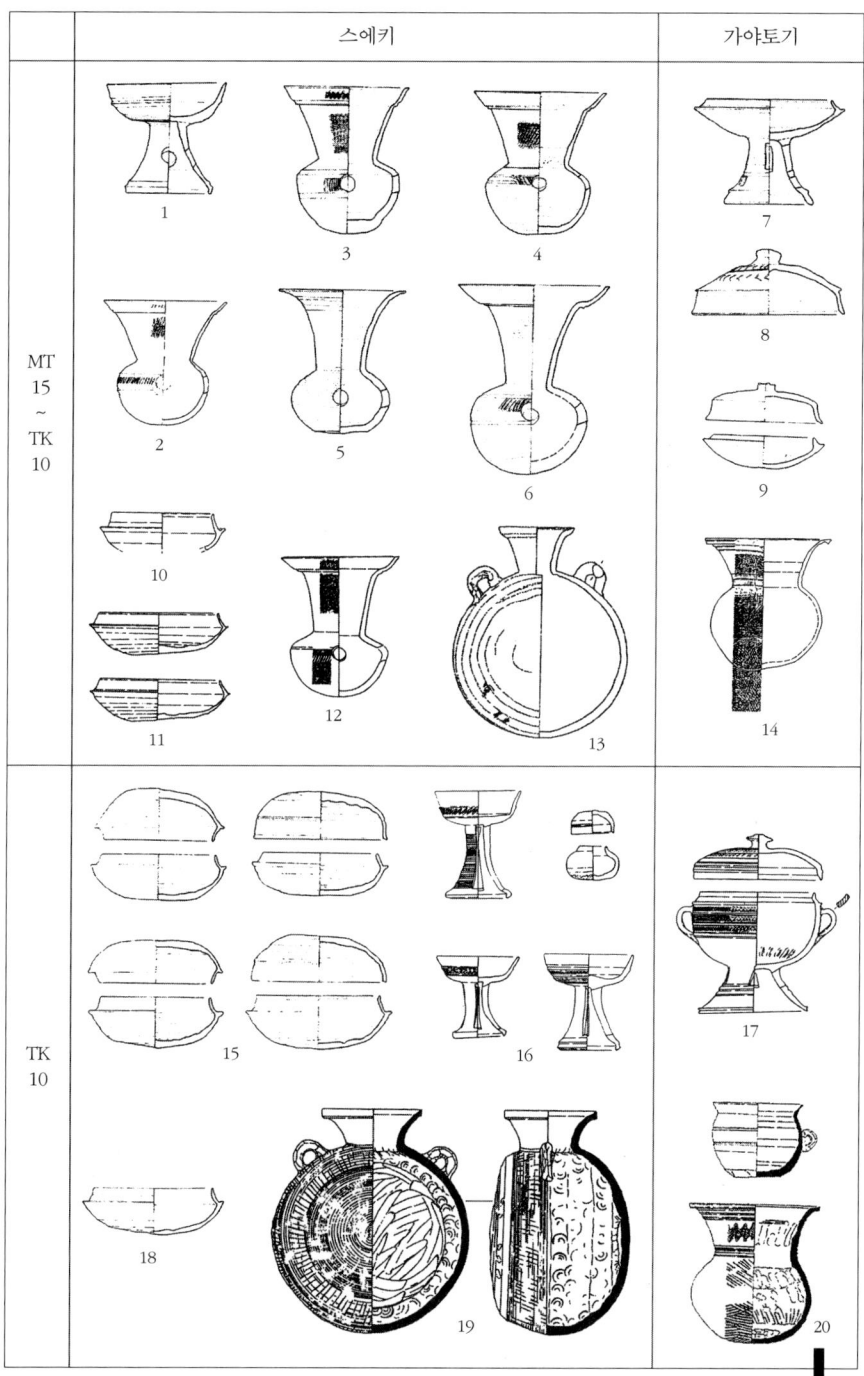

스에키		가야토기

6세기 전반 한반도 출토 스에키와 공반된 가야토기　06

1. 고성 송학동 1A-2호묘, 2·9. 고성 송학동 1A-11호묘, 3~8. 고성 송학동 1B-1호묘, 10. 김해
관동리 9호 수혈, 11·14. 고성 송학동 1B-3호, 12. 나주 복암리 3호분 96석실, 13. 해남 용일리
용운 3호묘, 15~17. 산청 생초 9호분, 18. 김해 여래리 25호 수혈, 19·20. 의령 천곡리 21호묘

나주 복암리 3호분 96석실 출토 유공광구소호(도 06-12), 고성 송학동 1B-1호·1B-3호 출토 개배(도 06-11)와 유공광구소호(도 06-3~6), 1A-11호 출토 개배(도 06-2) 등이다. TK10형식 스에키는 의령 천곡리 21호, 산청 생초 9호(도 06-15·16), 김해 여래리 25호 수혈(도 06-18) 등에서 출토되었다. 개배는 전 단계에 비해 대형화되었고 유공광구소호는 경부가 길어졌다. 고배는 배부가 얕아졌으며 대각이 길어지고 각기부가 좁아졌다. 제병은 木下亘(2003 : 29)의 지적과 같이 스에키 제작기법으로 제작된 의령 천곡리 21호분(도 06-19) 출토품이 있는 반면, 기형은 유사하나 재지의 제작기법이 관찰되는 부안 죽막동 출토품 등이 있다. 5세기대에 비해 출토량이 급격히 줄어들었다. 가야지역의 경우 5세기대에 남강 및 남해안의 소가야지역에 집중된 것에 비해 6세기대는 김해지역 자료가 증가한 것이 주목된다.

3) 분포와 고성 소가야

한반도 출토 스에키는 5세기 후반부터 6세기 전반에 집중 출토되는 것으로 파악되었으며, 가야의 경우 산청 생초 9호분을 제외하면 1~2점이 산발적으로 출토되었으나 마한·백제 지역은 종류도 다양하고 출토량도 많은 것이 특징이다. 또한 가야의 경우 김해 여래리유적, 사천 늑도 진입로 출토 개배를 제외하면 모두 분묘에서 출토되는 특징이 있으나 마한·백제 지역은 주거지, 구 등 생활유적과 제사유적, 분묘 등에서 출토된다. 부안 죽막동유적, 공주 정지산유적은 제사유적으로 볼 수 있다. 신라지역은 가야, 마한·백제지역에 비해 출현 빈도가 떨어지지만 부산 연산동 1호 석곽묘, 부산 기장군 청광리유적(경남문화재연구원 2011)에서 TK47형식 개배가 출토되어 주목되며, 이는 신라와 왜의 교류관계를 살피는데 주요한 자료로 평가된다.

한반도 출토 스에키의 분포(도 07)는 신라·가야지역의 경우 고령, 김해 여래리, 부산 연산동, 부산 기장의 사례가 확인되지만 남해안과 남강 루트를 따라 출현하는 비율이 높다(趙榮濟 2004, 하승철 2011). 마한·백제지역의 경우 남해안의 순천, 고흥과 영산강유역의 나주를 비롯하여 내륙의 담양과 광주, 서해안의 부안은 물론 중심지인 공주, 서울 몽촌토성 등 전 지역에서 출토되고 있다. 왜에서 가야, 영산강유역, 백제로 이어지는 서남해안 루트에 스에키가 집중되고 있음을 알 수 있다.

필자는 소가야지역에 스에키가 집중되는 점, 서울 풍납토성 경당상층과 경당 9호유

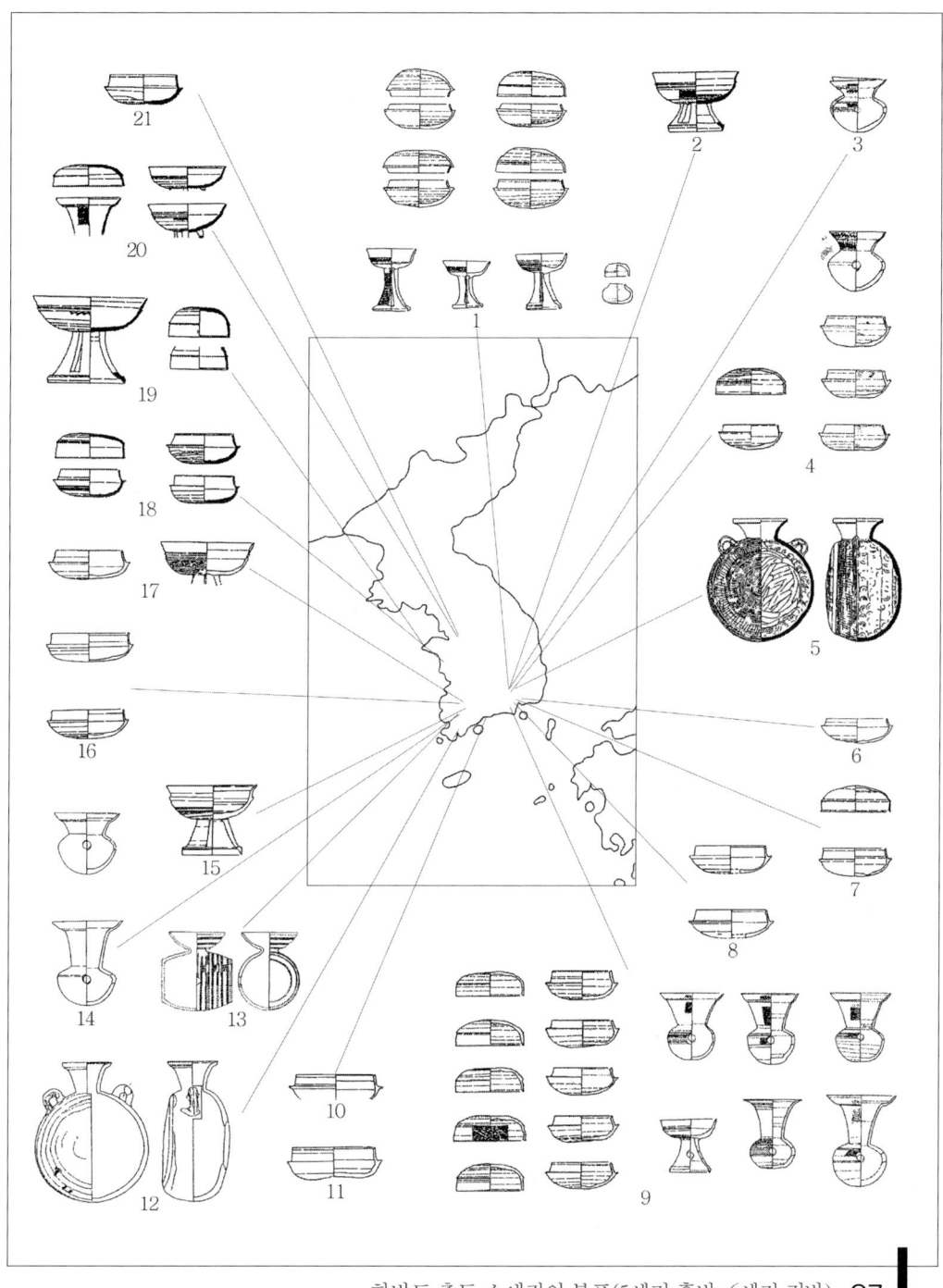

한반도 출토 스에키의 분포(5세기 후반~6세기 전반) 07

1. 산청 생초 9호분, 2. 합천 봉계리 20호묘, 3. 고령 지산동 5호 석곽묘, 4. 산청 명동, 5. 의령 천곡리 21호묘, 6. 김해 여래리 25호 수혈, 7. 함안 오곡리 M1호분, 8. 마산 대평리 M1-1분, 9. 고성 송학동, 10. 고흥 방사 12호 주거지, 11. 고흥 한동 18호 주거지, 12. 해남 용일리, 13. 영암 만수리, 14. 나주 복암리, 15. 담양 서옥 3호분, 16. 광주 하남동 9호 구, 17. 광주 동림동, 18. 청주 신봉동, 19. 부안 죽막동, 20. 공주 정지산, 21. 서울 몽촌토성 3호 저장공

구에서 출토된 2점의 소가야 蓋, 여수·순천 등 전남 동부지역 소가야토기 출토현황, 광주 동림동유적 출토 소가야토기를 근거로 왜와 가야, 백제의 교섭을 소가야인들이 중계했을 가능성을 제시한 바 있다(하승철 2011 : 109).

4세기대 왜와의 교역은 금관가야가 중심이었으나 5세기 후반대는 가야 각국으로 교역 루트가 다양화되는 것으로 나타난다. 이때부터 고성은 가야의 새로운 교역 창구로 대두한 것으로 판단되는데 5세기 후반부터 대가야, 신라, 마한·백제, 왜의 문물이 고성에 집중되는 현상은 이를 증명한다. 고성에서 출토된 대가야문물은 송학동 1A-1·1A-6호분에서 출토된 f자형판비, 내만타원형경판비, 사행상철기, 검릉형행엽을 세트로 하는 대가야형 장식마구(류창환 2000)와 송학동, 내산리, 율대리에서 출토된 대가야계 토기들이다.

왜계문물은 송학동 1A-1·1A-2·1A-11·1B-1호 출토 스에키와 거제 장목고분, 송학동 1B-1호 등 북부 큐슈계석실을 들 수 있다. 또한 고성 송학동 1B-1호 출토 찰갑·패제운주, 송학동 1A-1호 출토 검릉형행엽, 내산리 34호분 출토 패제운주·철제등자, 장목고분 출토 찰갑 등도 왜계유물로 판단한다(류창환 2008 : 198).

고성지역의 영산강계문물은 6세기 전엽에 해당하는 송학동 1B-1호분에서 출토된 개배, 1A-2호 출토 대부완, 1A-5호 출토 단경호, 내산리 34·60호 석실에서 출토된 유공광구소호와 개배 등이다. 이 중 유공광구소호는 고성 송학동 1호분에서 11점, 내산리고분군에서 10점이 출토되었다. 주지하듯이 유공광구소호는 백제·마한지역인 전라도 서해안 일대와 영산강유역, 소가야지역인 고성, 사천, 하동, 산청 등지에 집중 분포하는 특징적인 토기이다.

이처럼 고성지역에 외래계문물이 집중되는 것으로 보아 고성집단이 남해안의 해상 교역로를 통해 마한·백제, 왜 교역망의 중간 기착지로 성장하였으며, 남강을 통해 가야 내륙의 교역 창구로 급부상하였음을 알 수 있다.

4) 스에키를 통해 본 마한·백제와 왜의 교류

스에키 역시 이전 시기의 야요이토기, 하지키와 마찬가지로 한반도로 유입된 후 모방, 재지화 과정을 밟는다. 3세기 후반과 4세기대 하지키는 낙동강 하구의 금관가야 권역에 집중 출현하며 재지의 토기문화와 융합한 반면, 스에키계토기는 마한·백제지역에 집중 출토된다. 5세기 후반 이후 가야지역 출토 스에키가 반입품 위주인데 반해 마한·백제지역은 스에키 반입품과 모방품이 공존하는 것이 특징이다. 스에키 모방토기에 대해서는 이미 酒井清治(1993), 木下亘(2003 : 29)에 의해 자세히 연구된 바 있는데 스에키 모방토기는 왜인의 이주, 정착과 관련있음은 확실하다. 또한 스에키 역시 제사의례 등에 활용된 사례가 확인되는데 고창 봉덕유적 추정방형분 주구에서 출토된 유공광구소호와 개배, 죽막동 제사유적에서 출토된 스에키, 석제모조품 등은 스에키인들이 제사의례에 참석했거나 그들과 관련된 사건을 바탕으로 한다.

광주 동림동·하남동·산정동유적은 다량의 소가야토기, 스에키, 모방토기들이 출토되고 있어 주목되는데 남해안과 서남해안 루트를 활용하여 백제-마한-고성-왜와의 교역에 종사한 스에키인, 소가야인들이 누세대로 체류하였을 가능성이 높다. 인근에 있는 광주 월계동고분은 왜의 전방후원분 분형을 가장 충실히 재현하였고 200개체가 넘는 하니와(埴輪)를 돌린 것이 특징인데 피장자가 왜인일 것으로 판단한다. 따라서 스에키인들은 파견 또는 이주하여 장기간 체류하거나 정착하였고 그들은 현지 왜인 수장을 위해 전방후원분을 축조하고 그들의 매장의례를 행하였던 것으로 결론지울 수 있다.

전방후원분의 출현이 백제와 왜왕권의 교섭의 결과인지 마한·백제, 북부 큐슈세력 역학관계의 결과인지 천착이 필요하지만 전방후원분의 출현은 왜인의 장기거주와 수장급 반열의 왜인이 존재했음을 의미하는 것은 확실하다. 그 왜인들이 왜계 백제관료라는 설(朴天秀 2003)도 있지만 필자는 그들의 주요목적이 교역로의 안정에 관한 것으로 보고 있다. 금관가야의 쇠퇴, 고구려의 남하, 신라의 가야진출, 해적 등은 마한·백제, 가야, 왜를 연결하는 '서남해안 루트'[2]를 위협하였을 것으로 보이며 이를 방어하기 위한 군사력은 필수적이었을 것이다. 앞서 살펴본 바와 같이 고흥, 나주, 광주, 부안, 청주에서 출토된 스에키는 교류에 종사한 왜인들이 거주했음을 나타내며, 남해안과 영산강유역에 출현한 상당수의 왜계고분은 마한·백제와의 교섭을 위해 파견된 왜인 수장들의 묘로 판단한다. 전방후원분이나 가야지역 왜계고분에 다량의 무기류가 출토되는 점은 피장자의 무장적 성격을 대변하는 것으로 파악한다. 5세기 후엽부터 6세기 전엽에 집중 출현하는 전방후원분은 당시의 군사적 긴장감이 극히 높았음을 나타낸다.

---

2 김해-부산-울산-포항 등 3~4세기대 금관가야와 동남해안지역과의 교류 루트에 대비되는 용어로 5~6세기대 고성-여수·순천-고흥-해남-영산강으로 이어지는 소가야와 마한·백제의 교류 루트를 지칭한다.

4. 왜계고분을 통해 본 한일교류

왜인들은 한반도에 이주·정착한 후에 그들의 묘를 남겼는데 대표적인 것은 김해 회현리패총에서 조사된 옹관 3기이다. 모두 合口式이며 기원전 3세기 말~2세기 전엽 (彌生 前期 末~中期 初)에 해당하는 것으로 보고 있다(井上主稅 2006 : 26). 그 외에도 늑도에서 옹관편이 수습된 것이 있고, 고성 동외동유적에서도 기원후 3세기에 해당하는 옹관(심봉근 1998)이 출토된 바 있다. 창원 삼동동 11호 막음옹, 경북 경산 조영동 E III-15호 출토 옹관도 야요이계토기이다. 이밖에 무덤에 복수의 왜계유물이 부장되거나 반입되어 곧바로 부장되는 경우 왜인을 고려할 수도 있겠다.

그러나 5~6세기 왜계묘제의 출현은 이전의 상황과 판이하다. 왜계묘제와 의례가 도입된 것은 야요이 시기부터 확인되지만 전방후원분 등 최상위층 묘제가 축조되는 것은 5세기 후엽부터이다. 전방후원형고분 전체가 왜인일 가능성은 낮지만 상당수는 왜인으로 판단된다. 왜인 최상위층의 묘가 한반도에 축조된 사실은 다수의 왜인이 이주, 정착했음을 보여주는 것은 물론 그들의 역할도 다양화되었을 것으로 이해된다.

이하에서는 영산강유역의 전방후원형고분, 가야지역의 왜계고분 중 교류의 거점과 남해안 루트 상에 존재하는 고분을 대상으로 간략히 검토해 보기로 한다.

1) 영산강유역 전방후원형고분

전방후원형고분을 포함한 한반도의 왜계고분은 경남 거제도에서 전북 고창에 이르는 넓은 지역에서 확인되는데 경남의 경우 남해안과 남강연안에 집중하고 마한·백제의 경우 해남반도, 영산강 하류지역, 광주 일대, 서해안의 함평과 고창 등지에 분포한다(도 08). 마한·백제지역의 전방후원형고분은 현재 13기가 확인되었다.

마한·백제지역 출토 스에키가 5세기 중엽에 증가한 점에 비하면 전방후원형고분의 출현시기는 다소 늦은 5세기 후엽에서 6세기 2/4분기에 집중한다.

나주 복암리 3호분 96석실은 1호 옹관에서 출토된 TK47형식 유공광구소호로 보아 5세기 말로 파악되고, 광주 월계동 1호분은 출토된 유공광구소호와 제병이 TK10형식과 유사한 것으로 보아 6세기 2/4분기로 판단된다.

영산강유역 전방후원형고분의 분류와 계통에 대해서는 다양한 견해가 제시되었지

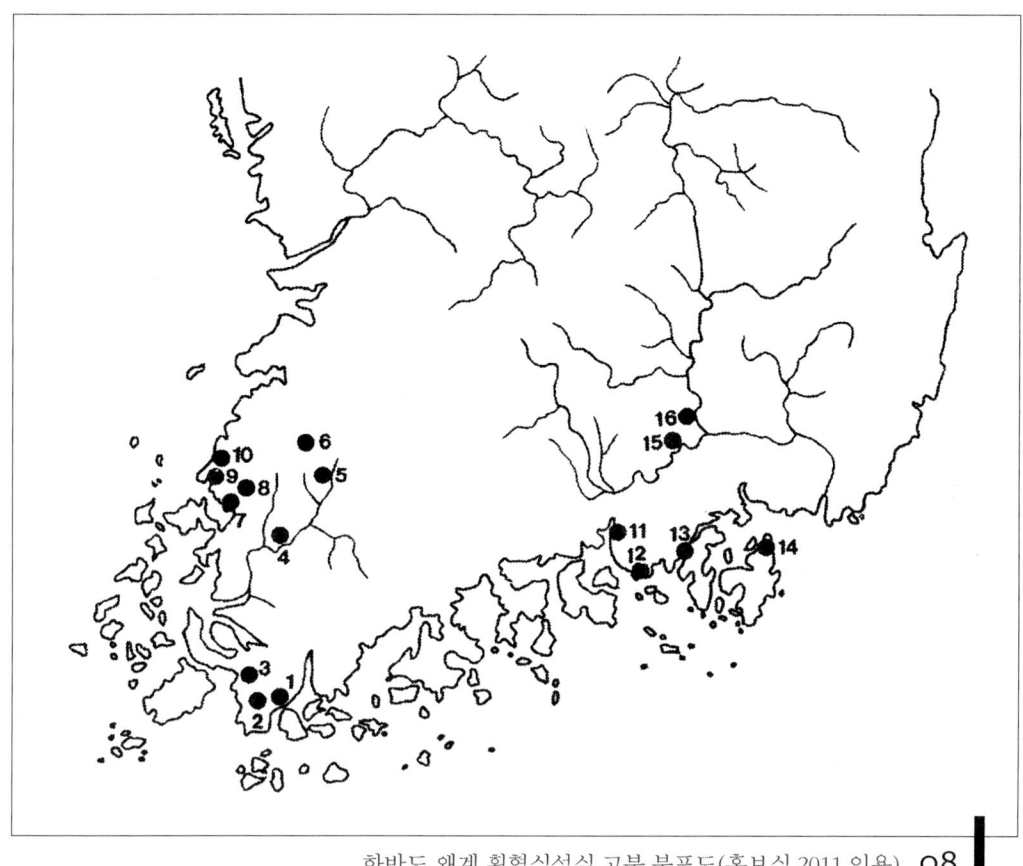

한반도 왜계 횡혈식석실 고분 분포도(홍보식 2011 인용)   o8

1. 장고봉고분, 2. 조산고분, 3. 용두리고분, 4. 복암리 3호분, 5. 명화동고분·월계동 1·2호분·쌍암동고분, 6. 영천리고분, 7. 장고산고분, 8. 신덕 1호분, 9. 월계고분, 10. 칠암리고분, 11. 선진리고분, 12. 향등 II-1호분, 13. 송학동 1B호분, 14. 장목고분, 15. 운곡리 1호분, 16. 경산리 1호분

만 일본 북부 큐슈나 有明海연안의 횡혈식석실과 관련하여 출현했음은 확실해지고 있다. 전방후원형고분의 피장자는 크게 在地首長設과 倭人設로 구분되며, 재지수장설은 백제에 복속된 것으로 보는 견해와 독자성을 유지한 것으로 보는 견해로 세분된다[3]. 이 중 필자는 최성락(2004)과 김낙중(2009)의 의견에 공감을 가진다. 영산강유역 전방후원형고분의 도입은 북부 큐슈와 왜왕권과의 교류를 통해 재지 수장층이 도입한 것으로 파악하고 있으며 5세기 후반 한성백제의 함락에 따른 정치적 동요에 대처하고, 영산강

----

3 전방후원형고분에 대한 연구는 오랫동안 많은 연구자들에 의해 이루어져 왔으며 최근 관련 심포지움도 개최된 바 있으므로(대한문화유산연구센터 2010) 참조바라며 필자의 견해에 대한 각주는 생략한다.

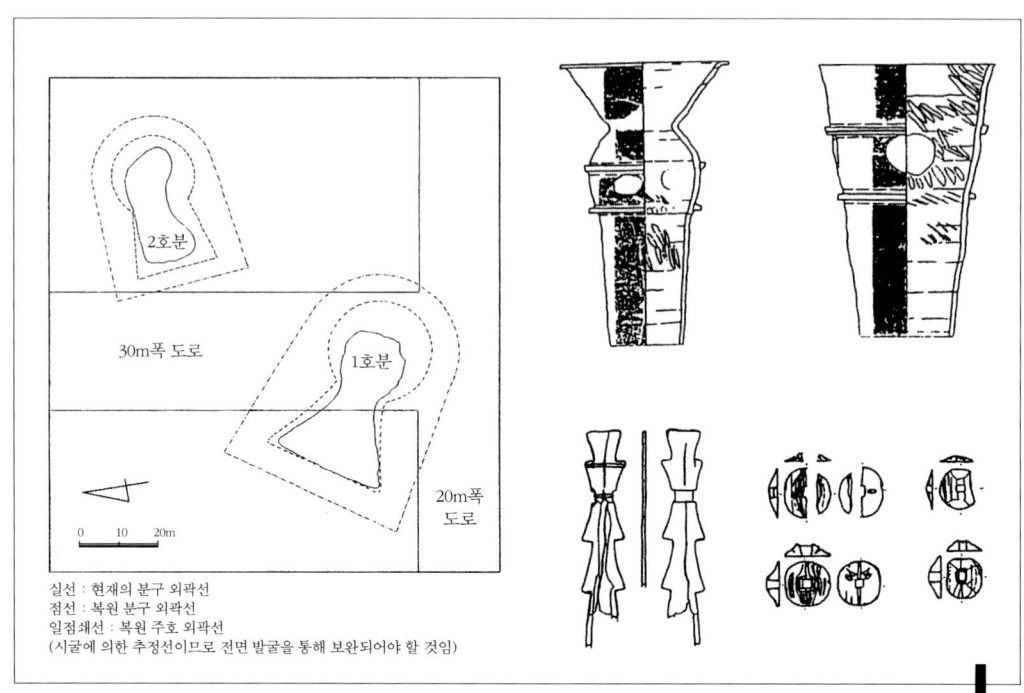

유역-소가야-북부 큐슈로 이어지는 유대감의 강화 등을 상징적으로 표현하는 것을 목적으로 본 견해이다. 필자는 영산강유역 전방후원형고분 전체를 재지수장층의 묘로 상정하지 않으며 왜인 피장자를 위해 축조한 고분도 있을 것으로 예측한다. 그 구분은 분형, 매장의례, 석실의 계보 등을 종합적으로 따져 보아야 하겠지만 왜인이 집단으로 거주한 취락과 인접한 전방후원형고분, 분형 및 주구형태, 분주수립 원통형토기, 분주목기 등 왜의 매장의례가 확인된 고분은 가능성이 높다고 판단한다. 그 대표적인 예가 광주 월계동 1·2호분이다(도 09).

현재까지 왜인이 다수 거주한 것으로 파악되는 유적은 광주 동림동, 하남동, 산정동 유적이다. 산정동과 하남동유적은 동일한 취락에 속한 유적이며 동림동유적은 다소 이격된 지점에서 확인되었다. 앞서 언급한 바와 같이 3개의 유적에서는 스에키계토기가 다량 출토되었다. 하남동유적은 수혈주거지 346동과 29동의 창고용 지상건물지, 원형 수혈, 20여기 이상의 분묘군, 500개체 이상의 유물이 출토된 大溝 등으로 구성되었다. 산정동유적은 66동의 수혈주거지, 35동의 창고용건물지, 10동 이상의 벽주건물, 원형 수혈, 토기가마, 도로 등으로 구성되었다. 동림동유적은 수혈주거지 88동과 창고용 지상건물지 64동, 도수시설을 갖춘 인공수로, 도로, 우물은 물론 길이 50m, 너비 12m의 대형 건물지군(5동)이 조사되었다. 이 유적들을 대규모의 창고군을 갖추고 광역적 제의를 주관한 거점취락 또는 보다 상위의 중심취락으로 보는 견해가 제시되었는데(이영철 2011) 타당한 견해이다. 필자 역시 다량 출토되는 스에키, 소가야토기로 보아 교류에 종사한 왜와 가야인들이 대거 거주하였던 것으로 본다.

광주 월계동고분(도 09)은 전방후원형의 분형과 주구를 설치하여 외형적으로 일본의 전방후원분과 가장 유사하며 분구에 수립한 200개체 이상의 원통형과 조안형 토제품, 방패(盾)형과 삿갓(쏜)형 목제품은 다른 전방후원형고분과 큰 차이점이다. 이는 재지 수장층이 왜의 전방후원분을 모방하여 축조한 차원을 넘는 것으로 현지 거주 왜인들이 축조에 대거 동원되었고 그들의 매장의례를 표현하고 있으며, 구심체로서의 기능이 복합적으로 작용한 결과로 본다.

광주 동림동 일대는 남해안-서남해안-영산강을 거쳐 도달한 물류의 거점이다. 왜인들은 거점 취락에 편입되어 거주하면서 백제 중앙, 금강유역, 섬진강 중상류지역과 교류를 진행했던 것으로 추측된다.

2) 가야지역 왜계고분

가야지역 왜계고분은 6기로 고성 송학동 1B-1호분, 거제 장목고분, 사천 선진리고분, 의령 운곡리 1호분, 의령 경산리 1호분, 사천 향촌동 II-1호분 등이다(도 08). 이 중 장목고분, 송학동 1B-1호분, 선진리고분, 사천 향촌동 II-1호분은 남해안에 분포하고, 경산리고분은 낙동강, 운곡리고분은 남강수계에 위치한다. 왜계고분은 해안가나 수계에 위치하고 있어 교역로와 깊은 관계임을 알 수 있다.

축조시기는 거제 장목고분 5세기 말, 고성 송학동 1B-1호분과 사천 선진리고분, 의령 경산리 1호분은 6세기 전엽, 의령 운곡리 1호분은 6세기 중엽, 사천 향촌동 II-1호분은 6세기 말 내지 7세기 초로 편년된다. 거제 장목고분과 고성 송학동 1B-1호분, 사천 선진리고분은 고성 소가야와 관계 깊다. 의령 경산리 1호분은 대가야세력에 의해 도입된 것은 확실하며 운곡리 1호분은 재지세력과 대가야세력의 복잡한 양상이 전개되고 있어 추후 검토를 필요로 한다. 사천 향촌동 II-1호분은 가야 멸망 이후에 축조된 것으로 신라의 지방 수장층에 의해 도입된 상황인데 도입배경에 궁금증이 크다.

가야지역 왜계고분 피장자의 출신과 성격에 대해서 柳澤一南(2001)은 왜왕권에 의한 가야로의 군사지원에 큐슈 중부세력이 징발됨으로써 胴張型, 石棚, 石屋形의 배치 등 다양하게 나타났다고 하였다. 박천수(2003)는 대가야가 재지세력을 견제하기 위해 파견한 親大加耶系 倭人들이라는 의견을 제시하였다. 조영제(2004)는 고성 송학동 1B-1호분, 경산리 1호분, 운곡리 1호분 등은 일본열도 큐슈 서부의 熊本을 중심으로 한 왜인들로 선진문물을 흡수하기 위하여 정착한 것으로 보고 있다.

필자는 거제 장목고분은 입지, 석실구조, 매장의례 등에서 볼 때 왜인 피장자일 가능성이 높지만 다른 고분의 경우 재지 수장으로 판단한다. 사천 선진리의 경우 입지, 주변에 재지의 고분군이 확인되지 않는 점 등으로 보아 왜인의 가능성이 높지만 정확한 발굴조사가 이루어지지 않았고 석실구조는 고성 송학동 1B-1호분이나 해남 장고봉고분의 영향이 복합적으로 나타나므로 재지 수장층의 가능성도 배제할 수 없다. 왜인이라면 재지화된 인물로 평가할 만하다.

운곡리 1호분 역시 상당히 많은 부분에서 倭系要素를 드러내고 있는데 胴張型의 석실축조는 한반도에서 전혀 확인되지 않는 것으로 단순히 기술의 유입 내지 모방의 차원을 넘어 倭系 축조기술자 내지 주민의 이주가 상정된다. 그러나 木棺을 이용한다거나 대가야식과 소가야식, 함안식, 신라후기양식 토기의 부장과 교체현상은 지극히 재지적인 모습이다. 또한 이후 계속해서 신라 석실분이 조영되어 가는 양상으로 보아 가야 멸망 즈음에 왜인 수장이 이주, 정착하여 역할을 수행했을 정황으론 판단되지 않는다.

경산리 1호분은 石屋形 석관, 고분 상단부에 설치한 葺石 등 내·외적인 면에서 북부 큐슈지방의 장송의례나 장송관념을 표현하고 있으나 대가야의 고아동석실유형이나 송학동유형 석실의 요소가 복합적으로 나타나고 있는 점, 재지 고분군의 연속성 등으로 볼 때 왜인 피장자의 가능성은 낮다.

요약하면 송학동 1B-1호분은 고성지역 최고수장층이 석실을 수용하는 과정에서 왜계석실의 축조기법을 수용하였으며 이후 남해안, 남강연안의 소가야지역에는 송학동유형 석실이 확산된다. 장목고분은 소가야집단과의 교섭을 통해 정착한 왜인이며 운곡리 1호분, 경산리 1호분은 지역 수장층으로 판단한다. 나아가 운곡리 1호분은 독자성이 강한 재지수장으로 판단되며 경산리 1호분 피장자는 대가야의 지방 수장일 가능성이 높다.

가야지역 왜계고분은 소가야-북부 큐슈의 교류관계를 통해 등장하기 시작하였고 점차 대가야지역으로 확산되는 양상이다. 거제 장목고분은 羽子板型玄室, 짧은 '八'字形

연도, 문주석·문비석·문지방석 등이 잘 갖추어진 현문시설, 현실 후벽의 腰石 등이 특징으로 長木類型(하승철 2005), 造山式(김낙중 2009)으로 분류된다. 장목유형에 속하는 고분은 해남 조산고분, 창리 용두고분, 북부 큐슈 番塚古墳, 關行丸古墳 등으로 영산강유역-고성-북부 큐슈의 교역로에 분포한다(도 10). 장목고분은 남해안-대마도-북부 큐슈로 이어지는 고대 항로를 바라다보는 위치에 있으며 대한해협을 건넌 선박들의 첫 기착지에 조성된 왜계고분이다. 조산고분은 남해안 루트에서 서남해안으로 접어드는 끝 지점에 위치하고 있다. 모두 북부구주형 석실의 요소를 가장 충실히 반영하고 있어 고분축조에 왜의 造墓工人이 관여했음을 충분히 예측할 수 있다. 고분의 피장자는 교역로상의 중요한 기능을 담당한 인물임은 확실하다.

남해와 서해를 연결하는 해로상의 요충지에 축조된 해남 조산고분, 대한해협을 사이에 두고 축조된 장목고분과 番塚古墳, 關行丸古墳은 영산강유역, 고성 소가야, 북부 큐슈 세력이 교역망을 더욱 강화하고 그들의 동질감을 확대하는 과정에서 등장한 것으로 이해할 수 있다.

3) 왜계고분을 통해 본 한일교류

마한·백제와 왜의 교역은 4세기대부터 전개되어 왔으나 금관가야에 비하면 미약한 편이었다. 그러나 금관가야의 쇠퇴 이후 왜의 교역루트는 다각화되었는데 가야내륙의 정치체와 마한·백제지역과 본격적으로 교류한다. 백제-마한-고성-북부 큐슈-왜왕권으로 이어지는 교역망이 성립된 것도 이때부터이다. 교역망의 성립과 함께 남해안과 서남해안 루트 상의 주요 기착지인 고성, 고흥, 해남, 영산강유역 정치체들이 교역의 전면에 등장하는데 그 시기는 5세기 중엽으로 본다. 그 대표적인 사례가 고흥 길두리 안동고분이다.

안동고분에서는 백제계 금동관모와 금동식리를 비롯하여 중국의 후한경, 일본계 갑주 등이 출토되었다. 백제계 금동관모와 금동식리는 백제 한성기 장신구 가운데 초현기 모습을 보여주고 있는 것으로 백제 중앙에서 제작하여 사여한 것으로 판단되고 있으며 그 시기는 漢城期인 5세기 중엽으로 비정하고 있다(임영진 2006, 이한상 2009).

5세기 후반에 속하는 몽촌토성 TK23형식 스에키, 청주 신봉동 A지구 32호 토광묘 출토 TK23형식 스에키, 청주 신봉동 B지구 1호묘 TK23형식 스에키, 공주 정지산유적

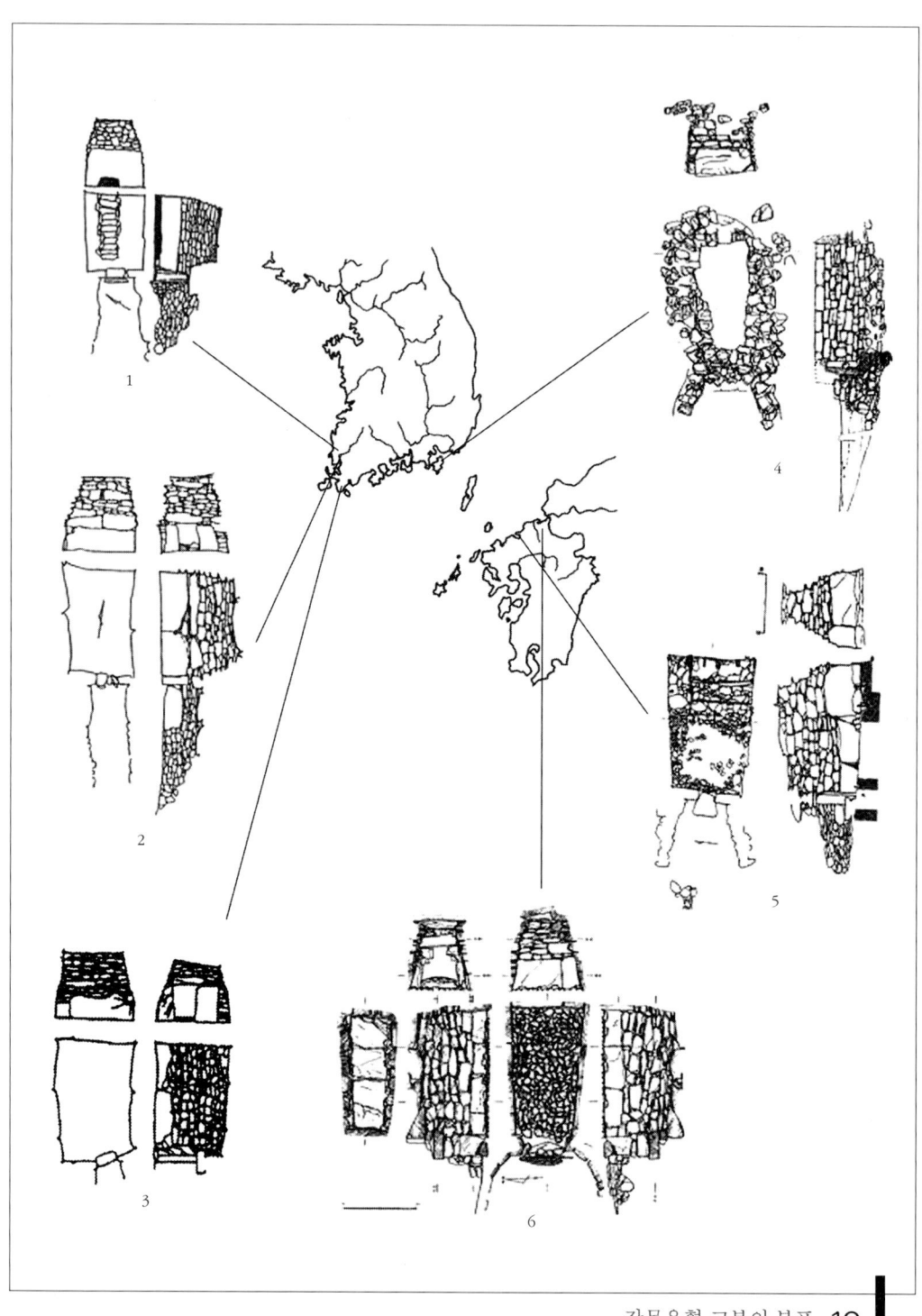

1. 함평 신덕고분, 2. 나주 복암리 3호분, 3. 해남 조산고분, 4. 거제 장목고분, 5. 佐賀縣 關行丸古墳, 6. 福岡縣 番塚古墳

과 부안 죽막동 제사유적에서 출토된 TK23~TK47형식 스에키들은 이러한 교역망을 통해 확산된 것임은 당연하다. 광주 동림동·하남동·산정동 일대의 취락에서 출토된 스에키는 마한·백제와 일본 열도와의 교역에 종사한 왜인들이 남긴 것으로 이해된다. 또한 풍납토성 출토 소가야 뚜껑, 광주 동림동유적 출토 소가야토기(도 04 - 5~11)들로 보아 小加耶人들도 이 시기부터 서남해안 교역망에 중점 참가한 것으로 판단된다.

5세기 후반의 한반도와 일본 열도는 사람의 이동이 빈번하였고 물자와 정보 교류가 활발하였다. 이러한 분위기속에서 등장한 전방후원분과 가야지역 왜계고분은 재지 수장층의 정치적 선택이었을 가능성이 높다. 그러나 상당수의 왜계고분 피장자는 백제-마한-고성 소가야-북부 큐슈-왜 왕권으로 이어지는 교역과 관계된 인물일 가능성은 높다.

5. 맺음말

가야지역 출토 왜계문물을 통해 가야와 왜의 교섭에 대해 검토해 보았다. 3세기 후반에서 5세기 전엽의 시기는 금관가야와 왜의 교섭이 두드러지며 하지키계토기의 분포양상으로 보아 왜인이 대거 이주하였던 것으로 파악된다. 이들의 목적 중 하나는 철이었을 것인데 하지키의 분포양상으로 보아 금관가야 수장층에 의해 분산 배치된 것으로 판단된다.

신라와 가야 내륙의 정치체가 성장하면서 낙동강 관문사회의 이점을 상실한 금관가야는 쇠퇴한다. 이후 한반도와 왜의 교류는 다원화되는데 그 중 가장 부각된 교역망은 남해안과 서남해안을 연결하는 루트이다. 스에키는 5세기 중엽 이후 가야지역과 마한·백제지역에 확산된다. 특히 마한·백제지역의 출토량이 급증하고 출현시기도 이르다. 광주 동림동, 산정동, 하남동유적은 거점 취락이며 다량의 스에키계토기, 가야계 토기가 출토되고 있어 외래계 주민들이 이주, 정착했던 것으로 추정된다. 인근에 축조된 광주 월계동고분은 분형과 주구의 형태에서 전방후원분을 가장 충실히 모방하였고, 분주 토제품과 석제품 등 왜계 매장의례를 직접적으로 재현하고 있어 타 고분에 비해 왜인 피장자일 가능성이 높다.

남해안의 주요 정치체들은 5세기 중엽 이후 교역의 거점으로 성장하였던 것으로 추측된다. 고성지역 역시 5세기 중·후엽의 시기에 교역의 거점 내지 중계지로서 성장하였던 것으로 이해되는데 남해안, 남강 루트를 통해 가야와 왜의 교역을 주도했던 것으로 판단된다.

5세기 후엽부터 가야지역과 영산강유역에 등장한 왜계고분은 주목된다. 가야지역 왜계고분은 6기이며 영산강유역 전방후원형고분은 13기에 달한다. 왜계고분은 일본 북부 큐슈와 유명해연안에서 그 계보를 구할 수 있고 석실 축조기법을 대거 수용한 것으로 파악된다. 왜계고분은 가야지역의 경우 남해안과 남강연안에 집중 분포하며 마한·백제지역은 해남과 영산강유역에 분포비율이 높다. 왜계고분 중 장목유형은 남해안 루트상에 분포하며 왜인 피장자들은 한반도와 왜의 교역을 담당한 자들로 이해된다.

参考文獻

참고문헌

國文

강원문화재연구소, 2004,『江陵 江門洞 鐵器·新羅時代 住居址』.

경남문화재연구원, 2011,「부산 기장군 월드컵빌리지 및 에코파크 조성사업구간 내 문화유적 발굴조사
　　　자문위원회의 자료(3차)」.

경남발전연구원 역사문화센터, 2004,『山清 明洞遺蹟 I·II』.

　　　　　　　　　　　　　　, 2008,『金海 本山里遺蹟』.

　　　　　　　　　　　　　　, 2009,『山清 明洞遺蹟III』.

경상대학교박물관, 2002,『山清 生草古墳群』.

경성대학교박물관, 2000,『金海 龜旨路墳墓群』.

　　　　　　　　　, 2000,『金海 大成洞古墳群 I』.

　　　　　　　　　, 2000,『金海 大成洞古墳群 II』.

국립경주박물관·경북대학교박물관, 1990,『慶州市 月城路古墳群』.

국립문화재연구소, 2001,『羅州 伏岩里3호분』.

국립전주박물관, 1994,『扶安竹幕洞祭祀遺蹟』.

김낙중, 2009,『영산강유역 고분 연구』, 학연문화사.

동아대학교박물관, 1981,『金海 府院洞遺蹟』.

　　　　　　　　, 1986,『陜川 鳳溪里古墳群』.

　　　　　　　　, 1996,『鎭海 龍院遺蹟』.

　　　　　　　　, 2005,『固城 松鶴洞古墳群』.

동아문화연구원, 2006,『泗川勒島 進入路 開設區間內 文化遺蹟 發掘調查 報告書』.

류창환, 2000,「大伽耶圈 馬具의 變化와 劃期」,『韓國古代史와 考古學』, 鶴山金廷鶴博士頌壽紀念論叢.

　　　, 2008,「마구로 본 6세기대 소가야와 주변제국」,『6世紀代 加耶와 周邊諸國』, 제14회 가야사국제
　　　학술회의, 김해시.

박천수, 2010, 「榮山江流域 前方後圓墳에 대한 研究史 檢討와 再照明」, 『집중해부! 한국의 전방후원분』, 대한문화유산연구센터.

부산대학교박물관, 1985, 『金海 禮安里東古墳群Ⅰ』.

_____, 1993, 『金海 禮安里東古墳群Ⅱ』.

_____, 1996, 『東萊福泉洞古墳群Ⅲ』.

_____, 1998, 『金海 鳳凰臺遺蹟』.

손명조, 2003, 「加耶의 鐵生産과 流通」, 『가야고고학의 새로운 조명』, 혜안.

신경철, 1999, 「加耶出土 土師器系土器의 意義」, 『加耶의 對外交涉-제5회 가야사학술회의-』, 김해시.

_____, 2001, 「嶺南出土의 土師器系土器」, 『3·4세기 한일토기의 제문제』, 부산고고학연구회.

_____, 2004, 「筒形銅器論」, 『福岡大學考古學論集-小田富士雄先生退職記念-』, 小田富士雄先生退職記念事業會.

심봉근, 1998, 「固城 東外洞貝塚出土 彌生系遺物」, 『石堂論叢』27.

안재호, 2005, 「韓半島에서 출토된 倭 관련 文物」, 『왜 5왕 문제와 한일관계』, 한일관계사 연구논집2, 景仁文化社.

_____, 2010, 「韓半島 靑銅器時代 文化의 起源과 傳播」, 『靑銅器時代의 蔚山太和江文化』, 울산문화재연구원.

영남문화재연구원, 2007, 『慶州 舍羅里遺蹟Ⅲ』.

_____, 2008, 『慶山 林堂洞 低濕池遺蹟Ⅰ』.

우리문화재연구원, 2009, 『金海 餘來里遺蹟』.

_____, 2010, 『咸安 梧谷里 28番地遺蹟』.

울산대학교박물관, 2001, 『김해 능동유적Ⅰ』.

이영철, 2011, 「호남지역 취락의 변천과 지역 정치체의 성장」, 『호남지역 삼국시대의 취락유형』, 제2회 한국상고사학회 워크숍.

이한상, 2011, 「고흥 길두리 안동고분 금동관모와 금동식리에 대한 검토」, 『고흥 길두리 안동고분의 역사적 성격』, 고흥 길두리 안동고분 특별전 기념 학술대회.

임영진, 2006, 「고흥 안동고분 출토 금동관의 의의」, 『한성에서 웅진으로』, 충청남도역사문화연구원·국립공주박물관.

전남대학교박물관, 2003, 『咸平 昭明 住居址』.

井上主稅, 2006, 「嶺南地方 출토 倭系遺物로 본 한일교섭」, 경북대학교 대학원 박사학위논문.

_____, 2008, 「Ⅳ.고찰, 3. 창녕 계성리유적 출토 土師器系토기」, 『昌寧 桂城里遺蹟』.

창원대학교박물관, 1987, 『昌原 道溪洞古墳群Ⅰ』.

_____, 1990, 『馬山 縣洞遺蹟』.

충북대학교박물관, 1990, 『淸州新鳳洞百濟古墳群發掘調査報告-1990年度調査-』.

최성락, 2004, 「전방후원분 성격에 대한 제고」, 『한국상고사학보』44, 한국상고사학회.

최종규, 2010, 「12. 龜山洞集落의 構造」, 『金海 龜山洞遺蹟X』, 慶南考古學研究所.

하승철, 2001, 「加耶西南部地域 出土 陶質土器에 대한 一考察」, 慶尙大學校 大學院 碩士學位論文.

_____, 2005, 「伽耶地域 石室의 受用과 展開」, 『伽倻文化』제18집, 伽倻文化研究院.

_____, 2007, 「스에키 출현과정을 통해 본 가야」, 『4~6세기 가야·신라 고분 출토의 외래계 문물』, 第 16回 嶺南考古學會 學術發表會.

_____, 2011, 「외래계문물을 통해 본 고성 소가야의 대외교류」, 『가야의 포구와 해상활동』, 제17회 가 야사학술회의, 김해시.

호남문화재연구원, 2003, 『高敞 鳳德遺蹟Ⅰ』.

_____, 2006, 『高興 寒東遺蹟』.

_____, 2006, 『高興 訪士遺蹟』.

_____, 2007, 『光州 東林洞遺蹟Ⅰ·Ⅱ·Ⅲ·Ⅳ』.

_____, 2007, 『潭陽 西玉古墳群』.

_____, 2008, 『光州 山亭洞遺蹟』.

홍보식, 1997, 『부산의 삼한시대 유적과유물Ⅰ-東萊貝塚-』, 부산광역시립박물관복천분관.

_____, 2006, 「한반도 남부지역의 왜계 요소-기원후 3~6세기대를 중심으로-」, 『한국고대사연구』44.

_____, 2010, 「한반도 남부지역의 왜계 횡혈식석실」, 『집중 해부! 한국의 전방후원분』, 대한문화유산연 구센터.

日文

高久健二, 2004, 「韓國の倭系遺物-加耶地域出土の倭系遺物を中心に」, 『國立歷史民俗博物館研究報告』 第110集.

金一圭, 2011, 「陶質土器の觀點からみた初期須惠器の年代」, 『國立歷史民俗博物館研究報告』제163집.

都出比呂志, 1982, 「前期古墳の新古と年代論年」, 『考古學雜誌』67-4.

木下亘, 2003, 「韓半島 出土 須惠器(系)土器에 대하여」, 『百濟研究』37, 忠南大學校 百濟研究所.

武末純一, 1989, 「小形丸底坩の軌跡-考古學からみた日朝交流の一斷面-」, 『古文化談叢』20(下).

_____, 1998, 「土器에서 본 加耶와 古代日本」, 『加耶史論集』1, 김해시.

_____, 2002, 「加耶と倭の交流-古墳時代前·中期の土器と集落-」, 第5回歷博國際シンポジウム 古代 東アジアにおける倭と加耶の交流』.

朴天秀, 2003, 「榮山江流域と加耶地域における倭系古墳の出現過程とその背景」, 『熊本考古研究』1, 9-28, 熊本古墳研究會.

白石太一郎, 1982, 「畿內における古墳の終末」, 『國立歷史民俗博物館研究報告』1.

山田良三, 2000,「筒形銅器の再考察」,『考古學論攷』23, 橿原考古學研究所.

安在晧, 1993,「土師器系軟質土器考」,『伽耶と古代東アジア』, 新人物往來社.

柳本照男, 2008,「韓國出土の筒形銅器について」,『考古學ジャ-ナル-特輯 古墳時代の青銅器』4月號, ニュ
　　サイエンス社.

柳澤一男, 2001,「全南地方の榮山江型横穴式石室の系譜と前方後圓墳」,『朝鮮學報』179輯, 朝鮮學會.

田中晋作, 1998,「筒形銅器について」,『網干善教先生古稀記念考古學論集』.

趙榮濟, 2004,「西部慶南地域加耶古墳發見の倭系文物について」,『福岡大學考古學論集』.

酒井清治, 1993,「韓國出土の須惠器類似品」,『古文化談叢』30, 九州古文化研究會.

辰已陽一・清岡廣子, 2009,「下田東遺蹟第7次調査概要報告」,『香芝市埋藏文化財發掘調査概報』28, 香
　　芝市教育委員會.

和田晴吾, 2009,「古墳時代の年代決定法をめぐって」,『日韓における古墳三國時代の年代觀Ⅲ』, 國立歷
　　史民俗博物館.

V. 동아시아 고대 철기문화의 확산 양상과 몇 문제

이 남 규 한신대학교

1. 머리말

중국에서 개시되어 한반도로 유입된 후 일본지역으로 전파되는 과정을 거친 동아시아의 고대 철기문화는 삼국 상호간에 많은 공통성을 갖고 있기는 하지만, 동시에 상당한 지역성도 보이고 있어 이에 대한 종합적이며 체계적인 이해가 필요하다. 특히 한·중·일 삼국의 이 시대 철기문화 형성, 발전 및 확산 양상은 동아시아의 고대제국 형성과 확대 및 그에 대응한 주변의 2차국가 성립 문제와 밀접히 관련되어 있어 그 역사적 의미는 대단히 크다.

중국의 초기철기문화는 서남아시아지역에 비해 철기 사용 개시기가 상당히 늦었지만 東周시대(춘추시대)부터 주철을 생산하였을 뿐만 아니라 그 취약성을 개선하는 열처리기술을 개발하면서 농공구의 수요를 충족시킬 수 있었으며, 漢代에는 획기적인 제강기술[1]에 기초한 강철제 무기의 발달을 보이면서 동아시아 특유의 철기문화를 형성하였다(潮見浩 1982, 李南珪 1991, 白雲翔 2005).

그러한 기반 위에서 중국 고대제국이 성립된 후 주변지역으로의 세력 확장과정에서 자연스럽게 중국적 철기문화가 주변지역으로 확산되기 시작하면서 한국과 일본의 고

---

1 이에는 鑄鐵脫炭鋼法도 있으나 주로 銑鐵을 이용한 炒鋼法이 사용된 것으로 말해지고 있다(이 초강법에 대해서는 盧泰天 2000 참조).

대 철기문화도 연동하여 발전할 수 있었다.

하지만 그 계기적인 변동과정에 있어 동아시아 삼국의 한중, 한일 및 중일관계는 각기 다른 성격과 양상을 보였을 뿐만 아니라 나름대로의 독자적인 '내재적 발전'이나 '파행적 과정'을 겪은 만큼 이에 대한 개별적 및 상호비교적 연구의 시각이 필요하다. 본고에서는 그러한 단계별 과정을 간단히 검토해 보고, 동시에 동아시아의 제철과 관련된 기술적 특성이 무엇이었으며, 또한 거기에 내재된 문제점들은 무엇인지를 廣義的 (macro) 시각과 聯文化比較(cross-cultural comparision)의 시각에서 파악하는데 그 목적을 두고 있다.

2. 국가별 철기문화의 전개양상

1) 중국 고대 철기문화의 형성, 발전 및 확산

중국에서 殷代에는 隕鐵을 사용하다가 西周시대부터 人工鐵을 생산하기 시작한 것으로 밝혀져 있다(李南珪 1990 · 1992). 이후 東周시대로 들어서서 춘추시대 후기 경부터 농공구로 쓰이는 주조철기를 생산하기 시작하고, 전국시대 中期頃부터 각국에서의 철기 보급도가 크게 증가하였으며, 전한대에 철과 강의 획기적인 생산기술이 등장하면서 대대적인 규모의 생산과 보급체계를 갖추게 된다[2]. 이에 대해 필자는 중국 고대 철기문화의 발전단계를 여명기(은~서주시대), 초보적 형성기(춘추~전국시대 早期), 형성보급기(전국시대 中~晩期), 발전기(漢代 이후)로 구분하여 설명한 바 있다(李南珪 1992).

(1) 先秦時代 철기문화의 형성 · 보급 및 지역성

춘추~전국시대에 각축을 벌이던 각 지역의 봉건국가들은 공히 富國强兵이라는 국가 경영의 전략하에 무기보다는 경제적 생산력의 증대를 위한 생산도구의 부문에 철기

---

2 前漢代에 철 및 철기 생산기술이 획기적으로 발전한 사실은 이미 1970년대 중반에 고대철기에 대한 금속학적 분석결과를 통해 밝혀졌다(李衆 1975).

를 먼저 도입하기 시작하였다. 그 가운데에서도 주조제품의 철제 농기구 생산이 주목되는데, 이는 춘추시대 중기경에 사회가 씨족공동체에서 「家」단위의 소가족 경영체제로 전환된 사실과 밀접한 관련이 있다고 보여진다(東洋史學會編 1983). 즉 이러한 사회체제의 변화는 개별 가족 단위의 농업생산 의욕 증대로 인해 철제농구 수요의 증대로 이어졌고, 이에 대응하여 주조제품의 철제 농구 생산이 크게 발전할 수 있었던 깃으로 판단된다. 이러한 현상은 이어서 수공업의 발전을 가져오게 되고 그에 따라 철제 공구의 수요가 증대됨에 따라 그 생산과 보급이 보다 활성화되었던 사실이 분묘와 도성 등에서 출토되는 철기들을 통해 파악되고 있다.

이 시기에 이처럼 철제 농공구가 발달한 데 비해 냉혹한 전쟁의 분위기 속에서도 철제무기의 발달은 상당히 지체되고 여전히 청동제 무기의 양산이 이루어지고 있었던 점이 중국 고대철기문화 전개양상에서 보이는 중요한 특징이라 할 수 있다[3]. 그것은 전국시대까지도 거의 대부분의 지역에 있어 무기에 필요한 鋼 재질이 불순물이 많이 포함된 塊鍊鋼[4] 수준이어서 청동기에 비해 그 성능이 우수하지 못했던 점에 그 주된 원인이 있었던 것으로 보여진다.

초보적 형성기의 단계에 있어 黃河유역권이 長江유역권에 비해 철기의 출현이 약간 앞서 있었던 듯 하며, 전국시대 만기까지의 유적에서 출토되는 철기들의 양상을 보면, 특히 남부의 楚國(黃展岳 1984, 后德俊 1995)과 북부의 燕國[5]이 중원지역의 다른 제후국들보다 철기문화가 발달하였던 것 같다.

이러한 兩國의 철기는 상호 상사성과 상이성을 보이면서 발전하는 양상을 보이고 있다. 예를 들어 철제 농공구[6]에 있어서는 철부(도 01 左7·8, 右10~12·14), 주조괭이〔钁〕[7](도 01 左 9·11 및 5), 一字形具(도 01 左6, 右9), 六角形鋤 등은 남북 양지역에서 공통적으로 쓰이는 점에서 공통성을 보이고 있다. 한편 燕國에서는 凸字形具(도 01 左

----

3 철검 등의 철제무기가 먼저 발전하는 곳은 楚지역이며, 燕지역에서도 전국시대 晚期頃에 발달하는 모습을 보이기는 하나 나머지 지역에서는 출토사례가 극히 적다.
4 괴련철에 침탄하여 만든 鋼으로서 내부에 상당한 불순물이 남아 있어 長劍과 大刀와 같은 대형 무기를 제조하기에는 재질적 결함을 갖고 있다.
5 춘추전국시대의 楚國에 비해 燕國의 철기에 대해서는 초보적인 소개(李南珪 1992)외에 집중적 연구는 없는 편이나 하북성 燕下都의 발굴보고서(河北省 文物研究所 1996)를 통해 그 발전상을 알 수 있다.
6 농구로 주로 쓰이나 동시에 토목공구로도 이용될 수 있는 도구를 말함.
7 중국에서는 단면 梯形의 掘地具에 이러한 명칭을 사용하여 철부와 구별하고 있다(李京華 1984).

燕國 철제 농공구	楚國 철제 농공구

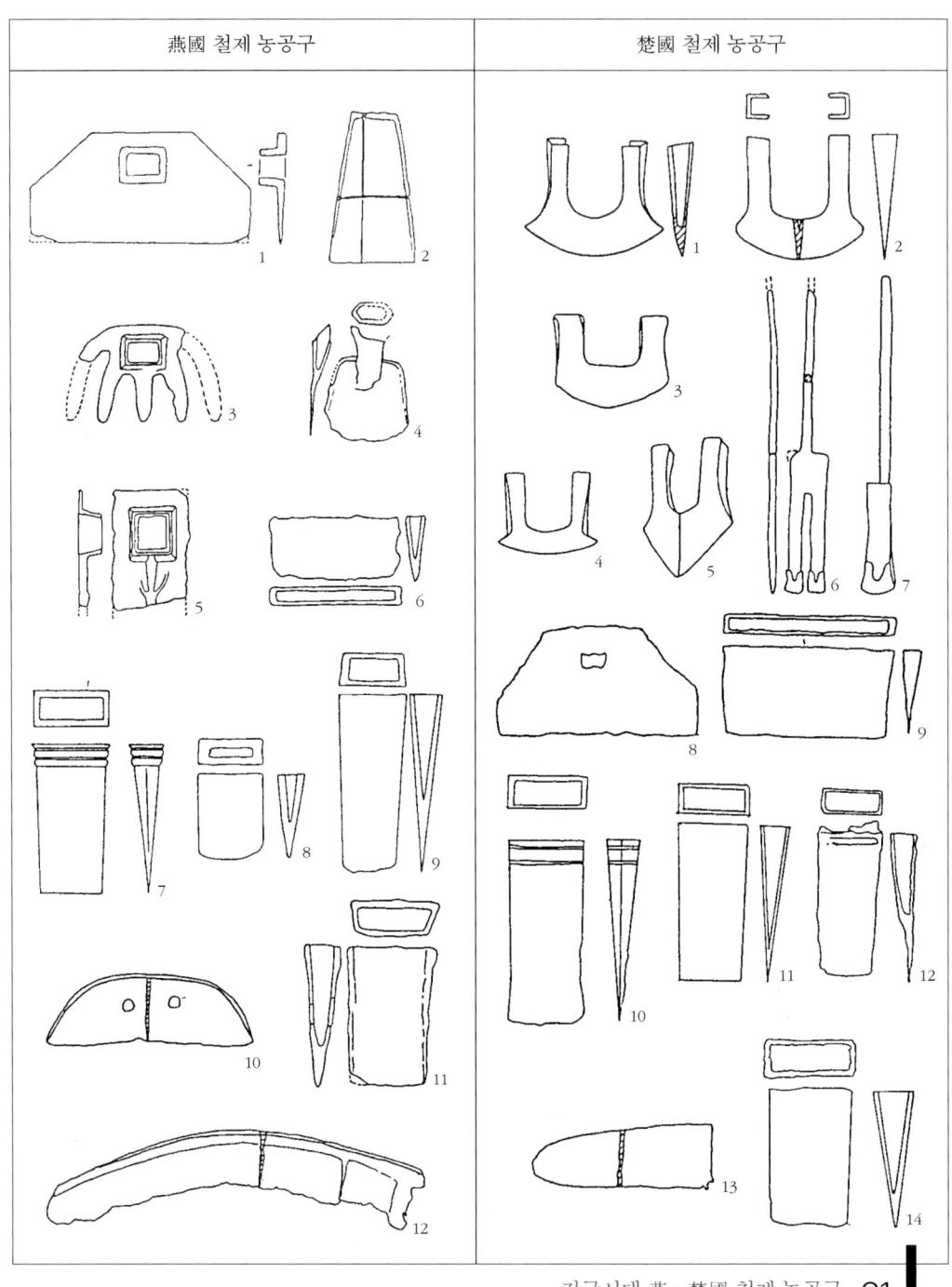

전국시대 燕·楚國 철제 농공구　01

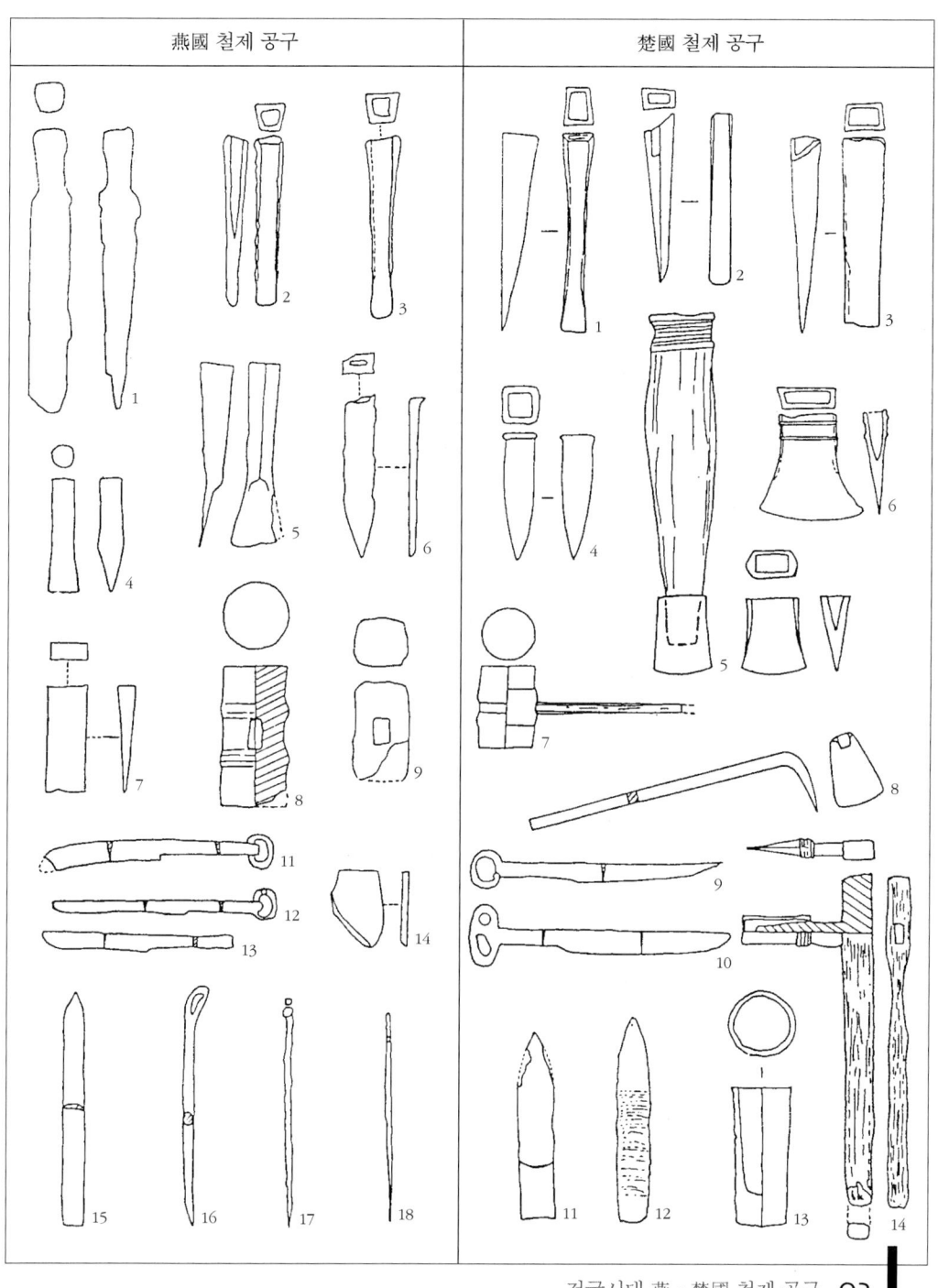

燕國 철제 공구	楚國 철제 공구

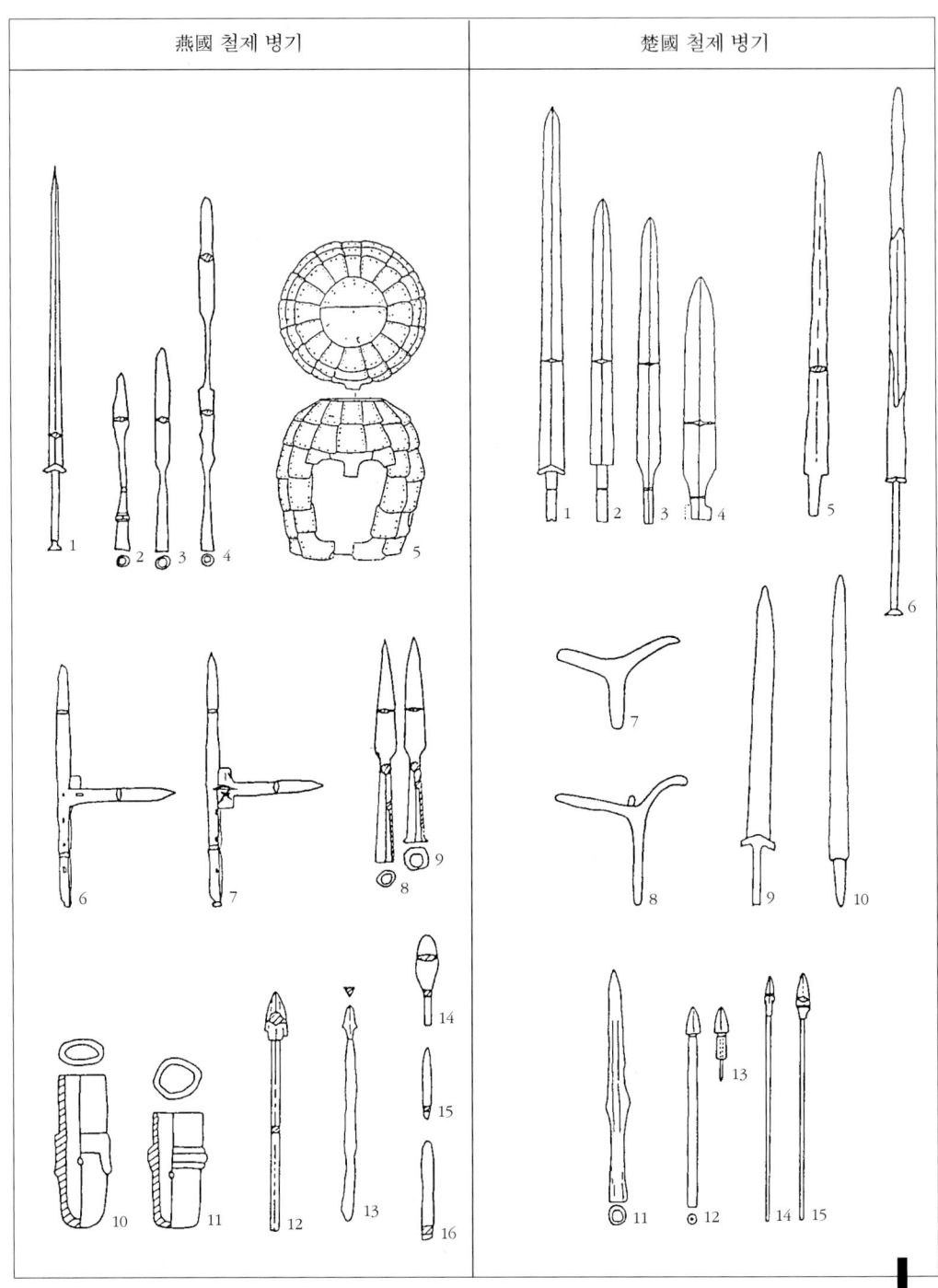

燕國 철제 병기

楚國 철제 병기

4), 梯形具(도 01 左2), 쇠스랑(도 01 左3) 등 다양한 형태의 것들이 쓰이나 楚國에서는 凹字形具(도 01 右1~7)가 크기와 착병방식을 달리하면서 여러 방면의 작업에 쓰이는 지역적 특징을 보인다.

그리고 공구는 다양한 형태가 쓰이는 점에서 양 지역이 공통되나(도 02) 楚國에서 刻刀(도 02 右11·12)와 夯錘(도 02 右13)가 상당수 출토되는데 비해 燕國의 사례는 아직 보고된 예가 별로 없으며, 무기의 경우에도 대부분 유사한 가운데 鐵(도 03 左10·11)와 冑(도 03 左5)는 燕國의 예만 알려져 있다.

⑵ 秦漢代 이후 철기문화의 발전

중국 고대 철기문화의 발전과정에 대한 연구에서 하나의 큰 의문은 戰國을 통일한 秦國의 철기문화 성격이 아직 확실히 파악되지 못하고 있다는 점이며, 그러한 점은 통일제국 秦의 경우도 마찬가지이다.

통일 이후 秦의 철기문화는 주로 陝西省지역의 여러 유적들에서 출토되는 철기들을 통해 어느 정도 파악이 가능한데, 기본적으로 전국시대의 것을 답습하면서 신출례가 증가한다. 예를 들어 농구로서는 鏵〔보습〕나 鐵柄 凸字形具가 출현하고, 공구로서는 橫孔斧의 등장과 鏨 사용의 증가가 보이며, 灯·鉢·鐳 등의 생활잡기류가 사용되기 시작하는 특징이 있으나, 철제 무기의 발달이 현저하게 나타나지는 않는다.

한편 前漢代에 들어서서는 後述할 제철, 제강기술의 획기적인 발전에 힘입어 다양한 방면에서 철기문화가 획기적으로 발전하는 양상을 보인다.

농공구면에서는 이전부터의 주조제품들 생산량이 크게 증가하면서 犁鏵의 사용도 급증하는 양상을 보인다. 당시 鹽鐵論에 입각하여 국가의 통제하에 철기가 생산되던 관영수공업체제에서 각 지역에 鐵官이 배치되었으며 일부 지역들에서는 철기에 그 지역 철관의 존재를 鑄出하여 표현되기도 하였다[8].

무기류는 기존의 長劍·鉾·戟·鐵莖銅鏃이 지속적으로 사용되는 가운데 刀類가 발달하고 鉞·鉞戟·鐵·鋋·弩器部品·鉤鑲·蒺藜·鎧甲 등의 신종 무기나 무구류가 등장하는데(이남규 2006a), 이러한 철제 병기류의 변화발전 양상은 漢 長安城 武庫遺址와 여러 시기에 걸쳐 조성된 낙양의 燒溝漢墓(洛陽區考古發掘隊 1959)나 西郊漢墓

---

8 예를 들어 하남성에 배치된 鐵官들의 생산지를 주조철기에 「河一」, 「河二」, 「河三」 등으로 표시하였다.

(中國社會科學院考古研究所 洛陽發掘隊 1963)의 철기들을 시기별로 분류하여 종합적으로 살펴보면 쉽게 알 수 있다(이남규 2006a).

한편 이 시대 철기문화의 발전상은 기타 생활잡기류를 통해서도 파악된다. 각종 容器와 炊事器, 車馬具, 照明器, 煖房用器, 帶鉤類 등의 급증은 각종 생활의 영역에 철이 광범위하게 쓰이기 시작하였음을 말해주는 한 척도인데 이를 통해 고대적 철기문화의 면모를 파악할 수 있다.

이러한 철문화를 배경으로, 특히 대형의 강철제 무기가 발달되면서 漢武帝의 주변지역 정벌활동이 활발해진다. 그 가운데 동북지역의 外郡인 낙랑군의 설치는 한반도의 주민들이 보다 본격적으로 중국 철기문화를 접하게 되고, 그것을 계기로 선사시대 단계에서 고대사회로 이행되는 변화를 맞이하게 되었다는데 중요한 의미가 있다.

(3) 주변지역으로의 철기문화 확산 양상

이러한 중국 고대 철기문화가 주변지역으로 확산되는 것은 크게 戰國 晩期~秦漢 교체기와 漢武帝의 중국 四方에 대한 정복활동기의 두 시기에 집중적으로 이루어진 것으로 보여지며 한반도로의 철기 유입도 이 두 시기에 집중적으로 이루어졌다.

전자의 경우는 주로 두 방향으로 진행되었다. 그 하나는 동북지방(遼寧省・吉林省 지역)으로의 燕國 계통 철기 전파이고 다른 하나는 남방지역(廣東省・貴州省・雲南省 지역)으로의 楚國 계통 철기 확산인데, 이에 비해 서측의 河西回廊지역에서는 이 시대의 철기가 본격적으로 출토되는 거점유적이 아직 제대로 확인되지 않은 것 같다.

동북지역으로 燕國 철기가 유입되는 계기로 전국시대 晩期에 있었던 秦蓋의 동방공략이 거론되기도 하나(박순발 1993) 필자가 이미 언급한 바 있듯이(李南珪 2005b), 遼寧省 寬甸縣 雙山子유적(遼寧省博物館 1980) 정도만 전국시대 중기까지 올라갈 가능성이 있고, 대표적인 유적인 遼寧省 撫順市 蓮花堡유적(王增新 1964), 내몽고 敖漢旗 老虎山유적(敖漢旗文化館 1976), 평안북도 용연동유적(梅原末治・藤田亮策 1946) 등(도 04)은 모두 그 시기가 기원전 3~2세기의 秦漢 교체기에 해당하는 유적으로 말해지고 있어, 이 시기에 燕國 계통의 戰國系 철기가 이 지역으로 대거 유입된 것으로 보는 것이 적당할 것 같다.

현재 북한에서는 이와 같은 문화를 중국으로부터 유입된 것이 아니라 주체적으로 발전한 것으로 해석하면서 細竹里-蓮花堡유형이라고 명명하고 있으나[9], 철기는 우리나라의 독자적인 것이 아니고 上述한 바와 같이 어디까지나 燕國과 그 주변의 지역적 특

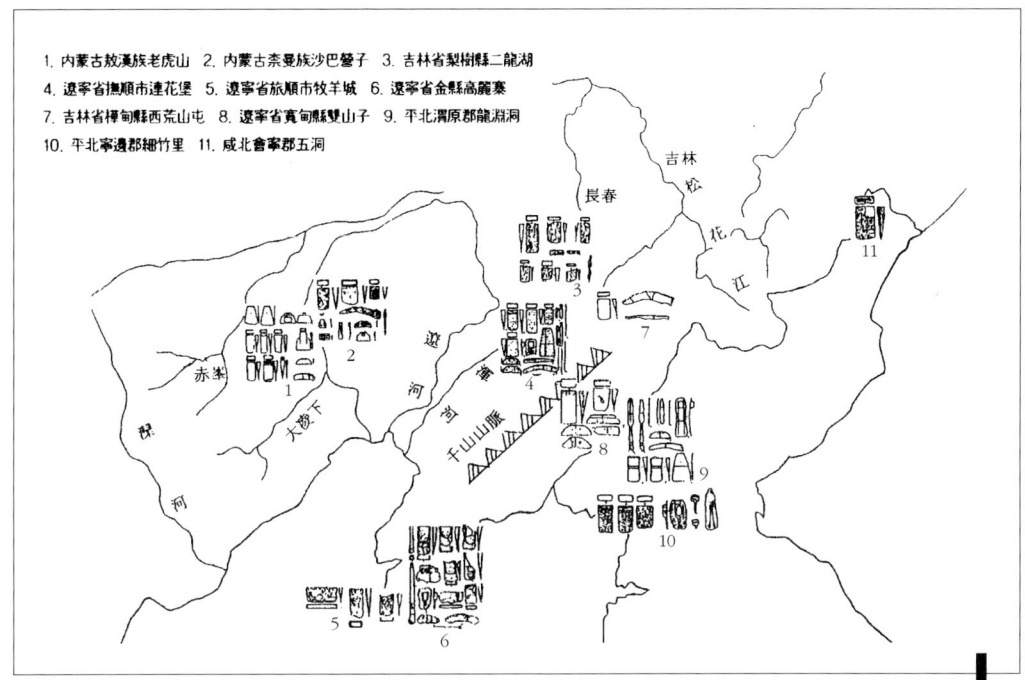

1. 內蒙古敖漢族老虎山　2. 內蒙古赤曼族沙巴營子　3. 吉林省梨樹縣二龍湖
4. 遼寧省撫順市蓮花堡　5. 遼寧省旅順市牧羊城　6. 遼寧省金縣高麗寨
7. 吉林省樺甸縣西荒山屯　8. 遼寧省寬甸縣雙山子　9. 平北渭原郡龍淵洞
10. 平北寧邊郡細竹里　11. 咸北會寧郡五洞

중국 동북지역 기원전 3~2세기 철기 출토양상(이남규 2005b)　**04**

성을 보이는 것들이라는 점을 제대로 인식할 필요가 있다.

2) 한국 초기철기시대 및 원삼국시대 철기문화의 형성과 발전

(1) 초기철기시대의 양상

이 시대의 철기문화 전개양상에 대해서는 필자도 이미 여러 차례 논한 바 있는데(이남규 1993 · 2002a · 2005b), 그 개략적인 내용을 정리해 보자면 다음과 같다.

1단계에 해당하는 기원전 3~2세기 유적들의 분포범위는 대략 청천강을 경계로 그 이북에 위치하는 지역적 특성을 보이며, 그 이후 목관묘(혹은 적석목관묘)에 한국식동검 등의 청동기와 주조철부(남한에서는 주조 鐵鑿과 단조제의 刻刀가 포함)가 부장된

---

9 이는 북한에서 자국 중심적인 입장에서 붙인 이름인데(사회과학원 고고학연구소 1976), 이 유형의 문화에 속하는 철기들은 기본적으로 전국시대 中晩期 燕國 계통의 철기가 전파된 것으로 보아야 할 것이다.

유적들이 평안남도, 황해도, 함경남도 등의 북한지역과 한반도 중서부의 금강유역권에서 계속 확인되고 있다(도 05, 李南珪 2000·2002a).

바로 이러한 양상이 한반도에 철기가 유입되는 2단계로 볼 수 있는데, 한동안은 이 단계의 철기문화가 上記한 바와 같은 지역들에 한정적으로 분포하는 것으로 말해졌으나 이러한 논의에서 제외되어 왔던 영남지역도 포함시켜 논하기도 하고(孫明助 1998·2005, 송계현 2002), 북한강유역으로의 전국계 철기 유입도 거론되고 있으나(정인성 2009) 이에 대해서는 보다 집중적인 검토가 필요하다.

(2) 원삼국시대의 양상

기원전 108년에 한사군이 설치되면서 한반도의 철기문화 보급도는 획기적인 전환기를 맞이하게 된다. 이 시기에 있어 서북한의 낙랑지역은 각종 강철제 무기로 무장되었으며, 낙동강 중하류지역의 弁辰지역에서도 농공구와 초보적인 무기들의 보급이 확대된다.

하지만 기원후 2세기까지도 이러한 현상이 上記한 일부지역에서만 나타나고 한반도 대부분의 지역은 상당한 정체기에 머물고 있어, 원삼국시대 철기문화의 실상을 제대로 이해하기 위해서는, 먼저 이렇듯 현저한 지역차에 대해 종합적이고 체계적으로 파악하지 않으면 안된다(李南珪 2005a).

그러한 지역차의 극복은 桓靈之末(기원후 2세기 말경)에 중국 군현의 기능이 약화되고, 그 반대로 韓濊의 세력이 강성해지는 기원후 2세기 후반부터로 보여진다. 특히 주구묘와 토광묘 등에 대형의 대도와 철모를 부장하였던 금강유역권 마한세력의 현저한 급부상이 주목된다(李南珪 2000·2005a).

이렇듯 원삼국시대 후기에 남한지역의 철기문화가 급성장할 수 있었던 것은 한군현의 통제가 이완되면서 낙랑지역 등에서 활동하던 제철장인 집단이 남하하였던 점도 큰 영향을 미쳤음에 틀림이 없다. 예를 들어 화성 旗安里유적(畿甸文化財研究院 2007)의 주민들이 그러한 집단에 해당하는 것으로 판단된다. 그 뿐만 아니라 마한지역이나 신라지역에 炒鋼기술과 같은 획기적인 鋼 생산기술을 보급하여 원삼국시대 후기에 大刀와 같은 대형 무기의 제조가 가능해진 것으로 판단된다.

한편 한반도 동남부의 변진지역은 중부 및 중서부와는 달리 원삼국시대의 전기간에 걸쳐 철기문화가 점진적인 발전을 보이면서 정치사회적으로 성장하였고, 소국들의 병합과정을 거쳐 신라와 가야라는 고대 정치체를 형성하였던 사실이 목관묘와 목곽묘에

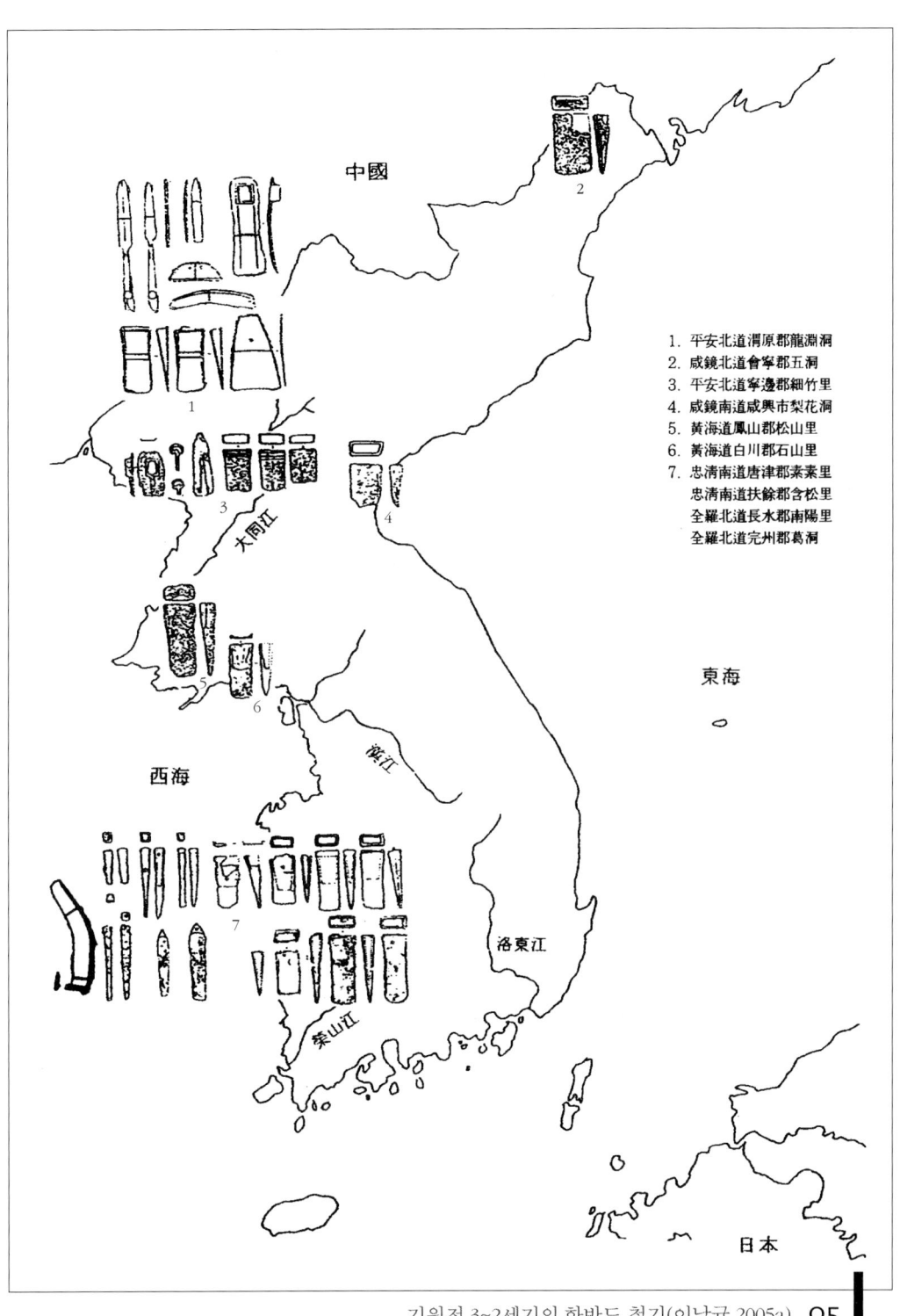

中國

東海

西海

日本

大同江

洌江

洛東江

榮山江

1. 平安北道渭原郡龍淵洞
2. 咸鏡北道會寧郡五洞
3. 平安北道寧邊郡細竹里
4. 咸鏡南道咸興市梨花洞
5. 黃海道鳳山郡松山里
6. 黃海道白川郡石山里
7. 忠淸南道唐津郡素素里
　 忠淸南道扶餘郡含松里
　 全羅北道長水郡南陽里
　 全羅北道完州郡葛洞

기원전 3~2세기의 한반도 철기(이남규 2005a) 05

서 출토되는 다량의 철기들과 공반유물들을 통해 파악되고 있다(孫明助 2005).

이러한 한반도 동남부의 철기문화는 한반도 자체뿐만 아니라 이웃 일본지역에 심대한 영향을 미치면서 발전하였다는 데에도 중요한 의미가 있다.

3) 일본 철기문화의 유입과 발전단계

이 주제와 관련하여 이미 필자가 두 차례 언급한 바 있는데(이남규 2002b · 2010), 일찍이 야요이시대 이후의 철기문화의 발전 양상을 단계별로 구분하여 논한 몇 사례들이 있어 그 가운데 가장 많이 소개되어 온 세 연구자의 견해를 먼저 살펴보기로 하자.

藤田等는 1. 舶載期(제품의 유입시기)→2. 初期國産期(소재 수입 후 가공 시기)→3. 國産期(소재와 제품의 국내 생산기)의 세 단계를 거치면서 일본에서 초기철기시대 및 고대의 철기문화가 발전한 것으로 본 바 있다(藤田等 1974).

이에 비해 高倉洋彰는 北 九州에서의 철기문화 발전과정을 1. 제1획기(철제 工具의 보급과 정착이 이루어지는 中期中頃)→2. 제2획기(철기의 다양화와 다목적화가 이루어진 中期後半)→3. 제3획기(농구의 실질적 철기화가 이루어진 中期後半~終末)로 구분하는 의견을 제시한 바 있다(高倉洋彰 1985).

한편 야요이시대 철기의 발전단계를 석기나 목기의 구성과 함께 보다 종합적으로 정리한 川越哲志는 야요이시대~고분시대의 4세기 이후 철제 농공구 발전과정을 〈표 1〉에서 보는 바와 같이 5시기로 구분하였다(川越哲志 1993).

이와 관련하여 시기에 대해서는 연구자에 따라 의견의 차이가 있기는 하나 적어도 이른 시기에 한반도로부터 완제품의 철제 공구 수입→철소재를 수입하여 자체적인 철제 공구류 제조→일본의 독자적인 철제 공구나 농구의 생산단계로 발전하였다고 보는 데는 異見이 없다.

川越哲志는 〈표 1〉에서 보는 바와 같이 야요이시대 철제 농공구의 발전과정을 석기와 목기를 포함하여 논한 바 있으며, 무기의 경우는 前期末에 석촉형 철촉이 출현하고 中期後半에 무기류의 국산화가 이루어진 것으로 보았다(川越哲志 2006).

그리고 철소재의 일본내 생산설은 현재 야요이시대 개시설과 고분시대 개시설로 양분되어 있다. 현재까지도 後者를 지지하는 연구자가 많으며 前者로는 그동안 여러 학자의 견해가 제시되기는 하였으나 구체적인 유적 자료인 廣島縣 三原市 小丸유적 SF1

표 1 _ 야요이시대 농공구 발전과정(川越哲志 1993)[10]

期	공구		농구			시기	비고
	철기	석기	철기	석기	목기		
I	刀子, 鑄造斧 (수입철기)	大陸系 磨製石器		半月刀, 鎌	목제농구	繩文晚期~ 彌生初頭	北部 九州 중심
II	國産(板狀斧, 有銎 斧, 刻刀, 刀子)	磨製石斧群	鑄造鐵刃 (北 九州에만)	半月刀	목제농구	前期末~中 期前半	北 九州 중심, 以東지역 늦게
III	국산 철제 공구 (벌채용, 가공용)	마제석부 감소	鎌[11] (北 九州에만)	半月刀	목제농구	中期後半	전국적으로 목 공구 철기화
IV	철제공구		鐵刃, 摘鎌, 鎌	半月刀	鐵刃 목제농구	後期後半	北 九州 중심, 타지 역은 III단계 지속
V	鋸, 줄 증가		鐵刃, 收穫具		鐵刃 목제농구	4세기 이후	

號製鍊爐를 근거로 야요이시대 後期에 일본 국내에서 冶鐵이 개시되었다고 주장하는 견해(松井和幸 2001)가 타당해 보인다.

『三國志』魏書東夷傳의 「…國出鐵, 韓濊倭皆縱取之…」란 記事에서 3세기경까지 弁辰지역에서 倭지역으로 철소재를 공급한 사실을 알 수 있는데 松井和幸의 견해를 인정한다면 야요이시대 후기에는 한반도로부터의 철소재에 주로 의존하면서 일부는 자체적인 생산품도 사용하였다는 결론이 된다.

3. 철 및 철기 생산기술의 특성

동아시아 고대 철문화에 있어 최대의 특징은 지구의 서반부 지역과 달리 초기부터 저온환원법에 의한 塊鍊鐵 기술과 함께, 銑鐵을 생산하고 이를 주형에 부어 제조하는 주조철기 생산기술이 일찍이 출현하였다는 점이며, 그러한 선철의 생산이 가능하였기에 그것을 소재로 한 여러 종류의 鋼이 개발될 수 있었다(楊寬 1982).

단순 주조와 냉각에 의한 白鑄鐵 조직의 주조철기는 너무 단단하고 잘 부서지는 재

---

10 이것은 川越哲志의 견해를 필자 나름대로 표로 정리한 것임.
11 이후 中期前半에 제작되기 시작한 것으로 수정함(川越哲志 2006).

질이어서 그러한 결함을 극복하기 위해 춘추 말~전국 초에 이미 열처리(긴 시간의 가열)를 통해 展性鑄鐵(혹 可鍛鑄鐵) 수준의 철기로 질을 개선하는 기술이 개발되었으며, 漢代에는 기술의 향상으로 球墨狀鑄鐵의 수준으로까지 재질을 향상시키게 되었다. 그 외에도 주조철기 부문에서, 서서히 냉각시킴으로써 내부에 편상의 흑연이 석출되어 내마찰성을 갖는 회주철이 漢代에 생산됨으로써 수레의 車軸頭 등에 쓰이게 되었다(李衆 1975).

한편 鋼의 부문에 있어서는, 전국시대 말기경에 주조한 철기를 높은 온도로 가열하면서 내부의 탄소를 빼는 방식으로 鑄鐵脫炭鋼을 만들기 시작하여 漢代에 그 생산량이 증가하였으며, 한편에서는 쇳물상태의 銑鐵에 철광석편과 같은 탈탄제를 투입하여 일거에 탄소를 제거함으로써 대량의 鋼을 얻는 획기적인 기술〔炒鋼法〕이 개발되어 보다 높은 품질이 요구되는 강철제 무기들의 수요를 무난히 충족시킬 수 있었다.

당시 중국만이 갖고 있던 이러한 제 기술들은 세계 최첨단의 수준이었고, 그러한 각종 기술들이 한반도에 단계적으로 도입되어 원삼국시대 및 삼국시대 철기문화가 고도로 발전할 수 있었으며, 그러한 과정에서 생산된 각종 제품들이 일본으로 수출된 사실들이 철기 유물의 금속학적 분석을 통해 상당 부분 밝혀져 있다.

도표 1 _ 제철의 계통도(李衆 1975 자료를 일부 수정)

목탄＋철광석(사철)	────	銑鐵(고온환원)	────		
↓		↓	↓	↓	↓
塊鍊鐵(저온환원)		↓	↓	↓	↓
↓ (침탄)		↓	↓ (열처리) ↓ (서냉) ↓		
塊鍊鋼		↓	↓	↓	↓
↓		↓	↓	↓	↓
百鍊鋼	← 炒鋼 ←← 탈탄 → 주철탈탄강	展性鑄鐵	灰鑄鐵	白鑄鐵	

아직 일본의 초기 제철기술과 제강기술에 대한 자료는 없으나 한반도의 경우는 일찍부터 上記한 〈도표 1〉에서 보는 바와 같은 각종 기술들이 遂次的으로 도입되고 있었던 사실이 유적과 시료 분석을 통해 부분적으로 밝혀져 있다.

예를 들어 괴련철 계통의 강철 도구 생산기술은 철기의 조직분석을 통해 일찍부터 밝혀진 바 있고(李南珪 1982), 회주철은 낙랑지역의 車軸頭 금속조직에서 확인된 바 있다(최상준 1966). 다만 중국에 비해 한반도지역에서는 展性鑄鐵 제품의 주조철부나 주조괭이가 거의 확인되지 않고 있으며, 주철탈탄강 제품도 아직 파악된 바 없다. 하지만 화성 旗安里 제철유적의 성격이나 마한지역 분묘에서의 대도 증가현상(이남규 2000·2005a, 경기문화재연구원 2010) 등을 참고할 때 늦어도 3세기 이후 炒鋼 기술이 남한지역에 도입되었을 가능성이 있다.

4. 철기문화 형성과정의 몇 문제

1) 중국 고대 철기문화의 몇 문제

먼저 중국의 경우 아직까지 殷代의 隕鐵 사용 단계부터 西周時代의 人工鐵 생산단계로의 이행과정 및 전국시대 早期까지의 기간인 여명기와 초보적 형성기의 양상에 있어 아직 명확하지 않은 부분들이 많다.

지역적으로는 新疆지역에서의 인공철 사용 개시기를 哈密焉不拉克村墓(新疆維吾爾自治區文化廳文物處 1989)를 근거로 기원전 13세기경까지 올려보기도 하나(白雲翔 2005) 이를 중원지역의 철기문화와 서방기원설을 말해주는 자료라고 말하기에는 그 성격과 수준에 있어 문제가 있다.

황하 상류지역에서도 이른 시기의 사례들이 있으나 이것을 중원지역 철기와 관련시키기도 쉽지 않다. 물론 괴련철 생산기술은 이러한 서방으로부터 유입되었을 가능성은 있으나 현재로서 선철의 경우는 중국이 독자적으로 개발한 것으로 보아도 큰 무리는 없을 것이다.

중국에서 철기의 보급도가 증가하는 것이 전국시대 中晚期부터로 파악되지만, 출토자료로 볼 때 상당한 지역적 낙차를 보이고 있어, 이에 대한 실상의 파악이 중요하다. 앞에서도 언급하였지만, 현재까지의 전국시대 철기 출토량을 보면 중원지역보다는 북방의 燕國과 남방의 楚國이 보다 선진적인 철강국가였던 것처럼 보이며, 전국을 통일한 秦國 조차도 전국시대 말기까지 철기 부문에서 결코 선진적이지 못했던 것으로 되어 있다. 이는 당시의 경제력과 군사력을 가늠하는 중요한 척도라는 점에서 결코 소홀히 할 수 없는 연구과제이다.

그리고 전국시대 晚期부터 秦漢 교체기에 걸친 중국 동북지역에서의 철기문화 전개과정에 대하여 아직 불분명한 부분이 많은 점도 한반도의 초기철기문화를 이해하는 데에 장애가 되고 있다. 게다가 이와 관련하여 흑룡강성의 철기[12]는 물론 연해주지역의 얀꼬브스키문화나 끄로노브카문화 단계 철기들과의 관계가 아직 제대로 해명되지 못하고 있는 점도 문제로 지적된다[13].

한편 생산기술 부문에 있어서는 漢代에 선철을 탈탄하여 鋼을 대량생산하는 炒鋼法과 고체탈탄 방식인 鑄鐵脫炭鋼法이 개발된 것으로 알려져 있으나, 철기의 금속조직을 통해 鋼種을 판단하는 것은 아직 어려운 실정이고, 구체적 생산기술에 대하여 아직 불확실한 부분들이 상당히 남아 있다[14].

중국고고학에서는 과거부터 계속적으로 철기를 중시하지 않는 분위기가 개선되지 않아 발굴된 자료조차 제대로 보고하지 않는 경우가 허다하여 철기 출토의 정확한 양상을 제대로 파악하기 어려운 경우가 많으며, 무엇보다도 이 분야의 전문연구자도 별로 없는 상태라는 점이 가장 큰 문제이다.

그 외에도 연구자들 사이에 철기 용어들이 일치하지 않아 상당한 혼란이 야기되어 왔고[15], 생산유적에 대한 발굴조사가 부족하며[16], 철기의 유통 등과 같은 보다 진전된 연구는 아직 기대하기 힘든 상태라 할 수 있다.

2) 한국 고대 철기문화 형성기의 몇 문제

그동안 한반도 철기문화의 개시에 대하여 기원전 8세기부터 기원전 3세기까지의 연대가 북한과 남한의 여러 연구자들에 의해 제시되어 왔으며, 아직도 남한의 연구자들

---

12 이 지역의 수 개소 유적에서 전국시대의 철기가 출토된 것으로 보고되어 있으나 유적의 편년을 충분히 신뢰하기 어려우며 철기의 계통도 중원지역과 다르다. 대표적인 유적으로는 「平洋墓地」(黑龍江省文物考古研究所 1990)를 들 수 있다.

13 특히 이 지역의 주조철기들의 연대가 기원전 5세기 이전까지 올라가는 점이 중국 동북지방과의 비교에서 문제가 된다.

14 중국의 경우 제철과 관련한 금속학적 분석은 주로 철기를 중심으로 행하여져 왔으며 상대적으로 제철유적의 각종 폐기물에 대한 연구는 한국과 일본에 비해 낙후된 상태라 할 수 있다.

15 1980년대 초에 農具 용어의 통일을 위한 노력(黃展岳 1981)이 있기는 하였으나 현재까지 용어상의 혼란은 계속되고 있다.

16 李京華에 의한 연구가 돋보였으나(李京華 1994 · 1995 · 2003) 기타 연구자들에 의한 후속적 연구가 부족하다.

사이에서는 그 절대연대가 기원전 4세기 혹은 3세기로 의견이 나뉘고 있다[17].

　이는 이제까지 출토된 전국계 철기들, 관련 유구와 유물 및 당시의 정황 등을 종합적으로 고려하여 결론을 내려야 할 중요 과제인데, 현재로서는 후자의 견해가 보다 타당성이 있어 보인다. 그리고 보다 중요한 것은 그러한 철기들이 어떠한 계기로 유입되었고, 기존의 사회와 문화에 어떠한 영향을 주고 어떻게 변화하였는가를 밝히는 것이다.

(1) 지역별 철기 사용 개시기의 문제

　한반도의 초기철기문화 전개과정에 있어 시간, 공간적으로 지역간에 상당한 落差가 존재하는 점이 문제인데, 특히 기원전 2세기대의 철기출토 유적의 지역적 한정성과 위만조선의 철기문제 등에 대한 집중적인 검토가 필요하다. 필자가 이미 지적한 바와 같이(이남규 2006a) 위만조선의 철기문제는 大刀가 부장된 서북한지역의 일부 목곽묘 시기와 관련되어 있는데 당시 중국의 철기문화와 양상을 참고해 볼 때 그러한 유적들을 위만조선시기의 것으로 보는 견해들(리순진 1983, 李鉉祐 2006)은 再考의 여지가 있다. 왜냐하면 중국 前漢代 집단분묘들의 부장품 양상은 中期~末期頃에 장검과 대도 등의 대형 강철제 무기가 부장되기 시작하는 경향을 보이고 있어 비슷한 시기의 서북한지역 분묘에 그와 같은 철제 무기가 부장될 수 있는 가능성은 낮아 보이기 때문이다[18].

　그리고 낙동강유역권에 있어 동래 萊城유적(釜山直轄市立博物館 1990)이나 대구 八達洞유적(영남문화재연구원 2000) 등을 근거로 낙랑 설치 이전의 철기 유입 및 제철의 개시 문제를 긍정적으로 보는 견해가 있는데(孫明助 1998 · 2005, 송계현 2002) 이들 유적의 연대와 성격에 대해서는 재검토의 여지가 있다.

　한반도에 중국 철기가 보다 본격적으로 유입되는 것은 낙랑의 설치 이후라는데 대해 異見이 없으나, 사실 낙랑지역 자체의 철생산과 철기문화 성격에 대하여 충분한 연구가 이루어져 있다고는 말하기 어렵다[19]. 특히 무기 부문에 있어서는 漢代의 그것을 거의 전적으로 도입하는데 반해 주조제품의 농구 등 생산도구의 부문에서는 전혀 그러한 모습이 보이지 않는 점에 대한 해석이 필요하다.

---

17 현재 중등교육용 교과서에는 근거의 제시 없이 그 시기를 기원전 5세기로 기술하고 있어 문제가 된다.
18 이에 대해서는 拙稿(이남규 2006) 참조.
19 일제시대에 조사된 자료를 중심으로 낙랑토성 내에서의 철기생산과 관련된 문제를 검토한 논고(정인성 2006)가 있는 정도이다.

예전에는 낙랑의 설치 이후 한반도에 본격적으로 철기문화가 보급되는 것으로 보기도 하였으나, 철기 출토 양상을 볼 때 실제로 남부에서 철기문화가 발전하는 지역은 가평 大成里유적(京畿文化財研究院 2009)과 같은 한강 이북지역 일부와 원격지인 낙동강 유역권의 중부 및 남부에 국한된 제한성을 보이고 있는 점을 어떻게 이해해야 할 것인가도 중요 연구과제이다.

(2) 제철과 관련된 문제점들

철 및 철기의 생산기술의 파악에 있어 정련 및 단야유적이 취락내에서 다수 확인되기는 하였으나, 철광석이나 사철을 원료로 이용하여 철소재를 생산하던 제련유적은 아직 제대로 발굴조사된 바 없다. 물론 다호리유적의 64호묘(목곽묘)에서 철광석이 출토되기는 하였으나(李健茂 外 1995) 엄밀히 말하자면 그것은 어디까지나 제련과 관련된 간접적 자료로 볼 수밖에 없는 실정이다[20]. 그리고 또 다른 간접자료로는 화성 旗安里 제철공방유지가 있다. 이 유적 발굴 지점 서측의 저평한 구릉에서 철광석과 流出滓가 상당량 채집되어 이곳에서 철제련이 행하여진 사실을 알 수 있었다. 다만 지표채집에 불과하다는 한계가 있기는 하나 향후 정식 발굴을 통해 제련의 시기가 원삼국시대까지 올라가는 사실이 구체적으로 밝혀지면 최초로 확인된 이 시대의 철제련유적이 되는 셈이다. 다만 이곳은 철제련에 필요한 원료와 연료의 확보에 있어 불리한 입지로 보여지는 만큼 이 부분에 대한 상세한 고찰도 필요하다.

철기 제조기술에 있어서는, 중국과는 달리 주조철기의 열처리기술이 제대로 구사되지 못한데 비해, 기원후 3세기경에는 낙랑지역으로부터 남하해 온 제철장인들에 의해 도입된 것으로 보여지는 炒鋼 생산기술이 남한지역에 과연 어느 정도의 보급도를 보였는지를 밝히는 것도 향후의 주요 과제이다.

이러한 초강기술의 도입과 관련하여 화성의 旗安里유적이 주목되는데, 낙랑계통 문화를 보유하고 남하해 온 이들이 정착한 지점이 伯濟와 馬韓의 경계지역에 해당하여 그러한 기술이 양 정치세력에게 동시에 영향을 주었을 가능성이 있다[21].

---

20 이 철광석에 대한 분석이 이루어져 그 산지가 경상남도지역으로 추정된다는 정도의 견해만을 보이고 있으나(신형기 外 1995) 조직사진의 균열상태를 보았을 때 焙燒의 가능성이 있다는 점을 지적해 놓고자 한다. 이는 철제련에 있어 예비가열에 해당하는 공정이 존재했음을 말해주는 것이라는 점에서 중요한 의미가 있다.

이러한 철 및 철기의 생산에 있어 기본적으로 집게, 망치 및 모루가 필요하나 이 시대의 유적들에서는 아직 철제로 된 그러한 도구들이 출토된 바 없다. 이와 관련하여 보다 이른 시기에 해당하는 사천 勒島유적(이남규 2006b)의 예를 보면 제철과 관련된 유구들에서 석제의 모루와 망치돌들이 다수 출토된 점이 주목되며[22], 제철관련 자료들이 확인되는 중부지역의 원삼국시대 취락유적들에서도 관련 석재들이 상당히 출토되고는 있으나 발굴자들이 이를 看過하는 경우가 많은 것으로 파악되고 있다[23].

(3) 기타의 문제

이 시기의 철기문화를 연구하는데 있어 우선 해결해야 할 문제는 철기의 용어에 대한 것이다. 중국 정도로 심하지는 않으나 한국의 경우도 주조괭이(소위 주조철부)와 刻刀(소위 鉇) 등 용어가 논자에 따라 달리 사용되는 예들이 있어 그 명칭과 기능에 대해 본격적인 재검토가 요구된다.

그리고 끝으로 지적하고자 하는 것은, 이러한 초기의 철기 유입과 보급과정에서 크게 간과하고 있는 점은 상대적인 석기 소멸양상에 대한 부분이다. 일반적으로 철기가 사용되기 시작하면서 석기가 급속히 자취를 감추는 현상을 보이는데, 문제는 사라진 석기의 기능을 대체할 철기가 전환기에 등장한 사실이 제대로 확인되지 않고 있다는 점이다. 일본의 경우는 일찍부터 이에 대한 논의가 있어 왔으나(松井和幸 1982) 우리나라의 경우는 아직 이에 대한 논고가 전무한 실정이다.

3) 일본 초기 철기문화 형성기의 몇 문제

(1) 철 사용 개시기의 연대 문제

이와 관련하여 필자가 이미 논한 바 있지만(이남규 2010), 이 부분에 대해 간략히 재언하자면 다음과 같다.

---

21 이에 관한 필자의 논고가 한신대학교 국사학과 창설30주년 기념논문집에 발표될 예정으로 있다.

22 그렇지만 집게로 이용할 수 있는 도구는 발견되지 않아 川越哲志(1993)의 견해처럼 목제나 죽제품이 사용되었을 가능성이 있다.

23 예를 들어 가평 대성리유적 발굴자는 석제 망치가 사용되었을 것으로 추정하면서도 구체적으로 유물을 통한 확인작업은 제대로 이루어지지 못하였다.

오랜 기간 동안 일본의 철기사용 개시기는 죠몽 晚期부터인 것으로 널리 인식되어 져 왔고 그러한 사실을 고등학교 교과서에서도 그대로 서술하고 있다. 일본의 연구자 가운데 川越哲志가 그러한 견해를 가장 지지하는 입장인데(川越哲志 1993) 그가 제시 하고 있는 철기들의 대부분은 그 출토의 배경과 시기에 있어 문제를 내포하고 있다.

그런데 최근 AMS연대의 적용에 기초한 야요이시대 절대연대의 상향조정 움직임 (春成秀爾 2004b)과 연동하여 일본에서의 철기사용 개시기의 연대도 예전보다 그 시기 가 올라가는 현상을 보이고 있어 문제가 되고 있다. 그 가운데에서도 논란의 중심에 서 있는 마가리다(曲り田)유적 16호 주거지의 철기는 죠몽 만기층의 것이라기 보다는 그 이후의 中期 내지 後期의 것이 혼입되었을 가능성이 있다. 만일 이 유적의 철기가 죠몽 만기에 해당하고 일본의 국립민속박물관팀이 주장하는 새로운 연대를 여기에 적용한 다면 그 절대연대가 기원전 10세기 이전으로 너무 심하게 올라가는 결과를 낳게 된다. 이러한 모순점들로 인해 야요이시대 前期 이전의 것으로 말해지던 철기들의 출토상황 을 비롯한 관련 내용들을 전면적으로 재검토하면서 기존의 연대관을 부정하고 새로운 시각으로 보는 견해(春成秀爾 2004)가 제시되기도 하였는데, 이는 전반적으로 새로운 연대관에 기존의 자료들을 맞추어 재해석하려는 자의적인 태도로 보여지기도 한다.

이러한 일본 연구결과의 영향은 일본 국내에만 파급되는 것이 아니고, 동아시아 삼 국의 철기문화 형성과 전파과정을 단계적 및 체계적으로 파악하는 데에도 밀접히 관련 되어 있어 향후 지속적인 종합적 비교연구가 요망된다.

(2) 철 및 철기 교역의 실제적 양상

야요이시대에 한반도로부터 철 및 철기를 수입한 문제와 관련하여 上記한 『三國志』 魏書東夷傳 弁辰條의 對倭 철 수출 기록이 金科玉條처럼 인용되고 있으나, 이와 관련 하여 몇 가지 검토해야 할 사항들은 제대로 논의되지 못하고 있다.

그 첫째가 당시 어떠한 형태의 소재가 유통되었을까 하는 문제이다. 이와 관련하여 당시 교역되던 철소재를 板狀鐵製品(岡崎敬 1951)이나 板狀鐵斧(東潮 1995)로 보는 견 해, 중국제의 鑄鐵脫炭鋼이나 炒鋼製 철판으로 보는 견해(大澤正己 2003) 및 철기나 소 재(條材, 板材)가 중국으로부터 유입되었다는 설(李京華 1992) 등이 있어 왔다. 하지만 아직 이와 관련한 보다 본격적인 연구는 부족한 실정이다.

그리고 일본이 한반도로부터 철을 수입하였을 경우 그 교환품으로 어떠한 물자가 변진지역으로 보내졌는가 하는데 대해서도 아직 제대로 밝혀져 있지 않다. 이에 대해

변진의 판상철제품과 일본의 쌀이 교환된 것으로 보는 견해(東潮 1995)가 있는데, 그 외에도 상대적으로 일본에 그 자원이 풍부한 옥제품이나 유리제품 및 기타의 유기물질로 되어 현재는 유존하지 않는 물품들일 가능성도 고려할 필요가 있다.

⑶ 철 생산과 유통 문제

야요이시대 일본내에서의 철제련 문제는 변진의 철생산과 倭로의 수출이라는 『三國志』의 기록과 밀접히 관련되어 있다는 점에 중요한 의미가 있다. 최근까지 야요이시대 철제련에 대해 中山平次郎, 近藤義郎, 岡本明朗, 川越哲志, 藤田等 등이 철기와 철재의 양상 등을 통해 긍정적인 의견을 제시하기는 하였으나[24] 모두 간접적 자료를 통한 추론의 수준이었다. 이에 비해 廣島縣 三原市 小丸유적 SF1號 製鍊爐에서는 carbon bed가 깔려 있는 얕은 수혈 주위에 철재, 磁鐵礦片 및 노벽편 등이 산재해 있었고, 토기는 야요이시대 후기의 것들만 출토되어 가장 확실한 이 시대의 철제련로로 판단하고 있다.

하지만 이 小丸유적을 야요시대 후기의 철제련유적으로 인정한다 하더라도, 이제까지 일본 내에서 발굴된 이 시대의 유적들의 수를 고려할 때 야요이시대 철제련의 총체적 역량을 높게 평가하기는 어렵다. 따라서 현재로서는 야요이시대 철기문화는 그 소재를 대부분 弁辰의 철에 의존할 수밖에 없었다고 보여진다.

5. 맺음말

서아시아와는 달리 초기부터 괴련철 방식과 함께 선철 주조방식이 사용되었던 중국의 고대 철기문화는 漢代에 획기적인 제강법 등의 기술적 발전을 보였으며, 동북지역을 거쳐 단계적으로 한반도로 유입된 후, 내적인 발전을 이루면서 일본열도로 전파되는 계기적 과정을 거쳐 동아시아 공통의 철기문화가 형성되었다. 본고는 그러한 계통성과 내재적 발전상 및 지역차 등을 살펴보고 거기에 내재된 문제점들에 대해 광의적

---

24 이에 대한 연구사는 川越哲志 2006을 참조.

시각에서 살펴본 것이다.

　이러한 삼국간 철기문화의 형성과 전파 과정은 당시 동아시아 전체의 국제관계를 이해하는데 있어 대단히 중요한 부분이 되고 있음에도 불구하고, 이 분야에 대한 연구는 고고학의 다른 연구부문에 비해 낙후되어 있다고 해도 과언이 아니다. 즉 철기문화를 중심으로 한 한중, 한일 간의 교역 및 교류 관계에 대해 문화접변(acculturation)의 시각과 기타 해석의 방법론을 적용하여 해석할 필요가 있는 것이다.

　그리고 각 국의 경우에도 큰 낙차를 보이는 국내의 지역성 문제와 단계별 발전양상 등에 대해 아직 제대로 파악되지 않은 부분이 많아 이에 대한 연구의 활성화도 절실하다.

　현재 동아시아 삼국 共히 철 및 철기의 생산기술에 대한 금속공학적 연구가 어느 정도 진척되고는 있으나 상호간의 비교·연구가 부족하고, 또한 이를 종합화하는 노력도 요구되고 있다. 특히 동아시아 고대의 철기문화는 고고학적으로나 금속기술사적으로나 세계에서도 가장 우수한 수준에 도달해 있었던 만큼 이에 대한 연구에 보다 많은 관심과 노력을 기울일 필요가 있다.

參考文獻

참고문헌

國文

京畿文化財硏究院, 2009, 『加平 大成里遺蹟』, 學術調査報告 第103册.

＿＿＿＿＿＿＿＿, 2010, 「烏山 細橋 宅地開發地區內 文化遺蹟 試・發掘調査 略報告書」.

畿甸文化財硏究院, 2007, 『華城 旗安里遺蹟』, 學術調査報告 第88册.

盧泰天, 2000, 『韓國古代 冶金技術史 硏究』, 學硏文化社.

東洋史學會編, 1983, 『槪觀 東洋史』, 지식산업사.

리순진, 1983, 「우리 나라 서북 지방의 나무곽무덤에 대한 연구」, 『고고민속논문집』8, 사회과학출판사.

박순발, 1993, 「우리나라 初期鐵器 文化의 展開過程에 대한 약간의 고찰」, 『考古美術史論』3, 忠北大學校
　　　考古美術史學科.

사회과학원 고고학연구소, 1976, 『고조선문제연구논문집』, 사회과학출판사.

孫明助, 2005, 「原三國時代의 鐵器-嶺南地域-」, 『원삼국시대 문화의 지역성과 변동』, 제29회 한국고고학
　　　전국대회 발표요지.

宋桂鉉, 2002, 「嶺南地域 初期鐵器文化의 收容과 展開」, 『영남지방의 초기철기문화』, 第11回 嶺南考古
　　　學會 學術發表會 발표요지.

신형기 외, 1995, 「茶戶里64號墳 出土 鐵鑛石의 分析」, 『考古學誌』第7輯, 韓國考古美術硏究所.

李健茂 外, 1995, 「昌原茶戶里遺蹟 發掘進展報告(IV)」, 『考古學誌』第7輯, 韓國考古美術硏究所.

李南珪, 1982, 「南韓 初期鐵器文化의 一考察」, 『韓國考古學報』13, 韓國考古學會.

＿＿＿, 1990, 「中國 鐵 使用開始期의 諸問題-殷~西周時代 鐵의 問題」, 『歷史學報』第125輯, 歷史學會.

＿＿＿, 1992, 「燕國鐵器考」, 『제35회 전국역사학대회 발표요지』.

＿＿＿, 1993, 「1~3세기 낙랑지역의 금속기문화」, 『韓國古代史論叢』5, 韓國古代社會硏究所.

＿＿＿, 2002a, 「韓半島 初期鐵器文化의 流入 樣相」, 『韓國上古史學報』第36號, 韓國上古史學會.

＿＿＿, 2002b, 「日本 古代 鐵器文化의 形成-彌生時代를 中心으로-」, 『강좌 한국고대사』, 가락국사적개발
　　　연구원.

_____, 2005a,「韓半島 西部地域 原三國時代 鐵器文化」,『원삼국시대 문화의 지역성과 변동』, 제29회 한국고고학전국대회 발표요지.

_____, 2005b,「高句麗 國家 形成期 鐵器文化의 展開樣相」,『고구려의 국가 형성』, 고구려연구재단 연구총서01.

_____, 2006a,「낙랑 지역 한대 철제 병기의 보급과 그 의미」,『낙랑 문화 연구』, 동북아역사재단.

_____, 2006b,「勒島遺蹟 製鐵關聯資料의 考察」,『勒島 貝塚Ⅴ-考察編-』, 慶南考古學研究所.

_____, 2010,「한일 고대 철기문화 교류에 관한 연구성과와 과제」,『농경・금속기문화와 한일관계』, 한일관계사연구논집 11, 景仁文化社.

李盛周, 2007,『青銅器・鐵器時代 社會變動論』, 學研文化社.

李鉉祐, 2006,「西北韓地域 初期鐵器文化 檢討」,『研究論文集』第2號, 中央文化財研究院.

정인성, 2006,「낙랑토성의 철기와 제작」,『낙랑 문화 연구』, 동북아역사재단 연구총서20.

_____, 2009,「가평 대성리유적 출토의 외래계 유물」,『加平 大成里遺蹟』, 京畿文化財研究院 學術調査報告 第103冊.

최상준, 1966,「우리나라 원시시대 및 고대의 쇠붙이유물 분석」,『고고민속』3.

日文

岡崎敬, 1951,「日本初期鐵製品問題」,『考古學雜誌』42-1, 日本考古學會.

高倉洋彰, 1985,「初期鐵器の普及と劃期」,『研究論集』10, 九州歷史資料館.

大澤正己, 2003,「鐵分析からみた刀劍」,『鐵器研究の方向性を探る』, 9回 鐵器文化研究會集會.

東潮, 1995,「弁辰과 加耶의 鐵」,『加耶諸國의 鐵』, 仁濟大學校 加耶文化研究所.

藤田等, 1974,「鐵器の出現は何を物語っているのか」,『日本考古學の視點』上, 日本書籍.

梅原末治・藤田亮策, 1946,『朝鮮古文化綜鑑』第1卷, 養德社.

松井和幸, 1982,「大陸系磨製石器の消滅とその鐵器化をめぐって」,『考古學雜誌』第68卷 第2號, 日本考古學會.

_____, 2001,『日本古代の鐵文化』, 雄山閣.

李南珪, 1991,「東アジア初期鐵器文化の研究」, 廣島大學 博士學位論文.

_____, 2000,「錦江流域圈における原三國時代の鐵器文化」,『製鐵史論文集』たたら研究會.

潮見浩, 1982,『東アジアの初期鐵器文化研究』, 吉川弘文館.

川越哲志, 1993,『彌生時代の鐵器文化』, 雄山閣.

春成秀爾, 2004a,「炭素14年代と鐵器」,『彌生時代の實年代』, 學生社.

_____, 2004b,「彌生時代の實年代-過去・現在・將來-」,『彌生時代の實年代』, 學生社.

中文

洛陽區考古發掘隊, 1959,『洛陽燒溝漢墓』, 中國田野考古報告集考古學專刊丁種第六號, 科學出版社.

白雲翔, 2005,『先秦兩漢鐵器的考古學研究』, 科學出版社.

新疆維吾爾自治區文化廳文物處, 1989,「新疆哈密焉不拉克墓地」,『考古學報』第3期.

楊寬, 1982,『中國古代冶鐵技術發展史』.

敖漢旗文化館, 1976,「敖漢旗老虎山遺址出土秦代鐵權和戰國鐵器」,『考古』5期.

王增新, 1964,「遼寧撫順市蓮花堡遺址發掘簡報」,『考古』6期.

遼寧省博物館, 1980,「遼寧寬甸發現戰國時期燕國的明刀錢和鐵農具」,『文物資料叢刊』3.

李京華, 1984,「中國古代鐵農具」,『農業考古』2期.

＿＿＿＿, 1992,「試談日本九州早期鐵器來源問題」,『華夏考古』4期.

＿＿＿＿, 1994,『中原古代冶金技術研究』, 中州古籍出版社.

＿＿＿＿, 1995a,『南陽漢代冶鐵』, 中州古籍出版社.

＿＿＿＿, 1995b,『中原古代冶金技術研究』第二集, 中州古籍出版社.

李衆, 1975,「中國封建社會前期鋼鐵冶鍊技術發展的探討」,『考古學報』第2期.

中國社會科學院考古研所 洛陽發掘隊, 1963,「洛陽西郊漢墓發掘報告」,『考古學報』第1期.

河北省文物研究所, 1996,『燕下都』, 文物出版社.

黃展岳, 1981,「古代農具統一定名小議」,『農業考古』1期.

＿＿＿＿, 1984,「試論楚國鐵器」,『湖南考古集刊』2.

后德俊, 1995,『楚國的礦冶髹漆和玻璃製造』, 楚學文庫.

黑龍江省文物考古研究所, 1990,『平洋墓葬』, 文物出版社.

VI. 기원 전후 남한과 九州의 銅鏡副葬墓

이 청 규 영남대학교

1. 머리말

한반도의 남부해안과 일본의 큐슈 북부해안이 대마도를 징검다리처럼 사이에 두고 서로 마주보고 있는 바, 이들 양 해안을 거점으로 삼아 원시시대부터 오늘날에 이르기까지 지속적으로 인구집단의 이동과 교류가 있어 왔다.

기원전 1천년기 후반에 이르면 한반도에서 첨단 기술을 이용한 청동제품의 생산이 이루어지면서 이를 둘러싼 양 지역간의 교류는 또 다른 양상으로 발전한다. 종전과 달리 한일 양 지역의 교류 주체가 일정 지역집단의 일정 계층 이상이며, 교류의 공간은 일정 거점을 중심으로 이루어진다. 교류의 대상이 되는 물자나 기술 또한 제한적이다.

잘 알려지다시피 청동기는 그 원료의 수급에서 제품의 생산에 이르기까지 일정한 공정과 전문기술을 필요로 한다. 그 기종은 당시 지역집단의 안전을 도모하는 전쟁 무기와 이데올로기를 통합하는 종교 의기로서, 단순한 생업수준에서 벗어나 정치·경제·종교 등 다방면에 걸쳐 중요한 전략적 도구인 것이다. 청동야금술이 국가의 형성에 중요한 요인이라고 하는 주장이 반드시 옳다고 볼 수 없지만, 최고의 기술이 동원되어 제작된 靑銅祭器나 儀器는 위계적인 권력과 지역집단의 존재를 말해주는 것임은 틀림없다. 그러한 맥락 때문에 이를 소유한 사람의 장송의례에 반영되어 청동기는 한일 양 지역의 상위층 무덤에 위세품으로 부장되기에 이른다. 그 중에서도 조잡하게 제작된 소수의 倣製鏡을 제외하고는 대부분의 銅鏡은 최상급의 전문 장인이 정교하게 제작한 것으로 더욱 그 등급이 높은 위세품으로 평가되기도 한다.

　이 글에서 小國의 수장과 연결시킬 수 있는 동경을 표지로 한 청동기부장묘의 지리적 분포와 공반하는 청동기와 철기의 기종, 형식과 수량에서 시기별로 일정한 차이가 있음을 우선 설명하고자 한다. 그리고 이를 통해 청동기 · 철기의 대내적인 제작상황과 대외적인 물자교류를 간접적이나마 설명할 수 있는 바, 이를 통하여 기원전 2세기에서 기원후 2세기에 걸쳐 한일간 교류 방식의 변천과정을 설명하고자 하는 것이 이 글의 목적인 것이다.

2. 前漢鏡 段階(紀元前 2~1世紀)

　이미 전 단계에 형성된 마한 소국이 위치한 한반도 서남부지역에서는 기원전 2세기 후반경에 해당하는 漢式 蟠螭文鏡이 동모 · 동검과 공반 출토된 익산 평장리의 예가 있을 뿐 지금까지 기원전 1세기 전후한 시기의 수장급 동경부장묘가 제대로 조사된 바 없다. 이러한 사실은 이전 단계에 한반도 서남부지역에서 다뉴경과 함께 다량의 청동기를 부장한 수장급 무덤이 조성된 사실과 대조가 된다. 바꾸어 말하면 기원전 2세기말에 고조선이 붕괴되고 한군현이 설치된 직후에 서북한은 물론 마한의 서남한에서도 다뉴경의 제작보급이 갑자기 중단되고 무덤에 부장되지 않게 된다.

　다뉴경을 상징적인 위세품으로 삼는 지배자는 앞서 보듯이 기원전 2세기 이전에 각각의 지위 혹은 위세의 차이가 있지만 위만조선과 마한에 나름대로 존재한 바 있다. 그러다가 위만조선의 붕괴와 맞물려 다뉴경을 통한 위세가 인정받지 못하기 때문에, 다뉴경은 더 이상 수요가 발생하지 않고 생산을 중단하게 되었다. 바꾸어 말하면 전문장인이 있다 하더라도 그들에 대한 물적 지원이 없으면 다뉴경의 제작은 불가능한 바, 그렇게 할 실력자가 한반도에 존재하지 않았다는 것이다.

　마한의 서남한지역에서의 생산중단은 자체 생산기반이 없는 진한의 동남한과 왜 소국이 위치한 일본의 큐슈지역에서도 약간의 시차를 두고 다뉴경이 거의 동시에 무덤에 보급되거나 부장되지 않는 사태를 초래한다. 혹시 위만조선의 붕괴로 漢나라와 삼한과의 교역이 원활하지 못하여 다뉴경 제작에 필요한 동, 석 등 원료의 공급에 문제가 있어 그렇다고 생각할 수 있지만, 같은 시기에 동남한지역에 대형화된 청동무기가 제작 보급되는 점을 보아 그러할 가능성은 낮다 하겠다.

한편 서남한의 사례와 달리 동남한에서는 다뉴경이 동시기에 다량의 청동무기와 함께 공반 출토되는 경주 입실리유적의 예가 전한다(梅原末治外 1925 : 30~37). 제대로 발굴조사된 것이 아니어서 단정하기 어려우나, 이를 그대로 신뢰한다면 서남한지역에서는 기원전 1세기 이전에 다뉴경이 한경으로 대체된 반면, 동남한지역은 그렇지 않은 셈이 된다.

아울러 동남한에서는 이전 단계에 서남한지역에 부장되었던 동령구 등의 제의도구가 일부나마 지속적으로 부장되는 것이 주목된다. 동령구 세트 중 장대 끝에 장식한 竿頭鈴 1쌍이 다른 청동무기와 함께 경주 입실리·죽동리(韓炳三 1987 : 103~120), 대구 신천동(尹容鎭 1980) 등의 세 유적에서 공반 출토되었다고 전한다. 종전처럼 4종을 모두 갖춘 동령구 세트는 아니지만, 이 단계에 이 지역의 무덤 주인공이 여전히 종전 방식대로 제의를 주재하는 전통적인 제사장의 성격을 갖고 있다는 것을 방증해 준다 하겠다.

다량의 청동기가 부장된 이들 무덤 유적의 사례는 낙동강 중류의 금호강, 형산강유역에서도 마한에 뒤이어 진한의 소국이 형성되었음을 간접적으로 보여준다.

이 단계 후반에 낙동강 중류지역에서 星雲鏡, 異體字文鏡 등의 전한경 부장무덤이 발굴조사된 것으로 경주 조양동 38호묘(國立慶州博物館 2003), 창원 다호리 1호묘(李健茂 外 1989 : 14~26), 밀양 교동 3·7호묘(密陽大學校博物館·密陽市 2004)와 수습조사된 것으로 대구 지산동의 예가 있다. 창원 다호리 1호묘의 경우 다량의 부장유물로 보아 이 지역 소국의 우두머리가 묻혔음이 분명하며 그것은 후대 문헌기록에 등장하는 진한에 대응된다(도 01).

김해를 비롯한 낙동강 하류와 경남해안지역에는 변한이 자리한 것으로 추정되므로, 창원 다호리의 경우 김해지역에 근접하여 변한에 속하는 것이라고 할 수 있으나, 전한경과 함께 부장된 청동무기의 형식으로 보아 낙동강 중류의 진한지역의 예와 더 가깝다(도 02).

어떻든 위만조선이 멸망한 후 일정 기간이 지나서 진한 여러 지역 남한 지배층의 무덤에 위만조선을 군사적 실력으로 붕괴시킨 한군현으로부터 입수한 중국 한나라 단뉴경이 권위를 상징하는 위신재로 부장되는 것이다. 그래서 한반도 남부 지배층의 대외적인 권위의 기반이 위만조선에서 한군현으로 바뀐 것을 상징적으로 보여준다. 아울러 앞선 단계와 달리 마한과 진한지역간에 출토되는 동경의 수량이 역전된 것은 서북한에 위치한 정치체가 위만조선에서 한군현으로 바뀌면서 그 대외관계의 주된 상대 또한 마

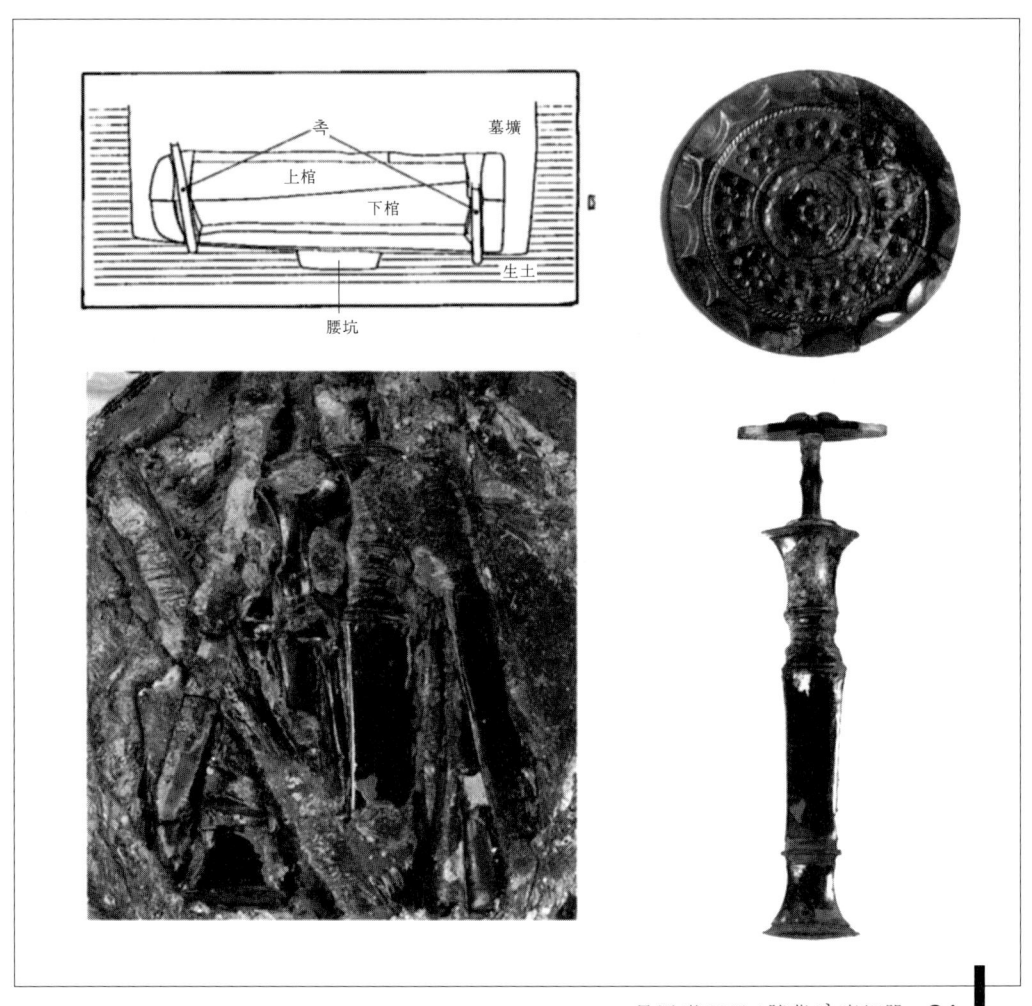

한에서 진한지역으로 변화하였음을 반영하는 것으로 이해된다. 마한지역에서는 이 단
계는 물론 다음 단계에서도 한경이 부장된 무덤의 사례가 없다시피 한 바, 상당한 기간
한군현과 한경을 매개로 한 교류가 거의 이루어지지 않은 것으로 보인다. 그렇다고 이
를 이 지역에 소국 세력 자체가 존재하지 않은 것으로 설명할 근거로 삼기 어려운 것은
물론이다.

　　한경의 부장과 동시에 기원전 1세기 후반부터는 진한지역에서도 동령구가 전혀 부
장되지 않는다. 이는 동령구를 이용한 전통적인 제의행사의 중요성과 그것을 주재하는
제사장적 권위가 약화되었음을 시사해주는 것이다. 그 대신 경북 성주 예산동(慶尙北

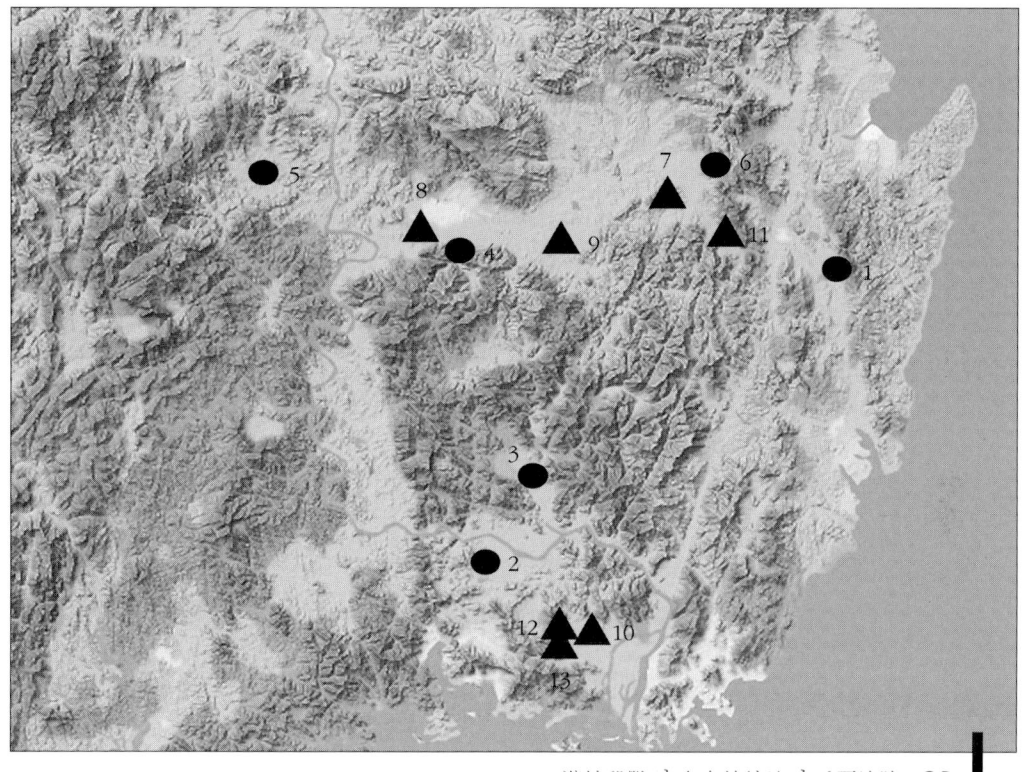

漢鏡段階의 東南韓地域의 重要遺蹟　O2

● 紀元前 1世紀 ▲ 紀元後 1-2世紀 : 1. 慶州 朝陽洞, 2. 昌原 茶戶里, 3. 密陽 校洞, 4. 大邱 池山洞, 5. 星州 禮山洞, 6. 永川 龍田洞, 7. 永川 漁隱洞, 8. 大邱 平里洞, 9. 慶山 新垈洞, 10. 金海 鳳凰洞, 11. 慶州 舍羅里, 12. 金海 良洞里, 13. 金海 內德里

道文化財研究院 2005), 경남 창원 다호리 등지에서 보듯이 전단계에 없었던 중원방식의 권위 상징물인 차마구 부속이 부장된다. 종교적인 제사장의 상징물로서 인정받기보다는 세속적인 이기로서 권위를 인정받는 셈이다.

　같은 시간적 단계에 일본에서 한경이 다량 부장되는 무덤으로 三雲南小路 1·2호 (福岡縣教育委員會 1983)와 須玖岡本 D지점(京都帝國大學文學部 1927)의 예가 있다 (도 03). 이 무덤에서 한경의 부장양이 남한의 그것을 크게 압도한다. 三雲南小路 무덤의 경우 심하게 파손되었지만 적어도 20여 점의 한경이 부장되었다고 전한다. 부장품 규모상에서 한 등급 처진다고 하는 立岩堀田 10호 옹관묘 또한 6점의 한경을 부장하고 있었다(도 04, 福岡縣飯塚市立岩遺跡調査委員會 1977). 상대적으로 진한지역에 유입되어 무덤에 부장되는 한경의 숫자와 크기는 일본에 비해 낮을 뿐만 아니라, 한군현지역에서도 일본의 경우처럼 중국경이 다량으로 부장된 예가 없다(高倉洋彰 1993 :

福岡 三雲南小路 1號墓와 副葬銅鏡 03

3~37). 여하튼 이들 사례는 전 단계의 吉武高木 3호 무덤의 뒤를 이어 등장한 큐슈지역의 각기 다른 소국의 우두머리 무덤임을 인정할 수 있는 바, 일본 연구자들은 전자를 『三國志』 기록에 伊都國에 해당하는 것으로 추정하고 있다(小田富士雄 2000 : 4~9, 柳田康雄 2000).

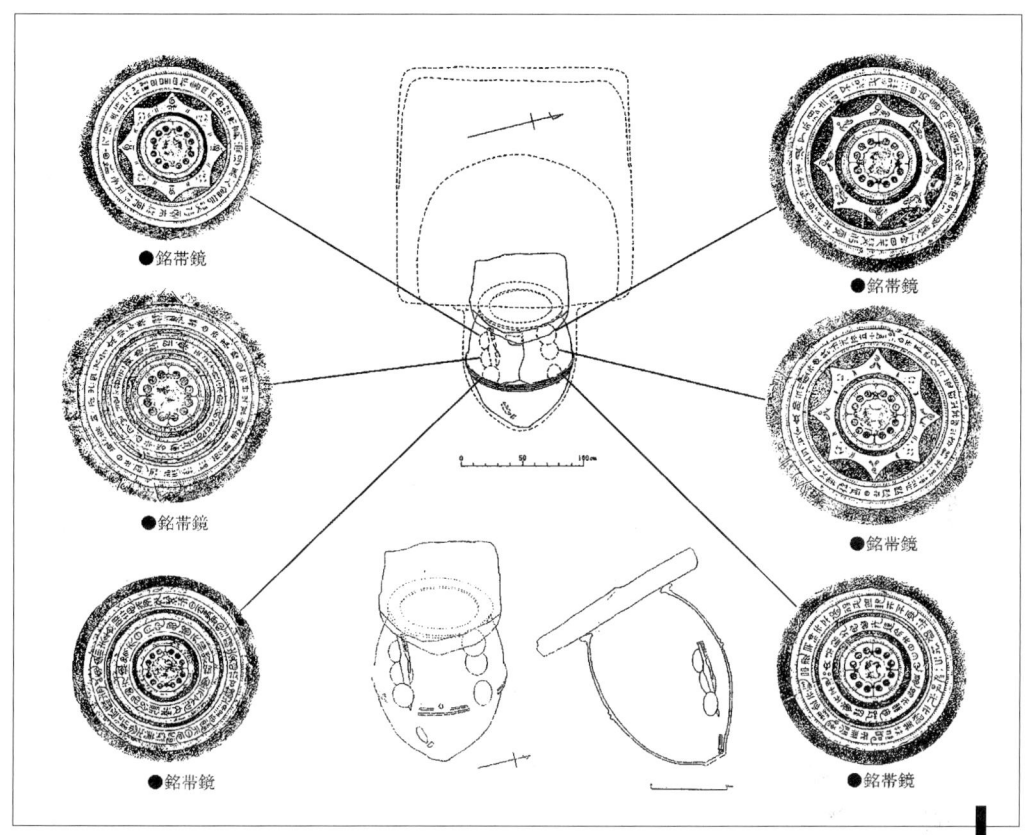

●銘帶鏡　　　　　　　　　　　　　　　　　●銘帶鏡

●銘帶鏡　　　　　　　　　　　　　　　　　●銘帶鏡

●銘帶鏡　　　　　　　　　　　　　　　　　●銘帶鏡

飯塚 立岩 10號墓와 副葬銅鏡　**04**

　　한경 출토의 이러한 한일간의 지역적인 차이에 대해서 중국 군현의 대 삼한과 왜의 외교 혹은 무역의 차별화 정책을 반영하는 것으로 추정하고 있다. 한편 마한은 물론 진변한지역에서는 다뉴경을 지표로 하는 제사장의 리더십과 제사의례 전통이 오랫동안 지속되어 다뉴경 대신 한경을 쉽게 받아들이지 못하는 반면, 일본의 경우 다뉴경을 무덤에 부장한 관습은 기원전 2세기의 짧은 기간에 보급되어 다뉴경 대신 한경을 보다 용이하게 받아들이는 이데올로기적 맥락으로 작용한다.

　　일본의 전한경 부장묘에 공반되는 청동기를 보면 三雲南小路 옹관묘 1호에서는 중세동과 1, 세형동검 1, 중세동모 2, 須久剛本 D지점 옹관묘에서 동모 5, 동과 1, 동검 1, 立岩 10호 옹관묘에서는 중세형동모 1점 등이 있다.

　　한군현 설치 이후 반세기 이상 지난 후에도 한반도 동남부는 물론이거니와 일본 큐슈지역에서는 종전대로 한국식 동검, 동과, 동모 등의 무기가 여전히 부장되는 것이 확인된다. 장대화되거나 의기화되면서 실용성보다는 그 상징성이 강화되었지만 한반도 무기의 기본 형식을 벗어나지 않는 것이다(岩永省三 2000 : 109~127). 일본에서 이 단계에 성행하는 동모는 세형이라 하더라도 전체 길이가 40cm가 넘는 中鋒形으로 발전한다. 앞서 立岩 10호 옹관묘의 부장 동모가 그 대표적인 예이다. 이러한 형식은 한반도에서는 마한지역의 익산 평장리유적 출토예가 있지만 대구 신천동, 창원 다호리, 영천 용전리 등의 사례에서 보듯이 진한지역에서 대부분 발견된다(도 04).

동경은 중원계로 바뀌었지만 무기는 여전히 한반도계인 것은 무슨 이유에서 일까? 무엇보다도 그것은 이전 단계에 서남한지역으로부터 도래한 전문장인이 처음 제작을 시작하였지만, 이 단계에는 한걸음 발전하여 일본 자체에서 한반도계 청동기를 생산할 수 있는 체제를 갖추었기 때문인 것으로 이해된다. 그러한 사실은 큐슈의 須久岡本 등 여러 유적에서 발견되는 석제 용범을 통해서 충분히 입증된다. 한마디로 요약하면 일본 큐슈와 한반도 진한지역에 동일한 형식의 청동무기를 생산할 수 있는 제작기술정보와 인적 교류의 네트워크가 전에 없이 긴밀하게 조성되었다는 것이다.

이러한 청동기를 제작하게 되는 또 다른 중요한 이유는 한군현 측에서 전략적으로 중요하고 기능성이 뛰어난 한나라의 발전한 철제 무기가 삼한과 왜지역에 반출되는 것을 통제하기 때문일 수 있다. 이미 한나라는 주변 국을 관장하는 반대 급부로써 兵威財物을 주었던 위만조선으로부터 상당한 위협을 받은 바 있어서 똑같은 과오를 저지르지 않기 위한 예방책을 수립하였을 것이다. 실제로 기원전 1세기경 한군현의 무덤에서는 철제장검의 부장례가 다수 확인되지만, 왜지역은 물론 삼한지역에서는 전혀 확인되지 않는다.

한편 동남한의 진한지역에서는 이 단계의 중국동경 부장묘에 청동제 검, 모, 과 등의 무기가 여전히 공반되기는 하나, 이전과 달리 상당히 많은 판상철부, 철제 무기와 공구, 마구가 부장되는 사실이 주목된다. 이러한 사실은 1점의 한경이 부장된 창원 다호리 1호묘, 소형 한경 4점이 부장된 경주 조양동 38호묘에서 분명하게 확인된다. 또한 파경이 부장된 영천 용전동 목관묘에서도 동과, 동모 각 1점씩을 제외하고는 수십 점의 철제 무기, 판상철부, 공구가 부장되어 있었다. 다음에서 보겠지만 일본의 무덤에서 다량의 한경이 부장된 수장묘급 무덤에 철제 유물이 거의 부장되지 않는 사실과 대조가 된다. 재가공된 한경 파편이 부장된 경산 임당동 목관묘 다수에서도 청동기 대신 철검, 판상철부 등이 부장되는 바, 한경이 부장되지 않더라도 상당수의 목관묘에서 철제 유물이 다량 부장되는 사실이 일본과 비교가 된다. 앞서 보듯이 한경의 부장사례와 그 규

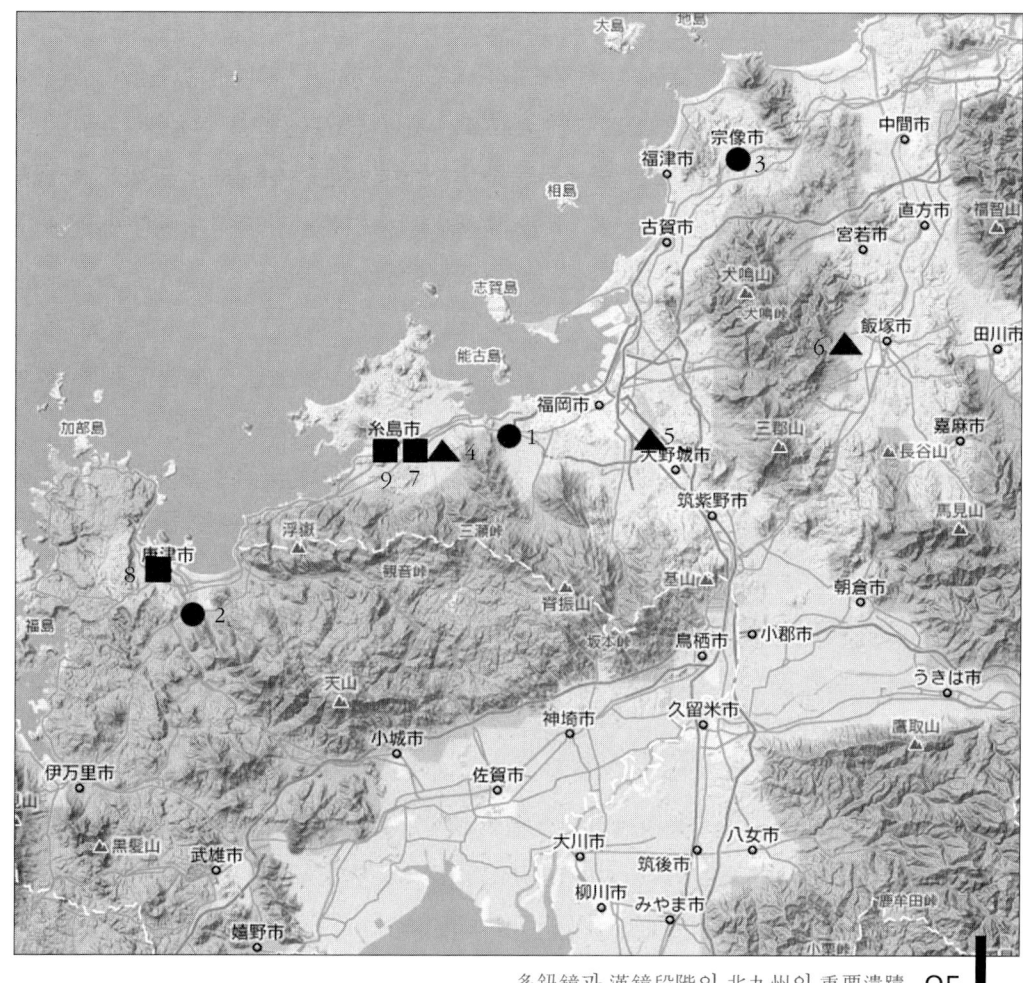

多鈕鏡과 漢鏡段階의 北九州의 重要遺蹟 05

● 多鈕鏡段階 ▲ 前漢鏡段階 ■後漢鏡段階 : 1. 福岡 吉武高木, 2. 唐津 宇木汲田, 3. 宗像 田熊石田, 4. 福岡 三雲南小路,
5. 春日 須玖岡本, 6. 飯塚 立岩, 7. 前原 井原鑓溝, 8. 唐津 桜馬場, 9. 前原 平原

모는 남한보다 큐슈지역이 앞선 반면에, 철제유물은 그 반대인 것이 주목되는 것이다.

영남지역에서는 본격적으로 철소재와 철기의 생산이 이루어졌음을 방증하는 바, 실제로 영남의 같은 기간에 울산 천곡동에서는 철광이 적극적으로 개발된 증거가 최근의 발굴조사를 통해서 확보된 바 있다. 이 단계에 일본에서 철소재의 생산이 적극적으로 이루어졌다는 증거가 없다. 다만 철제품 일부가 소규모적으로 생산되었을 가능성이 있는 바, 이를 뒷받침하는 증거로 한반도에서는 제대로 확인되지 않는 중세형 철과를 예로 들 수 있다. 한반도에서 수입한 철소재를 가공하여 철제 공구류도 일본 큐슈에서 제작하였을 가능성이 있다 하겠으나 아직 확실하지 않다. 미루어 짐작되는 사실은 그러한 철기제작과 관련한 정보는 이제 동남한지역과의 교류를 통해서 획득하기 시작하였는 바, 이 지역의 사천 늑도, 울산 천곡동 등지에서 발견되는 彌生式 土器가 그 방증자료가 되겠다(武末純一 2009 : 287~291).

3. 後漢鏡 段階(紀元 1~2世紀)

이 단계 전반인 기원 1세기 전반경에 후한경이 부장된 무덤은 동남한의 진한지역에 집중되어 있다. 정식 발굴조사를 거치지 않아서 한 무덤에 부장된 일괄유물이라고 단정하기 어려운 문제가 있지만, 영천 어은동에서 虺龍文鏡 1점과 小形 異體字銘鏡 2점의 한경, 중형 1점과 소형 11점의 방제경(梅原末治 外 1925 : 3~29), 그리고 대구 평리동에서는 虺龍文鏡 1점, 중형 1점, 소형 4점의 방제경이 수습된 바 있고(尹容鎭 1981 : 1~21), 정식 발굴조사를 통해서 확인된 경산 신대동 75호 목관묘에서 虺龍文鏡 1점(嶺南文化財研究院 2010)이 있다. 이들 진한지역의 세 유적 모두 虺龍文鏡을 부장한 것이 공통된다. 한편 최근에 김해 봉황동 3호 목관묘에서 예가 드문 무문 방제경 1점이 출토되어(東亞細亞文化財研究院 2006) 이 기간에 변한의 김해지역에서도 동경이 부장되기 시작하였음을 알 수 있다.

기원 1세기 중반 이후에 다량의 철기, 칠기 등의 유물을 부장한 수장급 무덤으로서 경주 사라리 130호묘가 발굴조사되었는데, 소형 방제경 4점만 부장되었을 뿐 한경은 부장되지 않았다(도 06, 嶺南文化財研究院 2001). 그리고 이 기간에 변한의 거점으로 인정되는 김해지역에서 본격적으로 동경을 부장한 무덤이 확인된다. 내덕리 19호에서 博局鏡 1점, 양동리 55호에서 소형 방제경 1점, 양동리 427호에서 소형 방제경 3점이 부장되어 있다. 기원 2세기 중엽경의 이 단계 후반에 다량의 철기를 부장한 최고 수장묘인 김해 양동리 162호 목곽묘에서는 소형 한경 2점, 소형 방제경 8점이 출토되었다(도 07, 林孝澤 · 郭東哲 2000).

앞서도 지적하였다시피 한경이 한군현과의 교섭의 증거라면 위의 분포양상을 보아 각각 진한과 변한의 소국이 위치한 것으로 인정되는 낙동강 중류의 금호강유역과 낙동강 하류의 김해지역이 그 교섭의 창구로서 기능을 한 것으로 보인다. 시간적으로 보면

慶州 舍羅里 130號墓와 副葬銅鏡　06

기원 1세기 중반 이전에는 진한지역에, 그 이후에는 변한지역에 동경부장묘가 집중되는 현상을 보여주고 있으므로 그 교섭의 거점에 일정한 변화가 있음을 확인할 수 있다.

일본에서는 기원 1세기대에 福岡縣 前原市 井原鑓溝 옹관묘에서 18점의 方格規矩四神鏡을 비롯하여 동경 21점의 파편(中山平次郎 1916)과 佐賀縣 唐津市 桜馬場 옹관묘에서는 方格規矩鏡 2매가 부장되었다(唐津灣周邊遺跡調査委員會 1982). 연대에 대해서 논란이 많으나 대체로 기원 2세기대인 福岡縣 前原市 平原 무덤 유적의 경우 묘광의 네 귀퉁이에 方格規矩四神鏡 32점과 직경 46.5cm의 초대형 內行花文鏡 5점을 포함

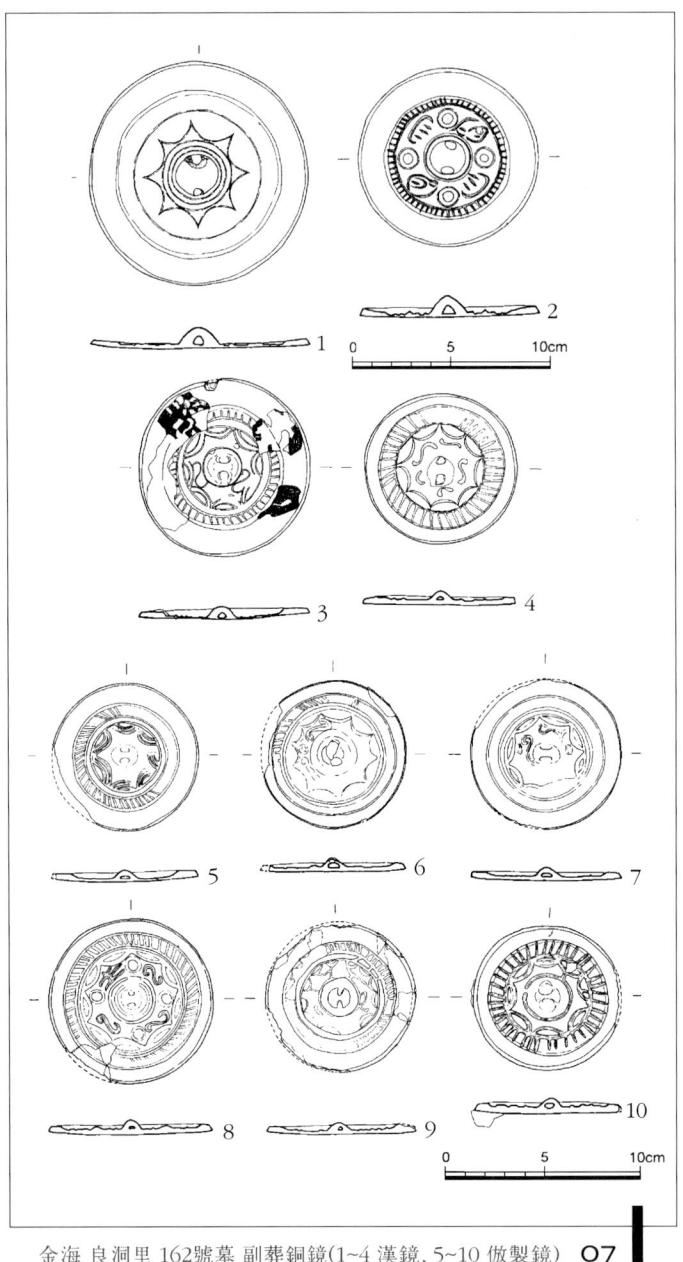

金海 良洞里 162號墓 副葬銅鏡(1~4 漢鏡, 5~10 倣製鏡)　07

한 40여점의 동경이 파쇄된 상태로 발견되었다. 그중 초대형경 5점과 27.1cm의 대형경이 일본에서 제작된 방제경이고 그 외 34점은 중국으로부터 수입한 동경이라고 주장되고 있다(도 08 · 09, 柳田康雄 2000 : 9~71).

중원계 한경의 숫자와 크기만을 보자면 일본 큐슈지역이 한반도를 크게 압도하여 한군현과의 더욱 강한 교섭능력을 보유한 것으로 평가된다. 일본의 무덤에 부장된 한경에 대해서 일본 연구자들은 중국왕조의 권위를 기반으로 한 국제교역능력을 과시하기 위하여 중원으로부터 하사받은 정치적 산물임을 강조한다(福永伸哉 2008 : 112~126).

나아가 일본에서 동경이 단순히 대중국 교섭의 상징물로 그치는 것이 아니라, 대내적으로도 정치적 위세품으로 인식하게 되었으며, 그러한 인식은 다음 고분시대에 더욱 발전한다. 이러한 맥락에서 동경이 중심소국이 주변 집단과의 네트워크를 강화하기 위한 매개물로써 기능하였던 바, 방제경과 한경 파편이 북 큐슈 이외의 지역에 다소 낮은 지위의 구성원 무덤에 부장되기에 이르렀다고 설명할 수 있겠다(南健太郎 2008 : 27~37). 그러한 사실은 한반도에서 기원 2세기 이후 동경을 더 이상 중요한 정치적 위세품으로 인정하지 않는 것과 크게 대조를 이룬다.

동남한지역에서 부장유물의 양으로 보아 최상급이라고 할 수 있는 경주 사라리 130호나 김해 양동리 162호의 경우처럼 판상철부 수십 매를 비롯해서 각종 무기, 공구 등 다량의 철기가 부장되는 무덤을 보면 공반되는 동경의 수량이 빈약하다. 이 무덤은 앞서 보듯이 소형 방

前原 平原 1號墓와 銅鏡出土狀況 O8

제경 4점만 부장되었다. 더 나아가 기원 2세기 전반 이전 것으로 추정되는 포항 옥성리 78호묘의 사례를 보면 철모 수십 점이 부장되지만, 동경이 전혀 공반되지 않는다. 그나마 기원 2세기 중엽경에 해당하는 변한지역의 김해 양동리 162호 목곽묘에서는 판상철부 40매를 비롯하여 다량의 철모가 함께 부장되었는데 소형의 한경 2매와 방제경 8매가 부장되었을 뿐이다.

따라서 일본과 달리 진한과 변한지역의 수장급 무덤의 주요 부장유물이 동경이 아니라 자체 생산한 철기라는 점을 고려하면 최고 권력의 기반은 철기 생산과 운용, 보급 능력 등 세속적인 부문에 있음이 확인된다. 각종의 철기를 다량으로 부장한 것으로 보아, 보다 전문적인 기술을 갖춘 장인집단에 의한 생산뿐만 아니라 그 유통에 대해서도

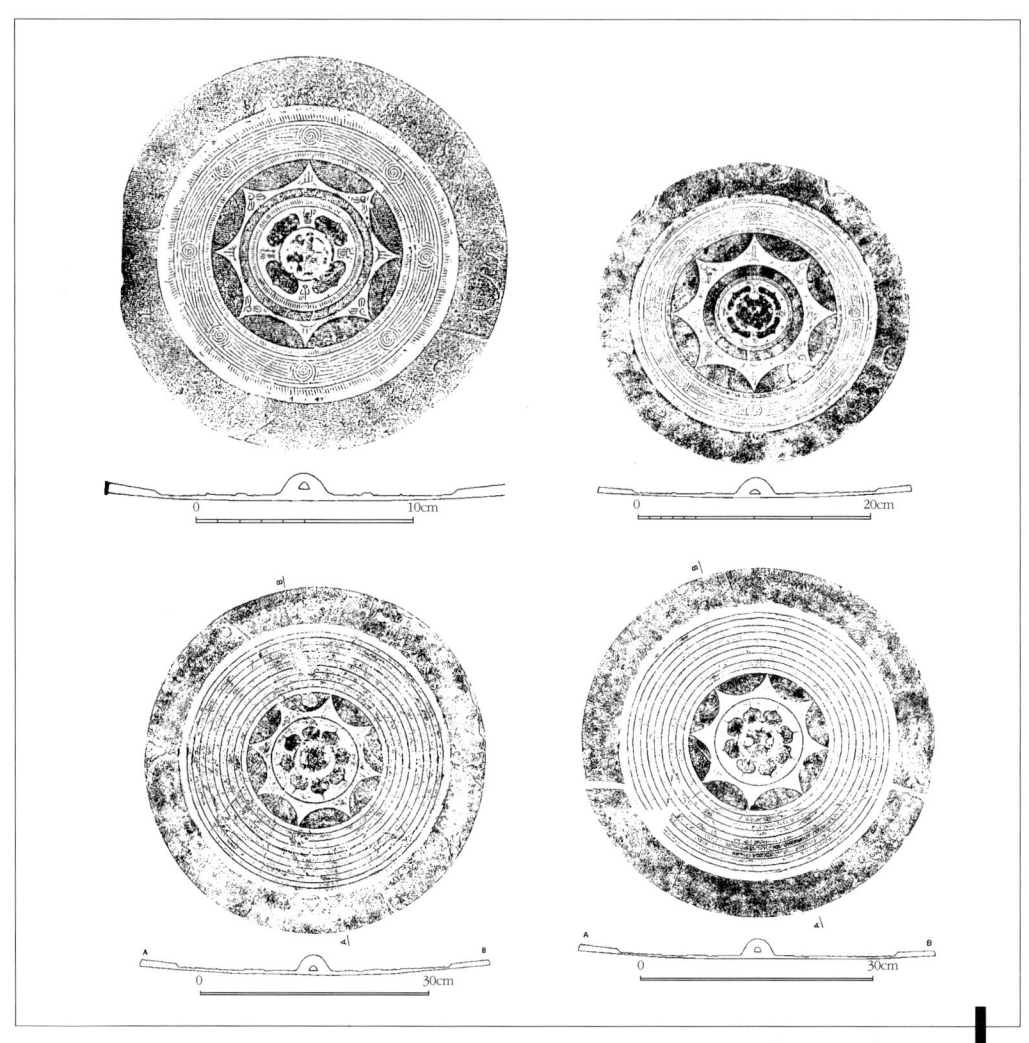

수장이 관장할 가능성이 높다. 그러한 특정장인 집단을 경영하고, 철제 원료 수급에서부터 철소재는 물론 철제 무기 등을 다량으로 생산하고 보급에 이르기까지 관장할 수 있는 능력을 소유한 사람이 최고 수장인 것이다. 요약해서 말하면 기원 1~2세기경 진한과 변한지역 수장의 자격으로서 강조되는 것은 대내적인 철소재와 철기 생산체제의 경영 능력으로서 한경 등의 중원계 유물로 상징되는 대외적인 교섭 능력을 강조하는 왜의 경우와 대조가 된다.

　이 단계에 일본에서는 앞서도 보듯이 위세품으로서 철제 유물이 발견되는 수량은

진·변한에 비해 상당히 떨어진다. 그것은 기원 2세기 후반 야요이시대 말기 이후 고분시대에 다량의 철제 무기와 공구가 위세품으로 부장하는 상황과 차이가 난다. 아직 이 단계에는 철소재 취득은 물론 철기 제작과 관련하여 고도의 기술이 발휘된 전문장인집단에 대한 관리와 경영을 장악하지 못한 것으로 이해된다. 따라서 일본에서는 철소재는 물론 철기 제작과 관련된 정보와 인적자원은 진·변한의 동남한지역으로부터 수입하였을 가능성이 많다.

다량의 판상철부가 부장되는 무덤의 예를 시간적으로 보면 진한의 경주 사라리 130호묘가 변한의 김해 양동리 162호묘보다 이르다. 철기생산은 김해를 중심으로 한 변한지역에 앞서 경주를 중심으로 한 진한지역이 앞서는 것으로 이해된다. 따라서 일본 큐슈지역에서 철소재를 한반도로부터 수입하였다면 그 초기에는 동남한지역 중에서도 그 수입거점이 진한지역일 가능성이 높은 바, 그 증거가 대구에서 발견되는 일본식의 방제경과 중광형 동과, 동모이다.

아직 거푸집이 발견되지 않아 동일한 방제경의 제작이 진·변한 현지에서 이루어진 것은 확실하지 않으나, 영천 어은동, 대구 평리동유적의 중형 방제경의 경우 일본에 유사한 형식이 없어 자체생산되었을 가능성을 전적으로 부정하기 어렵다(李在賢 2003 : 134~136). 그러나 일본 큐슈지역에서 출토되는 방제경의 숫자가 비교 우위에 있고, 그 석제 거푸집이 발견되므로 변한지역에서 발견되는 늦은 단계의 2·3식은 물론 진한지역에서 이른 단계의 1식 또한 여러 정황으로 보아 상당수가 큐슈 현지에서 제작되었다는 주장을 무시하지 못한다(田尻義了 2003 : 77~95, 後藤直 2009 : 307~341). 그렇다고 한다면 진한의 1식과 변한의 2·3식 방제경 모두 건너왔을 가능성이 높다 하겠다.

일본 연구자도 지적하듯이 소형 방제경은 조잡하게 제작된 것으로 군이 진한지역의 장인들이 제작하지 못할 것은 아니다. 또한 앞서 보듯이 진·변한지역에서는 무덤에 부장하는 위세품으로서 한경에 대한 선호도가 높은 것은 아니다. 진·변한지역에서는 왜에서 정치적 사여물로 이해하는 중원경과 달리, 단순한 교류의 호의에 대한 상징적 증여물로서의 성격을 가진 것으로 보인다. 그것은 다음에 살펴볼 대구 출토 중광형과 광형동모와 마찬가지이다.

이 단계에 일본에서 대량 제작되는 청동제 검, 모, 과는 종전의 한반도 형식과 차이가 나는 중광형으로 발전한다. 따라서 역시 대구 비산동과 만촌동 등지에서 발견되는 동과와 동모는 단정하기 어렵지만 그 형식으로 보아 일본에서 생산되어 수입되었을 가능성이 높다 하겠다(吉田廣 2003 : 47~75). 일본에 보급되는 동모와 동과는 중광형에서

광형으로까지 발전하며 역시 거푸집으로 보아 북큐슈 일대에서 제작된 것이 분명하다. 당시 일본에서는 중광형, 광형의 청동제 무기를 제사 공물로서 지하에 매납하는 의례가 성행하였다.

광형동모는 변한지역인 김해 양동리 무덤에 부장된 사례가 있는데, 당시 김해는 철제 무기가 널리 보급되는 단계로서 실용적인 목적으로 청동무기가 더 이상 쓰이지 않을 뿐만 아니라, 일본처럼 이들 무기를 지하에 매납하는 제사의례도 활성화되지 않았다. 이 또한 방제경과 함께 일본측으로부터 받은 증여물일 가능성이 높다 하겠다.

결론적으로 말하면 바다 건너 큐슈지역으로부터 가장 근거리에 위치한 동남한이 기원전 2세기대에 청동기 생산보급의 주변지였던 상황에서 벗어나 청동기는 물론 철기의 중심지로 대두된다. 그러면서 일본은 전략적 자원의 중요 공급처로서 이 단계 전반에는 진한지역, 후반에는 변한지역과 긴밀한 교류 관계를 갖는 바, 그 교류의 증여물로서 일본의 방제경과 무기형 제기가 수입되었다는 것이다(李賢惠 1994 : 35~57 · 2003, 後藤直 2009 : 335).

한편 변한과 왜를 연결하는 교통로의 중간거점인 대마도의 경우 下縣 豊玉町 ハ口ウ 석관묘 A지점 5호에서는 소형 방제경 1점과 광형동모 1점, B지점 2호에서 소형 방제경 1점과 광형동모편 1점이 무덤에 부장된 사실이 흥미롭다. 변한에 대한 교류의 증여물이었던 두 종류의 청동기가 위세품으로 무덤에 부장된 것은 큐슈 중심의 왜와의 일정한 네트워크와 변한과의 교류의 중요성을 간접적으로 반영한 것으로 이해된다. 제작되고 건너온 곳은 큐슈의 왜이지만, 실제 장송의례는 왜를 따르지 않고 변한의 예를 따른 것이다.

4. 맺음말

기원전 1천년기에 다뉴경과 한경이 널리 보급된 한반도와 일본에 고조선, 삼한, 왜의 소국이 있어 지역마다 시차가 있지만 그 대부분의 수장 무덤에 동경을 부장한다. 고조선은 시간의 흐름에 따라 전기 고조선, 후기 고조선, 그리고 위만조선으로 구분할 수 있는 바, 각각 그 중심지와 사회발전단계가 다르다. 전기 고조선은 기원전 4세기 이전으로 그 중심에 사제왕이 이끄는 chiefdoms단계의 소국이 있어 주변의 정치체와 상호

동질적인 유대감을 갖는 느슨한 관계를 갖고 있는 것으로 보인다. 그 중심 소국은 기원전 8~7세기경에 朝陽 十二臺營子 首長墓의 존재로 보아 대릉하유역에 있다가, 瀋陽 鄭家窪子 首長墓로 보아 기원전 6~5세기경 요하 중류지역으로 이동하는 것으로 보인다. 전국 연나라의 요령지역 진출을 즈음하여 기원전 4세기 이후 후기 고조선의 중심은 서북한지역으로 이동한 것으로 보인다. 또한 鄭家窪子 계통의 청동기와 토기를 갖춘 수장급 무덤이 서남한의 충남지역에 등장하므로, 전기 고조선의 계통을 잇는 또 다른 소국집단이 서남한지역에 등장하는 바, 이는 마한의 초기 중심 소국으로 이해된다.

서북한에 자리잡은 후기 고조선의 중심 소국의 실체를 고고학적으로 입증하기 어렵지만, 기원전 3세기경 다뉴경을 최고의 위세품으로 삼는 전통이 지속되고 조문경을 세문경으로 발전시킨 것으로 이해된다. 그러다가 기원전 2세기 초 state수준에 이른 위만조선으로 대체되면서 다뉴경을 최고의 위세품으로 부장한 무덤의 주인공은 등급이 다소 처지는 지역집단 혹은 소국의 우두머리가 된다.

그러나 같은 기간에 서남한의 마한지역에서 다뉴경은 최고 위세품으로 더욱 정교하게 제작되고, 그와 함께 제의를 주관하는데 사용되는 각종 동령구를 부장하는 무덤의 주인공은 chiefdoms단계의 중심 소국의 사제왕이 된다. 동령구가 공반되지 않지만 다뉴경과 무기를 부장한 무덤의 주인공 또한 규모가 작거나 위계가 낮은 지역집단의 우두머리로 이해된다.

그러한 다뉴경과 청동무기를 부장하는 삼한 우두머리의 장송의례를 일본에서도 기원전 2세기경 즈음에 모방 수용한다. 부장되는 청동기중 무기와 공구는 비교적 이른 단계부터 일본에서 제작되었지만 고도의 첨단기술이 동원되는 다뉴경은 마한지역에서 수입되었을 가능성이 높은 바, 큐슈에 있는 왜의 소국이 처음 본격적으로 교류하는 거점은 한반도 서남부지역이 되겠다.

그러다가 기원전 1세기경 위만조선이 붕괴되고 한군현이 한반도 서북부에 설치되면서 다뉴경은 더 이상 제작보급되지 않고 중원계 한경이 보급된다. 종전에 다뉴경이 가장 많이 분포하였던 마한지역에서는 거의 없다시피 하고, 진한의 동남한 북부지역에 상대적으로 많은 양, 그리고 남한에 비해 일본 큐슈지역에 압도적으로 많은 양이 수장급 무덤에 부장된다.

중국 한경의 수입과 무덤에의 부장을 근거로 마한, 진·변한과 왜의 대중국 교섭 능력에 일정한 차이가 있다고 주장된다. 그러한 차이는 오랜 기간 동안 지속된 고조선 전통의 다뉴경 부장 관습을 유지한 기간의 차이를 반영한 것으로 그러한 전통이 상대적으로 짧은 왜의 경우 그렇지 않았기 때문일 가능성도 충분히 있다.

기원 1세기경에 중국으로부터 수입한 한경도 일본 큐슈지역에 압도적으로 많이 출토된다. 아울러 일본에서는 방제경을 다량 제작보급하게 되고, 이를 처음에는 진한지역, 다소 늦게 변한지역에도 수입되어 무덤에도 부장된다. 일본 큐슈지역의 왜 소국이 당시 선진적 문물을 제공받을 수 있는 한군현에 못지 않게 진변한지역과의 교역에도 적극적인 것은 진·변한지역이 기원전 1세기부터 철과 철기 생산의 거점으로 성장한 데 연유한다. 처음에는 그 교역의 대상이 진한이었다가 나중에 변한으로 확대되었는바, 이는 양 지역에 시차를 두고 무덤에 부장되는 일본제 방제경과 제기형 무기를 통해서 확인된다. 이들 유물은 왜가 진·변한과의 교류에 따른 일종의 증여물인 것이다.

參考文獻

참고문헌

國文

慶尙北道文化財研究院, 2005, 『星州 栢田 禮山里 土地區劃整理事業地區內 文化遺蹟發掘調査報告書』,
　　學術調査報告 第48冊.

國立慶州博物館, 2003, 『慶州 朝陽洞遺蹟II』, 國立慶州博物館 學術調査報告 第13冊.

_____, 2007, 『永川 龍田里 遺蹟』, 國立慶州博物館 學術調査報告 第19冊.

國立中央博物館, 1992, 『韓國의 靑銅器文化』, 汎友社.

東亞細亞文化財研究院, 2006, 『金海 伽倻의 숲 造成敷地內 文化遺蹟發掘調査報告書』, 東亞細亞文化財
　　研究院 發掘調査 報告書 第8輯.

密陽大學校博物館 · 密陽市, 2004, 『密陽校洞遺蹟』, 密陽大學校博物館 學術調査報告 第7冊.

嶺南文化財研究院, 2001, 『慶州舍羅里遺蹟II-木棺墓, 住居址』, 嶺南文化財研究院 學術調査報告 第32冊.

_____, 2010, 『慶山 新垈里遺蹟I』, 嶺南文化財研究院 學術調査報告 第176冊.

尹容鎭, 1980, 『慶尙北道文化財地表調査報告書(1)』, 慶北大學校博物館.

_____, 1981, 「韓國靑銅器文化研究-大邱坪里洞出土一括遺物檢討」, 『韓國考古學報』10 · 11, 韓國考古學會.

李康承, 1984, 「漢鏡을 伴出한 細形銅劍의 一例」, 『尹武炳博士回甲紀念論叢』.

李健茂 · 徐聲勳, 1988, 『咸平草浦里遺蹟』, 國立光州博物館 · 全羅南道 · 咸平郡.

李健茂 外, 1989, 「義昌 茶戶里遺蹟 發掘進展報告(1)」, 『考古學誌』1, 韓國考古美術研究所.

李陽洙, 2004, 「多鈕細文鏡으로 본 韓國과 日本」, 『嶺南考古學報』35, 嶺南考古學會.

_____, 2006, 「韓半島 南部出土 漢鏡의 分配와 流通」, 『考古學誌』15, 韓國考古美術研究所.

李在賢, 2003, 「弁 · 辰韓社會의 考古學的 研究」, 釜山大學校 大學院 博士學位論文.

李淸圭, 1995, 「嶺南地方의 靑銅器文化의 展開」, 『嶺南考古學報』21, 嶺南考古學會.

_____, 2000, 「國의 形成과 多鈕鏡副葬墓」, 『先史와古代』14, 韓國古代學會.

_____, 2005, 「靑銅器를 通해 본 古朝鮮과 周邊社會」, 『北方史論叢』6, 高句麗研究財團.

李賢惠, 1994, 「三韓의 對外交易體系」, 『李基白先生古稀紀念韓國史學論叢』(上).

_____, 2003,「韓國 初期鐵器時代의 政治體 首長에 對한 考察」,『歷史學報』180.

林孝澤・郭東哲, 2000,『金海良洞里古墳文化』, 東義大學校博物館學術叢書 7.

韓炳三, 1987,「月城 竹東里出土 青銅器一括遺物」,『三佛金元龍教授停年退任紀念論叢I 考古學編』, 一志社.

日文

高倉洋彰, 1972,「彌生時代小形倣製鏡について」,『考古學雜誌』58-3.

_____, 1993,「前漢鏡にあらわれた權威の象徵性」,『國立歷史民俗博物館研究報告』55.

吉田廣, 2003,「朝鮮半島出土の倭系武器形青銅器」,『東北アジア青銅器文化からみた韓國青銅器文化に
        關する研究』.

_____, 2008,「日本列島における武器形青銅器の鑄造開始年代」,『東北アジア青銅器の系譜』, 雄山閣.

南健太郎, 2008,「前漢鏡の破鏡とその擴散形態-破鏡施二次加工檢討」,『王權と武器と信仰』, 同成社.

唐津灣周邊遺跡調查委員會, 1982,『末盧國』.

梅原末治 外, 1925,「南朝鮮に於ける漢代の遺跡」, 大正十一年度古跡調査報告 2冊.

森岡秀人, 1989,「銅鏡」,『季刊考古學』27.

岩永省三, 2000,「青銅武器儀器化の比較研究-韓と倭-」,『考古學으로 본 弁・辰韓과 倭』, 第4回 嶺南考
        古學會・九州考古學會 合同考古學大會.

鈴木敏弘, 2005,「彌生墓と原史交易」,『季刊考古學』92, 雄山閣.

柳田康雄, 2000,「平原1號墓」,『平原遺跡』, 前原市文化財調査報告書 第70冊, 前原市教育委員會.

田尻義了, 2003,「彌生時代小形倣製鏡製作地-初期小形倣製鏡檢討」,『東北アジア青銅器文化からみた
        韓國青銅器文化に關する研究』, 青丘學術論集 22集.

中山平次郎, 1916,「大甕發見古代遺跡(1)」,『考古學雜誌』11-1.

後藤直, 2009,「彌生時代の倭韓交涉-倭製青銅器の韓へ移出」,『國立歷史民俗博物館研究報告』15.

VII.
東아시아 고대 都城 변천과 비교 관점

박 순 발 충남대학교

1. 都城과 城郭

　동아시아지역 국가 단계 사회의 성립과 더불어 나타나는 특징적인 현상 가운데 하나가 성벽을 두른 취락의 등장이다. 현재까지 확인된 예를 종합해 보면 중국에서는 장강 중류의 호남성지역이 가장 이르고, 이어서 황하 중하류의 하남성지역, 황하 하류의 산동성지역, 장강 상류의 사천성지역, 내몽고 중남부지역, 요서지역의 순서로 나타난다. 그 가운데 내몽고 중남부 및 요서지역에서는 여타 지역과 달리 석축성벽으로 된 점이 특이하며, 내몽고 赤峰 주변의 경우처럼 약 1km의 간격으로 40여기가 분포하고 있는 예도 있어 방어적인 기능이 강하지만, 그 밖의 지역은 그 규모나 내부의 시설물의 내용으로 볼 때 정치적·종교적 중심지로서의 기능이 뚜렷하며, 인접한 성벽 취락들과 일정한 위계적인 관계도 엿보이고 있다.

　산동지역의 예를 분석한 결과를 보면 대체로 3단계의 위계관계가 인정되는데, 성벽 내부 면적이 수십만 m^2급을 중심으로 그 주변에 수만 m^2급이 분포하고 다시 그 외곽에는 성벽이 없는 작은 취락들이 위치하고 있다. 龍山文化(기원전 2500~2000년) 시기의 성벽 취락들을 夏 왕조 성립 이전의 '小國'의 중심지로 보기도 하는데(曺桂岑 1988), 구체적으로 '古國'의 중심지-邑-聚로 구성된 위계적인 관계로 이해하는 견해(張學海 1996)가 유력하다. 무덤에서 나타나는 계층화의 정도, 초기 형태의 궁전으로 볼 수 있는 대형 건축물의 존재, 사람을 희생한 제의 관련 유구, 발달된 冶銅 기술 등으로 볼 때

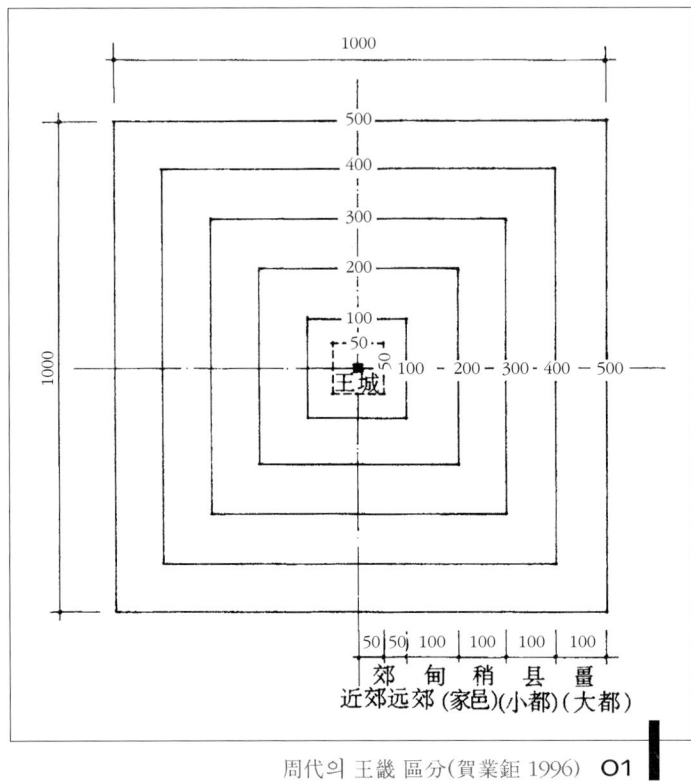

여기의 '소국' 혹은 '고국'은 國家 단계의 정치체로 볼 수 있다.

한편 그와 같은 중국의 고대국가 형태를 '城邦'이라 부르기도 한다(杜正勝 1992 : 451). 갑골문 등의 문헌 사료에 의해 성방의 공간 구조를 추정해 보면, 국가의 중심에 國君이 소재하는 성벽 취락인 '國'이 있고 '野'로 부르는 '국' 성벽 바깥 지역으로 구성된다. 周代에 들어오면 '야'는 다시 '국' 성에 바로 인접

周代의 王畿 區分(賀業鉅 1996) O1

한 지역인 '郊', '교' 밖의 '野', 그리고 변경 지역인 '鄙'로 세분하기도 하는데, '국' 이외의 '야'에도 성벽 취락이 있는데, 이를 '邑'이라 하며, 성벽이 없는 취락을 '田'이라 부른다(杜正勝 1992 : 225~232).

그런데 성벽 취락 특히 '국'의 형태와 관련하여 'ㄱ'字形의 형상과 같이 무장[戈]을 구비한 이중성벽(口와 口)으로 이해하는 견해가 있다. 후한대의 문헌인 『吳越春秋』에는 夏禹의 아버지 鯀이 군왕을 보위하는 城과 백성을 보호하는 郭을 만들었는데, 이것이 城郭의 시초였다(築城衛君 造郭以守民 此城郭之始也)는 기록이 있다. 성곽이라는 말은 內城과 外郭으로 이루어진 이중 성벽 구조의 취락유형을 의미하는 것으로서 오월춘추에 따르면 그 시작은 하왕조 이전인 셈이다.

이는 고고학자료 상으로도 입증되고 있는데, 현재까지 알려진 것 가운데 가장 이른 시기의 내성외곽은 江蘇省 連雲港의 藤花落유적(도 02)으로 용산문화 조·중기에 해당한다. 내성은 각 변 약 200m의 정방형으로 내부 면적은 4만㎡이며, 그 바깥의 외성은 전체 성벽 길이가 약 1,500m 정도 되는 장방형 평면이고 내부 면적은 14만㎡이다. 내성

은 외성의 한쪽에 치우쳐 있는데, 내부에는 제사 혹은 집회소로 추정되는 건물지를 비롯하여 도로 주거지 등이 배치되어 있다(林留根·李虎仁 2000).

등화락 성지와 같은 방형성은 중원지역의 하남 용산문화에서 처음으로 출현한 다음 산동지역, 사천지역 등에서도 확인되고 있다. 이들이 모두 단일 기원이라고 하기는 어려우나 각급 취락들 사이의 위계를 체화하는 방식으로서 이른바 禮制 확립의 필요성에 기인하여 등장한 것으로 보는 견해와 함께 그 기술적인 배경에는 版築기법의 채용이 중요하였던 것으로 이해하고 있다(何軍鋒 2009).

한편 내성외곽제의 본격적인 성행 시점을 춘추시대로 보는 견해(杜正勝 1992 : 653~667)도 있다. 국의 중심지 기능 확대와 더불어 성벽 주위에 다수의 인구가 집중되고 인접한 정치체들 사이의 무력 분쟁이 점차 격화되던 시대적인 상황에서 그들을 보호할 시설이 필요하였기 때문으로 이해하는 입장이다. 앞서 보았듯이 형태상으로만 보면 이중 성벽으로 된 예는 용산문화기에 이미 등장하였음은 틀림없지만, 그 규모상으로는 다수의 민중을 수용하기는 어려운 것이 사실이다. 명실상부하게 '守民' 할 수 있

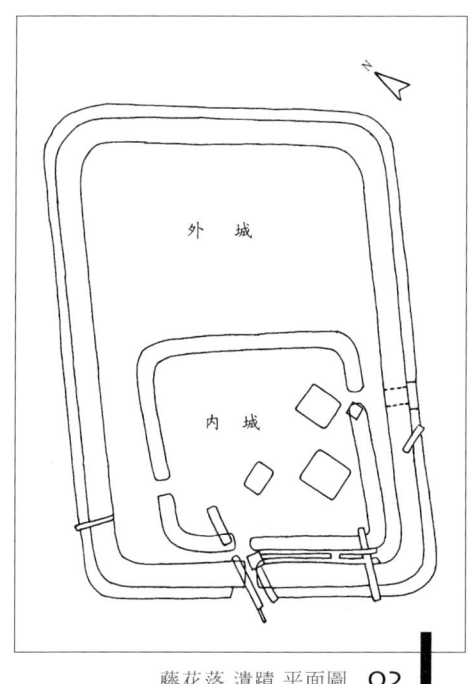

藤花落 遺蹟 平面圖 02
(林留根·李虎仁 2000)

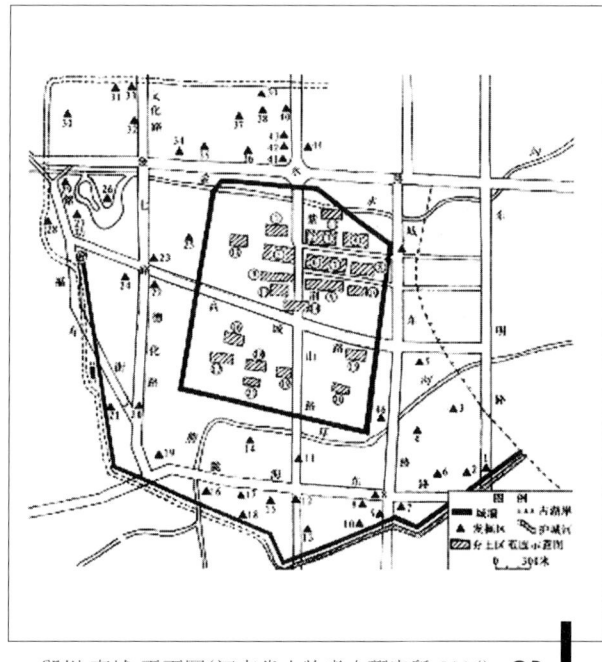

鄭州 商城 平面圖(河南省文物考古研究所 2004) 03

는 정도의 외곽은 商 중기의 도성이었던 鄭州 商城(도 03)에서 찾을 수 있을 것으로 보인다(河南省文物考古研究所 2004). 궁성을 포함한 내성의 규모는 등화락유적 내성의 100배 정도 되며, 외곽은 아직 전모가 드러나지 않았지만 내성의 남반부만을 둘러싼 성벽의 길이가 약 5km에 달하고 있다.

명실상부한 내성외곽의 본격적인 모습은 商代 중기 무렵에 나타나지만, 그 시원은 용산문화기에서 비롯되었을 가능성이 높다. 그리고 내성외곽형의 성벽 취락은 '國', 즉 성방 국가의 중심지인 國君 거주 취락의 특별한 형태임도 알 수 있다. 성곽은 곧 국가 단계 사회의 중심취락의 형태로 이해할 수 있으므로 적어도 중국 및 그 영향을 받은 동아시아 지역에서는 국가 단계 사회를 고고학적으로 인식할 수 있는 유력한 취락유형 지표로 활용할 수 있다.

한반도 최초의 국가인 古朝鮮의 王儉城은 아직 고고학적으로 실체가 드러나지 않았으나 삼국시대의 정치적 중심지, 즉 도성에는 성벽 취락이 등장하고 있어 중국의 예와 다르지 않다. 그러나 구체적으로 보면 내성외곽형의 성벽 취락은 아니며, 도성에 등장하는 진정한 의미의 외곽을 갖춘 모습은 고구려의 후기 도성인 평양 長安城이나 백제의 사비도성에 이르러 비로소 확인되는 점이 다르다. 한편 일본 열도의 경우 초기국가 단계로 인정되는 고분시대에는 성벽 취락이 존재하지 않는 특수성이 확인된다.

2. 東아시아 古代 都城의 空間 區劃 原理

흔히 동아시아 역대 도성의 공간 구조를 통관하는 원칙 가운데 하나로 드는 것이 궁성을 중심으로 左廟右社, 前朝後市 등의 원칙이 언급되고 있는 『周禮』 考工記 匠人의 내용이다. 좌묘우사와 같은 원칙이나 도성 내 구획된 각급 도로에 일정한 차이가 있는 점 등은 확실히 역대 도성에 적용된 사례를 찾아 볼 수 있으나, 고공기의 구체적인 내용과 정확히 일치되는 도성은 찾아보기 어려운 것도 사실이다(도 04~06).

주례 고공기 장인의 내용이 과연 주대의 도성 모습을 반영하고 있는 지에 대해서도 회의적인 견해가 많다. 고공기는 원래 전국 초 齊의 관찬서적으로서 한 차례 散佚되었다가 전한대에 『주례』에 補入되었기 때문에 당시의 儒家에 의해 이상화되었을 가능성이 있다는 것이다. 또한 고공기의 도성 구획 사상이 전한 초에 중시되면서 長安城의 설

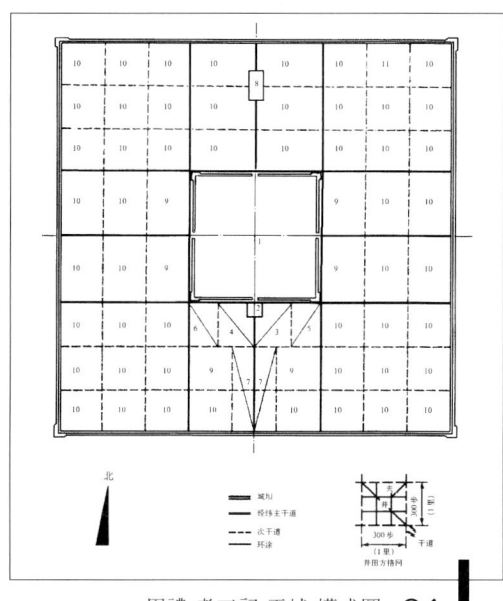

周禮 考工記 王城 模式圖 **04**

1. 宮城, 2. 外朝, 3. 宗廟, 4. 社稷, 5. 府庫, 6. 廐,
7. 官署, 8. 市, 9. 國宅, 10. 閭里, 11. 倉廩

北

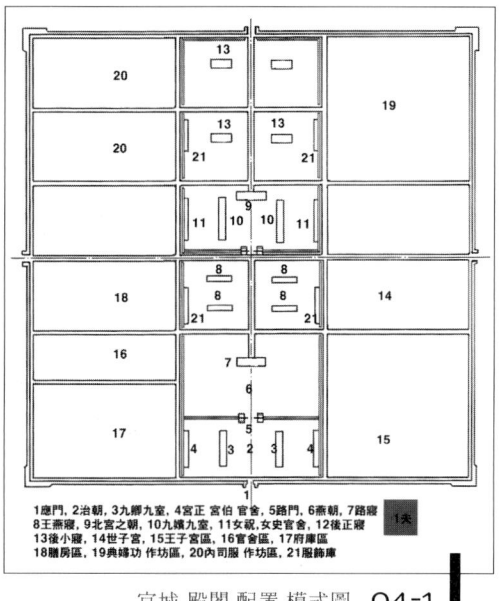

宮城 殿閣 配置 模式圖 **04-1**
(이상 賀業鉅 1985 戴吾三編
2003 재인용, 부분 수정)

1. 應門, 2. 治朝, 3. 九卿九室, 4. 宮正 宮伯 官舍, 5. 路門, 6. 燕朝, 7. 路寢
8. 王燕寢, 9. 北宮之朝, 10. 九嬪九室, 11. 女祝, 女史宮區, 12. 後正寢
13. 後小寢, 14. 世子宮, 15. 王子宮區, 16. 官舍區, 17. 府庫區
18. 膳房區, 19. 典婦功 作坊區, 20. 內司服 作坊區, 21. 服飾庫

夯土路基
排水沟

16 尺 / 4 轨 = 32 尺 / 2 轨
4 尺   4 尺
9 轨 = 72 尺

a 经纬涂剖面图

夯土路基
排水沟

12 尺 / 3 轨 = 24 尺 / 1.5轨
4 尺   4 尺
7 轨 = 56 尺

b 环涂剖面图

周禮 考工記 匠人의 道路 規格 **05**

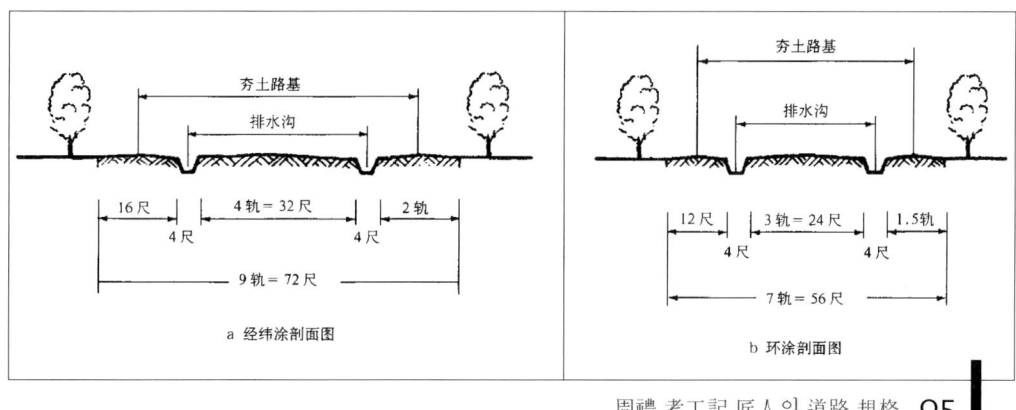

遂
沟

1. 九夫为井

沟
洫

2. 百井为成

洫
浍

3. 百成为同

周禮 考工記 匠人의 農田 水渠網 概念圖(戴吾三編 2003) **06**

계에 참조되었을 가능성과 아울러, 그와 정반대로 장안성의 실제 모습을 참고하여 "장인영국"의 내용을 개증하였을 가능성도 있다는 것이다(李自智 2004).

그러나 주례 고공기 장인의 기록은 고대 동아시아의 이상적 도성의 구조를 이해하는 데에 있어 도움이 되므로 그 내용을 살펴볼 필요가 있다. 영국조의 내용은 다음과 같다(戴吾三 編 2003).

> 국(國)[즉, 한 나라의 도성]은 한 변이 9리인 방형으로 하고, 각 변에는 3개의 문을 배치하며, 성내에는 그들 문과 통하는 가로 세로 각 9개의 길로 구획하고, 세로 길의 넓이는 9궤로 한다. 궁의 왼쪽에 종묘, 오른쪽에 사직을 배치하고, 또한 앞에 조, 뒤에 시를 두는데 그 넓이는 1부로 한다(匠人營國, 方九里, 旁三門. 國中九經九緯, 經涂九軌. 左朝右社, 面朝後市, 市朝一夫).
>
> * 1夫는 方 100步의 면적. 1里는 方 300步의 면적. 1리=9부. 1軌는 8尺. 9궤=72척.

이에 대한 도상적인 재현 노력은 최근까지 여러 연구자에 의해 진행되고 있는데, 그 가운데 가장 구체적인 것이 賀業鉅(1985)의 모식도이다(도 04-1). 그리고 장인에는 도로의 등급에 대해서도 언급하고 있는데, 國의 經涂, 즉 가장 넓은 남북방향 도로는 9軌(72尺)이고, 環涂는 7궤(56척)이며, 성 밖의 野涂는 5궤(40척)로 규정하고 있다. 제후성의 경도는 국의 환도와 같으며, 그 이하 都의 성내 경도는 국의 야도와 같은 규모라는 것이다. 이러한 도로의 등급은 고구려의 평양 장안성이나 백제의 사비도성, 그리고 신라의 도성 등에서도 확인되고 있으며, 중국식 도성제를 도입한 일본의 藤原京 이후의 역대 도성에서도 채택되고 있었다.

장인에는 또한 農田 사이의 水渠 구획에 대한 규격과 함께 그와 수반된 통행로의 크기도 규정하고 있다. 최소 농전 구획인 '遂'는 1 '夫', 즉 農戶의 戶主인 農夫 1인에게 지급되는 100畝의 땅에 설치된 수로를 지칭한다. 수로는 10부의 농전에는 '溝', 100부에는 '洫', 1,000부에는 '澮', 10,000부에는 '川'이라 각각 부른다. 그와 함께 농전의 도로망에도 그에 대응하는 1부 '徑', 10부 '畛', 100부 '涂', 1,000부 '道', 10,000부 '路'의 등급이 있었다(박순발 2010b).

3. 中國 歷代 都城 槪觀

1) 先秦時期 都城

偃師 二里頭는 夏의 中晩期 도성[1]으로서 유적의 범위는 동서 최대 길이 2,400m, 남북 최대 폭 1,900m로 전체 면적은 300만m²에 이른다. 유적의 중심에 해당하는 지점에 1·2호 궁전유적이 발견된 바 있었는데, 2001년 이후 개시된 궁전구역에 대한 探針 조사 및 발굴조사를 통해 이들 궁전을 포괄하는 宮城 城墻이 확인되었다(許宏 外 2004). 궁성 성장의 기부 폭은 2~3m인데, 복원한 궁성의 형태는 장축 방향이 약간 偏西한 장방형으로서 동 성장 378m, 서 성장 359m, 북 성장 295m, 남 성장 292m로 내부 면적은 10만 8천m²이다. 궁성 성장 바깥에는 성장에 인접하여 4방에 도로가 개설되어 있는데, 路幅은 최대 20m에 달하는 곳도 있으나 대략 12~15m 정도이다(도 07).

기왕에 알려진 1호 궁전과 2호 궁전은 각각 궁성의 서 궁장과 동 궁장에 접하고 있음이 확인되었다. 그리고 2호 궁전지의 남쪽에서 이와 대응하는 4호 궁전지가 새롭게 발견되었고, 2호 궁전지 아래에서 그에 선행하는 3호 궁전지가, 2호 궁전지 서쪽에서 5호 궁전지가, 2호 궁전지 북쪽에서 6호 궁전지 등이 각각 확인되었다. 또한 궁성의 남쪽(8호 궁전지)과 서쪽(7호 궁전지)에서 성장과 연접된 건물지가 확인되었는데(許宏·趙海濤 2004), 그 위치로 보아 각각 궁성문과 관련된 건물지로 보인다. 현재까지 발견된 각 궁전지들은 모두 동시기의 것은 아니나 1호·2호·4호 궁전지 및 궁성의 추정 문지 2개소는 모두 二里頭 3기에 해당하는 것으로 밝혀졌다(許宏·趙海濤 2004, 杜金鵬 2005b).

궁성 내부의 건물 배치는 서쪽 열에 1호 궁전지(도 08 참조), 동쪽 열에 2·4호 궁전지, 그리고 이들 사이의 중간 지점에 또 다른 열 등 대체로 3열 배치로 이해되고 있는데, 1호 궁전지는 外朝, 2호는 宗廟, 4호는 그에 부속된 제사공간 등으로 이해하는 견해가 유력하다(杜金鵬 2005a). 궁성 내부의 건물들은 外朝·前朝·寢殿 등 3종의 건축군으로 구성되었을 것으로 추정하며, 이 경우 前朝後寢의 배치가 적용되었을 것으로 보는

---

1 二里頭유적의 二里頭期 연대는 기원전 1800~1550년 사이로 비정된다. 夏의 太康과 마지막 왕인 桀의 도성인 "斟鄩"으로 비정하는 견해가 유력하다(方酉生 1995, 劉慶柱 2000).

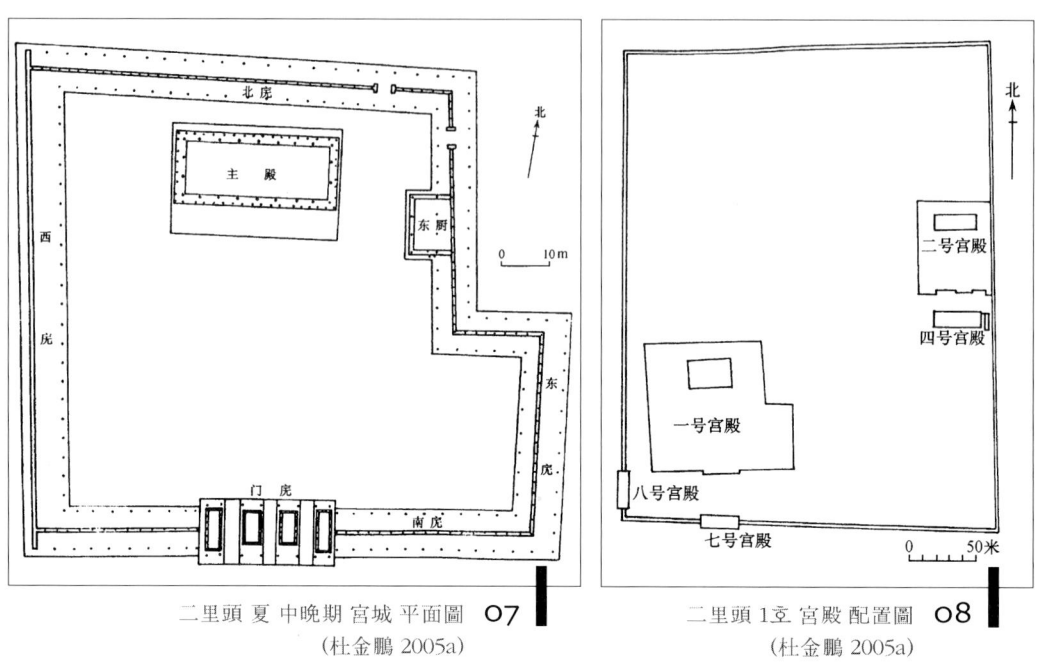

二里頭 夏 中晚期 宮城 平面圖 **07**
(杜金鵬 2005a)

二里頭 1호 宮殿 配置圖 **08**
(杜金鵬 2005a)

견해가 유력하다(杜金鵬 2005b). 이런 관점에서 2호 궁전지와 4호 궁전지의 관계는 비록 종묘 기능을 가진 것이기는 하지만 4호가 외조에, 2호가 후침에 각각 해당하는 것으로 이해하는 견해가 제시되었다. 즉 살아 있는 왕의 궁전 배치 역시 이와 유사할 것으로 볼 수 있다(杜金鵬 2005a).

二里頭 도성이 중국 도성제상에서 가지는 의의는 무엇보다 최초 궁성의 등장이라는 데 있다. 궁성이 발견되기 이전에 1호 및 2호 궁전지의 주변을 둘러싼 廊垣을 궁성에 매우 유사한 것으로(劉慶柱 2000) 이해한 적 있으나 1호 궁전의 서측 및 2호 궁전의 동측 낭장을 제외한 3면이 墻體를 중심으로 내외 모두 回廊 형태를 취하고 있는 점으로 미루어 이를 궁성의 장체로 보기는 미심쩍었다. 전술한 바와 같이 개별 궁전지를 둘러싼 낭장 밖에 성벽이 있는 것이 확인되었으므로 각 궁전지 주변의 장체는 전체 외곽 "宮城"과 구분하여 "宮墻"이라 하는 것이 적절할 것으로 판단된다. 아무튼 二里頭 단계에 이미 궁성이 등장한 점은 후술할 偃師 商城에서 비로소 진정한 궁성이 출현하는 것으로 본 기존 견해(劉慶柱 2000)의 수정이 불가피하다. "宮城"이라는 용어가 문헌에 처음 보이는 것은 『漢書』 燕刺王旦傳에서 인데 거기서는 제후왕의 궁성을 지칭하고 있다. 황제의 궁성을 일컫는 용례는 남북조시기 문헌에 보이며, 이는 또한 "大內"라는 이름으

로 대신하기도 한다(劉慶柱 1998).

　二里頭 궁성의 또 다른 특징은 그 내부에 궁전과 종묘가 함께 배치되었다는 점이다. 이러한 점은 후술할 偃師 商城에도 그대로 이어지고 있다. 夏·商·周 三代에는 궁과 묘가 通用되거나 宮廟가 一體로 여겨졌을 것으로 보고 있다(劉慶柱 1998).

　偃師 商城은 商初의 湯王의 도성인 西毫로 보는 견해가 유력하다(張之恒·周裕興 1995 : 53). 1983년 발견된 후 2001년까지 발굴되어 궁성 내부의 구체적인 전각 배치 등이 자세하게 밝혀졌다. 궁성은 최초 남북 약 1km, 동서 약 800m의 외곽성(小城) 중앙의 약간 남쪽에 치우친 지점에 위치하였다가 이후 외곽성이 북쪽과 동쪽으로 확대(大城)되면서 다소 서쪽에 치우치게 되었다(李自智 2004). 대성의 규모는 북 城墻 1,240m, 동 성장 1,640m, 서 성장이 1,710m로 확인되었다. 남성장은 洛河에 면하고 있어 구체적으로 확인되지는 않았으나(段鵬琦 外 1984) 소성의 남성벽을 그대로 답습하였으므로 약 800m 가량으로 추정되며, 성내부 면적은 약 200만m²이다. 외곽성의 성장은 기저부에 가까운 부분만이 남아 있는데, 폭은 16~25m 가량 된다(도 09).

　궁성의 규모는 동서남북 각 변이 200m 정도의 방형으로서 내부 면적은 약 4만m²이

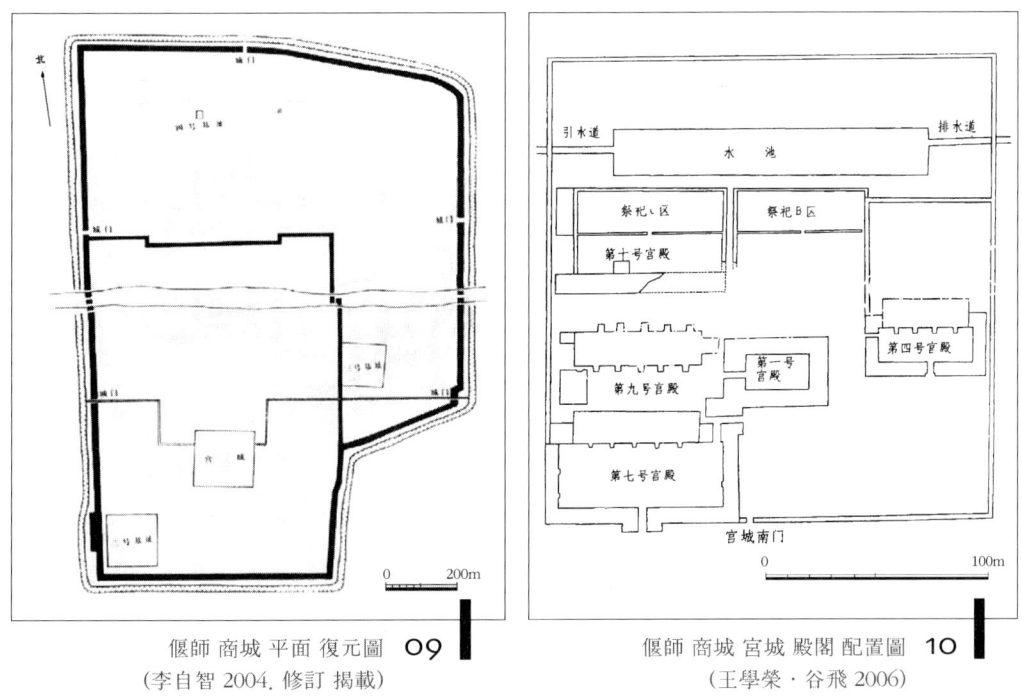

偃師 商城 平面 復元圖 **09**
(李自智 2004. 修訂 揭載)

偃師 商城 宮城 殿閣 配置圖 **10**
(王學榮·谷飛 2006)

다(도 10). 궁성의 성장은 夯土墻으로 되어 있으며, 폭은 약 2m에 달한다. 궁성은 시간의 경과와 3차례의 변화가 있으나 기본적인 배치는 크게 다르지 않다. 궁성 남 성장의 정중앙에서 약간 서쪽에 치우쳐 문이 있으며, 이 문의 서쪽 부분에는 궁전이, 동쪽 부분에는 종묘로 추정되는 전각이 배치되어 있다. 궁전과 종묘의 後北方에는 제사구역이 있고 그 뒤의 궁성 최북단에는 장방형의 池塘이 있어(王學榮·谷飛 2006), 궁성 내에 後苑이 배치된 최초의 예로서 중요하다.

偃師 商城 궁성에서 보이는 종묘와 궁전 동서 분열 양상은 전술한 二里頭 궁성에서 이미 나타난 것이지만, 서쪽의 궁전역에서 前朝後寢으로 파악되는 남북 2열의 궁전 배치는 앞선 二里頭에서는 추정에 머물렀던 것이 분명히 확인된 셈이다.

商 중기의 隞都로 보는 견해가 유력한(張之恒·周裕興 1995 : 58, 劉慶柱 2000) **鄭州 商城**은 동 성장 1,700m, 서 성장 1,870m, 남 성장 1,700m, 북 성장 1,690m로 전체의 평면은 북 성장의 가운데가 꺾여 5각형을 띠지만 남북 장축의 장방형에 가깝다(도 03). 내부 면적은 3km² 가량 된다. 궁전지로 추정되는 대규모 夯土臺들이 성의 북동지역에 밀집되어 있어 언사 상성의 경우와 달리 궁성은 외곽성의 북쪽에 위치한 것으로 판단된다. 후대의 성장이 商代 성장을 답습한 것으로 추정되므로(賀業鉅 1996 : 158) 정주 상성의 구조는 외곽성의 북반부가 궁전·종묘 등을 포함한 내성이 곧 宮城(劉慶柱 2000)이 되는 방식이다. 그러나 궁전의 전각들을 둘러싼 宮墻은 아직 확인되지 않아 궁성의 구체적인 모습은 자세하지 않다.

최근 기존 성의 남쪽 바깥에서 外城으로 추정되는 夯土墻이 확인되어 내외 이중성일 가능성이 높아졌다(河南省文物考古研究所 2004).

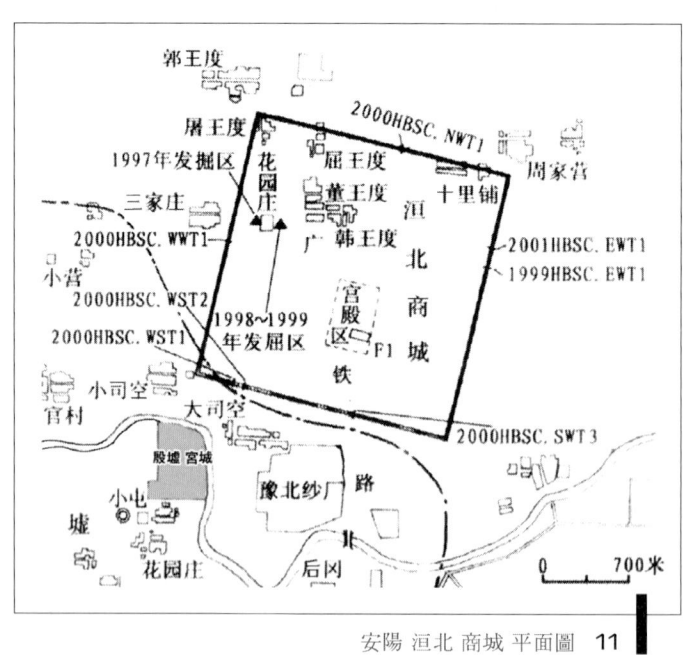

安陽 洹北 商城 平面圖 **11**
(中國社會科學院考古研究所安陽工作隊 2003a. 修訂 揭載)

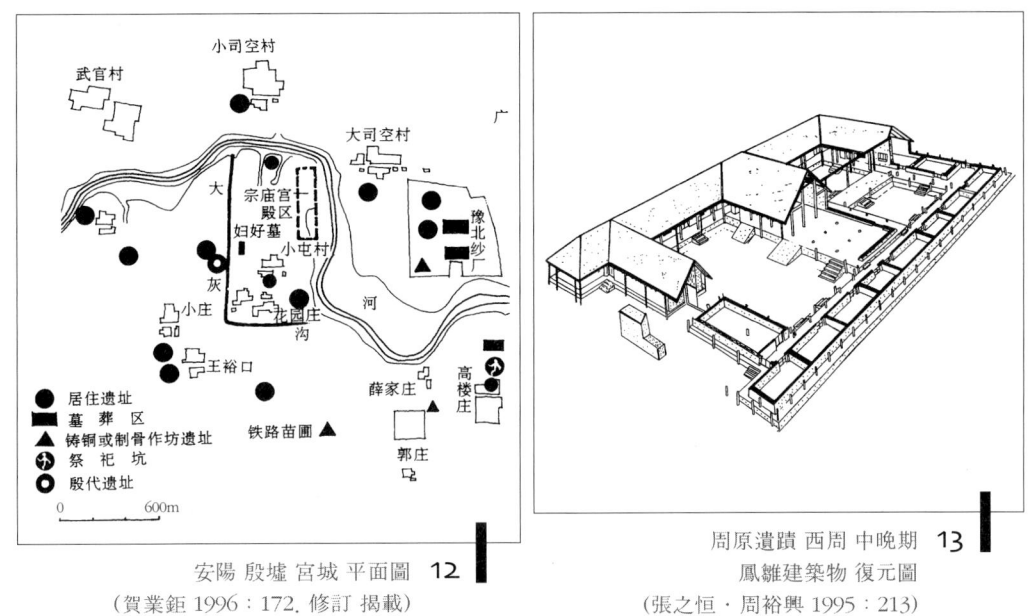

安陽 殷墟 宮城 平面圖 **12**
(賀業鉅 1996 : 172. 修訂 揭載)

周原遺蹟 西周 中晩期 **13**
鳳雛建築物 復元圖
(張之恒 · 周裕興 1995 : 213)

　1999년에 처음 성장이 확인된 **安陽 洹北 商城** 역시 商 중기 都城의 하나로 이해되고 있는데, 성의 규모는 남 · 북 성장이 각각 약 2,150m, 동 · 서 성장이 각각 약 2,200m인 정방형으로서 내부 면적은 4.7km²이다. 외곽의 중남부 지점에서 궁전구역이 확인되었는데, 그 면적은 약 10만m² 정도이다(도 11, 中國社會科學院考古硏究所安陽工作隊 2003a). 이 궁전 건물은 전술한 언사 상성의 4호 궁전지와 매우 유사한 구조인데, 이를 포괄하였을 궁성의 전모에 대해서는 아직 구체적으로 확인되지 않았다(中國社會科學院考古硏究所安陽工作隊 2003b).

　商의 마지막 도성인 殷墟 도성은 궁전 · 종묘 등을 포괄하는 궁성만 확인되었을 뿐 아직 외곽성은 알려져 있지 않다(賀業鉅 1996, 劉慶柱 2000). 궁성의 북 · 동 성장 부분은 'ㄱ'자 모양으로 만곡한 洹河에 접하고 있어 현재까지 확인되지 않았으나 서 성장이 약 1,100m, 남 성장이 약 650m에 이르는 남북 장축의 장방형이다(도 12).

　西周의 도성인 豊鎬는 유적의 분포는 알려져 있으나 궁성이나 곽성은 아직 확인되지 않았다. 周 文王이 풍호로 천도하기 이전의 도읍지인 陝西省 岐山 · 扶風縣 일원의 周原 유적에서 발견된 鳳雛 대형 건물지를 통해 서주 중만기의 종묘 혹은 궁전 건축의 모습을 짐작해 볼 수 있다(도 13). 한편 周代의 도성 형태와 관련하여 흔히 언급되는 『周禮』 考工記 · 匠人營國의 내용[2]이 과연 주대 도성의 모습을 반영하고 있는 지에 대

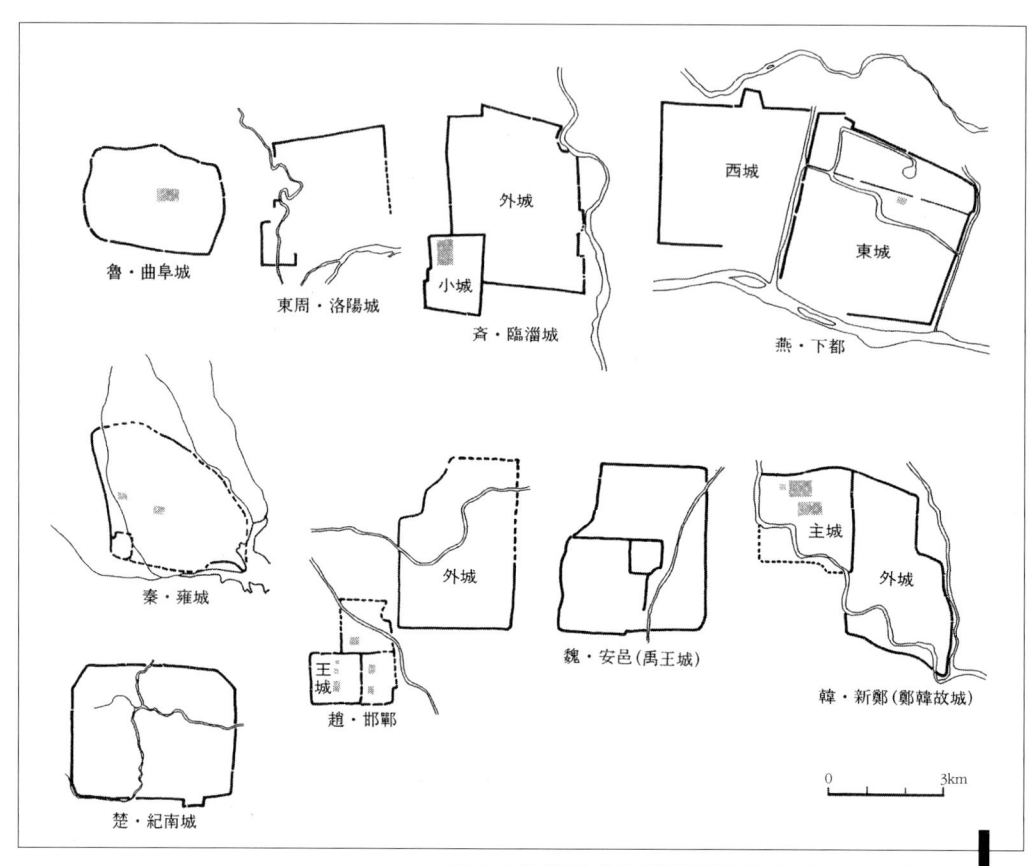

戰國時代 諸國 都城 平面圖(岸 俊男 編 1988 : 5) **14**

해서는 회의적인 견해가 많다. 고공기는 원래 전국 초 齊의 官書였는데, 한번 산일되었
다가 西漢代에 『周禮』에 보입되었기 때문에 漢儒에 의해 이상화되었을 가능성이 있다.
또한 고공기의 도성 구획 사상이 漢初에 중시되면서 長安城의 설계시에 참조되었을 수
있으며, 이와 정반대로 장안성의 실제 모습을 참고하여 "장인영국"의 내용을 개증하였
을 가능성도 있다는 것이다(李自智 2004).

　　전국시대에 이르면 도성의 형태 및 구조에 중요한 변화가 관찰되는데, 전술한 언사
상성·정주 상성·원북 상성 등과 같이 곽성의 가운데 궁성이 위치한 구조에서 궁성이
곽성과 분리되거나 곽성의 한쪽에 치우친 폐쇄적인 양상을 띠는 것이다(도 14). 陪臣이

---

2 匠人營國, 方九里, 旁三門. 國中九經九緯, 經途九軌. 左朝右社, 面朝後市, 市朝一夫.
　1夫는 方 100步의 면적. 1里는 方 300步의 면적. 1리=9부. 1軌는 8尺. 9궤=72척.(戴吾三 編 2003 참조)

나 국민에 의해 통치자가 시해되거나 권력이 찬탈되는 사례가 빈발함에 따른 것이라는 해석(李自智 2004)도 있다. 춘추시대 이후 도성제의 또 다른 특징 가운데 하나는 종전까지의 宮·廟 일체의 관념에서 탈피하여 종묘가 궁성 밖에 위치하게 된다는 점이다(劉慶柱 1998). 左廟右社의 배치는 후술할 秦都 咸陽에서부터 나타나는데, 궁성 밖에 종묘와 사직을 두는 이러한 전통은 이후 淸代에 이르기까지 지속된다.

2) 秦漢時期 都城

秦의 도성제는 이전 시기와는 많은 차이를 보인다. 천하를 통일한 秦都 咸陽에는 외곽을 건설하지 않았으며, 함양 주변 200여리의 범위에 걸쳐 다수의 궁성을 배치하였다(도 15). 개별 궁성이 견고한 하나의 성이 되는 셈이다. 이러한 진의 도성제는 외곽의 바깥에 다수의 중요 궁성을 배치하였던 전국 秦의 都城이었던 雍城에서의 전통이 이어진 것(劉慶柱 1998)으로 보기도 한다.

西漢의 長安城은 대체로 3단계에 걸쳐 건설되었다. 최초 高帝는 秦의 離宮인 興樂

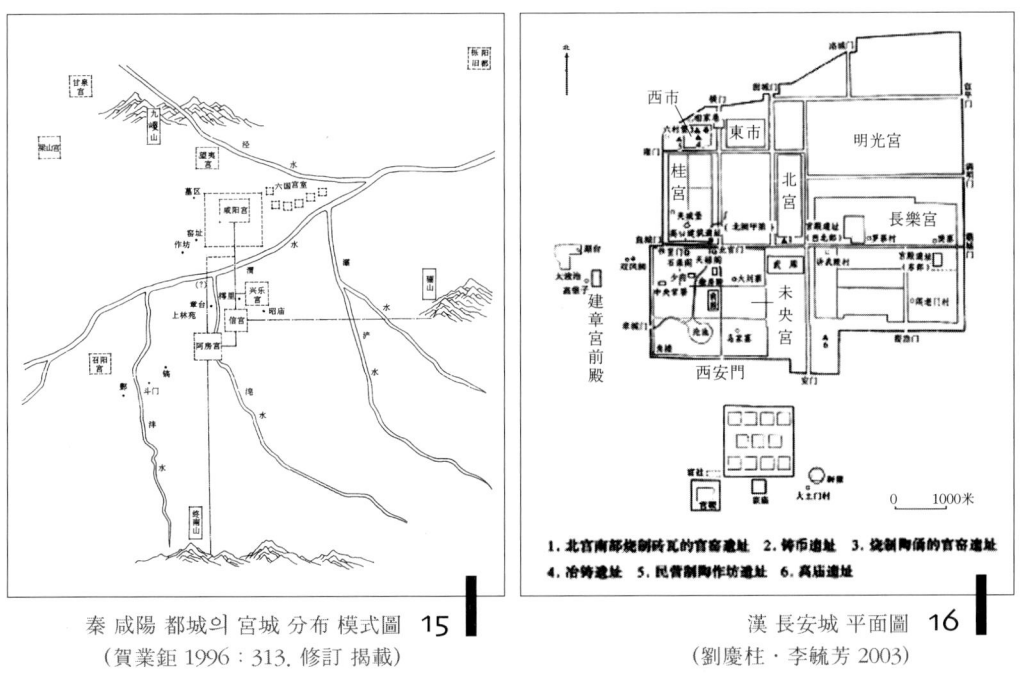

秦 咸陽 都城의 宮城 分布 模式圖 **15**
(賀業鉅 1996 : 313. 修訂 揭載)

漢 長安城 平面圖 **16**
(劉慶柱·李毓芳 2003)

宮을 고쳐 長樂宮으로 하였다. 그리고 이어서 장락궁의 서쪽에 황제의 朝會處인 未央宮을 세우고 그 사이에 武庫를 세웠다. 2대 惠帝에 들어 장락궁·미앙궁·무고 등을 포괄하는 城周 25,700m의 외곽을 축조함으로써 내부면적 36km²의 장안성이 완성되었으며, 아울러 성의 북쪽에 東市·西市 등을 두었다. 武帝에 이르러 장락궁의 북쪽에 明光宮, 미앙궁의 북쪽에 桂宮을 각각 세우고, 장안성의 서측 외곽 밖에 建章宮을 조영하였다(도 16). 이처럼 다수의 궁들이 차지하는 면적은 장안성 전체의 1/2에 달하여 장안성 곽내에는 고급관료나 귀족들의 거주구역과 황실 소용 수공업 관련 구역만이 포함될 뿐 다수의 일반민의 거주구역은 곽성 밖에 위치하였다(劉慶柱·李毓芳 2003).

한 장안성의 외곽성 평면형은 河道 및 기존 궁성에 의해 다소 왜곡되기는 하였으나 대체로 방형을 의도한 것으로서 사방에는 각 3개씩의 성문이 있고 皇宮인 미앙궁이 남쪽에 있고 그 뒤에 동·서시가 위치한 점 등에서 『주례』고공기의 내용과 일치하는 점이 많은 것으로 이해되고 있다.

정궁인 미앙궁의 궁성은 동·서 성장이 2,150m, 남·북 성장이 2,250m, 내부 면적이 5km²에 달하는 정방형에 가까운 평면으로 되어 있다. 외곽성의 남 성장 서문에 해당하는 西安門과 일치되는 南宮門에서 北宮門에 이르는 직선 도로와 외곽 서 성장 최남단 문인 章城門과 그 북쪽의 西宮門에서 각각 동쪽으로 이어지는 직선 도로가 교차하는 구역, 즉 미앙궁성의 가운데 지점에 남북 장축의 장방형 臺地 위에 前殿이 위치한다. 전전의 북쪽 직후방에는 황후전인 椒房殿이 있고 그 서쪽에는 中央官署 구역이 배치되어 있다(도 17). 전전의 규모는 남북 길이가 약 380m, 동서 폭이 약 190m로서 대략 2 : 1의 장단비로 되어 있다. 전전 내의 건물지는 대체로 남·중·북 등 3개의 구역에 걸쳐 배치되어 있다(도 18).

東漢의 洛陽城은 西周 및 서한의 洛陽城을 토대로 光武帝 建武 14년(38) 전후에 조성되었다. 역대 성을 토대로 한 까닭에 정연한 평면형은 아니나 대체로 장방형에 근사한 모습이다. 성주는 13,000m이고 내부 면적은 9.5km²이다. 남북의 길이가 약 9里이고 동서가 약 6里인 까닭에 "九六城"이라는 별칭이 있기도 하다. 성내에는 南宮과 北宮 등 2개 궁성을 비롯하여, 武庫, 太倉, 金市, 중앙관부 등과 함께 고위관료 및 귀족들의 거주역인 里가 있으며, 북궁의 서쪽에는 濯龍園이 배치되어 있다(王仲殊 1982).

동한 초에는 황제가 남궁에 거주하다가 10여년이 경과한 明帝代에 북궁이 건립되면서 북궁의 德陽殿이 大殿이 되었다. 남궁은 남북 길이 1,300m, 동서 폭 1,000m로 내부 면적은 1.3km²이며, 북궁은 남북 1,500m, 동서 1,200m, 면적 1.8km²이다(도 19).

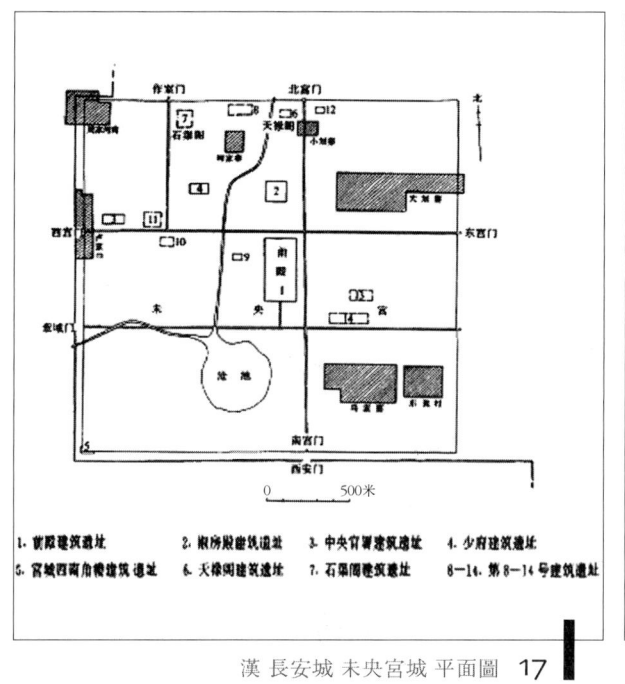

漢 長安城 未央宮城 平面圖 **17**
(中國社會科學院考古研究所 編 1996)

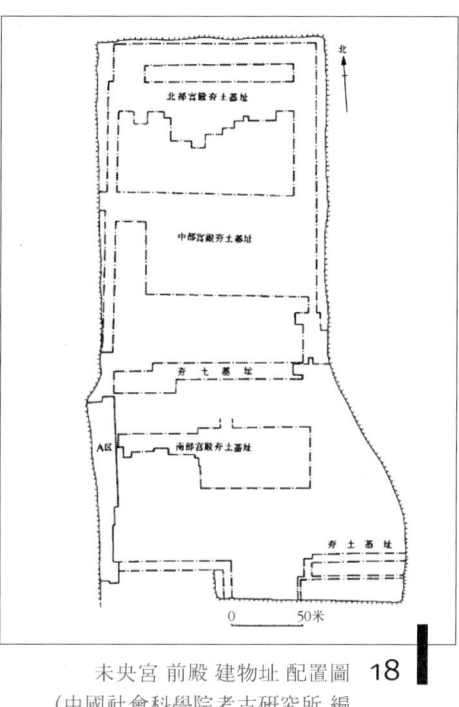

未央宮 前殿 建物址 配置圖 **18**
(中國社會科學院考古研究所 編
1996)

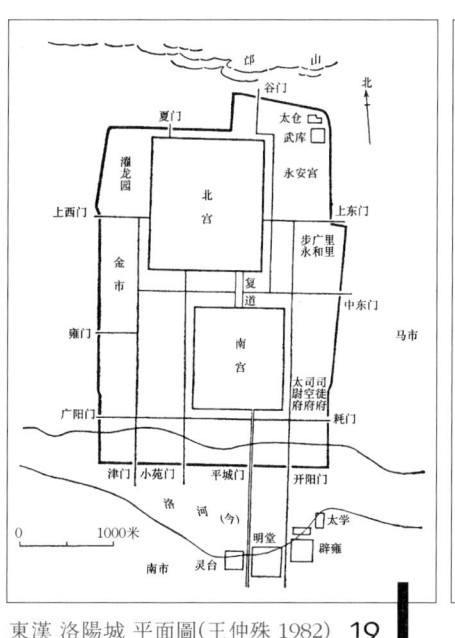

東漢 洛陽城 平面圖(王仲殊 1982) **19**

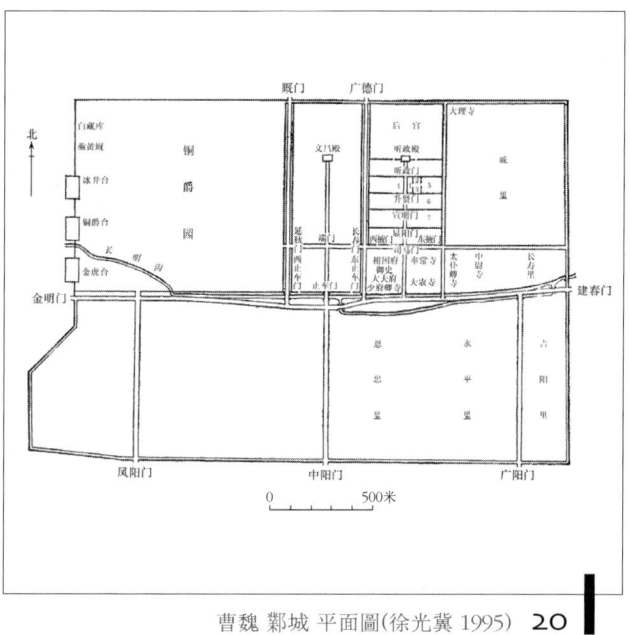

曹魏 鄴城 平面圖(徐光冀 1995) **20**

3) 魏晉南北朝時期 都城

　　曹魏 鄴城은 河北省 臨漳縣에 위치하고 있는데, 曹操가 204년 袁紹를 평정한 다음 조성한 것이다. 220년 낙양으로 천도한 이후에도 조위 5都 가운데 하나로 유지되었으며, 5호 16국 시기에는 後趙(335~350), 前燕(357~370) 등에 의해 그들의 도성으로 사용되었다. 조위 업성은 漳河의 北岸에 위치하고 있는데, 東魏·北齊(534~577) 시기에도 이를 토대로 장하의 남쪽으로 더욱 확대하여 사용하였으므로 이들을 구분하기 위해 조위 업성을 "鄴北城", 동위·북제가 확장한 것을 "鄴南城"이라 한다. 업북성은 일찍이 1935년 조사 이후 1957년, 1976~1977년, 1983~1984년 등 몇 차례의 조사가 진행되어 어느 정도 전모가 밝혀졌다. 성장의 규모는 동서 2,400m, 남북 1,700m인데, 남 성장의 서쪽이 약 300m 정도 돌출한 것을 제외하면 거의 정방형에 가까운 평면으로 되어 있다 (徐光冀·顧智界 1990).

　　동·서 성장의 대략 중간 지점에 각각 1개소의 성문이 있는데, 이를 연결하는 직선도로를 경계로 그 북쪽에는 서측의 "銅爵園"과 그에 연접한 중앙부에 궁성이 위치하며, 그 동쪽에는 "戚里"가 있다. 도성의 남반부는 거민구역인 里이다(도 20).

　　도성의 남 성장에는 3개의 문지가 있는데, 중앙의 "中陽門"에서 궁성 外朝 구역 남문인 "止車門" 및 외조 正殿 구역 남문인 "端門"을 거쳐 "文昌殿"에 이르는 직선도로가 도성 전체의 中軸線을 이루고 있다. 외조의 규모는 남북 약 900m, 동서 약 350m 정도 된다. 궁성의 內朝 구역은 외조의 동쪽에 위치하며, 남북 700m, 동서 350m의 장방형을 이루고 있다. 중·남부에는 중앙관부가 북부에는 내조 정전인 "聽政殿"이 외조 정전 문창전과 대칭으로 배치되어 있고 청정전 뒤편은 後宮이다.

　　궁성의 성장은 아직 고고학적으로 확인되지 않았으나, 도성 북 성장 2개의 문 가운데 동쪽문인 "廣德門"이 내·외조구의 한 가운데를 관통하고 있어 이 도로를 포함한 내·외조가 하나의 궁성으로 되어 있는지 아니면 내·외조가 각기 다른 성장으로 분리되어 있는지 등에 대해서는 잘 알 수 없다. 궁성의 내조구역은 남 성장에 3개의 문이 있는데, 가운데 司馬門을 중심으로 그 동·서쪽에 각각 東掖門과 西掖門이 있다(徐光冀 1995).

　　조위 업성이 중국 도성사에서 차지하는 의의는 매우 크다. 첫째, 秦·漢代 이래 이어지던 多宮城制가 單一宮城制로 전환되었다는 점(劉慶柱 1998)이다. 둘째, 도성 전체가 궁성 외조 정전에서 도성 남 성장 중앙에 이르는 大道(궁성 구간의 외·내조 사이는 폭 13m, 궁성 밖의 도성 남반부 관통 구간은 폭 17m임.)를 중축선으로 좌위 대칭을 이루고 있으며, 궁성은 도성의 북반부 중앙에 위치한다는 점이다. 그리고 궁성 남부에 거민구역인 里坊區가 배치되어 있다는 점 역시 이전의 도성제와 뚜렷이 구분되는 특징이다(朱海仁 1998).

이러한 새로운 도성제 등장의 배경과 관련하여 중앙아시아지역 성곽도시의 영향이 있었을 것으로 보는 견해는 주목된다. 동한대 이후 불교의 東傳 등의 여러 기회를 통해 파키스탄 · 아프가니스탄 등 중앙아시아 간다라지역과의 인적 교류가 빈번해지고 이들의 漢化 및 정착 등에 의해 서방의 성곽도시 형태가 중국 도성제에 영향을 미쳤을 가능성이 있다는 것이다(孟凡人 1998).

曹魏 · 西晉 洛陽城은 220년 文帝 曹丕가 낙양으로 천도한 직후에는 동한 낙양성의 북궁 일부 건물을 고쳐 朝會를 하다가 明帝 曹叡가 남궁3 "崇德殿" 터에 "太極殿"을 건립하여 정전으로 하는 한편 북궁 북측에 芳林苑을 두면서 도성의 면모를 일신하였다(도 21). 궁성이 단일화된 것은 조위 업성의 전통을 그대로 이은 것인데, 그 밖에도 조위 업성 서쪽의 요새인 3臺(金虎 · 銅爵 · 氷井)를 모방하여 동한 낙양성의 濯龍園을 金墉城으로 바꾸기도 하였다(錢國祥 2002). 이러한 조위 낙양성은 서진대에도 그대로 답습된다.

조위 낙양성이 중국 도성사에서 중요한 점은 궁성 정전의 이름이 "太極殿"으로 붙여진 점으로 이는 이후 중국뿐 아니라 동아시아지역의 고대 도성사를 통해 지속된다. 이 당시 태극전에는 그 동 · 서에 각기 東堂 · 西堂이 배치되었으며, 이는 이후 남북조시대 동안 지속되지만 隋 · 唐 이후에는 보이지 않고 그에 대신하여 각기 鐘樓와 鼓樓가 배치되었다(王仲殊 2003).

그리고 조위 낙양성의 서북 모서리에 위치한 금용성과 북 성장에는 馬面, 즉 雉가 설치되어 있는데, 이는 중국 도성에 설치된 것으로는 최초의 예이다. 도성에 설치된 치의 예로는 고구려의 集安 國內城이 가장 빠른데, 조위 낙양성에 설치된 치는 당시의 치열한 군사적 대치 상황의 산물로 이해하고 있다. 이후 치는 북위 낙양성, 동위 · 북제의 鄴南城에서도 그대로 지속된다(朱海仁 1998).

---

3 여기의 "南宮"을 동한 낙양성의 남궁으로 보는 견해도 있으나 동한 낙양성 남궁에는 "崇德殿"이 없으므로 235년 명제가 태극전을 세운 남궁은 동한 낙양성의 북궁의 남반부에 해당하는 것으로 보는 견해가 유력하다(錢國祥 2002, 王仲殊 2003).

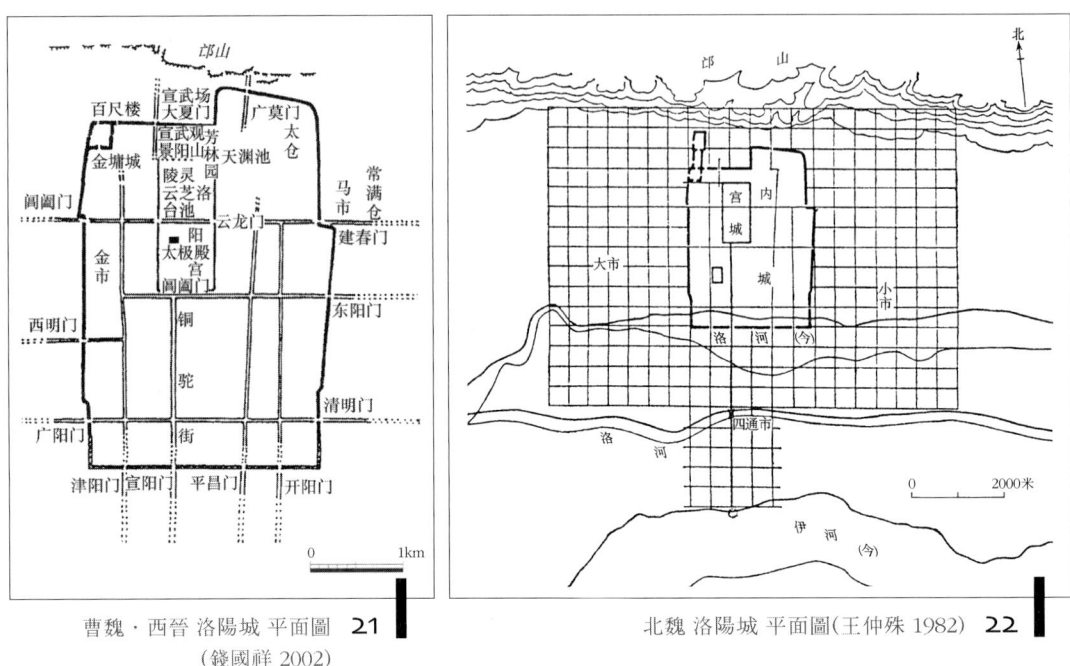

曹魏 · 西晉 洛陽城 平面圖 **21**
(錢國祥 2002)

北魏 洛陽城 平面圖(王仲殊 1982) **22**

北魏 洛陽城은 493년 孝文帝가 平城에서 낙양으로 들어와 조위 · 서진 낙양성의 서북쪽에 이전의 금용성을 확대하는 등 일부분을 고쳐 새로운 도성으로 삼고 495년 평성으로부터 궁과 관부 등을 모두 옮기게 된다. 궁성은 이전의 것을 거의 그대로 한 것으로서 남북 약 1,398m, 동서 660m, 내부 면적 1km²이며, 궁성의 남쪽에 태극전을 배치하였다. 궁성의 뒤쪽에는 이전의 芳林園을 고쳐 "華林苑"을 두었다. 궁성 남쪽 밖에는 종묘 · 사직, 佛寺, 官署 등을 배치하였다. 천도 후 얼마 경과하지 않은 501년에 기존의 낙양성 바깥에 별도의 외곽성을 축조하여 사방 1里(300步)의 정방형 坊里 320개를 두었다.

외곽성을 둠으로써 이제 도성 구조는 궁성 · 내성 · 외곽 등 3중성으로 바뀌게 되었는데, 이는 중국 도성사에서 새로운 지평을 연 것이다(劉慶柱 2000). 『魏書』太宗紀 · 『南齊書』魏虜傳 등에 의하면 외곽성은 평성 도읍기인 422년에 이미 축조된 바 있어 그러한 도성제가 낙양성에 재현된 것으로 이해된다(朱海仁 1998). 외곽성의 성장은 1963년 북 성장이 발견된 이후 1984년에 서 성장이, 그리고 1985년에 동 성장이 차례로 확인되었다(도 22).

북위 낙양성의 궁성은 전술한 바와 같이 대략 남북 장축과 동서 폭의 비율이 2 : 1 정도 되는데, 전체 길이의 약 절반지점에 동서 방향의 직선 도로를 경계로 하여 남쪽에

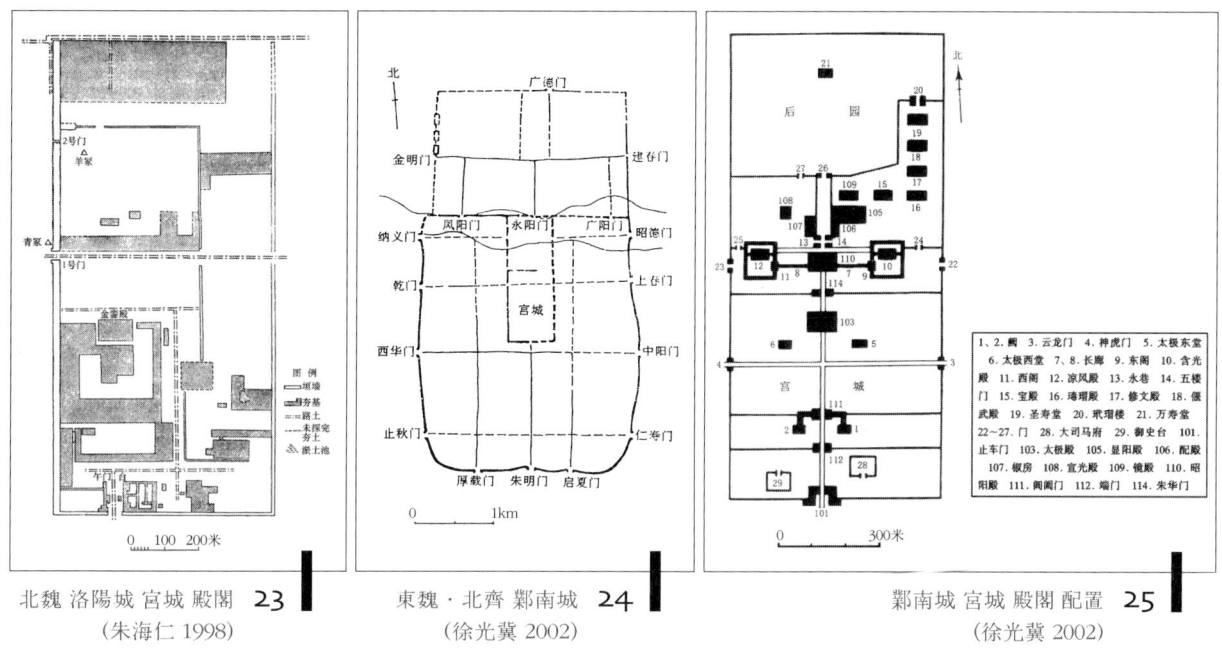

北魏 洛陽城 宮城 殿閣 **23**
(朱海仁 1998)

東魏·北齊 鄴南城 **24**
(徐光冀 2002)

鄴南城 宮城 殿閣 配置 **25**
(徐光冀 2002)

1、2. 闕　3. 云龙门　4. 神虎门　5. 太极东堂
6. 太极西堂　7、8. 长廊　9. 东阁　10. 含光
殿　11. 西阁　12. 凉风殿　13. 永巷　14. 玉楼
门　15. 宝殿　16. 瑺珺殿　17. 修文殿　18. 偃
武殿　19. 圣寿堂　20. 琳瑠楼　21. 万寿堂
22~27. 门　28. 大司马府　29. 御史台　101.
止车门　103. 太极殿　105. 显阳殿　106. 配殿
107. 极殿　108. 宣光殿　109. 镜殿　110. 昭
阳殿　111. 閶闔门　112. 端门　114. 朱华门

는 태극전이 있고 그 북쪽에 寢殿과 小 宮苑 등이 배치된 前朝後寢의 구조로 되어 있다
(도 23). 이는 조위 업성 궁성에서 보이던 서외조·동내조의 병렬 구조와는 달라진 것
으로 주목된다.

　東魏·北齊 鄴南城은 조위 업성인 업북성의 남쪽이 새롭게 도성으로 확대되고, 확
대된 도성의 남쪽, 즉 업남성의 偏北 중앙에 남북 장축의 궁성이 배치된 구조이다(도
24). 문헌기록에 의하면 400여 坊이 있다 하나 아직 외곽의 존재는 확인되지 않고 있다.

　궁성의 宮墻은 동서 약 620m, 남북 970m 정도인데, 궁성 내부에서 다수의 건물지가
확인되었다(徐光冀 外 1997, 徐光冀 2002). 궁성 내부는 전체를 4등분할 때 가장 남쪽에
는 御史臺와 大司馬 등의 관부가 배치되고, 그 북쪽에 궁문을 지나 태극전 및 동·서당
이 위치한다. 태극전 북쪽에는 내조인 昭陽殿이 있고 偏東 북측에 침전이 배치되어 있
다. 궁성 동 궁장의 치우친 곳의 북쪽에는 동궁이 배치되었으며, 북쪽에는 後苑인 華林
苑이 있다(도 25).

　이러한 궁성 전각 배치는 앞의 북위 낙양성의 경우와 거의 같으나 태극전이 궁성의
서반부에 치우쳐 있는 북위 낙양성에 비해 단일한 남북축선상에 접근하고 있다. 그러
나 궁성 북반부에는 여전히 동서 병렬 배치가 유지되고 있다.

　南朝 建康城은 東吳의 建業城 터에 東晋의 成帝(325~342년 재위)가 건설한 것으로

이후 큰 변화 없이 劉宋·南齊·梁·陳 등 역대 남조의 도성으로 사용되었다. 그러므로 동진의 건강성은 조위 업성 및 조위·서진 낙양성의 영향을 많이 받았을 것으로 볼수 있다. 또한 북위의 낙양 천도 계획이 수립되고 있던 단계인 491년에 북위 孝文帝는蔣少游를 南齊에 보내어 건강궁의 모습을 모사해 오게 하기도 하였으므로 북위 낙양성에도 건강성의 모습이 반영되어 있는 것으로 이해되고 있다(張學鋒 2006).

남조의 建康城과 북위 洛陽城 사이의 유사성은 2가지 관점으로 살펴볼 수 있을 것이다.

우선, 건강성이 조위·서진 낙양성의 영향을 받아 만들어졌다는 사실이다.

건강성의 궁성은 317년 동진의 元帝가 즉위할 때에는 동오의 太初宮을 이름만 臺城으로 바꿔 그대로 사용하다가 329년 蘇峻의 亂(327~329년)으로 臺城의 궁궐이 소진됨에 따라 332년 그 북쪽에 위치한 동오 苑城址에 新宮을 완성하고 그 이름을 建康宮이라하였다. 이러한 연유로 건강성의 궁성을 臺城이라고도 한다. 건강궁의 宮城 城墻은 처음에는 土墻이었으나 339년에 塼包土墻으로 개축하였다. 궁성 외부에는 처음 濠와 竹籬로 둘러져 있었으나, 南齊 건국해인 480년 이를 塼包夯土墻으로 개축함으로써 궁성과 외성으로 구성된 건강 도성이 완성되었다.

건강도성을 조영하는 과정에 모델이 되었던 것이 바로 조위·서진대의 낙양성이다. 남북 장축의 장방형 평면으로 된 궁성의 전체 형태뿐 아니라 太極殿·顯陽殿(皇后 正殿)등의 전각 명칭도 洛陽宮과 같다. 궁의 북쪽에 後苑을 배치한 점 역시 낙양성의 芳林苑의 경우와 같다. 건강궁의 후원은 유송 시기인 445년에 조성되었는데, 그 이름은華林苑으로 고쳐 불렀다.

동진·유송·남제에 걸쳐 완성된 건강 도성의 기본 구조는 梁·陳代에도 그대로 이어지지만, 궁성의 전각은 화재나 정변 등에 의해 燒盡된 경우가 많아 유송 시기인 460년대, 남제 시기인 483~493년 사이, 梁 시기인 511~513년 사이에 궁성 및 태극전 등을 신축하였으며, 侯景의 난 이후 거의 폐허가 되어 陳 시기인 558년에 다시 태극전을 복구하기도 하였다(賀雲翺 2005).

북위 낙양성 역시 조위·서진 낙양성의 舊基를 이용하여 조영되었으므로 건강성과북위 낙양성 사이에는 유사성이 많을 수밖에 없을 것이다.

다음, 조위·서진 낙양성에 선례가 없는 것으로 북위 낙양성에서 나타나는 건강성과의 유사점이다. 궁성 남문에서 외성 남문에 이르는 中軸大路 좌우에 中央 官署의 府寺가 집중 배치된 점은 건강성의 예를 따른 것으로 보는 견해(賀業鉅 1996 : 468, 盧海

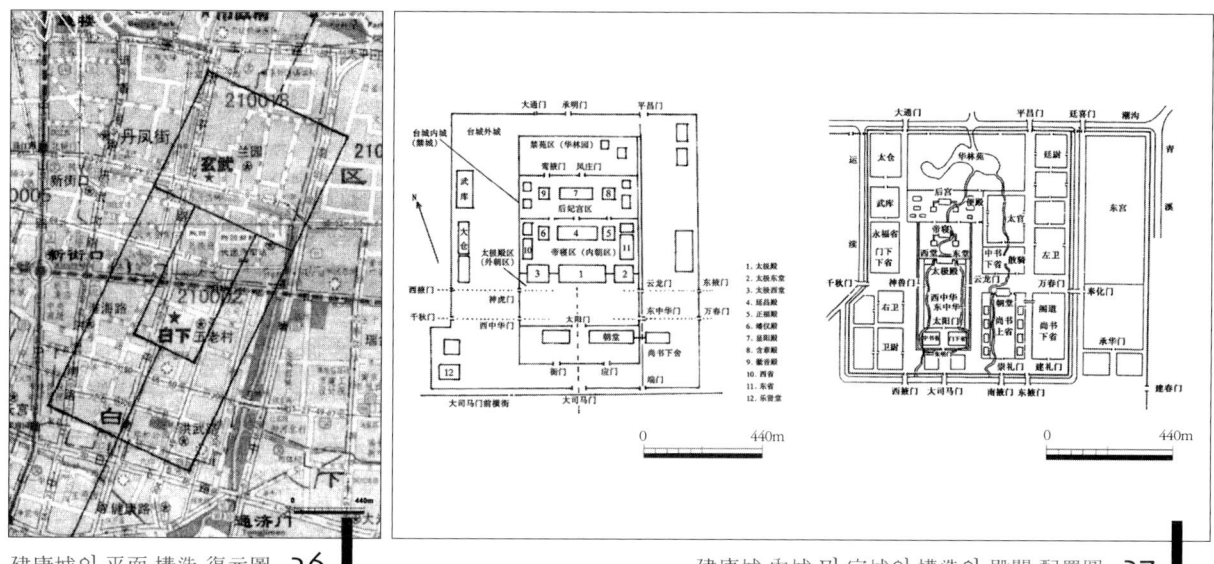

建康城의 平面 構造 復元圖 **26**
(張學鋒 2006. 修訂 揭載)

建康城 內城 및 宮城의 構造와 殿閣 配置圖 **27**
(左는 賀雲翱 2005 : 137, 右는 盧海鳴 2002 : 79)

鳴 2002 : 67)가 많다. 특히 각종 전각의 건축 양식은 건강성의 영향이 컸을 것이지만, 그러한 점은 고고자료로써 입증하기 쉽지 않다. 북위가 낙양으로 천도한 이후 종래의 北朝 蓮花文瓦當 模式을 폐기하고 남조 建康蓮花文瓦當 모식을 따르게 된 배경이 蔣少游를 통한 건강성의 영향이라 보기도 한다(賀雲翱 2005 : 125).

건강성에 대해서는 唐 許崇의 『建康實錄』을 비롯한 역대 문헌에 구조나 평면 형태 등을 짐작할 수 있는 내용이 전하고 있으나, 구체적인 복원도는 1935년 朱偰에 의해 처음으로 시도된 이후 특히 1980년대 이후 郭黎安, 中村圭爾, 郭湖生, 馬伯倫·劉曉梵, 盧海鳴, 外村中, 賀雲翱 등에 의해 여러 가지 복원안이 제시되어 있다. 주설의 안은 남북 방향의 정방형 평면인데 비해 곽려안의 안은 偏東 남북 장축의 장방형 궁성과 장방형에 가까운 부정형 도성 평면으로 변화되었는데, 나카무라의 안도 도성의 평면은 기본적으로 동일하다. 곽호생의 안은 주설 이래의 안들과 달리 건강성의 궁성 소재지를 明代의 大行宮 일대로 바꾸고 도성의 장축 방향도 더욱 편동 남북장축으로 설정하였으나 도성의 평면형은 정방형에 가깝다. 마백륜·유효범 및 하운고의 안은 곽호생에 비해 도성의 평면이 더욱 세장한 장방형으로 바뀌었으나 부정형이다. 노해명은 도성의 평면이 정방형에 가까운 장방형이고 그 내부의 臺城은 정방형으로 상정하였다. 카이무라의 복원안은 도성의 평면형이 장단비 2 : 1 이상으로 세장방형이고 그 내부 중앙에 궁성,

즉 臺城이 배치된 것으로 곽호생 이래의 복원안과 많이 달리진 것이다(張學鋒 2006).

張學鋒(2006)의 건강성 평면 구조 복원안에 의하면, 도성의 전체 평면형은 偏東 25°
남북 장축의 장단비 약 4 : 1의 세장한 장방형으로서 그 정중앙 위치에 역시 장단비 약
3 : 1의 세장한 內城, 즉 臺城이 배치되고 그 뒤에는 "華林苑"이 있다. 도성의 중축선이
되는 御道는 內城 남 성장 중앙의 문인 大司馬門에서 출발하여 외성 남 성장 중앙문인
宣陽門 사이의 약 2里의 구간을 통과한 다음 다시 外城 밖의 약 5里의 구간까지 이어져
朱雀門에 이른다(도 26). 도성 외성의 추정 규모는 남·북 성장이 각 2里(1里=300步, 약
440m 기준), 즉 880m, 동·서 성장이 각 8里 8步, 즉 약 3,540m이며, 내성의 규모는
남·북 성장 각 1里(440m), 동·서 성장 각 3里(1,320m)이다.

2000년 이후 "南京市地下文物保護管理規定"의 시행에 의해 건강성 관련 유적 조사
가 시공전 의무화가 가능해지면서 臺城의 핵심 지역의 위치, 대성의 동·서·남계 등
을 추정할 수 있는 城墻 및 道路 유구가 확인되면서 건강성의 평면 구조에 대한 이해에
획기를 맞고 있다(王志高 2008). 2001년 5월에 南京市博物館의 王志高에 의해 대성의
東界, 南界 지점 등이 확인되었다. 2009년 4월 필자를 비롯한 육조문물연구회 멤버들은
王志高 선생의 후의로 南京 현지에서 대성의 경계지점들을 답사할 수 있었는데, 그 내
용을 지도상에 옮겨 본 것이다(도 28). 이는 장학봉의 복원안과 차이가 있어 장차의 검토 과제가 된다.

내성과 궁성의 전각 배치는 문헌 사료에 근거한 것으로 2가지의 안(盧海鳴 2002, 賀雲翱 2005)이 제시되어 있다(도 27). 노해명의 안에서는 궁성의 위치가 내성의 서쪽에 약간 치우쳐 있는데 비해 하운고는 내성의 거의 중앙에 궁성을 배치하였다. 궁성 내부 남단부에 관부 혹은 朝堂을 둔 점, 궁성 중간 지점에 태극전 및 동·서당이 있는 外朝(혹은 前朝)區가 있고 그 뒤에 內朝(혹은 寢殿)區, 그리고 后宮區가 차례로 배치되고, 최북단에 禁苑區인 華

建康城 臺城 평면형태 **28**
(趙胤宰 2009. 부분 轉載)

林苑이 있는 점과 함께 궁성 내의 각 전각이 단일한 남북 중축선을 기준으로 대칭 배치한 점 등은 공통된다. 궁성을 둘러싸고 있는 내성에는 武庫, 太倉, 그리고 중앙 관부가 배치되어 있는데, 이러한 모습은 앞서 본 북위 낙양성 내성의 경우와도 상통하는 것으로서 隋 大興城·唐 長安城에서 본격화되는 궁성 전면의 皇城의 萌芽로 이해할 수 있다.

4) 隋唐時期 都城

隋 大興城·唐 長安城은 수 文帝 583년에 大興宮을 가장 먼저 조영한 후 煬帝 613년에 외곽성을 축조하였다. 그러나 이 무렵의 외곽성은 높이가 낮았던 것으로 이후 당 高宗 654년에 최종적으로 완성되었다. 수 대흥성과 당의 장안성은 왕조의 교체에 따라 改名되었을 뿐 규모와 기본적인 평면 구조는 동일하므로 隋·唐 長安城이라 부르기도 한다. 수당 장안성은 서한 長安城의 서남부에 조성되었는데, 외곽성의 규모와 형태는 城周 67里의 정방형에 가까운 횡장방형이다. 실측에 의한 외곽 성장은 동·서 성장이 각각 8,651.7m, 남·북 성장이 각각 9,721m로 내부 면적은 약 84km²에 달한다.

수당 장안성은 宮城, 皇城, 外郭城, 禁苑 등 4개의 주요 부분으로 구성되어 있다. 궁성의 외조 정전 태극궁(수 대흥궁)-궁성 남문 承天門-황성 남문 朱雀門-외곽성 남문 明德門에 이르는 중축선은 폭 150m의 大路로 개설되어 이를 기준으로 정연한 좌우 대칭을 이루고 있다. 방형 평면의 궁성은 외곽성의 북쪽 중앙에 위치하고 있는데, 남쪽 전반부의 태극궁 구역에는 외조 정전 태극전이 있는 太極殿院을 중심으로 동쪽에 門下省, 서쪽에 中書省이 배치되어 있다. 태극궁구 북쪽에는 內朝이고 그 북쪽에 광대한 禁苑이 위치한다. 궁성의 동쪽 부분에는 동궁이 서쪽 부분에는 남측에 황후궁인 掖庭宮이, 북측에 太倉이 있다(妹尾達彦 2001).

궁성과 폭 150m의 동서도로를 사이에 둔 황성에는 중앙관부들이 위치하고 있는데, 남 성장에 인접한 남동 모서리에 종묘인 太廟를, 남서 모서리에 社稷인 大社를 배치하였다. 황성 남단 동·서에 종묘와 사직을 두는 전통은 이후 明·淸 北京 紫禁城에까지 지속된다.

수당 장안성은 전반적인 구조상 북위 낙양성과 매우 흡사하나 궁성을 포함한 모든 공간 배치 원리가 북의 중앙을 중심으로 철저히 좌우 대칭을 관철하고 있는데, 이는 북극성을 중심으로 하는 하늘의 질서를, 황제를 지존으로 하는 지상 세계에 그대로 재현

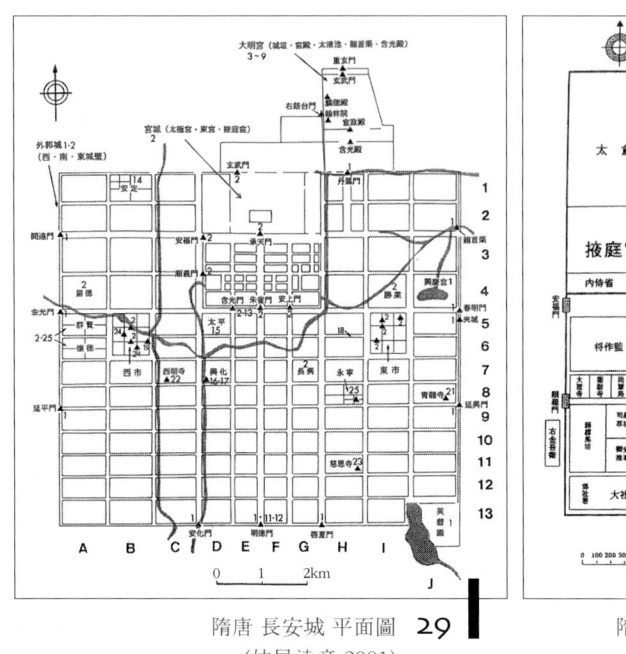

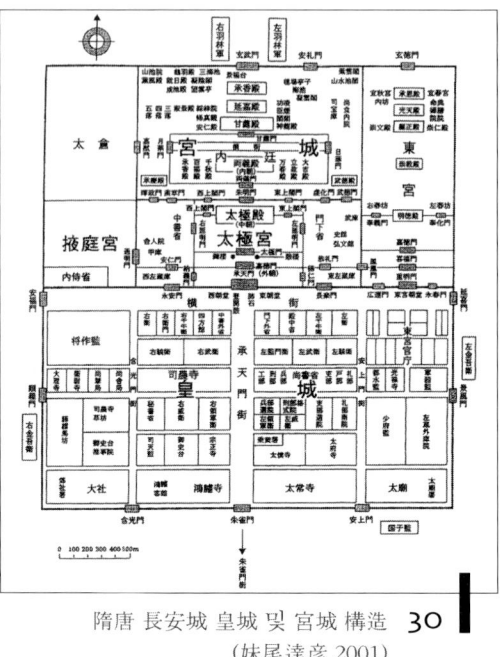

隋唐 長安城 平面圖 **29**
(妹尾達彦 2001)

隋唐 長安城 皇城 및 宮城 構造 **30**
(妹尾達彦 2001)

하려는 의지의 소산으로 풀이되고 있다. 수당 장안성에서 확립된 중국 도성 구조 원리
는 이후 역대 중국 왕조는 물론이고 일본을 비롯한 동아시아 고대 도성제에 결정적인
영향을 미친다.

수당 장안성이 이전의 도성과 다른 점은 도성의 북쪽에 광대한 면적의 금원을 두고
있다는 점이다. 이는 수당 왕조를 일으킨 세력이 鮮卑系 騎馬軍事 집단이었으므로 이
들의 전통과 관련되어 국가 의례의 행사장으로서, 그리고 궁성을 수비하는 군사적 필
요에 따른 강력한 기마군단의 주둔지로 기능하였던 것으로 이해된다. 금원 동쪽 부분
에 663년 大明宮이 조성되는데, 이를 계기로 국가 정치의 주무대인 태극궁의 비중이 약
화되기 시작하고, 특히 당 玄宗 이후에는 태극궁을 대신하여 대명궁이 정치 운영의 중
심이 된다. 그에 따라 종래 국가 의례의 중심으로서 금원의 기능도 황제의 오락과 휴식
의 공간으로 변모하게 된다(妹尾達彦 2007).

4. 中國 都城制의 展開

1) 宮城 位置의 變化

고대 동아시아 도성제의 비교에 있어 중요한 요소 가운데 하나는 도성 내에서의 궁성의 위치이다. 현재까지 고고학적으로 알려진 중국 역대 도성을 관찰해 보면 도성의 중심에 궁성이 위치한 경우, 도성의 외곽과 격리되어 있는 경우, 도성의 북쪽에 위치한 경우 등으로 크게 나뉜다. 이들을 각각 中央型, 分離型, 座北朝南型이라 부르기로 한다.

중앙형의 예로는 夏 중만기 도성인 二里頭가 가장 이른데, 그 이후 商 조기 도성인 偃師 商城, 상 중만기 도성인 安陽 洹北 商城 등으로 이어진다. 이리두의 경우 외곽성은 확인되지 않았으나 약 300만㎡의 유적 분포 범위 중앙 지점에 궁성이 위치하고 있는 점으로 미루어 중앙형으로 분류할 수 있을 것이다.

분리형은 전국시대 도성에서 처음으로 나타나고 있는데, 궁성이 곽성과 분리되거나 곽성의 한쪽에 치우친 폐쇄적인 양상을 띠는 것이다. 이러한 분리형 궁성의 등장 배경으로는 측근의 陪臣이나 國民, 즉 국성 내에 거주하는 일반 백성에 의해 통치자가 시해되거나 권력이 찬탈되는 사례가 빈발함에 따른 것이라는 해석(李自智 2004)이 있다. 통일 秦代에 오면 도성은 외곽이 없이 다수의 궁성들로 구성된다. 도성 주변 여러 곳에 산재한 복수의 궁성의 존재는 전한대에도 그대로 이어지나, 전한의 경우 궁성을 둘러 싼 외곽으로서 長安城이 축조되는 점이 다른 점이다. 그렇지만 외곽 내에 일반민의 거주 구역이 없다는 점에서는 商代 및 춘추전국시대의 외곽과는 그 성격이 다르다. 도성 내의 복수의 궁이 존재하는 多宮制는 후한 洛陽城의 남·북궁제를 거쳐 점차 북궁이 정궁이 되는 좌북조남형 궁성제로 변모한다.

좌북조남형 궁성의 출현은 204년 曹操가 조성한 曹魏 鄴城부터이다. 직전의 후한 낙양성에서 이미 북궁이 정궁으로서 중시되기는 하였으나 도성의 북쪽 중앙에 궁성이 배치되는 새로운 형태의 도성제는 그 선례가 없어 그 출현 배경을 둘러싸고 서역 등의 서방세계의 영향이 있었을 것으로 보는 견해도(孟凡人 1994) 있다. 좌북조남형 궁성은 이후 중국 역대 도성의 전형으로 자리 잡아 淸代에까지 이어지며, 주변 지역으로도 그 영향이 미친다. 조위 업성은 낙양으로 천도한 이후에도 5都의 하나로 유지되었으며, 5호 16국의 後趙(335~350년) 및 前燕(357~370년)의 도성으로도 사용되었다.

한반도 고대 도성 가운데 궁성의 위치가 확인된 예가 없어 자세한 비교 검토가 어려

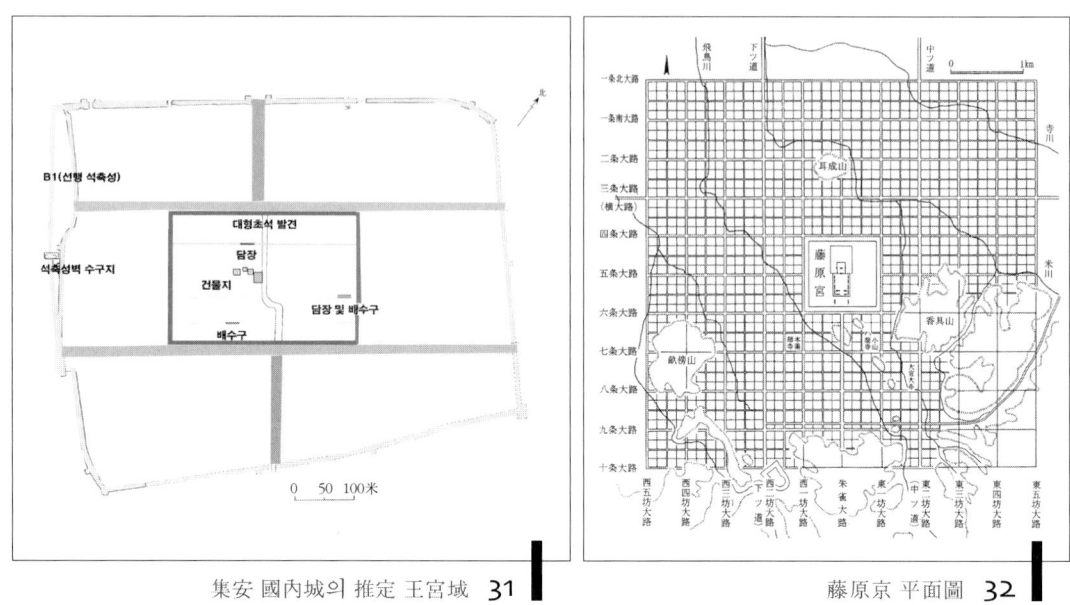

集安 國內城의 推定 王宮城 **31**   藤原京 平面圖 **32**

우나 2000~2003년 사이 발굴조사가 집중적으로 이루어진 집안 국내성(도 31)의 경우 왕궁의 추정 위치가 성의 중앙에 해당될 가능성이 높은 점이 특이하다. 국내성으로의 천도 시점은 기원후 3년이지만, 석축 성벽 아래의 토축성벽은 漢의 군현성으로 보는 견해가 우세하다. 왕궁의 위치가 중앙형으로 된 이면에는 그러한 사정이 관련되었을 가능성도 배제할 수 없으나, 발굴조사 결과 드러난 東晉製 청자 등으로 미루어 국내성 중앙형 궁성의 시기는 故國原王 12(342)년의 국내성 수즙과 관련된 것으로 추정된다. 백제 한성시기의 도성을 구성하던 성 가운데 하나인 風納土城의 경우는 최근까지 드러난 유구·유물의 양상으로 미루어 성의 북쪽에 왕궁이 위치할 가능성이 높다. 웅진도성은 왕궁의 위치 비정에 논의가 분분하여 알 수 없으나 사비도성의 왕궁은 도성 내의 북쪽임은 거의 틀림없다.

한편 694년에 완성된 일본의 藤原京(도 32)에서는 궁성이 도성의 중앙에 위치하고 있다. 이전에는 궁성의 위치가 도성의 북쪽 중앙으로 비정되기도 하였으나 최근까지의 京域 확인 결과 중앙형임이 확인되었다. 중국 도성제가 처음으로 도입된 무렵의 도성에서 당시 성행하던 좌북조남형과 다른 중앙형이 채택된 배경이 궁금하다. 이와 관련해 주례 고공기의 이상적 도성 공간 구성 원리를 받아들인 것으로 보기도 한다.

2) 宮城 平面型 및 殿閣 配置의 變化

　중국 역대 도성의 궁성 평면형은 기본적으로 남북방향의 장방형 또는 방형이다. 최초의 궁성인 二里頭의 경우는 1.25 : 1로서 장방형이지만, 偃師 商城은 가로 세로가 동일한 정방형이다. 정방형 궁성은 漢 長安城의 正宮인 未央宮에 이어지지만, 후한 洛陽城의 북궁과 남궁은 각각 평면형이 1.25 : 1, 1.3 : 1로서 二里頭 궁성에 가깝다. 이러한 장방형 궁성은 좌북조남형의 시초가 되는 曹魏 鄴城으로 이어진다. 그러나 북위 洛陽城에 오면 세장화가 진전되어 장단비가 2.1 : 1이 되는데, 동시기의 남조 建康城 궁성 역시 2.2 : 1로 거의 동일한 평면형을 하고 있다. 북위 낙양성은 축조 시에 남조의 건강성을 참고한 사실이 있어 그러한 평면형의 일치가 가능하였을 것으로 이해된다.

　시기적으로 보아 중국 남북조시대 도성제의 영향을 받았을 것으로 추정되는 한반도 고대 도성의 궁성은 아직 분명하지 않으나, 백제 사비기의 副都의 宮城 혹은 離宮으로 비정되는 익산 왕궁리유적의 평면형은 2 : 1로서 당시의 중국 도성제와 일치하고 있다. 이로 미루어 사비기 백제의 正宮 역시 이와 동일한 평면형일 것으로 추정된다.

　이후 동위·북제의 鄴南城에는 1.6 : 1의 장단비가 채택되어 세장화가 다소 완화되지만, 기본적으로 세장한 장방형 형태의 궁성의 골격을 유지하고 있다. 그러나 隋·唐 長安城에서는 정확히 1 : 1의 비율을 갖는 정방형 궁성이 등장한다. 이는 이후 청대의 紫禁城에 이르기까지 중국 도성의 전형으로 유지되며, 중국 도성제의 영향을 받은 일본의 藤原京·平城京·長岡京·平安京 등에서도 채택된다. 역대궁성의 평면형 및 규모를 보면 〈표 1〉 및 도 34와 같다.

표 1 _ 중국 역대 도성의 宮城 平面型 및 규모

都城名	規模(m)	平面型 (南北邊/東西邊)	面積(m²)
夏 二里頭	359~378×292~295	1.25/1	108,000
偃師 商城	200×200	1/1	40,000
漢 未央宮	2,150×2,250	1/1	5,000,000
後漢 洛陽城	(北宮)1,500×1,200	1.25/1	1,800,000
	(南宮)1,300×1,000	1.3/1	1,300,000
曹魏 鄴城	735×912	1.2/1	670,300
北魏 洛陽城	1,400×660	2.1/1	924,000
東魏·北齊 鄴南城	970×620	1.6/1	601,400
南朝 建康城	960×440	2.2/1(臺城 1.3/1)	422,400
隋唐 長安城	1,730×1,730	1/1	2,992,900

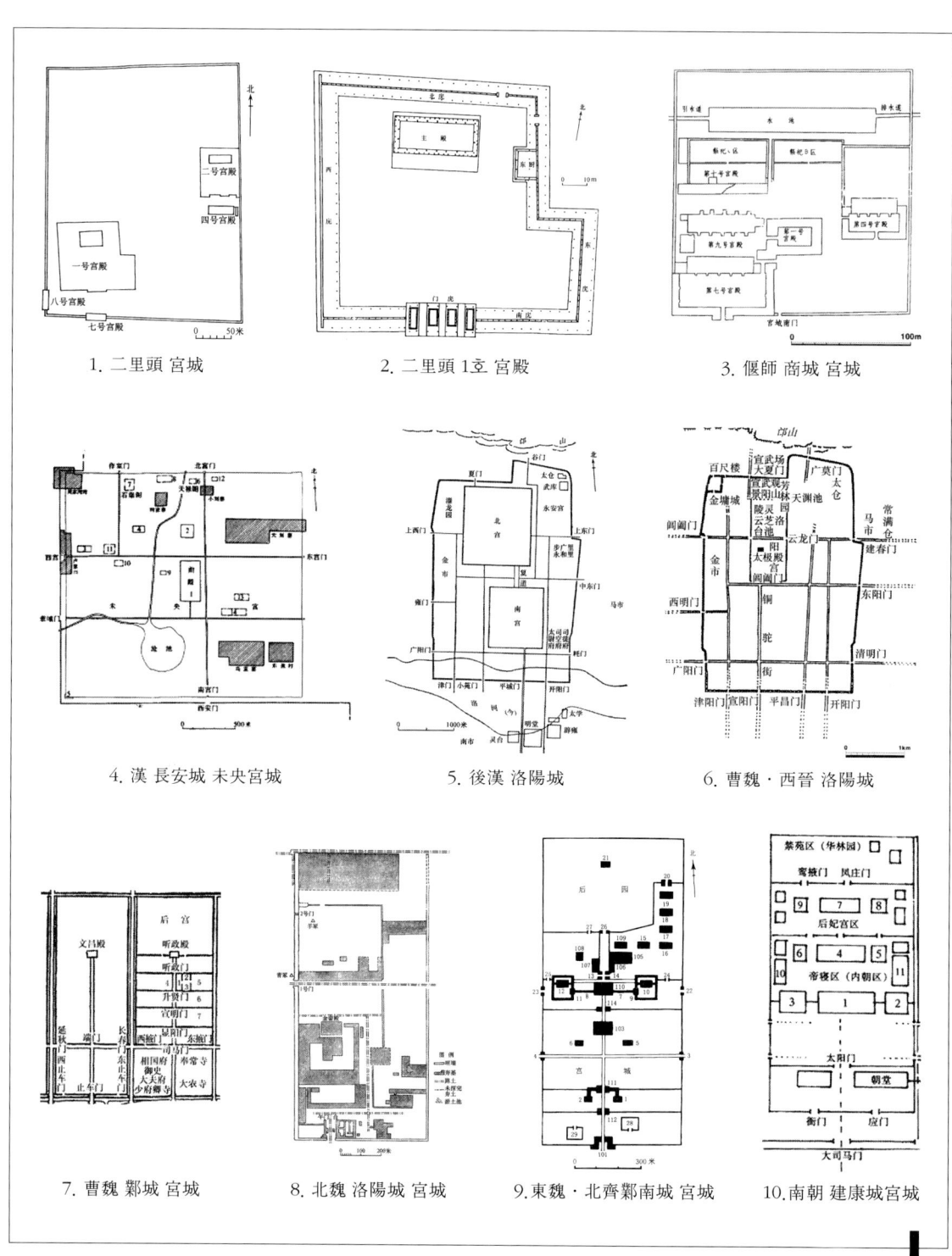

1. 二里頭 宮城　　　2. 二里頭 1호 宮殿　　　3. 偃師 商城 宮城

4. 漢 長安城 未央宮城　　　5. 後漢 洛陽城　　　6. 曹魏·西晉 洛陽城

7. 曹魏 鄴城 宮城　　8. 北魏 洛陽城 宮城　　9. 東魏·北齊鄴南城 宮城　　10. 南朝 建康城宮城

궁성 내 전각의 배치는 최초 二里頭 궁성과 偃師 商城에서는 대체로 동·서 2개의 中軸線에 의해 서쪽은 宮殿이 동쪽은 宗廟가 배치되는 宮廟一體型이다. 周代의 궁성 배치는 고고학자료상으로 확인되지 않고 있으나 『周禮』考工記 匠人篇에 반영되어 있다고 전제한다면 궁전의 배치는 도 04와 같이 대략 남으로부터 外朝 正殿-內朝 正殿-後宮區로 이어지는 중축선으로 배치되었을 것으로

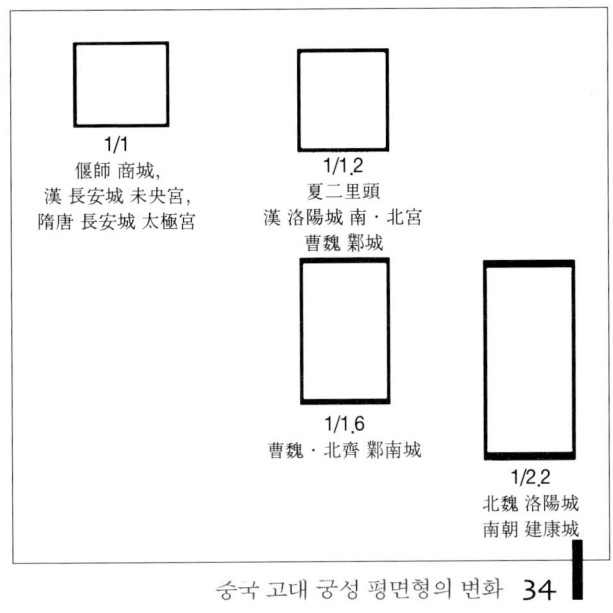

중국 고대 궁성 평면형의 변화 **34**

상정해 볼 수 있다. 궁전 전각들의 이러한 3院 배치는 춘추·전국시대의 秦 雍城의 왕실 건축지에서도 거의 유사하게 확인되며, 한 장안성 미앙궁의 大殿인 "前殿"에서도 관찰된다.

궁성 배치상의 새로운 획기가 된 조위 업성의 궁성 전각 배치는 동·서 2개의 축선에 의해 서축선에는 외조 정전이, 동축선에는 내조 정전과 후궁구가 배치되어 있다. 서축선에 외조 정전이 배치된 것은 거슬러 올라가면 二里頭 궁성에서 기원을 찾을 수 있으나 시기적인 간격이나 궁성 위치 자체가 완전히 달라진 것이어서 연관성을 상정하기는 어렵다. 북위 낙양성의 궁성에 오면 정확히 양분된 2개의 중축선은 없으나 대체로 偏西의 축선에 외조 정전-내조 정전-후궁구가 위치하는 배치를 보이지만 동축선에도 건물이 배치되고 있다. 업남성에서도 그러한 편서축은 이어지지만 상대적으로 완화되는 느낌이다. 남조의 건강 궁성에 이르러서는 이제 중앙 단일 중축선으로 변화되는데, 이는 수당 장안성을 전형으로 하는 중국 역대 도성의 궁성 전각 배치의 전통으로 이어진다.

당시 그러한 중국 궁성 전각 배치의 영향을 받았을 것으로 생각되는 백제 사비기 왕궁 유적은 동·서 2개의 배치축선에 의해 서쪽에는 외조 정전-내조 정전 등으로 추정되는 위상이 높은 전각이 배치되고 동쪽에는 그보다 격이 낮은 일련의 건물들이 배치되어 있다. 이러한 배치 양상은 북위 낙양성 및 동위·북제 업남성의 그것과 비교된다.

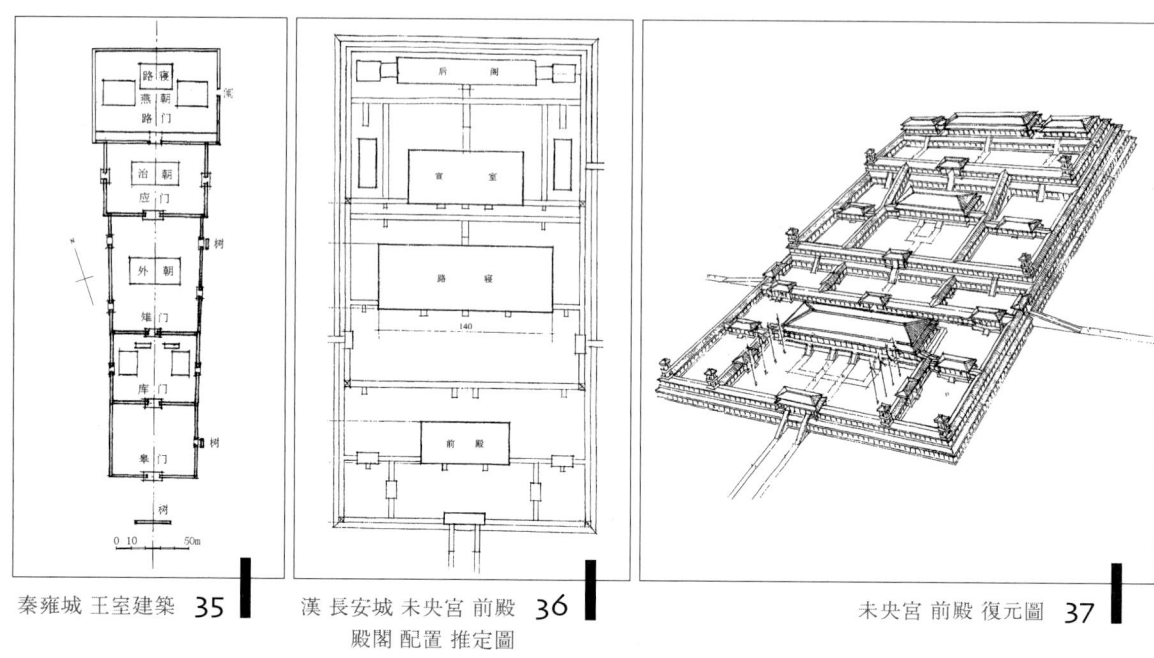

秦雍城 王室建築 **35**

漢 長安城 未央宮 前殿 **36**
殿閣 配置 推定圖

未央宮 前殿 復元圖 **37**

외조 정전의 명칭은 235년 조위 낙양성에서 처음으로 "太極殿"으로 이름 붙여진 이후 남조 건강성, 북위 平成, 북위 낙양성, 동위·북제 업남성, 수·당 장안성 등 역대 도성의 궁성 외조 정전의 명칭으로 고착되었고, 이후 중국 도성제의 영향을 받기 시작한 일본의 藤原京·平城京·長岡京 등 고대 도성의 외조 정전의 명칭으로 확산된다. 한반도의 고대 도성의 전각에도 태극전이 있었을 것으로 판단되나 문헌사료 상으로 확인되지는 않는다.

5. 格子形 民里의 成立과 展開

동아시아 고대 도성사의 전개 과정상에 있어 중요한 요소의 하나로 民里의 격자형 구획을 들 수 있다. 도성의 등장과 함께 內城外郭 구조의 취락 유형이 나타나지만 일반 민의 거주구역인 외곽 내부가 격자형으로 정연하게 구획된 것은 아니었다. 물론 『주례』 고공기 장인편의 내용으로 미루어 周代 혹은 이상적인 도성의 모습으로서 격자형 구획이 상정되곤 하였을 것으로 볼 수 있으나, 현재까지 알려진 고고학자료 상으로는 그렇게 이르지 않은 것이 사실이다. "里"는 周代의 金文에서 처음으로 등장하는 것으로서 당시 6단계의 編戶 체제와 관련된 용어이다. 5戶가 하나의 "比"가 되고, 5比가 모인 25호는 1閭인데, 閭를 里로 표기한 것이 바로 周代부터이다. 4개의 閭가 모인 100호는 1族이 되며, 5족의 500호는 1黨, 5당의 2,500호는 1州가 되고 5주 12,500호가 鄕이다. 이는 군사편제에도 그대로 적용되어 5인의 伍를 기본단위로 하여 5오 즉, 25인이 1兩, 4량인 100인이 1卒, 5졸인 500인이 1旅, 5여 2,500인이 1師, 5사 12,500인이 1軍을 구성하게 된다. 이는 지금도 군사편제 梯隊의 명칭으로 일부 남아 있기도 하다.

아무튼, 25호 閭를 달리 里로 표현하기도 하였는데, 리는 비혈연적인 지역 거주 단위로 성립되어 이후 지속되니, 지금도 행정구역 명칭으로 남아 있다. 도성 내 일반 거주민의 編戶와 함께 이들의 거주구역도 획정되었을 것이지만, 한 장안성의 북위 외곽 내에는 일반인의 리는 존재하지 않았으며, 후한 낙양성에서도 민리는 확인되지 않는다. 최초로 도성 외곽 내에 민리가 등장한 것은 조위 업성이지만 이 경우도 민리가 정연하게 격자상으로 구획되었는지는 확실치 않다. 조위 업성은 좌북조남형 궁성 배치와 같은 전통적인 중국 도성제에서는 찾아보기 힘든 요소가 등장하고 있는데, 전술한 바와 같이 서역 등지의 성벽 도시의 영향으로 보는 견해도 있다.

한편 외곽 내부 일반 백성의 민리를 坊으로 구획한 것은 북위 平城에서 처음으로 나타난다. 422년 전체 길이가 32리에 달하는 평성 外郭을 건설하면서 외곽에 坊을 축조하고 그 내부에 巷을 배치하였다. 방은 큰 것이 4~500가, 작은 것은 6~70가를 수용하는 규모이다. 坊은 평면 사각형으로서 주위는 모두 담당으로 둘러 친 공간을 말한다. 이러한 방의 구획은 평성에 도읍을 정한 뒤 도성 인구의 충원을 위해 유목민이나 농경 漢族을 사민하는 과정에서 북위 지배층인 拓拔鮮卑族이 고안한 것이다(박순발 2010c). 방을 통해 도성 내 일반 거주민을 통제하는 이러한 방식의 민리 구획은 원래 유목민족의 편제 방식으로서 이후 북위 낙양성은 물론 수·당 장안성으로 이어져 고대 동아시아 도성제의 전형으로 자리 잡았던 것이다. 495년에 궁성을 옮긴 북위 낙양성에는 사방 1리 (300步)의 정방형 坊里 320개를 두었다.

한반도의 고대 도성에서도 이와 같은 민리 구역의 격자형 구획이 채택되었음이 확인된다. 고구려의 후기 도성인 평양 장안성 外城 및 中城 지역에 걸쳐 동서 120m, 남북 84m의 대형 구획과 동서 84m, 남북 84m의 소형 방형 구획이 확인되며, 백제의 사비도성 내부에도 남북 117m, 동서 95m의 구획이 확인되고 있다. 그리고 신라의 도성에도

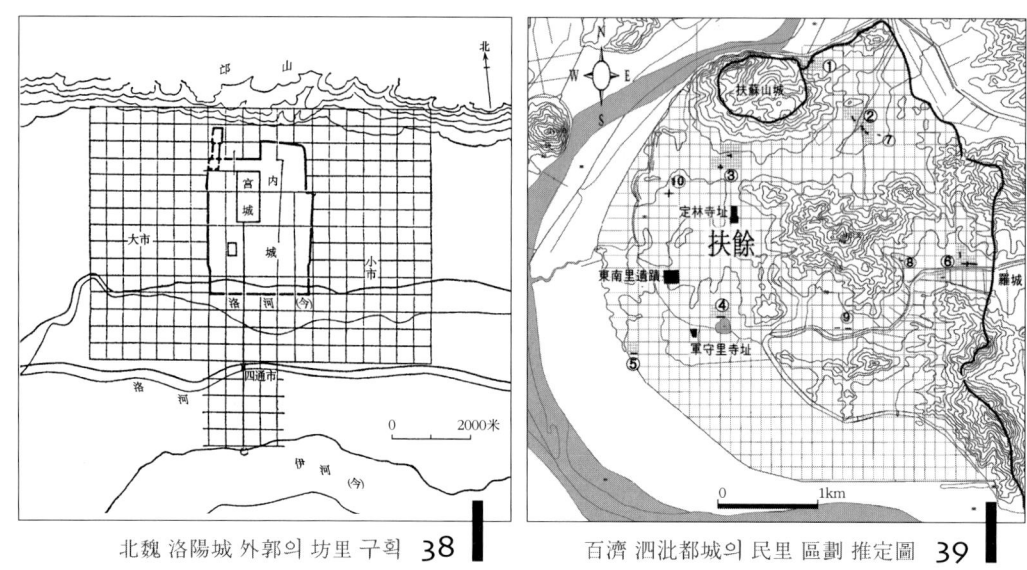

北魏 洛陽城 外郭의 坊里 구획 **38**　　　百濟 泗沘都城의 民里 區劃 推定圖 **39**

대략 6세기 후반경에 격자형 구획이 시작되어 이후 점차 확대되고 있음이 드러나고 있다. 한반도의 경우 백제의 사비도성이 시기적으로 가장 빨라 늦어도 538년 사비 천도 무렵부터 민리의 격자형 구획이 채택되었고, 고구려는 593년에 외곽성의 축조가 완료된 것으로 비정되므로 늦어도 6세기 말경에 도입하였다.

　민리의 격자형 구획과 외곽성이 결합된 완성도 높은 새로운 도성제는 중국에서는 5세기 말경에 등장한 후 대략 6세기 전반~6세기 말경에 한반도 고대 도성에 모습을 나타낸다. 그러나 일본의 경우는 그보다 약 1세기 늦어 694년에 완성된 藤原京에 처음으로 격자형 방리 구획이 채택된다. 이러한 시간적인 낙차는 국가의 민에 대한 장악력의 확대 정도, 국가의 집권력 성장에 따른 도성의 도시적 기능의 증대 정도 등 해당 지역 고유의 내적 요인에 기인된 것으로 이해할 수 있을 것이다.

6. 맺음말

　도성은 국가 성립과 함께 나타난 중심 취락의 모습으로서 중국을 비롯한 동아시아 지역에서는 성벽취락의 형태로 출현한다. 국가의 성장과 함께 그 구체적인 모습은 변천하였는데, 그러한 변화의 중심지는 중국이므로 동아시아 고대 도성에 대한 비교 관점을 확보하기 위해서는 역대 중국의 도성제 변천에 주목할 필요가 있다. 본고에서 다룬 주제는 그 가운데 극히 일부분에 지나지 않는 것으로서 주로 도성의 형태적 특징에 관한 것이었다.

　도성의 모습은 당시 국가 권력의 정당성 확보, 민에 대한 지배력 유지와 공고화를 위한 다면적인 의지를 공간화한 것이라 할 수 있다면 그 형태적 특징에 반영되어 있는 내용을 읽어 내는 노력이 필요하다. 도성은 국가 사회의 정치적 중심 취락의 유형이라 할 수 있으므로 그러한 유형의 시간적·공간적 비교는 그에 접근하기 위한 기초적인 작업의 하나일 것이다. 본고에서 다루지 못한 부분 가운데 중요한 것으로는 종묘와 사직 등 각종 예제 건축, 도성 내외의 각종 제의 공간, 불교사원 등의 배치와 경관적 의미, 왕궁 및 私家·園林 등의 부분도 도성사의 범주에서 종합적으로 다루어져야 할 것이다.

參考文獻

참고문헌

國文

박순발, 2010a, 『백제의 도성』, 충남대학교출판부.

_____, 2010b, 「한국의 고대 도성제 전개와 복도제」, 『백제의 익산 경영에 대한 도시·지리 연구』, 충남대학교 백제연구소.

_____, 2010c, 「北魏平城斷想」, 『百濟學報』3, 百濟學會.

趙胤宰, 2009, 「정림사 사명의 유래와 의미」, 『부여 정림사지 정비복원 고증기본조사 백제 불교사 및 고고학연구 용역 결과 보고서』, 충남대학교 백제연구소.

中文

盧海鳴, 2002, 『六朝都城』, 南京出版社.

段鵬琦 外, 1984, 「偃師商城的初步勘探和發掘」, 『考古』6期.

戴吾三 編, 2003, 『考工記圖說』, 山東畵報出版社.

杜金鵬, 2005a, 「偃師二里頭遺址4號宮殿基址研究」, 『文物』6期.

_____, 2005b, 「偃師二里頭遺址1號宮殿基址再認識」, 『安金槐先生紀念文集』(杜金鵬·許宏 主編, 2005, 『偃師二里頭遺址研究』, 科學出版社 收錄).

杜正勝, 1992, 『古代社會與國家』, 允晨文化出版.

孟凡人, 1994, 「試論北魏洛陽城的形制與中亞古城形制的關係」, 『漢唐與邊疆考古研究』1輯, 科學出版社(杜金鵬·錢國祥 主編, 2007, 『漢魏洛陽城遺址研究』, 科學出版社 收錄).

方酉生, 1995, 「偃師二里頭遺址第三期遺存與桀都斟鄩」, 『考古』2期.

徐光冀, 1995, 「曹魏鄴城的平面復原研究」, 『中國考古學論叢-中國社會科學院考古研究所建 所40年紀念-』, 科學出版社.

_____, 2002, 「東魏北齊鄴南城平面布局的復原研究」, 『宿白先生八秩華誕紀念文集』(上), 文物出版社.

徐光冀·顧智界, 1990, 「河北臨漳鄴北城遺址勘探發掘簡報」, 『考古』7期.

徐光冀 外, 1997, 「河北臨漳縣鄴南城遺址勘探與發掘」, 『考古』3期.

楊鴻勛, 2009, 『宮殿考古通論』, 紫禁城出版社.

王毅, 1999, 「釋墻」, 『湖南師範大學社會科學學報』28, 3期.

王仲殊, 1982, 「中國古代都城概說」, 『考古』5期.

_____, 2003, 「中國古代宮內正殿太極殿的建置及其與東亞諸國的關係」, 『考古』11.

王志高, 2008, 「六朝建康城遺址考古發掘的回顧與展望」, 『南京曉庄學院學報』1期.

王學榮·谷飛, 2006, 「偃師商城宮城布局與變遷研究」, 『中國歷史文物』6期.

劉慶柱, 1998, 「中國古代宮城考古學研究的幾個問題」, 『文物』3期.

_____, 2000, 「中國古代都城考古學研究的幾個問題」, 『考古』7期.

劉慶柱·李毓芳, 2003, 『漢長安城』, 文物出版社.

李自智, 2004, 「中國古代都城布局的中軸線問題」, 『考古與文物』4.

林留根·李虎仁, 2000, 「藤花落遺址與聚落考古學」, 『江蘇考古學五十年』, 南京出版社.

張之恒·周裕興, 1995, 『夏商周考古』, 南京大學出版社.

張學海, 1996, 「試論山東地區的龍山文化城」, 『文物』12.

張學鋒, 2006, 「六朝建康城的發掘與復原新思路」, 『南京曉庄學院學報』2期.

錢國祥, 2002, 「漢魏洛陽故城沿革與形制演變初探」, 『21世紀中國考古學與世界考古學』, 中國社會科學院
　　　　出版社(杜金鵬·錢國祥 主編, 2007, 『漢魏洛陽城遺址研究』, 科學出版社 收錄).

曹桂岑, 1988, 「論龍山文化古城的社會性格」, 『中國考古學會第五次年會論文集』, 文物出版社.

朱海仁, 1998, 「略論曹魏鄴城, 北魏洛陽城, 東魏北齊鄴南城平面布局的幾個特點」, 『廣州文物考古集』, 文
　　　　物出版社(杜金鵬·錢國祥 主編, 2007, 『漢魏洛陽城遺址研究』, 科學出版社 收錄).

中國社會科學院考古研究所 編, 1996, 『漢長安城未央宮-1980~1989年考古發掘報告-』, 中國大百科全書出
　　　　版社.

中國社會科學院考古研究所安陽工作隊, 2003a, 「河南安陽市洹北商城的勘察試掘」, 『考古』5期.

_____, 2003b, 「河南安陽市洹北商城宮殿區1號基址發掘簡報」, 『考古』5期.

河南省文物考古研究所, 2004, 「鄭州商城外郭城的調查與試掘」, 『考古』3期.

賀業鉅, 1996, 『中國古代城市規劃史』, 中國建築工業出版社.

賀雲翱, 2005, 『六朝瓦當與六朝都城』, 文物出版社.

許宏·趙海濤, 2004, 「河南偃師市二里頭遺址宮城及宮殿區外圍道路的勘察與發掘」, 『考古』11期.

許宏 外, 2004, 「二里頭遺址聚落形態的初步考察」, 『考古』11期.

何軍鋒, 2009, 「試論中國史前方形城址的出現」, 『華夏考古』2.

日文

奈良文化財研究所, 2002, 『日中古代都城圖錄』, クバプロ.

妹尾達彦, 2001, 『長安の都市計劃』, 講談社.

_____, 2007, 「隋大興城・唐長安城の禁苑」, 『東アジア諸國における都城及び都城制の比較史的總合研究』, 平成16~18年度科學研究費補助金(基盤研究A)研究成果報告書.

杉本憲司, 1977, 「中國古代の城」, 『城』, 社會思想社.

岸 俊男 編, 1988, 『中國山西山東の都城遺蹟』, 同朋舍.

礪波 護, 1987, 「中國都城の思想」, 『都城の生態』, 中央公論社.

Ⅷ. 고신라 고분 출토 공예품을 통해 본 동서교류의 새로운 단면

주 경 미 서울대학교

1. 머리말

일제강점기 이래 최근까지 지속적으로 발굴조사된 고신라시대의 고분들은 적석목 곽분이라는 독특한 고분 구조로 인하여 수많은 부장품들이 도굴되지 않은 채 발견되어 고고학 및 고대사, 미술사 등 여러 장르에서 주목을 받아왔다. 고신라 고분에서 출토되는 각종 공예품들은 출토 유물이 매우 적은 고구려나 백제, 가야의 고분들에 비해 유물의 종류와 양이 압도적으로 많고 다양하다. 아마도 이 고분들이 발견되지 않았다면, 현존하는 문헌기록이 절대적으로 빈곤한 한국 고대사, 특히 삼국시대 문화의 연구는 매우 어려웠을 것이다.

그렇지만 수많은 선학들의 연구에도 불구하고, 아직까지 고신라 고분 출토품의 성격에 대해서는 여러 가지 논란이 반복되고 있다. 이러한 논란은 다음과 같은 문제점에서 기인한다. 첫째, 고신라 고분 출토 유물 중에서 절대 연대를 가진 자료가 극히 부족하며, 무덤의 피장자를 구체적으로 확인할 수 있는 예가 없다는 점이다. 두 번째, 고신라 고분 출토 유물 중에는 독특한 형식과 제작기법으로 인하여 인근의 중국 문화권에서 비슷한 예를 찾기 어려운 경우가 종종 있다. 그러므로 이러한 예들의 기원을 중앙아시아, 혹은 서역에서 찾아야 하는 경우가 있다. 세 번째, 고신라 고분 출토품이나 관련된 문화적 양상을 현존하는 문헌기록에서 확인하기가 매우 어렵다는 점이다. 네 번째, 고신라 고분이 처음 발견되어 연구되기 시작한 일제강점기의 연구 관점이 현재의 학자들에게까지도 상당한 영향을 미치고 있다. 특히 고신라는 한반도의 동남쪽 끝에 위치해 있기 때문에 주변 대국, 특히 중국과 고구려의 문화에서 많은 영향을 받았을 것이며, 신라인들의 대외관계가 주변 국가들의 견제로 인하여 자유롭지 않았을 것이라는 견해는 고신라 고분에서 출토되는 각종 외래 수입품, 혹은 국제적 요소들을 연구하는 데에 기본적인 한계를 부여하는 오래된 가설이자 고정관념이다. 이상의 문제점들은 쉽게 해결되기 어려운 과제이다. 그렇지만 고신라의 위치적 제약성에 대한 연구자들의 고정관념의 경우, 좀 더 폭넓고 유연한 시각으로 변화된다면 고신라 고분 출토 공예품 연구의 새로운 전개가 가능해질 것이다[1].

여기에서는 먼저 3~7세기경 동서 교류의 제 양상을 살펴보면서, 신라의 지리적 위치 문제를 재고해 보겠다. 대부분의 연구자들은 신라의 대외 교류가 주로 육로를 통해서 이루어졌을 것이라고 생각해 왔지만, 최근 발견되는 여러 가지 고고학적 유물들은 인도에서 동남아, 그리고 남조로 이어지는 바닷길도 매우 일찍부터 발달해 왔음을 알 수 있다. 그러므로 이러한 바닷길의 존재에 대한 새로운 인식이 필요하다[2]. 이제까지 많은 연구자들은 적석목곽분이라는 고신라 고분의 독특한 묘제와 주요 대형 고분의 피장자가 착장했던 금관을 통해서 고신라 문화가 북방 유목민족 문화와 깊은 관련이 있음을 밝혀 왔다[3]. 그러나 당시 동서 교역로의 제양상으로 볼 때, 북방의 육로라는 하나의 교역로 만으로 고신라 고분 출토 공예품의 국제성을 모두 이해하기에는 다소 무리가 있으며, 해로와 육로가 서로 만나는 곳에 위치한 고신라의 지리적 특수성과 복합적 문화 양상을 좀 더 새롭고 열린 시각으로 이해할 필요가 있다.

고신라 고분에서 출토되는 각종 부장품 중에서도 특히 일찍부터 이국적 요소라고 인식되어 온 것은 피장자가 착장한 다양한 금제 장신구의 존재이다[4]. 금제 장신구는 동시대의 중국에서는 출토예가 드문 편이며, 고구려 고분벽화에서도 유사한 장신구의 표현이 많지 않기 때문이다. 또한 고신라 대형고분에서 상당수 출토된 소위 '로만 글라

---

1 신라 문화의 국제적 성격에 대한 주요 연구로는 이난영 1991, 국립경주박물관 · 국립제주박물관 2008, 국립경주박물관 편 2008 참조.
2 고신라 문화와 바닷길과의 관계에 처음으로 주목한 연구로는 김병모 1998 : 148~149 참조.
3 이한상(2004a : 16)은 신라 고분 출토 서역계 유물의 존재가 위진남북조시대의 중국을 매개로 한 이입품, 특히 북방의 한족과 선비족의 금공문화와 관련될 가능성을 제시하였다.
4 고신라 금제 장신구에 대한 기존의 주요 연구서로는 국립경주박물관 2001, 이한상 2004b, 이송란 2004a, 이한상 2011a 참조.

스'라고 알려진 서방계 유리 용기들의 제작지와 교역 문제에 대해서도 여러 가지 논의가 있었다(이인숙 1993a · 1993b, 유병하 2008). 여기에서는 고신라 고분 문화의 국제적 성격을 이해하기 위한 기초자료로서, 고분 출토 주요 금속공예품과 유리공예품을 살펴보고, 이들의 기원 및 제작지 논란에 대해서 정리해 보고자 한다. 고신라 고분 출토 공예품의 외래적 요소와 성격은 매우 복합적으로 형성된 것이기 때문에, 단일 루트와 일회적 민족이동, 혹은 대국으로부터의 물품 사여 등과 같은 제한적인 요인으로만 그 성격을 해석하기는 무리가 있다. 고신라 고분의 금공품의 기원은 외래 문화의 영향일 가능성이 크지만, 이들은 오히려 고신라 특유의 복합적이면서도 독자적인 양식으로 발전된 고유한 문화의 단면을 반영하므로, 그 속에 보이는 신라적 요소를 이해하는 것이 더 중요하다.

2. 고대의 동서 교역로와 신라

일반적으로 고대의 동서 교역로는 아시아와 유럽을 잇는 길이다. 19세기말 독일의 유명한 지리학자 리히트호펜이 이 길을 "실크로드(silkroad, 비단길)"라고 부르면서, 현대에 이르기까지 이 명칭이 널리 사용되고 있다. "실크로드"라는 명칭은 중국에서 만들어진 비단의 교역로라는 의미로서, 고대 로마인들이 중국제 비단을 애호했던 것에서 기인한다. 그러므로 일반적으로 "실크로드"의 시발점은 중국의 옛 수도인 長安이며, 종착점은 고대 로마제국의 수도인 이탈리아의 로마로 본다[5]. 그러나 한반도의 관점에서 이 길은 장안에서 한반도로 또다시 이어질 수 있기 때문에, 여기에서는 중국과 로마로 한정된 제한적인 명칭보다는 좀 더 연장된 개념인 "동서 교역로"라는 용어를 사용한다. 이렇게 엄청나게 기나긴 고대의 동서 교역로는 단일한 루트라기보다는 여러 가지 옛 길들이 복합적으로 이어져 생겨난 루트로서, 동쪽으로는 한반도와 일본열도에까지, 그리고 서쪽으로는 서유럽 및 북유럽지역까지 연장될 수 있다.

고대의 동서 교역로는 이동방식에 따라 크게 도보와 거마구를 이용하여 중국 내륙

---

5 실크로드의 일반적인 정의와 개념에 대해서는 나가사와 가즈도시 1990 : 13~20 참조.

에서 출발하여 중앙아시아를 지나가는 陸路와 중국의 남쪽 해안에서 출발하여 선박을 이용하여 동남아시아와 인도를 거쳐서 홍해로 이어지는 海路로 나누어진다(도 01).

1) 다양한 육로의 발달

육로는 해로에 비해 좀 더 일찍부터 사용되기 시작했는데, 육로는 다시 경유지에 따라 크게 "사막길(=오아시스 루트, Oasis Route)"과 "초원길(=스텝 루트, Steppe Route)"의 두 가지로 나누어진다. 사막길은 중앙아시아의 천산산맥 남쪽의 타클라마칸사막을 횡단하여 서쪽으로 향하는 루트이며, 초원길은 천산산맥 북쪽의 초원지대를 가로질러 서쪽으로 향하는 루트이다. 특히 유라시아 대륙의 거대한 북부 초원지대를 지나는 초원길은 기원전 7세기경 고대 유목민족인 스키타이의 발흥과 함께 고대 동서 교역로의 주요 루트로 등장하게 되었다. 그러나 고대 유목민족들의 교역 문화나 이동 루트 등에 대해서는 문헌기록이 희소하고, 광범위한 지역에서 산발적으로 출토되는 고고 유물들에 대한 체계적인 정리가 부족한 편이기 때문에, 고대 초원길의 문화 교류나 역사에 대한 연구는 아직까지 많지 않은 편이다.[6]

그에 비해서 타클라마칸사막을 횡단하는 사막길에 대해서는 중국의 기록이 많이 남아 있으며, 19세기 이후 이 지역을 탐사한 수많은 서양의 탐험가들에 의해서도 상당히 구체적인 경로 탐사가 이루어졌다.[7]

사막길이 동서 교역로로서 본격적으로 사용되기 시작한 것은 중국 漢 武帝때부터이다. 기원전 139년 한나라의 長騫은 무제의 명으로 감숙성을 지나 사막길을 이용하여 중앙아시아지역을 여행하고 돌아왔다. 그의 여행 목적은 한을 침략하는 북쪽 초원지대의 흉노를 물리치기 위해서 서쪽의 월지와 동맹을 맺기 위한 것이었다. 그의 목적은 이루어지지 않았지만, 당시 그가 방문한 여러 중앙아시아 국가들에 대한 기록은 중국 사서인 『史記』에 일부 전하여, 당시 동서 교역로, 특히 사막길의 문화를 이해하는 데에 큰 도움이 된다. 이후 장건이 지나갔던 사막길은 동서 교역로의 주요 루트로 사용되었다

---

6 초원길에 대한 최근의 개괄적인 연구로는 강인욱 2011 : 36~55 참조.
7 근대의 중앙아시아 탐험가들과 그들의 활동에 대한 개설로는 피터 홉커크 2000 참조.

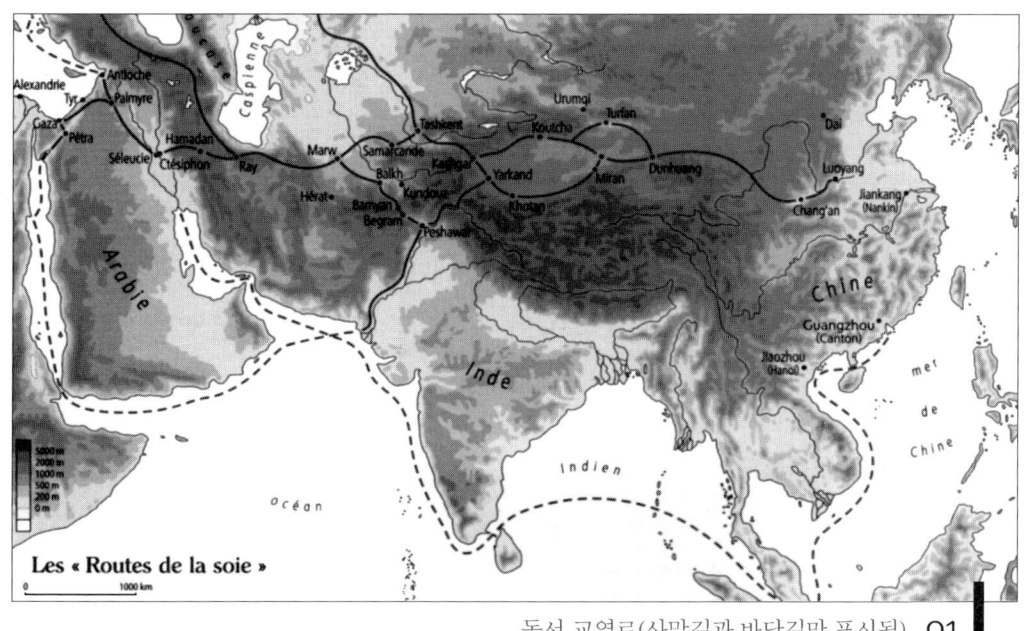

Les Perses sassanides - Fastes d'un empire oublié (224-642) : 31에서 전재

(나가사와 가즈도시 1990 : 57~69).

그러나 사막길도 경유지에 따라 여러 가지 갈래길이 있는데, 그중에서도 돈황부터 시작하여 타클라마칸사막을 가로지르는 경로에 따라 "西域北道"와 "西域南道"의 두 가지 루트가 대표적이다. 서역북도는 돈황에서 타클라마칸사막의 북쪽을 지나서 투르판과 쿠차(龜玆, Kucha)를 지나서 카슈가르에 이르는 길이며, 서역남도는 돈황에서 남쪽으로 내려가 사막을 남쪽으로 돌아 지금은 사라진 도시인 누란과 미란을 지나서 호탄(于闐, 和田, Khotan)을 거쳐 카슈가르에 이르는 길이다.

사막의 두 길은 카슈가르에서 만나지만, 여기에서 서쪽으로 가는 길은 역시 여러 가지로 나뉜다(도 01). 우선 남쪽으로 내려가서 인도와 파키스탄 쪽으로 갈 수도 있으며, 카슈가르에서 더 서쪽으로 향하여 타쉬켄트와 사마르칸드를 지나서 페르시아(현재 이란)의 북쪽으로 향할 수도 있다. 혹은 인도로 내려가다가 아프가니스탄 쪽에서 다시 페르시아쪽으로 향할 수도 있다. 그러므로 카슈가르를 지나서 육로로 서쪽으로 가는 길은 매우 다양한 갈래길을 선택하여 이루어졌으며, 교역로의 종착지는 대체로 이탈리아의 로마로 이어진다. 그중에서도 3~7세기경에 가장 애용되었던 육로는 사막길 중에서 서역북도였으며, 카슈가르에서 타쉬켄트, 사마르칸드와 페르시아를 지나는 길이 가장 빈번하게 상업적 교역로로서 이용되었다고 추정된다.

　동아시아에서 유럽으로 향하는 이러한 복잡하고도 먼 육로는 타클라마칸사막 인근의 작은 오아시스 국가들을 통과하여 페르가나, 옥서스, 소그드지역을 통과하여 페르시아를 지나서 지중해 연안에 닿게 된다. 기원전 3세기경 알렉산더가 동방 원정을 한 이후, 인도 서북지역에서 고대 페르시아에 이르는 광대한 지역에는 그리스계 이민족이 지배하는 여러 소국들이 잠시 있었으나, 이러한 소국들은 기원전 247년 파르티아제국이 건립되면서 제국에 병합되었다. 파르티아제국은 기원후 226년 사산조 페르시아제국에 의해서 멸망했으며, 이후 아시아와 유럽의 교역은 사산조 페르시아의 영향 아래에서 이루어졌다고 해도 과언은 아니다[8].

　동서 교역의 종착지라고 알려진 고대 로마제국은 이탈리아 로마에서 시작되기는 했지만, 기원후 330년 콘스탄티누스황제가 수도를 콘스탄티노플, 즉 현재의 터어키 이스탄불로 옮기면서 문화의 중심지는 현재의 터어키지역이 되었다. 395년 로마제국은 로마를 중심으로 한 서로마와 콘스탄티노플을 중심으로 한 동로마로 분열되었으며, 서로마는 476년 게르만족의 침략에 의해 멸망했다. 콘스탄티노플을 중심으로 한 동로마는 1453년 투르크에 의해 멸망할 때까지 지속되었으며, 콘스탄티노플의 다른 이름인 비잔티움이라는 명칭을 따서 비잔틴제국으로 불리기도 하였다. 그러므로 고신라 고분에서 출토되는 소위 '로만 글라스'는 대부분 동로마, 즉 비잔틴제국 시기에 제작된 것으로 추정되고 있다[9].

　당시 동로마와 동아시아의 교역은 두 지역 사이에 존재한 사산조 페르시아의 영향을 지대하게 받았으며, 실제로 당시 교역을 주관한 곳은 사산조 페르시아이다. 특히 육로의 사막길이나 해로의 이용은 모두 사산조 페르시아를 통과해야 했기 때문에, 동로마인들은 좀더 자유로운 교역을 위해 사산조 페르시아와 끊임없는 협상과 전쟁을 벌였다. 동로마와 사산조 페르시아의 전쟁은 384년 테오도시우스황제와 샤푸르 3세의 평화조약 협정으로 끝나서 한동안 안정된 교역이 이루어졌다. 한편 동로마인들은 사막길과 바닷길 이외의 다른 교역로인 북쪽의 초원길을 이용하고자 했으나, 이러한 시도는 422년 일어난 백훈(혹은 에프탈)족의 침입으로 무산되었다. 그러므로 동로마와 아시아의

---

8 알렉산더의 동방 원정이후부터 사산조 페르시아까지의 페르시아지역의 역사와 문화에 대한 개괄로는 Ghirshman 1962, 국립중앙박물관 2008 참조.
9 당시 로마 제국사에 대해서는 김차규 2009 : 1~27 참조.

교역은 주로 페르시아를 이용한 교역로를 이용할 수 밖에 없었다(김차규 2009). 이러한 과정에서 새롭게 발달하기 시작한 것이 바로 해로이다.

2) 해로의 발달

해로, 즉 바닷길(Marin Route)은 로마인들에게 기원전 1세기경부터 알려지기 시작했다고 추정된다(장-노엘 로베르 1998 : 206). 초기의 바닷길은 로마에서 인도로 가는 길이었으며, 이후 이 길은 좀 더 연장되어 중국 남부 해안까지 이어지게 된다. 1세기경 로마의 플리니우스(Gaius Plinius Secundus)의 『박물지』에 의하면, 당시 동방으로 가는 뱃길은 지중해 남부 이집트의 알렉산드리아에서 시작된다. 알렉산드리아에서 2마일 떨어진 줄리오폴리스항구에서 배를 타고 나일강을 타고 이집트 내륙의 코프토스로 온 후, 거기에서 사막을 횡단하여 홍해에 이른다. 이후 홍해의 베레니케항구에 도착하면 배를 타고 오켈리스항구를 지나 인도의 무지리스항구에 도착하게 되는데, 알렉산드리아에서 인도까지의 여행은 3개월 정도 걸렸던 것으로 추정된다(장-노엘 로베르 1998 : 226~228). 이러한 바닷길은 인도를 거쳐 동남아를 지나 중국 남부 해안까지 이어지게 되는데, 바닷길의 존재와 구체적인 경로에 대해서는 아직까지 여러 가지 논란이 많기는 하다.

인도에서 동남아시아로 이어지는 바닷길의 존재는 기원 전후의 시기부터 기원후 7세기경까지 계속 확인된다. 특히 5세기 이후 중국에서 인도로 떠났던 여러 불교 승려들의 여행 경로를 보면, 바닷길이 육로에 비해 안전하다고 생각하여 많은 사람들이 이용했던 것으로 생각된다[10]. 인도에서 동쪽으로 향하는 바닷길은 인도 동북부 갠지스강 하류에 있는 캘커타 인근의 고대 항구 탐마립티에서 시작하여 스리랑카를 거쳐 수마트라섬 북부를 지나 인도네시아의 여러 섬들과 말레이반도 사이를 따라서 이어진 것으로 추정된다. 그렇지만 고대 바닷길의 흔적을 알려주는 고고학적 자료는 드문 편이다.

---

10 대표적인 예로는 5세기에 인도를 여행하고 중국으로 돌아온 法顯이 있다. 법현은 399년 장안을 출발하여, 중앙아시아와 인도를 여행하고, 돌아올 때는 해로를 이용하여 스리랑카와 동남아시아를 거쳐서 412년 중국 산동성에 도착했다. 그의 여행기 『佛國記』에는 그가 보고 온 여러 지방의 풍물과 종교에 대해서 상세하게 기록되어 있다. 동아시아 구법승 일람과 그들의 여행 경로와 관련된 문헌 자료에 대해서는 이주형 책임편집 2009 : 423~494 참조.

바닷길의 여로에서 비교적 중요한 경유지는 현재의 베트남 남부 및 태국에 걸쳐 있었던 고대 扶南國의 존재이다. 부남, 혹은 푸난(Fu Nan)왕국은 2세기부터 7세기까지 번성했던 나라로서, 관련 유적과 유물이 여러 곳에서 확인되고 있다(Khoo 2003). 또한 부남국은 중국 남조의 양나라와도 긴밀하게 교역을 했던 왕조로서, 중국 사서에 비교적 다양한 기록이 남아 있다(강희정 2009 : 40~45). 고신라를 비롯한 삼국시대의 대외 교섭에서도 부남국의 존재를 인식하는 매우 중요한 연구과제 중의 하나이다.

이와 같이 이탈리아에서 시작하여 선박과 육로를 경유하여 이집트와 중동을 지나 인도로 향한 후, 다시 동남아와 동아시아로 이어지는 바닷길은 육로에 못지않게 길고 험난한 경로다. 그렇지만 육로에 비해 수송능력이 뛰어나고 안전했다고 여겨졌으므로, 동서 교역에서는 상당히 자주 이용되었다. 동아시아와 인도의 경우에는 5세기 이후 바닷길의 이용이 빈번해졌으며, 8세기 이후에는 중국에서 제작된 도자기의 수출에는 주로 바닷길이 사용되었다(미스기 다카토시 2001).

이제까지 삼국시대 바닷길의 이용에 대해서는 국내 학계에서 그다지 심도깊게 논의되지 않았다. 백제와 중국 남조의 양나라와의 교류가 해로를 이용했던 것에 대해서는 별다른 부정이 없지만, 신라의 바닷길 이용이나 좀 더 이른 시대의 바닷길 이용에 대해서는 다소 부정적으로 받아들이거나, 신화나 허구의 일종으로 치부하는 경향이 강한 편이다. 그러나 신라를 비롯한 한반도 동남부지역에서는 신석기시대부터 이미 일본과의 바닷길이 발달했으므로, 선박을 이용해서 중국, 특히 남방지역과의 바닷길 이용이 부정기적으로는 가능했을 것이다.

『삼국유사』와 같은 후대 문헌 기록에 의하면, 이미 일찍부터 바닷길을 통해 새로운 인물들이 신라, 혹은 가야의 역사상에 지배계층으로 등장한 것을 찾아 볼 수 있어 주목된다. 가장 대표적이며 논란이 많은 인물은 금관가야를 건국한 김수로왕의 왕비 許黃玉일 것이다[11]. 허황옥은 배를 타고 아유타야라는 곳에서 건너온 이방인이었다고 전한다. 허황옥의 기록이 사실인지의 여부는 알 수 없지만, 선박을 이용하여 외래인이 한반도 남부지역에서 정착했다는 것은 사실일 가능성이 높다. 바닷길로 들어온 또 다른 주요 인물로는 신라의 제 4대왕이었던 昔脫解가 있다. 석탈해 역시 바다에서 떠밀려온 선박을 타고 이주해 온 외래인으로서, 후에 신라의 왕이 되었던 인물이다. 석탈해 설화 중

---

11 『三國遺事』卷2, 紀異 第2,「駕洛國記」條.

에 주목되는 점은 그가 철을 다루던 대장장이 출신이라고 스스로 주장했으며, 사냥할 때에 '角盃'를 사용했다는 점이다[12]. 석탈해의 실존 여부와 생존 연대는 역시 확인할 수 없지만, 바닷길을 통해서 새로운 기술을 가진 인물들이 1세기 이후 한반도 남부지역, 특히 신라와 가야에서 지배계층으로서 정착했다는 기록의 내용은 주목할 만하다.

한편 신라에서 중국으로 이어지는 길은 고구려를 지나 요동성을 거쳐 육로로 이어지는 길을 선택할 수도 있으며, 고구려를 지나 산동성으로 들어가는 해로를 이용할 수도 있었다. 즉 동아시아에서 유럽까지의 길이 여러 루트가 있듯이, 신라에서 중국을 지나 서역으로 이어지는 길도 단일 루트로만 이해할 수는 없으며, 육로와 해로가 복합적으로 이용되었을 가능성을 염두에 두어야 할 것이다. 그렇지만 현존 문헌기록에서는 허황옥과 석탈해 이후 한동안 남방 해로의 이용에 대해서 침묵하고 있기 때문에, 고대의 해로에 대해서는 현존 유물들을 통해서만 단편적으로 파악할 수 있을 뿐이다. 다음으로는 고신라 고분 출토 공예품 중에서 금속공예품과 유리공예품을 중심으로, 당시 동서교류의 단면을 살펴 보겠다.

3. 고신라 고분 출토 금속공예품의 국제적 성격

고신라 고분에서 출토되는 금속공예품은 그 수와 종류가 상당히 다양하다. 재질면에서는 금, 은, 동 및 각종 동합금, 금동, 그리고 철 등 다양한 금속이 사용되었으며, 용도면에서도 장신구, 기명, 무기 및 마구류 등 매우 다양하다. 이러한 금속공예품 중에서도 특히 외래 문화와의 교류를 논의할 때 빼놓을 수 없는 중요한 유물은 고신라 고분에서 처음으로 대량 출토되는 각종 금은제 장신구류들이며, 장신구 외에도 금이나 은으로 만들어진 몇몇 주요 공예품들은 고신라 고분에서 새롭게 등장한 예들로서 외래 유물이라고 평가되는 경우가 종종 있다. 이와 함께 중국의 고대 청동기 기형의 영향을 받은 청동기와 독특한 각배 형식의 그릇도 외래 문화와의 교류를 이해하는 데에 중요한 자료가 된다.

---

12 『三國遺事』卷1, 紀異 第1, 「第四脫解王」條.

1) 금제 공예품의 등장과 유행

현재까지 알려진 한반도 출토 금제 공예품 중에서 가장 이른 시기의 것은 낙랑 고분에서 출토된 금제 교구를 비롯한 소수의 금제 공예품들이다. 평양 석암리 9호분에서 출토된 금제교구는 작은 크기에도 불구하고 정교한 타출기법과 누금세공기법, 그리고 보석 상감기법 등을 사용하여 매우 정교하게 제작된 뛰어난 금속공예품이다(주경미 2008 : 52~59). 석암리 출토 금제 교구의 제작지에 대해서는 현재 여러 가지 논란이 있기 때문에 확실하지 않으나, 적어도 기원 전후한 시기의 한반도에서 금제 장신구의 사용이 있었음을 알려주는 중요한 자료가 된다. 낙랑 고분에서는 금뿐만 아니라 은으로 제작된 공예품들도 상당수 발견되었는데, 이러한 공예품들은 대부분 장신구와 마구류 등으로서 비교적 신분이 높은 상류층에서 사용된 예들이다. 낙랑의 몇몇 고분을 제외하면 한반도에서 금은제 공예품이 본격적으로 등장하는 것은 고신라시대에 들어와서부터이다.

금이나 은으로 각종 장신구 및 장식품을 제작하는 것은 청동을 사용하여 주물기법으로 제작하는 중국의 금속 공예기법과는 달리 망치와 정을 이용하여 단조를 하여 형태를 제작하고 여러 가지 다양한 장식 기법을 사용하기 때문에, 청동기의 제작과는 제작기법적 측면에서 상당한 차이가 있다. 특히 얇은 금판을 두드려서 입체감 있는 문양과 형태를 표현하는 打出技法이나, 작은 금알갱이나 금선을 금판 표면에 붙여서 장식을 하는 鏤金細工技法, 보석이나 유리 등을 붙여서 장식하는 보석 상감, 혹은 嵌玉기법 등은 동아시아

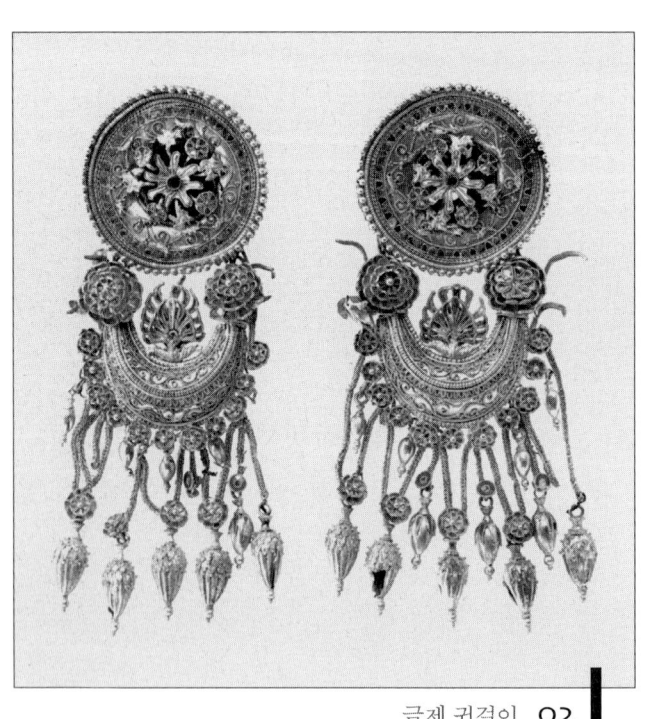

금제 귀걸이 **02**

기원전 350년경, 쿨오바 출토, 러시아 에르미타주 박물관 소장

지역에서는 비교적 생소한 금속공예기법이다[13]. 이러한 정교하고 발달된 금속공예기법은 고대 메소포타미아와 이집트지역에서 시작되어 그리스와 흑해 연안으로 전해진 것으로(도 02)[14], 동아시아에는 기원 전후한 시기에 전해진 것으로 추정된다. 이러한 제작기법을 사용하여 만들어진 고신라 고분 출토 금제 공예품의 존재는 동아시아 고대 문화에서는 다소 생소하고 예외적인 성격을 가진다.

고신라시대 이전의 한반도 남부지역에서는 금제 공예품의 예가 거의 알려져 있지 않았기 때문에, 한반도 남부지역에서의 금제 공예품 사용은 고신라시대의 적석목곽분 형식의 고분이 축조되는 시기부터 갑작스럽게 시작된 것으로 보인다. 현재까지 알려진 고신라시대의 적석목곽분 중에서 비교적 이른 시기에 속하는 경주 월성로 가-13호분이나 경주 교동 폐고분, 그리고 대형 고분 중에서는 가장 이른 황남대총 남분 등에서는 모두 다수의 금제 장신구들이 출토되었다. 특히 경주 월성로 가-13호분 출토 금제 귀걸이는 태환이식으로서, 세선세공과 감옥기법이 모두 사용되어 이미 금제 공예품의 제작 수준이 상당히 발달된 상태임을 보여준다(도 03). 또한 경주 교동의

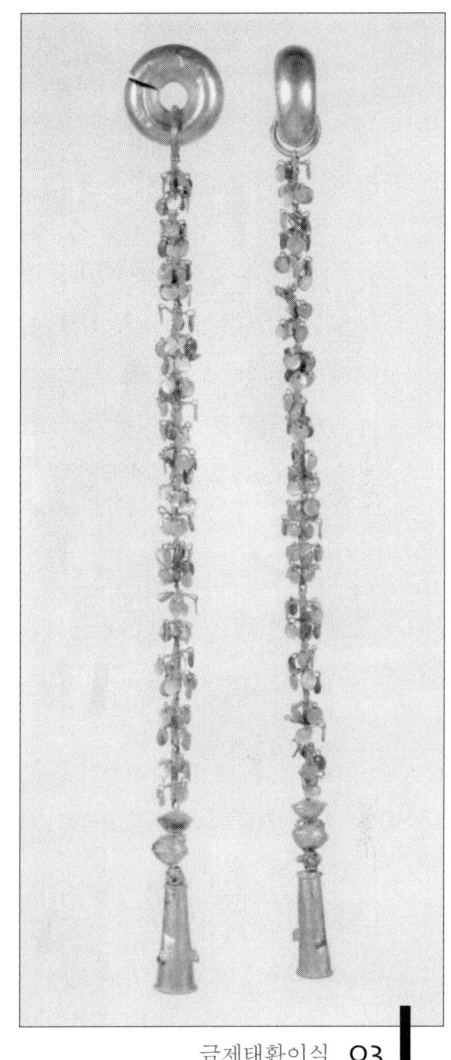

금제태환이식 03

경주 월성로 가-13호분 출토, 국립경주박물관 소장

폐고분에서 출토된 금관 및 각종 장신구류도 역시 상당히 발달되고 정형화된 형식을 보여준다. 이러한 초기 적석목곽분 출토 금제 장신구의 예들로 볼 때, 고신라시대의 금

13 이상 삼국시대 금공품의 각종 금속공예기법에 대해서는 주경미 1997 참조.
14 고대 메소포타미아와 이집트, 그리스의 금공품에 대한 개괄로는 Chourmoyziadis 2003, Higgins 1980 참조.

제 장신구 제작기법은 초기부터 상당히 발달되며 안정된 상태였다. 즉 고신라의 금제 공예품 제작기술은 서서히 자체적으로 발달한 것이 아니라 이미 완전히 발달된 상태의 제작기술이 갑작스럽게 전래된 것으로 해석된다.

새로운 기술의 갑작스러운 등장은 아마도 이러한 기술을 가진 장인의 도래와 관련된 것일 가능성이 상당히 높다. 당시 금제 장신구 제작기술을 가진 장인이 어느 지역에서 왔는지 현재로서는 다소 불분명하지만, 낙랑지역에서 금제 공예품의 사용이 있었던 것을 고려한다면 낙랑을 비롯한 한반도 북부에서 남하한 이주민일 가능성이 상당히 크다.

장인의 이주설을 논의할 때에 기억해야 할 점은 금이나 은을 다루는 세공기법의 경우 장인 집단의 규모가 한두 명에 불과한 소수일 정도로 작더라도 이러한 기술의 전래가 가능하다는 점이다. 금과 은은 비교적 고가의 희귀한 재료이고 사용자의 수가 제한적이기 때문에, 이들을 다루는 제작능력을 가진 장인의 수는 그다지 많지 않아도 된다. 금세공 기법은 수많은 노동 인력이 필요한 청동기 주조나 각종 금속 제련 공정과는 달리, 재료만 있다면 우수한 장인 한 명이 서너 명의 보조 일꾼들만으로도 충분히 작업을 진행할 수 있다. 특히 타출이나 누금과 같은 고도의 기법들은 제작기법을 잘 이해하는 한두 명의 장인만 있으면 일정 규모의 사회에서 요구되는 공예품 생산과 기술 전수가 충분히 가능하다. 또한 발달된 단조 철기의 제작 장인이 같은 단조기법을 사용하여 철에 비해서 다루기 쉬운 금이나 은공예품을 제작하는 것도 가능했을 것이다.

훨씬 후대의 일이기는 하지만 조선시대의 경우를 보면, 왕실과 국가의 중앙 기관에서 사용하는 은제품을 만드는 장인인 銀匠은 京工匠에만 있었으며, 공조에 8명, 상의원에 8명, 모두 16명만 배치되어 있었을 뿐이다. 금속기에 은입사를 해서 장식하는 入絲匠의 경우에도 공조에 2명, 상의원에 4명 등 모두 6명에 불과하다[15]. 조선시대에는 왕실에서만 은기를 사용했으며 일반인들의 금은기 사용은 거의 금지되어 있었다. 즉 조선시대의 공식적인 은기 제작은 16명에 불과한 경공장의 은장이 대부분 담당했을 것으로 생각된다. 이것은 금이나 은을 사용한 금속공예기법의 희소성과 장인의 수적 제한을 보여주는 예로서, 금제 공예품의 제작에는 그다지 큰 규모의 장인 집단 형성이 필요하지 않았음을 반증하는 예이다. 그러므로 소규모 장인의 이주와 그에 비해 대규모인 민족, 혹은 집단의 이동을 구별하지 않고, 금속공예 장인의 이주설을 확대하여 민족, 혹

---

15 『經國大典』「工典」京工匠條 참조.

은 집단의 이주로 해석하는 것은 매우 위험하다.

고신라시대 대형 고분 중 가장 이른 시기에 속하는 황남대총 남분과 북분에서 출토되는 다양한 금제 공예품들은 이미 이 시기부터 금제 공예품의 제작과 사용이 크게 유행했음을 알려준다. 황남대총 남분에서는 피장자가 착용하고 있던 각종 장신구를 비롯하여 금은제 그릇이 출토되었으며, 이러한 호화로운 금공품의 사용은 황남대총 북분에서 이미 상당히 발달된 양상을 보인다. 이중에서도 특히 외래문화와의 관계를 논의할 때 가장 중요한 것은 금관을 비롯한 각종 금제 장신구들이다.

2) 금관과 태환이식의 기원과 의의

고신라시대의 金冠은 발견된 초기부터 고신라 문화의 외래적 요소를 대표하는 장신구로 알려져 왔다(도 04). 고신라의 금관과 유사한 형식의 관은 동아시아에서 매우 드물기 때문이다[16]. 대체로 금관의 기원은 기원 전후한 시기의 중앙아시아지역의 금관이나 극동 시베리아의 샤만의 관에서 찾는 경우가 많다(이은창 1982, 김병모 1998, 이한상 2004, 이송란 2004a). 금관의 기원과 관련하여 가장 주목되어 온 유물은 현재의 아프가니스탄 북부 틸리야테페고분군에서 출토된 기원 전후 시기에 제작된 금관(도 05)과 남시베리아의 호흐라치고분군에서 출토된 금관이다.

틸리야테페고분군은 1978년에 러시아의 고고학자들이 발굴했는데, 이 고분군에서는 수많은 금제 장신구들이 출토되었다(Sarianidi 1980 · 1985, Hiebert and Cambon 2008). 틸리야테페고분군의 피장자들에 대

금관, 고신라 **04**

경주 금관총 출토, 국립경주박물관 소장

금관, 기원전 1세기~기원후 1세기 **05**
아프가니스탄 틸리야테페 6호분 출토, 아프가니스탄 국립박물관 소장

한 성격은 현재로서는 정확하지 않으나, 출토된 유물로 볼 때 그 지역의 지배계층의 분묘군으로 추정된다. 금관이 출토된 제6호분은 젊은 여성의 무덤으로, 아마도 제사장이자 왕비일 가능성이 있다. 틸리야테페고분 출토 금관과 고신라 고분의 금관은 형식적 측면에서는 다소 차이가 있지만, 나무를 형상화한 관의 형태와 착장자가 여성이라는 점 등의 공통점이 보여 주목된다(주경미 2009 : 45의 각주 14). 남시베리아의 노보체르카스크 호흐라치고분군에서 출토된 금관도 역시 착장자가 여성이었으며, 나무와 사슴이 사실적으로 표현되어 있어서 도상적 측면에서 고신라 금관과 매우 밀접한 관계를 보인다(Kaposhina 1963 : 256~258). 즉 이들은 樹木 및 사슴신앙과 관련된 의례에서 사용되는 冠일 가능성을 공통점으로 가지고 있다[17]. 틸리야테페와 호흐라치고분군은 서

---

16 사실 금관이나 황금 문화 등의 존재는 유라시아 북방 유목민족의 문화에서는 오래된 전통 중의 하나이다. 그러므로 금관을 비롯한 황금 문화의 존재가 외래적이라고 보는 논의는 사실상 중국 중원 중심, 혹은 유교 중심의 역사관에서 비롯된 것이다. 중국 동북지역을 비롯한 북방계 문화권이 중국 중원 중심의 문화권과는 일찍부터 차이가 있는 또하나의 거대한 문명이라는 것을 인식한다면, 이러한 논의는 불필요한 것일 수 있다. 신라뿐만 아니라 고구려나 백제에서도 일부 북방 문화적 요소들을 찾아 볼 수 있는데, 이는 이들이 중국 중원의 漢族 문화와는 다른 문화권을 형성하고 있었음을 알려주는 것이다.

17 신라 금관의 도상적 기원에 대해서는 이송란 2004a : 195~219 참조.

로 비슷한 시기인 기원 전후의 시기에 조영된 것이지만, 5~6세기경에 조영된 고신라 고분은 이들과 지역 및 시대적 격차가 매우 크기 때문에, 직접적인 영향관계를 논의하기는 상당한 무리가 있기는 하다.

아마도 이러한 공통점은 공유했던 선행 문화나 신앙을 바탕으로, 시대가 내려오면서 지역에 따라 개성적으로 문화를 발전시키면서 나타난 잔존 현상일 가능성이 있다. 근세기까지 시

샤만의 관. 현대 06
시베리아 수집, 러시아 울란우데 고고학연구소 소장

베리아지역에서 사용되었던 샤만의 관을 보면, 역시 사슴뿔의 형태가 잔존하고 있다(도 06). 이렇게 남시베리아부터 고신라, 현대의 시베리아에 이르기까지 공통적으로 보이는 사슴뿔을 가진 관은 북 유라시아대륙에 광범위하게 퍼져 있던 고대의 세계관, 혹은 사상적 배경을 반영한 도상일 가능성이 크다. 즉 금관의 기원은 북방 유라시아대륙의 유목민족 문화에서 찾을 수 있으며, 이러한 유목민족 문화의 이동 경로는 지리적 측면을 고려한다면 당연히 중국 북방지역과 고구려를 지나 신라에 이르렀을 것이다.

그렇지만 이러한 문화의 전래가 고신라시대에 갑작스럽게 이루어진 것이라고 보기에는 시간적 격차가 너무 크다. 오히려 이러한 문화적 양상이 꾸준히 지속되면서 유기물질로 제작된 관이 계속 사용되었으나 현존 유물이 남아 있지 않았을 가능성도 생각해 볼 필요가 있다. 이와 함께 유기물질의 관 조형이 금을 이용한 새로운 금속공예품 제작이 가능해진 어떤 시기에 이르러서 고신라 금관의 조형으로 새롭게 발현된 것일 가능성도 고려해야 한다[18]. 즉 고신라 금관은 외래적 요소로 등장한 것이라기보다는, 북방 유라시아 문화권 전통 아래에서 고신라시대에 새롭게 재창안된 고신라 문화의 독자

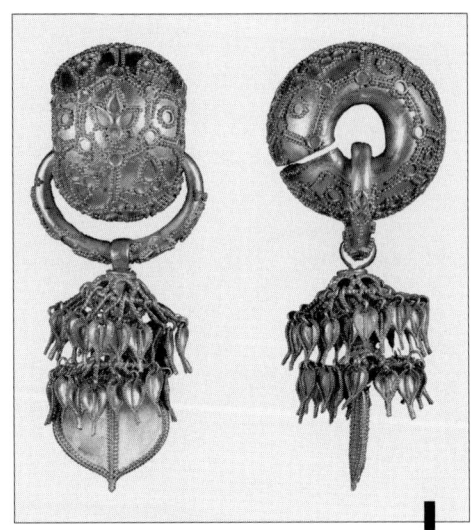

금제 태환이식, 고신라, 6세기　**07**
경주 보문리 부부총 출토, 국립중앙박물관 소장

금제 세환이식, 三燕, 4~5세기　**08**
중국 요녕성 보안사 고묘 출토, 요녕성박물관 소장

성을 보여주는 중요한 조형문화인 것이다.

금관의 착장 문화가 북방 유라시아 대륙의 유목민족 문화에서 시작된 것이라면, 고신라 고분에서 자주 출토되고 고신라인들에게 애용되었던 수하식이 달린 거대한 태환이식은 그와는 조금 다른 기원에서 발달한 것으로 보인다(도 07).

수하식이 달린 세환이식은 역시 그 기원을 북방 유목민족 문화에서부터 찾을 수 있다. 흉노시대의 고분에서는 간단한 세환이식이 출토된다. 이보다 늦은 선비족의 三燕시대 고분에서 출토되는 세환이식들은 보다 본격적인 수하식이 달린 형식으로서(도 08), 고구려나 가야의 세환이식과 형식적 공통성을 보이는 경우가 많다(주경미 1996 : 24). 수하식이 달린 세환이식은 출토예가 많지는 않지만 北魏시대에도 계속 사용되었다[19]. 세부의 형식적 차이가 있긴 하지만, 수하식이 달린 세환이식 형식은 고구려, 백제, 신라, 가야에서 모두 유행했으며 출토양이 상당한 것으로 볼 때, 삼국시대 문화권에서는 매우 널리 유행했던 장신구였다.

그러나 수하식이 달린 세환이식과 비슷하지만, 귀에 꽂는 주환부의 크기가 매우

---

18 이와 관련하여, 최근 중국 북방지역의 유목민족인 선비족의 무덤에서도 보요관과 같은 관의 흔적들이 발견되는 것은 주목할 만하다. 선비족의 보요관에 대해서는 孫機 1991 : 55~64 참조. 그러나 아직까지 발견된 선비족의 보요관에서는 수목신앙의 영향만 보일 뿐 사슴뿔과 관련된 도상은 확인되지 않는다는 점에서 차이가 있다.

큰 태환이식은 현재까지 백제와 가야지역에서는 거의 출토되지 않았다. 고구려에서는 수하식이 달린 태환이식이 가끔 출토되기는 하지만 그 예가 많지는 않고, 고구려 고분벽화 중에서 이식을 착장한 인물은 찾아보기 어렵다. 이에 비해 고신라에서는 수하식이 달린 태환이식이 여러 지역의 분묘에서 출토되고 있으며, 양식적 발전 과정을 파악할 수 있을 만큼 출토예가 많고 다양하다. 수하식이 달린 태환이식은 고구려와 신라 문화권에서만 보이며, 고구려의 경우에도 그 예는 매우 적은 편이다. 즉 수하식이 달린 태환이식은 주로 신라 문화권에서 유행한 것이라는 해석이 가능하다.

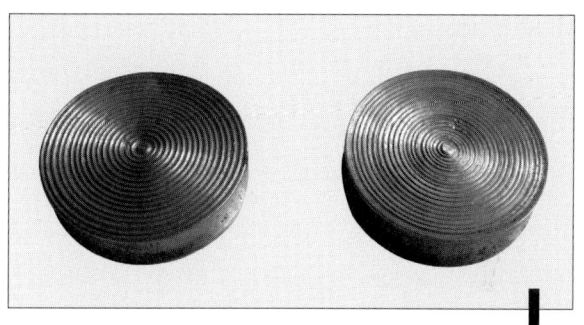

금제이전, 신라, 7~8세기 **09**
경북 칠곡 송림사 전탑 출토, 국립대구박물관 소장

삼국시대의 이식은 세환이나 태환 모두 귓불을 뚫고 그 구멍에 주환을 끼웠던 것으로 추정되고 있다(주경미 2003a). 태환이식을 착장하기 위해서 성인이 갑자기 귀에 구멍을 뚫어도 귓불의 구멍 크기는 갑자기 늘어나지 않는다. 태환이식을 착장할 수 있을 정도로 큰 구멍은 어린 아이 때부터 귓불에 작은 구멍을 뚫은 후, 점차 성장하는 과정에서 서서히 귓불 구멍의 크기를 늘려가야 형성된다. 즉 태환이식의 착장은 일종

귓불에 금제 이식을 착장한 인도 여인, 20세기 **10**

---

19 선비족이 세운 북위는 고구려 문화와 상당한 교류가 있었으며, 북위의 황후 중에는 고구려 출신 여성도 있었다. 북위시대 귀걸이는 河北省 定縣 華塔址에서 출토된 사리장엄구 중에서 공양구로 매납된 예가 한 쌍 알려져 있다. 주경미 2003b : 84~87 참조.

의 신체적 신분의 표상으로서, 일반인들을 위한 것이라기보다는 비교적 상류층에서 만 행해진 독특한 풍습이었다. 한반도 남부지역에서는 형태가 조금 다르기는 하지만 이미 신석기시대부터 태환이식의 일종인 耳栓을 착장했던 것으로 알려져 있다. 이러한 耳栓의 착장풍습은 신라에 계속 잔존하는데, 현존하는 예가 많지는 않지만 신라시대 유적에서 금이나 은으로 만든 耳栓이 출토되기도 한다(도 09).

이렇게 귓불을 뚫고 주환의 크기가 큰 이식을 착장하는 풍습은 주로 인도와 동남아시아 등 남방 해로상에 위치한 여러 민족들 사이에서 유행했다(도 10). 이러한 이전과 태환이식의 착용은 고대 인도에서 상당히 발달했던 것으로 추정되며, 이후 동남아지역에서도 그 영향을 받아 다양한 태환이식들을 착용하였다[20]. 그러나 인도나 동남아지역에서 출토되는 태환이식들은 대부분 드림장식이 없이 주환만 있기 때문에, 고신라의 태환이식과는 다소 형식적 차이를 보인다. 베트남의 부남국시대 유적에서는 수하식이 달리지 않은 태환이식을 주조하기 위한 석제 주조틀이 발견되기도 하여(도 11), 고신라와 비슷한 시대의 동남아 문화권에서도 이러한 태환이식 착장 풍습이 있었음을 알 수 있다.

드림장식을 가진 태환이식은 고신라시대에 독자적인 양식으로 발달한 신라의 중요한 금속공예 양식이다. 아마도 이러한 드림장식을 가진 태환이식의 형태는 북방계의 드림장식을 가진 세환이식의 형식에 주환의 크기를 늘리는 남방계 풍습이 결합되어 발달한 신라의 독자적인 조형물로 생각된다. 태환이식의 존재를 통해서 고

석제 주조틀, 부남국시대, 3~5세기 **11**

베트남 옥에오(Oc Eo) 유적 출토, 베트남 호찌민 역사박물관 소장, 『베트남, 홍강에서 메콩강까지』: 206에서 전재

---

20 인도 및 동남아지역의 태환이식은 현재까지도 계속 사용되고 있으며, 대체로 부족 중에서 신분이 높은 추장이나 추장 가족들이 착장한 경우가 많다. 태환이식은 여성들이 많이 착용하기는 하지만, 드물게 남성 추장이 착장한 경우도 발견되기는 한다. 인도 및 동남아지역의 이식 착장 풍습에 대해서는 Richter 2000 참조.

신라의 장신구 착장 풍습은 북방 유라시아계 문화와 남방 해로의 문화가 결합되어 발전한 것임을 알 수 있으며, 이러한 장신구 착장 풍습의 복합적 성격은 한반도 동남쪽 끝에 위치한 고신라의 지리적 특징에서 기인하여 북방과 남방에서 전래된 다양한 문화를 고신라인들이 융합하여 발전시킨 고신라만의 독특한 문화적 현상이라고 해석된다.

출토예가 적고 희소한 금관에 비해서 출토양이 훨씬 많고 형식도 다양한 태환이식의 존재는 이러한 이식의 착장 문화가 고신라 지배계층에서 폭넓게 받아들여졌음을 알려준다. 이제까지 고신라가 한반도 끝부분에 위치해서 외래 문화를 받아들이기 어려웠다고 보았던 지리적 한계성에 대한 논의는 근대적 관점에서 이루어진 편협한 사고방식이다. 오히려 고신라는 육로뿐만 아니라 열린 바다를 통해서, 간헐적이긴 하지만 완전히 새로운 남방 해로의 외래 문화를 받아들일 기회가 있었던 것이며, 이러한 새로운 외래 문화와의 접촉을 통해서 좀 더 열린 사회로의 진출과 국력 신장의 욕구를 키웠던 것으로 추정된다. 고신라와 남방 해로와의 관계성을 좀 더 잘 보여주는 것은 후술할 유리공예품들이다.

3) 주요 외래계 금속공예품의 양식적 특징과 의의

고신라 고분에서 출토된 금속공예품 중에서도 특히 외래계, 혹은 수입제 공예품으로 논의되는 주요 유물로는 황남대총 북분 출토 은잔, 황남대총 북분 출토 금팔찌, 계림로 14호묘 출토 금제감장보검 등이 대표적이다(도 12~14). 그 외에 식리총 출토 식리나 금관총 출토 금동제 각배, 금관총 및 여러 고분에서 출토되는 중국계 청동기 등에 대해서도 수입제인지, 국내 제작품인지에 대한 논란이 있다.

황남대총 북분 출토 은잔이나 금팔찌, 그리고 계림로 14호묘 출토 금제감장보검의 제작에는 금공기법 중에서도 가장 수준이 높은 타출기법, 누금세공기법, 보석상감기법 등이 사용되었다. 이러한 기법이 사용된 공예품들은 문양이나 장식의 표현양식으로 볼 때, 중앙아시아나 페르시아 금속공예 문화의 영향일 가능성이 크다고 알려져 있다. 특히 구갑문이나 팔메트 문양 등 독특한 장식문양의 사용은 이 시기에 완전히 새로운 서역계 조형 문화 양식이 등장했음을 알려준다.

그러나 외래적 조형 요소가 보인다고 해서 이들 유물이 모두 외국에서 제작되어 수입된 것인지에 대해서는 좀 더 생각해 볼 필요가 있다. 특히 금제 태환이식의 제작에서

금제감장보검, 5~6세기 **12**
경주 계림로 14호분 출토, 국립
경주박물관 소장

보이는 바와 같이 독특하면서도 외래적인 성격을 가진 발달된 금공기법이 이미 고신라지역에서 발달해 있었던 것으로 보아, 정교함의 차이가 있긴 하지만 신라내 제작이 불가능하다고 하기는 어렵기 때문이다. 이미 황남대총을 축조하는 시기에 금을 다룰 수 있는 비교적 수준 높은 장인이 신라에 도래해 있었던 것으로 보인다.

한가지 주목할 점은 이 시기에 철기의 제작기술도 비약적으로 발전한다는 점이다. 이제까지는 철기 제작 장인과 금제 공예품 제작 장인의 상관관계에 대해서 논의된 바가 별로 없다. 그렇지만 좀 더 이른 북방 유목민족인 흉노의 유적에서는 하나의 마구를 제작하는 데에도 금, 은, 철 등 여러 종류의 금속을 함께 사용하고 있었다. 즉 고대의 장인들에게는 현대의 장인들과는 달리 모든 재료를 다루면서 필요에 따라 각각 다른 재료를 구별해서 사용했던 것으로 보인다(주경미 2011). 이때 가장 실용적이며 중요한 기술이었던 철기의 단조 기술을 가진 장인은 공통된 기술을 각 금속의 성질에 맞게 적용 및 응용하여 공예품을 제작할 수 있었을 것이다. 그러므로 고신라시대의 단조 철기 제작기술의 발전과 금제 공예품의 제작은 기술적 측면에서 서로 밀접한 상관관계를 가지며 발전했을 가능성이 크다.

고신라 고분 출토 외래계 금속공예품들 중에서 비교적 확실하게 수입품으로 단정할 수 있는 것은 경주 계림로 14호묘 출토 금제감장보검 뿐이다(도 12). 독특한 형태와 문양을 가진 이 보검에 사용된 누금세공기법은 고신라시대의 일반적인 금공품과는 금알갱이나 금선의 크기 및 형태, 문양의 배치방식 등이 차이가 있다. 또한 표면에는 신라에서 산출되지도 않는 석류석(가넷, Garnet)과 유리가 상감되어 있다. 이러한 양식적 특징으로 볼 때, 이 보검은 외국에서 직접 수입되어 전래된 것으로 추정된다(國立慶州博物館 2010). 이렇게 석류석 상감과 누금세공기법을 함께 사용하는 방식은 기원전 1세기 이후 흑해 연안의 사르마트 문화권에서 시작하여 중앙아시아와 동로마, 페르시아 등 여러 문화권에서 널리 유행한 소위 "다채 양식 장신구(polychrome style jewelry)"의 영향으로 생각된 다[21]. 이 보검의 구체적인 제작지는 알 수 없지만, 아마도 3~5세기 이후 중앙아시아지역에서 제작되어 중국 북방을 거쳐 고구려를 통해 신라로 수입되었을 것이라고 보는 것이 일반적이다. 그렇지만 아직까지 중국 북방이나 고구려 지역에서는 유사한 예가 발견되지 않아서 구체적인 수입 경로는 밝히기 어렵다.

금제팔찌, 신라 5세기 **13**
경주 황남대총 북분 출토, 국립중앙박물관 소장

황남대총 북분에서 출토된 중요한 두 개의 외래계 금속공예품, 즉 은잔과 금제팔찌에 대해서는 제작국에 대한 논란이 끊이지 않고 있다(도 13·14). 고분의 연대로 볼 때, 이 두 작품은 고신라 금공품 중에서는 비교적 이른 예들이다. 문양이나 제작기법도 그 이

은잔, 신라 5세기 **14**
경주 황남대총 북분 출토, 국립중앙박물관 소장

전에는 유사한 예를 전혀 찾아 볼 수 없으며, 이후의 것들과도 약간 차이를 보이고 있다. 그러므로 이 두 작품은 서역에서 제작되어 수입된 것으로 보는 견해, 고구려나 중국 등에서 제작되어 수입된 것, 외국에서 온 장인에 의해서 현지, 즉 신라에서 제작되었을 가능성 등이 모두 논의되고 있다.

기본적으로 이 두 금속공예품의 제작에 사용된 타출기법이나 보석상감기법, 누금세 공기법 등은 그 이전의 고신라 문화에서는 찾아 볼 수 없는 뛰어난 제작기술과 양식을

21 중국에서는 중국내 출토 다채 양식 장신구(=다색 양식 장신구)를 대부분 수입제 장신구로 보고 있다. 다채 양식 장신구의 개념에 대해서는 주경미 2006 : 178~180 참조.

보여주기 때문에, 당시 고신라인들이 자체적으로 제작했다고 보기는 어렵다. 만약 신라에서 제작되었다고 하더라도, 이 두 작품을 제작한 장인은 적어도 중앙아시아나 혹은 그 보다 더 서쪽지역에서 유행하던 금속공예 기법을 익혀온 사람이었을 것이다. 금팔찌에는 터키석과 라피스라줄리와 같은 이국적인 준보석들이 상감되어 있으며, 문양의 형태와 배치 방식이 기하학적 조형미를 보이고 있어서 역시 다채 양식 장신구의 조형성과 관련된 양식을 보여준다(도 13)[22]. 그렇지만 그러한 서역계 장신구들에 비해서 땜이나 금판을 말아감는 덧대기기법 등이 다소 부자연스럽기 때문에, 서역에서 만들어진 완성품을 수입한 것으로 보기는 다소 어렵다. 그러므로 서역에서 온 장인에 의해서 현지, 즉 신라에서 제작되었을 가능성은 생각해 볼 수 있다.

　　금제 팔찌가 매우 이국적 양식을 보여주고 있는 점에 비해, 같은 고분에서 출토된 은잔(도 14)의 경우에는 기본적인 크기와 형태가 함께 출토된 다른 금제 잔들과 그다지 차이가 나지 않으며, 문양의 구성이 서역적이라기보다는 좀 더 동아시아적으로 변형된 점이 보인다. 또한 은판의 두께가 매우 얇으며 문양이 타출된 뒷면의 요철을 그대로 노출시키고 있다는 점에서도 서역제 금공품과는 다소 제작기법상에서 차이를 보인다. 그러므로 이 은잔은 고구려, 혹은 중국 북부의 선비 문화권에서 제작되었거나, 외래계 장인에 의해서 신라내에서 제작되었을 가능성 등이 논의된다. 은잔의 표면 전체를 장식한 바탕의 구갑문은 사산조 페르시아에서 유행하던 서역계 문양 중의 하나로 알려져 있는데, 유사한 문양들은 4~6세기경 중국 북방에서 활동하던 유목민족들의 불교 미술품 중에서 장엄문양으로 사용된 경우가 상당히 많다[23]. 조형적 측면에서 볼 때, 이러한 장식문양은 사산조 페르시아에서 시작하여 중앙아시아를 거쳐 중국 북방지역을 통해 고구려와 신라로 전해진 새로운 미술 양식이다. 그렇지만 같은 문양이라고 해도 사용되는 시대나 지역에 따라서 문양의 의미나 상징성은 달라질 수 있기 때문에, 새로운 문양이 도입되어 유행하게 되는 배경에는 각 지역의 문화적 특색이 반영되는 경우가 많

22　최근 이한상(2011b : 103~122)은 이 팔찌에 감입된 것이 터키석과 흑옥으로 보았으며, 제작국은 북위로 추정하였다. 그러나 과학적 분석이 없는 상태에서는 흑옥과 라피스라줄리의 구분을 단정할 수 없기 때문에, 일단 여기에서는 기존 학설대로 라피스라줄리로 서술한다. 이에 대해서는 추후 검토가 이루어져야 할 과제이다. 한편 북위지역 출토품 중에서는 이러한 보석장식의 장신구가 冠飾類를 제외하면 희소한 편이므로 이러한 제작지 추정에는 장신구의 착장 풍습과 관련하여 좀 더 논의가 필요한 과제이다.

23　북위시대의 운강석굴이나 용문석굴에 사용된 장식 문양 중에 이러한 문양 표현이 많이 보인다. 구갑문의 국제적 성격에 대해서는 李硏宰 2006 : 144~153 참조. 이연재는 "구갑문"이라는 용어 대신 문양의 형태를 따라 "육각문"으로 사용했는데, 여기에서는 기존 학계의 통칭을 따라 "구갑문"으로 서술한다.

음을 고려해서 이해할 필요가 있다.

황남대총 북분 출토 은잔에 새겨진 문양과 비슷하게 구갑문을 바탕으로 해서 그 안에 각종 神獸를 배치한 飾履塚 출토 飾履는 식리라는 형식으로 볼 때, 적어도 삼국 중하나에서 제작되었을 것이다. 이러한 금동제 식리는 고구려, 백제, 신라와 그 영향을 받은 일본 고분에서만 출토되고 있으며, 다른 문화권에서는 유사한 형식의 금속제 식리를 찾아보기 어렵기 때문이다[24]. 그렇지만 제작국이 신라인지, 혹은 고구려나 백제인지에 대해서는 논란이 있다. 이러한 제작국의 논란은 제작기법상의 특징 때문이다. 식리총의 식리는 정밀한 주조기법으로 제작된 것일 가능성이 크다[25]. 그러므로 단조나 타출기법을 주로 사용하는 일반적인 고신라의 금속공예품 제작 방식과는 다소 차이가 있으며, 식리판의 접합방식 등도 신라의 다른 식리보다는 백제 식리와 좀 더 유사한 방식을 보여준다. 이에 대해서는 앞으로 식리총 식리 자체에 대한 과학적 정밀 조사 및 같은 고분 출토 공반 유물과의 관계 등을 면밀하게 고찰해서 좀 더 고찰되어야 할 과제이다.

이상의 예들로 볼 때, 조금 특이한 문양이나 발달된 기법을 보이는 금속공예품들이 모두 외래 문화권에서 수입된 것인지는 단정하기 어려운 부분이 많다. 오히려 초기의 금공품들은 외래 문화권에서 전래된 새로운 문양이나 기법을 응용해서 고신라적으로 변형하여 현지에서 제작되었을 가능성도 큰 편인데, 이때 제작기술 자체는 독자적으로 발전한 것은 아니며, 다른 문화권에서 이주해 온 신기술을 가진 장인에 의해 새롭게 전래되어 발전한 것이다. 타출 및 누금세공과 같은 독특한 외래계 금공기법들은 전래와 동시에 신라의 토착화된 기술이 되어서, 고신라시대의 주요 금공품, 특히 장신구의 제작에 응용되었다. 고신라 고분 출토 금속공예품의 제작기법은 계림로 출토 금제감장보검과 황남대총 출토 금팔찌를 제외하고는 대부분 현지화된 양상을 많이 보인다. 황남대총 북분 이후의 금제 공예품은 대부분 비슷한 수준으로 발달된 제작기술 수준을 보여준다. 물론 누금세공기법을 비롯한 각각의 제작기법들은 문양의 표현이나 구체적인 형태의 제작 방식 등에서 시대에 따라 점진적이며 꾸준하게 양식이 발전하지만, 이것은 초기에 나타난 갑작스런 외래계 제작 기법의 도래와는 다른 미세하게 변화하며 발

---

24 식리의 기능과 특징에 대해서는 李漢祥 2011a : 225~240 참조.
25 이 식리는 기존 학설에서는 타출기법으로 제작되었다고 보기도 했지만, 단면의 상태로 볼 때 타출기법은 아니다. 정밀 주조기법으로 제작되었을 가능성이 크긴 하지만, 주조기법 대신 두꺼운 판을 조각하여 문양을 새겼을 가능성도 있기 때문에 정확한 제작기법을 단정하기는 어려운 상태이다. 이에 대해서는 앞으로 식리의 바탕 금속판에 대한 과학적 성분 분석과 현미경 조사를 통해서 연구되어야 할 과제이다.

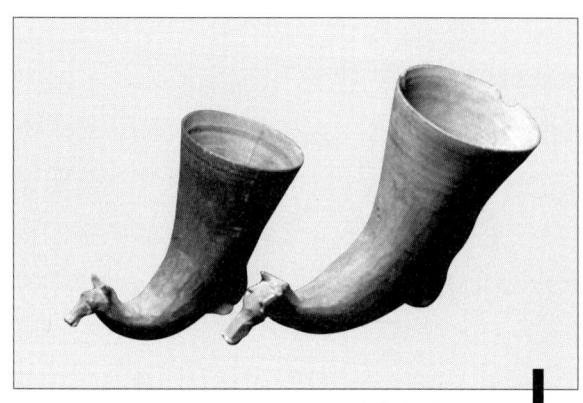

토제각배, 가야 **15**

부산 복천동 7호분 출토, 동아대학교 박물관 소장

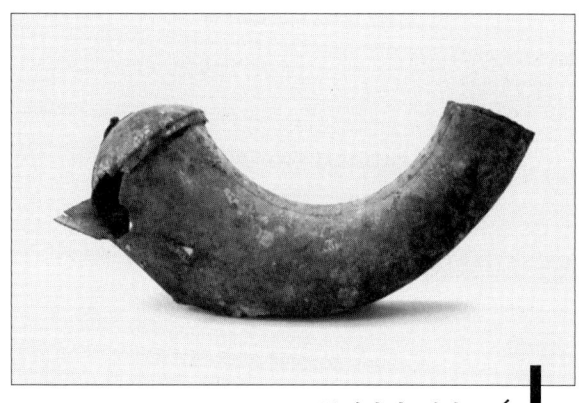

동제각배, 신라 **16**

경주 금관총 출토, 국립경주박물관 소장

전하는 양상을 보여준다.

장신구 이외의 금속공예품 중에서 외래계 유물로 논의되는 또 다른 예들은 각종 청동기들이다. 그중에서도 특히 "뿔잔"이라고 알려진 角杯는 서역과의 관계가 일찍부터 논의되어 온 독특한 형식의 그릇이다(도 15 · 16). 각배는 고대 서아시아의 "류톤(Rython)"이라는 기형에서 기원한 것으로 알려져 있으며, 고대 그리스와 스키타이 문화권에서도 유행했다(稲垣肇 2008 : 152~189). 북방 유목민족들 사이에서는 이러한 뿔모양의 그릇들이 널리 사용되었는데, 고대 중국 문화권에서는 드문 형식의 그릇이다. 아직까지는 고구려나 백제에서도 각배의 사용예는 알려져 있지 않다.

그러나 고신라와 가야 고분에서는 토기로 만든 다양한 형태의 각배들이 발견되고 있으며, 드물게 금속으로 제작된 각배도 발견된다. 금속제 각배는 현재까지 금관총과 창녕 교동고분에서 출토되었다(그림 16). 금관총 출토 금동제 각배는 금속판을 두드리고 말아서 만든 것이기 때문에, 제작지가 신라일 가능성이 크다. 각배의 사용이 한반도에서 언제 시작되었는지는 알 수 없으나, 『삼국유사』에서는 신라의 탈해왕이 사냥할 때 각배를 가지고 다녔음을 기록하고 있다[26]. 이러한 기록과 토기의 예들로 볼 때, 신라에서는 비교적 일찍부터 유목민족들이 사용하던 각배 형식의 그릇이 사냥하거나 이동할 때 사용되었음을 알 수 있다.

고신라 고분에서는 중국계 청동기 양식의 영향을 받은 청동기, 즉 鐎斗, 三足器 등과 같은 그릇들이 드물게 출토되고 있는데, 이러한 청동기들은 중국 문화권의 영향을 보여주는 예들로서 주목된다. 신라 고분에서 출토되는 중국계 청동기는 중국 남북조시대의 청동기와 형식적 측면에서는 공통성이 많으며 모두 주조기법으로 제작된 것이다. 그렇지만 이들이 모두 중국에서 수입된 것인지, 혹은 중국의 영향을 받아서 고구려나 백제, 혹은 신라에서 제작된 것인지는 알 수 없다. 호우총에서 출토된 고구려의 호우나 금관총 출토의 고구려 토기 형식의 청동호 등과 같이, 신라의 고분에서 출토된 고구려계 청동기가 종종 있기 때문에, 이러한 청동기의 제작지는 고구려나 중국으로 보는 경향이 강하다. 그렇지만 아직까지 이러한 청동기에 내해서는 자세한 연구가 없다. 최근 중국 남북조시대의 청동기들이 각지에서 상당수 발견되고 있으며, 백제 금속공예품과 중국 남조 청동기와의 상관관계도 연구되고 있기 때문에, 이러한 최근 자료들과 연구를 바탕으로 고신라 고분 출토 청동기들에 대한 연구도 좀 더 진행되어야 할 것이다.

이상에서 고신라 고분에서 출토되는 각종 금속공예품들 중에서 외래계 양식을 보여주는 주요 작품들에 대해서 간단하게 특징을 살펴보았다. 그중에서도 금이나 은을 이용하여 제작한 각종 장신구와 그릇들은 단조와 누금세공기법, 보석상감기법이나 유리장식기법과 같은 이국적이면서도 뛰어난 제작기법 수준을 보여주는 예들이 주로 중국보다 서쪽 문화의 영향을 받은 외래계 금공품으로 알려져 있다. 그렇지만 초기의 금공품들도 서역 출토 유물들과 비교해 보면 약간씩 차이를 보이고 있기 때문에, 이들이 모두 외래 문화권에서 수입된 것이라고 단정하기는 어려운 상황이다. 오히려 외래계 장인이 한반도에 와서 정착하면서 새로운 금공기법을 도입하여 제작한 것일 가능성도 크다. 황남대총 북분 이후 단계의 고분들에서 출토되는 금속공예품들의 발달된 수준은 전래된 제작기법들이 토착화되어 고신라만의 독특한 금속공예기법으로 자리잡았음을 보여준다. 현재까지 고신라 고분 출토 금속공예품 중에서 확실하게 서역으로부터의 수입제라고 단언할 수 있는 것은 계림로 출토 금제감장보검이 유일하며, 다른 예들은 아직까지 제작지와 제작장인에 대한 논란이 해결되기 어려운 상황이다.

고신라 고분 출토 금공품에 보이는 독특하고 발달된 금속공예 기술은 특정한 시기

---

26 "一日 吐解登東岳 廻程次 令白衣索水飮之 白衣汲水 中路先嘗而進 其角盃貼於口不解 因而噴之…." 『三國遺事』 卷1, 紀異 第1, 「第四脫解王」條. 여기에서 탈해는 "吐解"로 표기되어 있다. 뿔잔은 일반적으로 사용되는 "角杯"와는 조금 달리 뜻은 같지만 한자어가 다른 "角盃"로 표기되어 있는데, 일반적인 국역본에서는 이것을 문맥상 "물그릇", 혹은 "그릇"이라고 번역하는 경우가 많다. 한국어 번역은 일연 지음(고전연구실 옮김), 『新編 三國遺事』, 신서원 : 79 참조.

에 갑자기 전래된 것으로 보이기 때문에, 새로운 금공기법을 가진 장인의 도래를 부정하기는 어렵다. 이러한 장인들이 어느 정도의 규모로 어느 경로를 통해서 왔는지는 알수 없다. 모든 장인들이 일시에 한 곳, 혹은 한 방향에서만 왔다고 보는 것보다는 일부 장인은 육로로, 일부 장인은 해로를 통해서 각각 소규모로 이동해 와서 신라의 수도인 경주를 중심으로 자리잡고 지배계층의 일부로 편입되면서 활동했을 가능성이 있다.

외래계 금공품의 토착화 현상으로 볼 때, 고신라의 수도인 경주는 4~5세기 동서 교역로의 육로와 해로의 또다른 종착지이자 새로운 문화 융합의 중심지로서 매우 중요하다. 이것은 이제까지 동서 교역로의 종착지를 중국 西安, 혹은 일본 奈良로만 이해하던 국제 학계의 견해와는 차이가 있는 관점이며, 고신라 문화의 독자성을 중국 북방의 유목민족의 도래, 혹은 고구려 문화의 영향, 혹은 중국 남북조시대 문화의 영향으로만 해석하고자 하는 국내 학계의 견해와도 다소 차이가 있는 관점이다. 신라 문화는 북방 유목민족 문화의 영향을 바탕으로 발전하긴 했지만, 북방 문화와의 관계만으로는 모두 해석할 수 없는 부분이 있다. 이러한 미해결된 부분은 중국 및 남방 해로를 통해서 또 다른 문화권과의 접촉 가능성을 통해서 새롭게 고찰되어야 할 과제이다. 이중에서 신라와 남방 해로와의 관계를 이해하는데에 또다른 중요한 자료가 바로 유리공예품들이다.

4. 고신라 고분 출토 유리공예품의 국제적 성격

금속공예품과는 달리 유리공예품은 고신라에서 자체제작된 것보다는 외래에서 수입된 예들이 많다. 고신라 고분에서 출토되는 유리공예품은 크게 유리기와 유리구슬의 두 가지 종류로 나누어지는데, 그중에서도 유리기는 대부분 서역에서 수입된 것으로 보는 경향이 강했다. 그렇지만 최근에는 유리구슬이 철기시대부터 국내에서 제작되었음이 확인되었으며, 유리기의 형태와 재질적 측면이 서역제품과는 다소 차이가 있음이 확인되고 있어서, 제작지에 대한 논란이 계속 이어지고 있는 상황이다. 여기에서는 유리기와 유리구슬로 나누어서 간단하게 살펴보겠다.

1) 유리기의 종류와 제작지

고신라에서는 초기의 적석목곽분부터 후기까지의 주요 고분에서 유리기가 한두 점씩 출토되어 현재까지 약 30여점 정도가 알려져 있다(유병하 2008 : 349~351). 가장 이른 시기의 고분인 월성로 가-13호분을 비롯하여 황남대총 남분 및 북분, 서봉총, 금관총, 천마총 등에서 출토된 이러한 유리기들은 소위 '로마 유리(로만 글라스, Roman Glass)'라고 불리는 형식에 속한다.

로마 유리란 로마제국에서 만들어진 유리기를 뜻하는데, 특히 기원후 1세기경부터 시리아-팔레스타인지역을 중심으로 새로운 유리기 제작기법인 '대롱불기기법(glassblowing technique)'이 발달하면서 만들어진 유리기들로 대표된다[27]. 대롱불기기법은 속이 빈 유리 용기를 빠르고 쉽게 만들 수 있으며 기벽이 얇아서 그릇 제작에 사용되는 유리의 양을 줄일 수 있다는 경제적 잇점이 있다. 그리하여 로마제국의 각지에서는 1세기 이후부터 대롱불기기법을 이용한 유리기들이 제작되었다. 이렇게 로마제국의 각지에서 제작된 유리기 중에서 어느 지역에서 제작된 것이 고신라에 들어온 것인지에 대해서는 여러 가지 논란이 있다. 고신라의 고분 편년을 고려한다면, 고신라 고분에서 출토된 유리들은 로마제국의 수도가 4세기 초반 콘스탄티노플(현재의 터어키 이스탄불)로 옮겨진 이후에 해당하는 동로마제국, 즉 비잔티움의 유리일 가능성이 높다[28].

한편 로마 유리의 영향을 받으면서도 독자적인 제작기술이 발전했던 3~7세기경 사산조 페르시아에서 제작된 사산조 유리들은 로마 유리와는 다소 차이를 보인다. 로마 유리와 사산조 유리는 모두 납이 포함되지 않은 알칼리계의 소다석회유리계통이지만, 소다의 원료로서 모래와 같은 광물질을 이용한 로마 유리와는 달리 사산조 유리들은 식물의 재를 이용한 것으로 알려져 있다. 이와 같은 재료의 차이는 과학적 성분 분석 결과에 의해서 밝혀진 것으로, 로마 유리에 비해 사산조 유리에는 칼륨과 마그네슘의 함량이 높다(Freestone 2006 : 201~216, 四角隆二・中井泉 2008 : 290~299). 이러한 성분 분석 결과를 고려한다면, 고신라 고분 출토 유리기의 기원에 대해서도 이러한 과학적 조사를 바탕으로 새롭게 검토할 필요가 있다.

---

27 로마 유리 및 대롱불기기법의 개괄은 Stern 1999 : 441~484, Fleming 1999 참조.
28 당시 비잔티움과 동방과의 관계에 대해서는 김차규 2009 참조.

아직까지 고신라 고분에서 출토된 유리기에 대한 과학적 조사는 충분하게 이루어져 있지는 않다. 그러나 최근 황남대총 남분 출토 유리기의 분석 결과를 보면, 무색과 녹청색 유리는 식물 재를 이용한 사산계 유리일 가능성이 있으며, 감청색 유리는 칼륨과 마그네슘이 적은 로마 유리일 가능성이 있다고 한다(강형태·조남철 2008 : 13~17). 이러한 연구 결과에 의하면 고신라시대의 고분에서 출토되는 유리기들은 로마 유리와 사산계 유리가 모두 있었던 것으로 보이며, 특히 사산계 유리의 비중이 높았던 것으로 추정된다.

중국의 위진남북조시대 고분에서도 역시 로마 유리와 사산조 유리가 모두 다 출토되고 있으며, 수량이 많지는 않지만 광범위한 지역에서 발견되고 있다(安家瑤 2008 : 320~333). 『北史』「西域傳」에 의하면 북위 太武帝(재위 423~452) 때에 月氏國의 상인이 수도에 와서 돌을 주조하여 오색의 유리를 만들어내는데 성공했다고 하는 것으로 보아[29], 중국에서는 5세기 중엽경에 유리의 제작이 외래 기술자에 의해 전래되어 자체 제작이 가능해진 것으로 추정된다. 그러나 아직까지는 중국내 유리기의 제작이나 삼국시대 한반도의 자체 유리기 제작 여부에 대해서는 현존하는 유물과의 관계가 명확하지 않기 때문에 논란이 많은 상황이다.

현재까지 고신라 고분에서 출토된 유리기는 잔, 완, 대부잔, 병 등으로, 그중에서도 잔과 완이 가장 많으며, 병은 한 점밖에 없다.

현재 유일하게 출토된 유리병은 황남대총 남분에서 출토된 봉수형 유리병으로(도 17), 푸른색의 손잡이가 달리고 목 부분에 파란 유리선을 붙여 장식한 형식이다. 출토 당시에 이미 손잡이 부분을 금실로 보강해 놓은 상태였기 때문에, 고쳐서 사용하던 것을 아껴서 매납한 것으로 추정된다. 이러한 형식의 유리병은 그리스의 오이노코이(Oinochoe)형식의 도기에서 유래한 것으로 시리아를 비롯한 동로마지역의 유리기에서 종종 보이는 형식이며 이후 페르시아나 중앙아시아지역에서는 금속제로 만들어지기도 했다. 3세기경의 독일 뒤셀도르프고분에서 출토된 유리병의 경우에는 푸른색과 노란색 유리선으로 표면을 장식한 예가 있으며(도 18), 4세기의 시리아 출토품 중에는 아무런 장식이 없는 투명하고 긴 조형성을 보이는 유리병도 있다(도 19). 이러한 예들로 볼 때, 황남대총 남분 출토의 봉수형 유리병은 동로마, 특히 시리아 팔레스타인지역에서

---

29 "太武時 其國(=大月氏國)人商販京師 自云能鑄石爲五色瑠璃 於是採礦山中 於京師鑄之 旣成 光澤及美
於西方來者 乃詔爲行殿…." 『北史』卷97, 列傳 第85,「西域傳」, 大月氏國條.

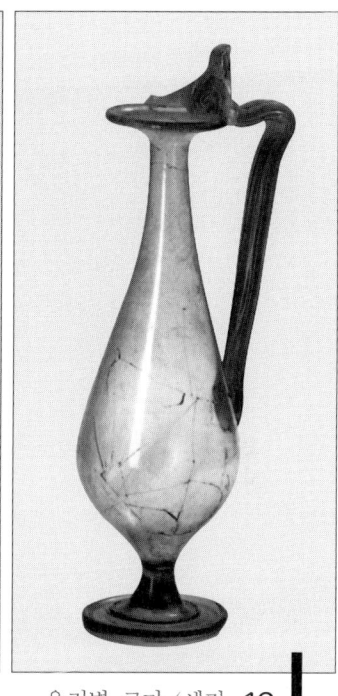

봉수형 유리병 **17**

경주 황남대총 남분 출토,
국립경주박물관 소장

유리병, 로마 3세기 **18**

독일 뒤셀도르프 출토, 대영
박물관 소장

유리병, 로마 4세기 **19**

시리아 출토, 대영박물관 소장

제작된 것일 가능성이 크다.

잔, 완, 대부잔 등은 모두 대롱불기기법으로 만든 후, 표면에 장식 문양이나 혹은 받침을 붙여 놓은 것이다. 간혹 문양이 없는 예들도 있긴 하지만, 문양을 표현하는 방식은 크게 두 종류로 나뉘어진다.

하나는 표면에 가는 유리액을 늘여서 선처럼 만들어 파상문이나 그물망 형태로 장식하거나, 유리선을 똑똑 끊어 붙여서 반점문 형태로 붙여 장식하는 방식이다. 이렇게 유리액을 선이나 점 모양으로 덧붙여 장식하는 기법은 1~2세기경의 로마 유리에서부터 시작하여 동로마제국 유리나 사산조 유리에서 모두 사용되었던 기법이다. 그중에서도 투명한 유리선으로 그물망 모양으로 붙여 장식한 잔들은 황남대총 남분과 경주 월성로 가-13호분, 서봉총 등에서 출토되었는데(도 20), 유사한 형식의 그릇들은 근동이나 터어키, 흑해 연안, 러시아 키스로보드스크박물관, 중앙아시아 키르키즈공화국 비시켓역사박물관, 유고, 체코, 이탈리아, 독일, 중국 하북성 등에서도 출토되었다(이인숙 1993b : 29).

유리선 대신 푸른색 유리로 투명한 유리기 위에 반점문을 찍어서 문양을 장식한 형

파상문장식 유리잔 **20**
경주 황남대총 남분 출토, 국립경주박물관 소장

반점문장식 유리완 **21**
경주 금령총 출토, 국립경주박물관 소장

반점문 장식 커트 글라스 완, **22**
사산조 페르시아, 4~7세기
전 이란 출토, 미국 코닝 유리박물관 소장

식의 그릇은 금령총과 옥전고분에서 출토 되었는데, 위의 그물망 모양의 장식이 있는 잔들에 비해서 높이가 낮고 둥그스름한 기 형을 하고 있다(도 21). 이러한 반점문 장 식의 그릇은 로마 유리의 일종으로 알려져 있긴 하지만(이인숙 1993b : 38~40 · 2000 : 58~59), 사산조 유리에서도 이러한 반점문 장식의 그릇이 종종 보이고 있기 때 문에 제작지를 동로마지역으로만 단정하 기는 조금 어렵다.

이란에서 출토된 것으로 전하는 사산조 시대의 유리잔은 사산조 특유의 커트 글라 스(cut glass)의 일종인데(도 22), 투명한 유 리기 바탕에 푸른색의 반점문을 한줄 돌려 서 장식하고 있어서 조형적으로는 금령총 출토 유리기와 상통하는 점을 보여주어 주 목된다. 그러나 최근에는 금령총 출토 유 리잔과 완전히 유사한 예가 서방에서는 찾 아보기 어렵기 때문에, 신라에서 자체 제작 되었을 가능성도 제기되고 있으므로(이인 숙 2000 : 60), 유리기의 제작지에 대해서 는 앞으로 좀 더 논의가 필요하다.

또다른 유리기의 주요 문양 표현 방식은 구갑문이나 원문과 같은 문양이 그릇 표면에 음각으로 연속하여 새긴 틀에 유리를 넣고 불어서 만드는 커트 글라스 제작기법에 의한 것이다. 커트 글라스 제작기법은 로마 유리 에서도 보이지만, 사산조 유리에서 좀 더 발 달한 형식이다(도 23). 황남대총 남분 출토 유리의 성분 조사 결과에 의하면, 무색이나

유리잔, 사산조 페르시아, 5~6세기 **23**
미국 코닝 유리박물관 소장

투명 유리잔 **24**
경주 황남대총 남분 출토, 국립경주박물관 소장

감청색 유리잔 **25**
경주 천마총 출토, 국립경주박물관 소장

녹청색 유리는 사산조 유리일 가능성이 높다고 하며, 유사한 형식의 커트 글라스 잔들이 사산조 페르시아에서 다수 제작되었던 점으로 볼 때, 황남대총 남분에서 출토된 투명한 커트 글라스 잔은 사산조 유리일 가능성이 상당히 높다(도 24). 그렇지만 천마총에서 출토된 감청색의 커트 글라스 잔은(도 25) 유사한 형식이 지중해와 유럽 일대에서도 종종 발견되므로, 시리아를 비롯한 동로마지역에서 제작된 유리일 가능성이 크다.

현재까지의 연구로는 고신라 고분에서 출토되는 유리기의 제작지는 동로마의 시리아 팔레스타인지역과 페르시아지역으로 대별되며, 두 지역에서 제작된 유리기가 모두 수입된 것으로 보인다. 한편 북위시대의 기록을 고려한다면, 중앙아시아의 장인들에 의해서 이러한 유리기의 제작 기술이 5세기 중반경부터 동아시아로 전래되었을 가능성도 있다. 최근에는 금속공예품과 마찬가지로, 서방 출토품들과는 다소 차이를 보이는 일부 유리기의 경우에 한하여 외래계 장인이 신라에서 제작했을 가능성도 제시되고는 있다(이인숙 2000, 단 P · 바락 2000 : 66~67). 그렇지만 유리기의 제작지 문제에 대해서는 앞으로 좀 더 많은 국내외 유리기의 과학적 성분 분석 조사 및 비교 검토를 통해서 심도깊게 이루어져야 할 과제이다. 한편 유리기의 수입 경로는 육로와 해로 모두의 가능성이 있으나, 구체적인 논의는 어려운 상황이다.

2) 유리구슬의 종류와 분포 현황

유리기와는 달리 각종 유리구슬들은 남방 해로와의 관련성을 깊게 보여주는 유물들로서 주목된다. 유리구슬 중에서도 특히 남방 해로를 통해서 수입된 것으로 추정되는 구슬은 크게 두 가지 종류가 있다. 하나는 고신라시대보다 조금 이른 시기부터 등장하는 금박유리구슬이며, 다른 하나는 고신라 고분에서 종종 출토되는 상감유리구슬이다.

금박유리구슬은 낙랑시대부터 출토되기 시작하여 고신라시대까지 종종 출토되는 구슬로서, 유리에 금박을 입히고 다시 유리를 덧대어 녹여 붙여서 만드는 것이다. 이러한 금박유리구슬들은 대체로 서역에서 제작되어 인도 및 동남아시아를 거쳐 한반도로 전래된 것으로 추정된다(이인숙 1993b : 81~82, 李松蘭 2003 : 56~57). 금박유리구슬은 신라에서는 금관총에서 출토된 예가 있는데, 신라에 비해 백제 고분에서의 출토예가 상당히 많은 편이다.

고신라 고분에서 출토되는 외래계 상감유리구슬은 크게 세 가지 종류로 나뉜다.

하나는 잠자리의 눈 모양을 닮았다고 하는 소위 "잠자리구슬", 혹은 "蜻蛉玉"이라고 불리는 구슬이다. 서방에서는 다면체 구슬, 혹은 모자이크 구슬이라고도 한다. 잠자리구슬은 황남대총 북분과 천마총, 황오리 4호분 등 여러 고분에서 출토되었다(도 26). 대부분 감청색 유리 바탕에 노란색, 청록색의 유리를 박아 넣어서 만들었다.

두 번째는 여러 가지의 유리 막대를 함께 녹여 붙여서 연리문의 봉을 만든 후 잘라서 만든 소위 "連理文" 구슬이다. 이러한 연리문 구슬도 역시 황남대총 북분에서 출토된 예가 있는데, 그 예가 많지는 않다(그림 27). 잠자리구슬과 연리문 구슬은 모두 인도

잠자리구슬 **26**

경주 천마총 출토, 국립경주박물관
소장

연리문구슬 **27**

경주 황남대총 북분 출
토, 국립경주박물관 소장

인면문 상감유리구슬 **28**

경주 미추왕릉 C지구 4호분
출토, 국립경주박물관 소장

및 동남아시아지역에서 만들어져서 수입된 것으로 추정되고 있다. 특히 인도의 아리카메두 및 베트남의 옥에오, 태국의 타쿠아 파 등의 고대 유적지에서는 유사한 형식의 유리구슬들이 상당수 출토되고 있어서, 이러한 유리구슬들이 남방 해로를 통해 한반도로 전래되었음을 알 수 있다(李松蘭 2003).

마지막으로 주목되는 상감유리구슬은 경주 미추왕릉 C지구 4호분에서 출토된 인면문 상감 유리구슬이다(도 28). 사람얼굴과 새, 꽃 모양을 여러 가지 색으로 상감하여 표현한 구슬로서, 유사한 예가 많지 않아서 주목된다. 미추왕릉 C지구 출토 상감유리구슬과 마찬가지로, 인면문을 상감한 유리구슬은 로마시대부터 알렉산드리아와 동로마지역을 중심으로 종종 제작되었다(요시미즈 츠네오 2002 : 196~205). 이러한 유리구슬들을 서방에서는 보통 "모자이크 구슬(Mosaic Bead)" 혹은 "밀레피오리 구슬(Millefiori Bead)" 이라고 하는데, 밀레피오리 구슬은 보통 연속적

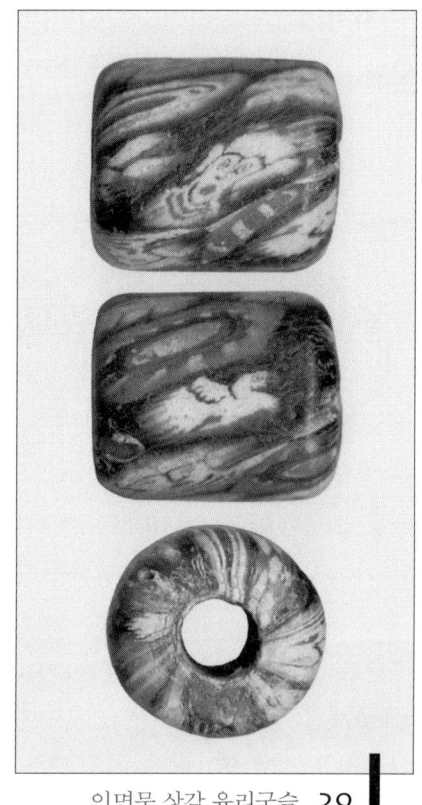

인면문 상감 유리구슬 **29**

인도네시아 이스트 자바 출토, 미국 아리조나주 글렌데일 구슬박물관 소장

인 꽃 문양이 화려하게 장식된 구슬을 말한다. 그중에서도 인면문이 상감된 모자이크 구슬은 비잔틴시대에 많이 제작되었으며, 흑해 연안과 유럽, 이집트와 지중해 연안 등에서 널리 출토되고 있다(Barber 1915 : 31~40, Stout 1986 : 58~61). 그러나 최근에는 이러한 구슬들이 인도 및 인도네시아 자바섬 일대에서도 종종 발견되고 있어서 주목된다. 특히 인도네시아 자바섬에서 출토된 인면문 상감유리구슬은 형태와 제작기법 등에 있어서 고신라 출토품과 가장 유사하여 주목되고 있다(도 29)[30].

---

30 인도네시아 출토 인면문 상감유리구슬의 얼굴을 불상의 얼굴로 보고 미추왕릉 출토품도 불교적 도상으로 보는 견해가 서양학자에 의해서 발표되기도 했다(Dubin 2001 : 167). 그러나 인물의 얼굴 표현과 목걸이와 귀걸이를 착용하고 있는 점, 새의 표현과 공반된 점 등으로 볼 때, 이 인면문을 불교적 도상으로 해석하기는 매우 어렵다.

아직까지 이러한 각종 상감유리구슬들의 제작지가 어느 곳인지에 대해서는 논란이 많다. 동로마지역, 인도, 혹은 인도네시아 등 여러 지역에서 유사한 유물들이 출토되고 있기 때문이다. 중요한 점은 이러한 유리구슬의 분포지가 로마시대에 아시아로 이르는 바닷길과 일치하고 있다는 점이다. 그러므로 이러한 상감유리구슬의 전래는 해로를 통한 교역의 산물로서 이루어졌을 가능성이 매우 크다. 특히 한반도와의 관계에 있어서는 유리구슬의 성분이나 제작방식 등으로 볼 때, 동남아지역 출토 유리구슬들과의 공통점이 발견되고 있어서 주목된다.

아쉽게도 아직까지 고신라시대에 해당하는 동남아시아지역의 고대 유적들은 그다지 발굴조사가 많이 되지는 않았다. 3~7세기경에 번성했던 부남국의 경우에도 옥에오와 같은 일부 도시 유적의 발굴 이외에는 아직까지 별다른 성과가 없다. 그러나 앞으로 이 지역들에 대한 좀 더 체계적인 조사가 가능해진다면, 동남아에서 남조를 거쳐 백제와 신라로 이어지는 바닷길의 실체가 좀 더 상세하게 밝혀질 수 있을 것이라고 기대한다.

한편 계림로 14호분에서는 짙은 남색 유리를 녹여 붙여서 장식한 운주와 행엽 등의 마구들이 출토되었다(도 30). 이러한 마구들은 고신라 특유의 금속공예 기법으로 제작된 공예품에 유리를 덧붙여 장식한 것으로서, 당시 신라의 장인들이 유리를 이용한 공예기법을 사용했음을 알려주는 중요한 작품이다.

그렇지만 당시 고신라의 유리 제작기술은 주로 주조를 응용한 초보적 단계였으며, 대롱불기기법을 이용한 유리기의 제작이나 투명성이 높은 유리의 생산이 가능했는지의 여부는 확인하기 어렵다. 또한 유리의 사용예는 금공품의 사용예에 비하면 훨씬 현존 예도 적고 드문 편이다. 이러한 점에서 볼 때, 외래계 공예기법 중에서도 유리 공예는 금공기법에 비해서 그다지 고신라 사회에서 크게 발전하지 못했던 것으로 생각된다. 아마도 유리에 비해서 금공기법이 크게 발달했던 것은 유리에 비해 금, 은, 철 등과 같은 금속의 재료

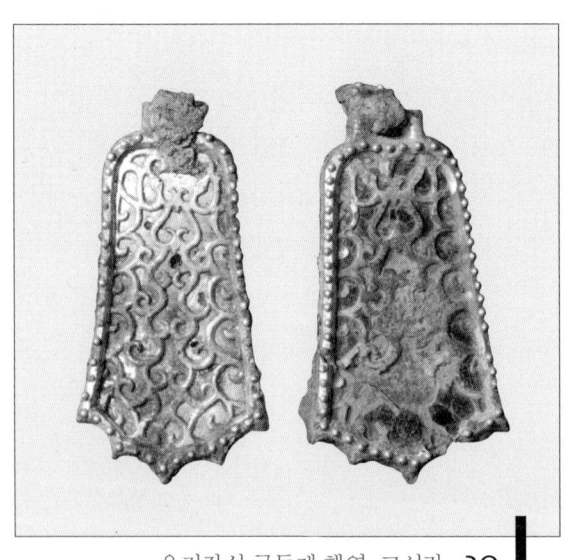

유리장식 금동제 행엽, 고신라 **30**
경주 계림로 14호분 출토, 국립경주박물관 소장

수급이 쉽고, 금속공예 제작기술의 사회적 효용성이 높았기 때문일 것이다. 그러나 상류층에서는 다양한 색채의 유리를 장신구나 마구에 사용하였으며, 서방에서 전래된 유리기를 귀하게 여겼다. 고신라시대의 금공품과 유리공예품들은 당시 사회에서 위세품적 성격을 가지고 있었으며, 상류층의 꾸준한 수요 아래에서 애호되었기 때문에, 다양하고 독특한 조형성을 보여주며 발달했던 것이다. 즉 이들은 새롭고 독특하게 형성된 고신라만의 생활문화 및 미적 양식을 반영하는 유물들로서 중요한 의의가 있다.

5. 맺음말

이상에서 고신라 고분에서 출토된 주요 외래계 금속 및 유리공예품들을 중심으로, 이들의 성격과 문화사적 의의를 살펴보았다. 여러 외래계 공예품 중에서 확실하게 수입된 물품으로 단정할 수 있는 것은 금속공예품 중에서는 계림로 출토 감장보검뿐이지만, 유리그릇과 상감유리구슬의 상당수는 외국에서 제작된 것을 수입한 것으로 생각된다. 이와 같이 유리에 비해 금공품의 현지 제작 가능성이 높은 점은 금속과 유리의 재료 수급 및 현지 제작기술의 발달 상태, 두 재료에 대한 수요자들의 욕구의 차이에서 기인한 것이다.

고신라시대의 금속공예품은 학계에서 외래적 성격이 강하다고 알려져 있지만, 적석목곽분의 등장과 동시에 나타나는 금제 장신구 및 공예품의 제작 양상은 처음부터 상당히 숙련된 기술 수준을 보여준다. 즉 고신라시대의 금공기법은 서서히 자체적으로 발전했다기 보다는, 외래에서 들어온 장인들의 영향 아래에서 갑작스럽게 발달된 기술 수준을 단기간 내에 습득해서 발전시킨 것으로 보인다. 이러한 외래계 금속공예 장인들의 도래는 특별한 문화권에서 집단적으로 이루어졌다기 보다는, 소규모의 장인들에 의해 산발적이고 개인적인 이주 현상에 의거해서 이루어졌을 가능성이 크다. 또한 이러한 금공품 제작장인은 숙련된 단조철기 제작기법을 알고 있었던 철기 제작장인들과 동일집단일 가능성도 있다.

한편 태환이식의 유행이나 상감유리구슬의 존재 등으로 볼 때, 고신라 문화에는 북방 유목민족 문화권뿐만 아니라 해로를 따라 전해진 남방 문화권의 영향도 혼재되어 있었음을 알 수 있다. 이제까지 한반도의 끝부분에 위치해 있다는 고신라의 지리적 측면 때문에, 고신라 고분 출토품에서 보이는 외래계 문화는 언제나 육로, 즉 고구려를 통해서만 가능했을 것이라고 보는 경향이 강했다. 그러나 이미 기원 후부터 서양과 동아시아는 육로와 해로를 통해서 문화적 교류가 이루어지기 시작했고, 4세기 후반부터는 중국과 인도의 항로도 구법승과 같은 순례자들에게도 이용될 만큼 발달해 있었다. 이러한 점으로 볼 때, 신라가 해양을 통해 서역과 문화 교류를 간헐적으로라도 했을 가능성은 상당히 큰 편이다. 남방 해로를 통한 신라의 교역이 정기적이고 대규모였다고 보기는 어렵지만, 몇몇 주요한 물품 및 기술이 전래되는 데에는 부족하지 않은 수준이었을 것이다.

고신라 고분 출토 각종 외래계 금속 및 유리공예품들은 바로 4세기 이후 육로와 해로를 통한 다양한 경로의 동서 교역 가능성을 알려주는 중요한 자료로서 문화사적 의의가 크다. 앞으로 개별 유물에 대한 과학적 검토 및 해로상에 위치한 동남아지역의 체계적인 고고학 발굴과 함께, 이들에 대해서 좀 더 폭넓은 시각으로 연구가 이루어지기를 기대해 본다.

國文

강인욱, 2011, 「스키토 시베리아 문화권과 한반도의 문화교류」, 『스키타이 황금문명展』, 예술의 전당.

강형태 · 조남철, 2008, 「고고자료의 자연과학 응용(III) - 황남대총(남분)의 일부 서역계 유리제품에 대한 과학적 특성 분류」, 『문화재』 41-1.

강희정, 2009, 「푸난(扶南) 불교조각의 연원과 전개」, 『미술사와 시각문화』 8.

경주세계문화엑스포 2000 조직위원회 편, 2000, 『동방의 빛을 따라서: 실크로드와 한국문화』, 경주세계문화엑스포 2000 조직위원회.

國立慶州博物館, 2001, 『新羅黃金』.

_____, 2010, 『慶州 鷄林路 14號墓』.

國立慶州博物館 編, 2008, 『新羅文化와 西아시아文化 - 金屬 및 琉璃工藝를 中心으로』, 國際學術 심포지엄.

국립경주박물관 · 국립제주박물관, 2008, 『新羅, 서아시아를 만나다』.

국립중앙박물관, 2008, 『황금의 제국 페르시아』.

권영필, 1997, 『실크로드 미술 - 중앙아시아에서 한국까지』, 열화당.

_____, 2000, 「신라 공예의 대외교섭」, 『신라미술의 대외교섭』, 예경.

김규호, 2001, 「한국에서 출토된 고대 유리의 고고화학적 연구」, 중앙대학교 대학원 박사학위논문.

김병모, 1998, 『금관의 비밀』, 푸른역사.

김옥순, 2006, 「4~5세기 경주 지역 외래 문물을 통한 교환방식의 일고찰」, 『신라문화』 28.

김원룡, 1984, 「고대 한국과 서역」, 『미술자료』 34.

김차규, 2009, 「로마(비잔티움) 유리용기의 신라유입과정에 대한 해석: 5~6세기초 비잔티움의 동방교역 정책과 관련하여」, 『서양중세사연구』 24.

나가사와 가즈도시(이재성 옮김), 1990, 『실크로드의 역사와 문화』, 민족사.

稻垣肇, 2008, 「류톤의 系譜와 展開」, 『新羅文化와 西아시아 문화』, 國立慶州博物館.

무함마드 깐수, 1992, 『신라 · 서역 교류사』, 단국대학교 출판부.

미스기 다카토시(김인규 옮김), 2001, 『동서도자교류사 - 마이센으로 가는 길』, 눌와.

부산박물관 편, 2010, 『베트남, 홍강에서 메콩강까지』, 부산박물관.

손호성, 2010, 「고분유물을 통해본 신라의 대외교류」, 영남대학교 대학원 석사학위논문.

유병하, 2006, 「5~6세기 신라 장신구 2례의 검토」, 『동원학술논문집』 8.

_____, 2008, 「4~6세기 신라 유리공예품의 다양한 기원 -서아시아지역과의 관련성을 중심으로-」, 『新羅 文化와 西아시아 문화』, 國立慶州博物館.

이난영, 1991, 『경주와 실크로드』, 국립경주박물관.

이송란, 1994, 「新羅 古墳出土 工藝品이 보이는 外來要素의 淵源」, 『미술사학연구』 203.

_____, 2003, 「황남대총 북분 장식구슬의 계보와 바닷길 무역」, 『과기고고연구』 9.

_____, 2004a, 『신라금속공예연구』, 일지사.

_____, 2004b, 「동진의 남경 선학관 M16호묘 유리완 연구」, 『미술자료』 70 · 71.

_____, 2008, 「신라 계림로 14호분 〈금제감장보검〉의 제작지와 수용경로」, 『미술사학연구』 258.

李研宰, 2006, 「飾履塚 출토 金銅飾履의 문양 연구」, 『강좌미술사』 27.

이은창, 1982, 「신라금속공예의 원류적인 중앙아세아 고대문화 - 아프가니스탄의 시바르간 출토 유물을 중심으로」, 『한국학보』 26.

이인숙, 1993a, 「동서문화 교류의 관점에서 본 한국 고대의 유리」, 『한국학연구』 5.

_____, 1993b, 『한국의 古代 유리』, 創文.

_____, 1997, 「금과 유리 - 4~5세기 고대 한국과 실크로드의 유보」, 『중앙아시아연구』 2.

_____, 2000, 「실크로드와 한국의 로만 글래스」, 『동방의 빛을 따라서 : 실크로드와 한국문화』, 경주세계 문화엑스포 2000 조직위원회.

이주형 책임편집, 2009, 『동아시아 구법승과 인도의 불교유적』, 사회평론.

이한상, 2004a, 「적석목곽분 출토 황금장식과 유리제품의 원류」, 『新羅文化』 23.

_____, 2004b, 『황금의 나라 신라』, 김영사.

_____, 2007, 「新羅墳墓 속 西域系文物의 現況과 解析」, 『한국고대사연구』 45.

_____, 2011a, 『東아시아 古代 金屬製 裝身具文化』, 도서출판 考古.

_____, 2011b, 「皇南大塚 北墳 嵌玉팔찌의 製作工程과 製作地」, 『考古學探究』 10.

장-노엘 로베르(조성애 옮김), 1998, 『로마에서 중국까지』, 이산.

정수일, 2001, 『고대문명 교류사』, 사계절.

주경미, 1996, 「三國時代 耳飾의 硏究 - 慶州地域出土 垂下付耳飾을 중심으로」, 『美術史學硏究』 211.

_____, 1997, 「三國時代 耳飾의 製作技法」, 『古代硏究』 5.

_____, 1998, 「三國時代의 打出技法 硏究」, 『科技考古硏究』 3.

_____, 2003a, 「三國時代 耳飾의 着裝方式 硏究」, 『역사민속학』 17.

_____, 2003b, 『중국 고대 불사리장엄 연구』, 일지사.

_____, 2006, 「중국출토 外來系 장신구의 일고찰」, 『중앙아시아연구』 11.

_____, 2008, 「금제교구」, 『문화재대관-국보 금속공예』, 문화재청 동산문화재과.

_____, 2009, 「아프가니스탄 출토 고대공예품에 보이는 문화적 다양성」, 『아프가니스탄 : 문명사적 의의 와 전망』, 중앙아시아학회 2009년 국제학술대회, 중앙아시아학회.

_____, 2011, 「몽골 출토 흉노시대 금속공예품 연구」, 『신라문화』 37.

피터 홉커크(김영종 옮김), 2000, 『실크로드의 악마들』, 사계절.

한국국제학회 편, 1999, 『실크로드와 한국 문화』, 소나무.

中文

孫機, 1991, 「步搖, 步搖冠與搖葉冠飾」, 『文物』 11.

日文

由水常雄, 1976, 「古新羅古墳出土のロマングラスについて」, 『朝鮮學報』 80.

_____, 2001, 『ローマ文化王國 新羅』, 新潮社, 東京(요시미즈 츠네오, 2002, 『로마문화왕국 신라』, 씨앗 을 뿌리는 사람들).

穴澤和光 · 馬目順一, 1980, 「慶州鷄林路14號墳出土の嵌玉金製短劍をめぐる諸問題」, 『古文化談叢』 7.

英文

Barber, Edwin A. 1915, "Mosaic and Millefiori Glass." *Bulletin of the Pennsylvania Museum*, v. 13, n. 51.

Chourmoyziadis, George Ch. (David A. Hardy, trans.), *The Gold of the World*. Athens: Kapon Editions, 2003.

Dubin, Lois Sherr. 2009, *The History of Beads: From 100,000 B.C. to the Present*. Revised and Expanded Edition. New York: Abrams.

Fleming, Stuart J. 1999, *Roman Glass: Reflections on Cultural Change*. Philadelphia: University of Pennsylvania Museum of Archaeology and Anthropology.

Francis, Peter. 2002, *Asia's Maritime Bead Trade: 300 B.C. to the Present*. Hawai'i: University of Hawai'i Press.

Freestone, I. C. 2006, "Glass Production in Late Antiquity and the Early Islamic Period: a Geochemical Perspective." in M. Maggeti and B. Messiga (ed.), *Geomaterials in Cultural Heritage*, London: Geological Society.

Ghirshman, Roman. 1962, *Persian Art: The Parthian and Sassanian Dynasties.* New York: Golden Press.

Hiebert, Fredrik Hiebert and Pierre Cambon. 2008, *Afghanistan Hidden Treasures from the National Museum, Kabu.l.* Washington, D. C.: National Geography.

Higgins, Reynold. 1980, *Greek and Roman Jewellery.* Second Edition. Berkery and Los Angeles: University of California Press.

Kaposhina, S.I. 1963, "A Sarmatian Royal Burial at novocherkassk", *Antiquity* v. 37, n 148.

Khoo, James C. M. (ed.). 2003, *Art & Archaeology of Fu Nan - Pre-Khmer Kingdom of the Lower Mekong Valley.* Bangkok: Orchid Press.

Les Perses sassanides, 2006, Fastes d'un empire oublié (224-642). Paris: Paris-Musées.

Stern, Marianne E. 1999. 7, "Roman Glassblowing in a Cultural Context." *American Journal of Archaeology,* v. 103, n. 3.

Richter, Anne. 2000, *Jewelry of South Asia.* New York: Harry N. Abrams, Inc.

Sarianidi, Victor I. 1980, "The Treasure of Golden Hill." *American Journal of Archaeology* 84-2.

_____. 1985, *The Golden Hoard of Bactria: from the Tillya-Tepe excavations in Northern Afghanistan.* New York: Harry N. Abrams.

Stout, Ann M. 1986, "The Archeological Context of Late Roman Period Mosaic Glass Face Beads." *Ornament* 9-4.

Tait, Hugh (ed.). 2004, *Five Thousand Years of Glass.* Revised Edition. London: British Museum Press.

Treister, Mikhail. 2004, "Eastern Jewellery in Sarmatian Burials and Eastern Elements in the Jewellery of North Pontic Area in the First Century." *Iranica Antiqua* 39.

IX.
동북아시아의 초기마구와 지역간 교류

류 창 환 경남발전연구원 역사문화센터

1. 머리말

고대 동북아시아에서 할거하던 慕容鮮卑와 高句麗, 百濟, 新羅, 加耶, 倭에서는 다종·다양한 마구가 발견되고 있다. 이러한 마구는 인류가 말을 타고 조종하는데 필요한 도구로, 해당지역에서 기마문화가 수용되고 성행하였음을 알려주는 자료이다.

그런데 이들 지역에서 발견되는 마구들을 자세히 관찰해 보면 특정 시기 또는 지역에서만 확인되는 것도 있지만 동북아시아 전역 또는 일부 지역간에 공통적으로 분포되어 있는 것도 많음을 알 수가 있다. 즉 고대 동북아시아에서 발견되는 비와 등자, 안장 등 각종 마구는 당시의 기마문화뿐만 아니라 지역간의 교류 또는 교섭과 정세 등을 이해하는데 귀중한 물질자료인 셈이다.

특히 필자가 동북아시아의 마구 가운데 "중국 동북지역과 한반도, 일본열도에서 발견되는 4~5세기 전반 대까지의 기승용 마구"로 정의(류창환 2004)한 初期馬具는 고대 韓·中·日의 교류와 교섭 문제 등을 연구하는데 중요한 기초자료가 되고 있다. 그것은 근년에 들어서 慕容鮮卑의 故地인 遼寧省 일대에서 발견되고 있는 다수의 초기마구를 통해 동북아시아 馬具의 계보와 연대 문제 등에 관한 논고가 다수 제출되고 있는 사실에서도 입증된다.

그래서 필자도 이전에 이와 관련하여 동북아시아에서 발견되는 초기마구 중에서 轡와 鐙子를 중심으로 분류와 연대, 계보와 전개 등에 대하여 검토한 바 있다(류창환

2004). 하지만 그 때는 초기마구가 중국 동북지역에서 한반도를 거쳐서 일본열도에 도달한다는 대세론적인 관점에서 개괄하는 정도로 그쳤다. 이후 각 지역에서 자료가 증가하는 한편 새로운 관점(諫早直人 2009)도 제기되어 재해석이 필요한 자료도 생겨났다. 즉 본고는 필자의 전고(류창환 2004) 중 'II. 초기마구의 분류와 연대'에 관한 부분을 수정·보완하고 초기마구가 한반도와 일본열도에서 전개되는 과정과 내용에 대하여 새로이 검토하는 데 목적이 있다. 또한 전고에서 다루지 못했던 초기마구에서 관찰되는 지역간 교류 문제에 대해서도 언급하고자 한다.

2. 초기 비와 등자의 분류와 연대

1) 분류

(1) 표비

표비란 1~3조의 철봉으로 함을 만들고 함의 양 끝에 골제나 목제, 금속제의 표를 장치한 轡를 말한다. 인수의 유무와 인수와 입문의 형태에 따라 분류할 수 있다.

표비 A는 인수 없이 철봉을 꼬지 않거나 꼬아 만든 2연식 함만으로 구성된 표비를 말한다. 봉명동 A-35호분, 대성동 39호분, 池の上 6호분, 行者塚古墳 출토품 등 백제와 가야, 왜 지역에서 확인되고 있다.

표비 B는 꼬아 만든 2연식 함과 짧은 2조선 표형 인수를 특징으로 하는 표비이다. 고구려와 가야, 왜지역에서 확인되며, 출토 유구의 편년에 따르면 禹山下 3241號墓 → 복천동 69호분 → 복천동 71호분 → 南山 4號墳 표비의 순으로 배열할 수 있다.

표비 C는 꼬지 않거나 꼬아 만든 2연식 함과 2조선 삽자루형 인수[1]로 구성된 표비이다. 함과 인수의 제작방법과 형태에 따라 3종류로 세별된다. 2조선 삽자루a형 인수(楡

---

1 '삽자루형 인수'란 인수의 형태가 삽자루 모양과 흡사한 것에서 붙여진 이름이다. 제작법과 형태상 크게 3종류로 분류된다. 즉 유수노하심 중층 56호묘 표비의 인수와 같이 1조의 철봉을 길게 구부린 후 한쪽 끝을 반대쪽 끝 하단에 고정하여 완성한 인수, 원대자벽화묘 판비의 인수와 같이 족집게형의 인수, 전형적인 삽자루 모양의 인수 등이 그것으로, 이를 각각 '삽자루a형 인수'·'삽자루b형 인수'·'삽자루c형 인수'라고 한다.

樹老河深 56·97號墓, 鳳鳴洞 C-31號墳) → 2조선 삽자루b형 인수(봉명동 B-36·79호분) → 2조선 삽자루c형 인수(두곡 8호분, 대성동 11호분, 복천동 22호분, 도계동 19호분, 신흥리 가-1·9·17·37호분) 표비의 순으로 분류·배열하는 것이 가능하다.

표비 D는 꼬아 만든 1조선 인수를 가진 표비로, 복천동 48호분, 신흥리 나-66호분, 봉명동 C-43호분 등 백제와 가야, 신라지역에서 발견되고 있다.

표비 E는 함 외환에 끼워진 S자상의 표에 2공입문이 달린 이른바 2공입문식 표비로, 고구려와 왜를 제외한 동북아시아 전역에서 발견되고 있다. 2공입문식 표비는 입문과 인수가 다양한 편으로, 이를 기준으로 분류·편년할 수 있다. 즉 전형 입문＋2조선 표형 인수(倉粮窖墓, 복천동 38호분) → 전형 입문＋꼬아 만든 1조선 인수(대성동 2호 A) → 변형 입문＋꼬아 만든 1조선 인수(대성동 2호 B, 복천동 60호분 → 중산리 I B1호분, 봉명동 A-31호분) → 변형 입문＋2조선 삽자루b형 인수(두정동 I -5호분) 표비의 순으로 분류·배열하는 것이 가능하다.

⑵ 횡방향함유금구판비

횡방향함유금구판비는 평면 원형 또는 제형의 함유에 횡방향으로 함유금구를 배치한 판비를 말한다. 함유의 평면 형태에 따라 원형(A)·제형(B) 판비의 2종류로 대별된다.

횡방향함유금구판비 A는 중국 동북지역과 한반도, 일본열도 등 동북아시아 전역에서 확인된다. 원형 함유와 2연식 함을 가진 것에서 공통되지만 인수의 형태는 다양하다. 인수의 형태에 따르면 2조선 표형 인수(北溝 M8號墓, 王子墳山腰 M9001號墓, 鞍塚古墳, 吉ノ內 1號墳), 2조선 삽자루형 인수(월성로 가-13호분, 두정동 I -5호분, 양동리 107호분, 七星山 96號墳), 꼬아 만든 1조선 인수(대성동 41호분, 양동리 321호분, 현동 43호분, 옥성리 가-35·나-29호분, 중산리 I A26· I B17호분, 行者塚古墳, 鳥羽山洞窟) 표비 등으로 구분된다.

횡방향함유금구판비 B는 위의 원형 함유의 판비와 달리 한반도 남부와 일본열도에서만 확인되며 사례도 많지 않다. 함은 꼬아 만든 2연식이 대부분이나 行者塚古墳 2號轡와 같이 꼬아 만든 1연식 함도 있다. 인수의 형태는 원형 판비와 마찬가지로 다양한 편인데, 인수와 공반유물의 편년에 의하면 2조선 표형 인수(도항리 문3호분) → 꼬아 만든 1조선 인수(복천동 95호분, 양동리 196호분, 송대리 13호분) → 2조선 삽자루c형 인수(行者塚古墳 2號轡) 표비의 순으로 형식·편년할 수 있다.

⑶ X자형함유금구판비

X자형함유금구판비는 평면 원형 또는 타원형의 함유와 함유 중앙부에 배치한 X자형의 함유금구를 특징으로 한다. 모용선비와 가야, 왜지역에서 발견되는 등 분포범위는 광범위하나 사례는 적은 편이다. 인수의 형태에 따라 2조선 삽자루b형 인수(北票 喇嘛洞Ⅱ M16號墓) → 꼬아 만든 1조선 인수(대성동 2호분) → 2조선 삽자루형 인수(대성동 42호분) → 1조선 방형외환 인수(新開 1號墳) 표비의 순으로 분류·편년을 하는 것이 가능하다.

⑷ 환판비

철대 혹은 철봉으로 평면 (타)원형의 환판을 만들고 그 내부에 함유금구를 덧댄 비를 환판비라고 한다. 이 형식의 비는 구조와 계보상 판비와 뚜렷이 구별되는데, 내부에 덧댄 함유금구의 형태에 따라 ⊥자형환판비와 X자형환판비로 대별된다.

⊥자형환판비는 한반도 남부와 일본열도에서 확인된다. 인수와 함유금구의 형태에 따라 꼬아 만든 1조선 인수+정 ⊥자형 함유금구(청주 신봉동) → 2조선 삽자루형 인수+정 ⊥자형 함유금구(복천동 10·31호, 신홍리 57호) → 2조선 삽자루형 인수+정 人자형 함유금구(옥전 23·67·68호) → 1조선 삽자루형 인수+정 人자형 함유금구(황남동 109호분 4곽, 도항리 경13호, 청주 신봉동) → 1조선 방형외환 인수+정 人자형 함유금구(七觀古墳) 환판비의 순으로 분류·편년할 수 있다.

X자형환판비는 ⊥자형환판비와 달리 함유금구가 X자형을 이룬 것으로, 중국 동북지역과 한반도 남부, 일본열도 등 동북아시아 전역에서 확인된다. 역시 인수의 형태에 따르면 대체로 꼬아 만든 1조선 인수(대성동 20호분, 도항리 문36호분) → 2조선 삽자루형 인수(도항리 문10호분) → 1조선 삽자루형 인수(복천동 35호분, 劍崎長瀞西 13號土廣) → 1조선 방형외환 인수(김해 능동 나-25호분, 신홍리 39호분) 환판비의 순으로 분류·편년할 수 있다.

⑸ 등자

중국 동북지역과 한반도, 일본열도에서 발견되고 있는 초기 등자는 재질과 형태, 목심의 외면에 보강한 금속판의 형태에 따라 7가지 형식으로 대별하는 것이 가능하다.

A型은 목재를 가공하여 등자의 형태를 갖추고 그 위에 가죽을 씌우고 漆을 하여 완성한 木心革被輪鐙으로, 袁台子壁畵墓 출토품이 유일한 사례이다. 병부는 장병으로 상

단부는 반원형을 이루며, 윤부는 답수부가 직선적인 형태로 삼각형에 가깝다. 윤부가 삼각형인 것에서 金盆嶺 21號墓의 騎馬俑 또는 象山 7號墓의 陶馬俑의 등자에서 유래한 것일 가능성이 있으나 확실하지는 않다. 다만 세 유적에서 출토된 등자의 윤부 모두가 삼각형으로 공통된다는 점과 등자가 單鐙에서 雙鐙으로 발전한다는 일반론을 따르면 金盆嶺 21號墓 → 象山 7號墓 → 袁台子壁畵墓의 등자로 발전한 것이 아닌가 한다.

B型은 銅製鍍金 또는 木心金銅板被의 등자이다. 孝民屯 154號墓, 北溝 M8號墓, 十二台鄕磚廠 88M1號墓, 三合成墓, 七星山 96號墳 출토품 등이 이에 속한다. 장병과 도하아트형의 윤부를 특징으로 하며, 銅製鍍金의 左側單鐙(孝民屯 154號墓, 十二台鄕磚廠 88M1號墓), 木心金銅板被製의 雙鐙(北溝 M8號墓, 太王陵, 七星山 96號墳)이 있다. 재질상 木心革被製인 A형 등자의 개량형으로 추정되는데, 특히 후술하듯이 태왕릉 → 칠성산 96호분 → 신라 황남대총 남분 출토품으로 이어지는 계보가 인정된다.

C型은 목재로 만든 병부와 윤부의 접합부를 중심으로 역Y자상의 철판을 보강하고, 그 외 일부를 철판으로 보강한 등자를 말한다. 복천동 48·60호분, 중산리 I B1호분, 두정동 I -5호분 출토품이 이에 속한다. 백제와 신라, 가야 등 주로 한반도 남부에서만 확인되고 있다.

I A1式은 병부와 윤부의 상반부에 각각 상원하방형·역Y자상의 금속판을 보강한 목심등자이다. 유명한 馮素弗墓 출토품을 비롯하여 대성동 1호분, 양동리 429호분, 복천동 21호분, 신흥리 나-39호분, 鞍塚古墳 A, 七觀古墳 출토품 등 모두 7예가 확인된다. 외장철판의 형태는 다양한 편으로, 역Y자상 금속판의 양가지가 짧으며 원두정을 촘촘히 박은 馮素弗墓, 대성동 1호분, 七觀古墳 출토품, 역Y자상 금속판의 양가지가 길어진 양동리 429호분, 복천동 21호분, 신흥리 39호분, 鞍塚古墳(A) 출토품 등이 있다. 외장철판의 형태와 출토고분의 편년에 의하면 馮素弗墓, 대성동1호분 → 양동리 429호분 → 신흥리 나-39호 → 鞍塚古墳(A) → 七觀古墳 등자의 순으로 형식 배열할 수 있다.

I A2式은 병부와 윤상반부의 내외측면 일부에 철판을 보강한 목심등자로, 외장철판의 형태나 구조가 C형 등자와 함께 가장 간소한 편이다. 양동리 78·107호분, 옥전 23·67-B호분, 신흥리 가-57호분, 新開 1號墳 출토품 등 모두 6예가 확인된다. 세부적으로 보면 병상반부의 측면과 윤상반부의 내측면에만 철판보강을 한 것(양동리 78·107호분), 병부와 윤상부의 내외측면에만 철판보강을 한 것(옥전 23호분, 新開 1號墳), 병부와 윤상부의 내외측면과 답수부의 내외측면에만 철판보강을 한 것(대성동 57호분, 신흥리 가-57호분, 옥전 67-B호분) 등이 있다. 이처럼 외장철판의 형태나 구조가 똑같

지 않고 다양하게 나타나는데, 이는 아마도 목심등자의 내구력을 강화하기 위한 제작 과정에서 비롯된 초기적인 현상이 아닌가 한다.

ⅠA3式은 병상반부 전후면과 병부와 윤부의 내외측면을 철판으로 보강하고 병하반부와 윤부의 전후면은 좁고 긴 철봉으로 보강한 등자를 말한다. 윤부는 도하아트형과 횡타원형이 있으며, 답수부에는 스파이크가 장치되지 않았다. 병의 단면은 볼록렌즈형, 윤의 단면은 약한 제형이며, 병두는 반원형이 일반적이다. 복천동 35·22호분, 옥전 68호분, 황남동 109호분 4곽, 용원리 9호분 출토품이 이에 속한다.

ⅠA4式은 병부와 윤상반부의 전후면에 각각 역Y자상의 철판 1매를 보강한 등자를 말한다. 이른바 병부 일단철판보강 등자로, 복천동 10호분(A, B), 옥전 67-A, 신흥리 나-37·38호분, 鞍塚古墳(B), 新開 1호분(A) 출토품 등 7예가 알려져 있다. 윤부의 형태와 답수부 스파이크의 유무, 역Y자상 철판 양끝의 내·외경 여부 등에 따라 다양하게 구분할 수 있는데, 윤부가 도하아트형 또는 삼각형에서 횡타원형으로 변화해 간다는 점과 답수부의 스파이크의 유무에 따라 옥전 67-A호분, 신흥리 나-37호분, 鞍塚古墳(B) → 복천동 10호분(A), 新開 1號墳 A 등자의 순으로 배열하는 것이 가능하다.

2) 연대

현재 동아시아 출토 초기마구 중에서 紀年銘 등에 의해 역연대를 추정해 볼 수 있는 자료로는 金盆嶺 21號墓, 象山 7號墓, 袁台子壁畵墓, 馮素弗墓, 太王陵 출토품 등을 들 수 있다.

이중 실물자료는 아니지만 金盆嶺 21號墓의 騎馬俑(302년)과 象山 7號墓(322년)의 陶馬俑은 등자의 출현 시기를 알려주는 자료로 중요하다. 즉 전자는 왼쪽에, 후자는 양쪽에 등자가 묘사되어 있어서 4세기를 전후한 시기에 單鐙에 의한 기마문화가 개시되고 곧 이어서 雙鐙에 의한 기마문화가 성립되었음을 알 수가 있다.

이러한 鐙 騎乘의 기마문화는 곧바로 중국 동북지역으로 파급되었을 것으로 추측되는데, 특히 袁台子壁畵墓에서 출토된 비·안장·등자·행엽 등으로 구성된 마구가 대표적인 사례이다. 원대자벽화묘의 연대에 대해서는 보고자가 東晋 4세기 초에서 4세기 중엽으로 추정한 이후 연구자에 따라 여러 견해가 나와 있으나 아직 확실하게 밝혀지지 않고 있다. 그러한 가운데 원대자벽화묘에 남아 있는 墨書를 "永和十年二月己卯

朔"(354年) 또는 "太和元年二月己巳朔"(366年)으로 추정 복원한 田立坤의 견해(田立坤 2001)가 유력하다고 생각한다. 왜냐하면 그가 추정한 연대는 중국 동북지역 출토 마구의 형식 분류 또는 형식편년과 맥락을 같이 하는 것으로 판단되기 때문이다. 따라서 원대자벽화묘 출토 마구를 4세기 중엽 또는 4세기 3/4분기의 초두로 보아도 좋다고 생각한다.

원대자벽화묘 이후 마구의 역연대 연구에 중요한 자료로는 北票 西官營子 馮素弗墓 출토 마구를 들 수 있다. 주지하는 것과 같이 馮素弗은 北燕의 王族으로 北燕의 太平七年(415年)에 沒한 것으로 명확히 기록되고 있다. 이로써 여기에서 출토된 마구는 동북아시아 마구의 편년 연구에 중요한 기준이 되고 있음은 말할 필요도 없다. 특히 공반된 등자는 필자의 Ⅰ A1식에 해당되는 것으로, 같은 형식의 등자가 한반도 남부와 일본열도에서도 발견되고 있어서 동북아시아 초기등자뿐만 아니라 초기마구의 편년 연구에 있어서 절대적인 위치를 차지하고 있다.

고구려 마구 중에는 신라 마구의 역연대 문제와 직접적으로 관련되는 太王陵 출토 등자가 중요하다. 이에 대해 桃崎祐輔는 태왕릉 출토 등자를 중국 요령성의 모용선비 삼연묘에서 출토된 윤등류(4세기 중엽~말)와 신라 황남대총과 금관총(5세기 중엽~후반대) 출토 등자의 중간에 해당되는 특징을 가진 것으로, 형태상 고구려 칠성산 96호분 (5세기 전반) 출토품과 가까운 것으로 보았다. 결론적으로 태왕릉 출토 마구의 형식학적 위치와 瓦의 편년보정을 통해 태왕릉을 412년에 沒한 광개토대왕의 陵墓로 파악한 셈이다(桃崎祐輔 2005). 이러한 桃崎祐輔의 견해는 곧바로 이희준에 의해 비판을 받았는데, 즉 그는 태왕릉의 묘주를 고국양왕으로 보고 태왕릉과 칠성산 96호분 출토 등자를 4세기 후엽, 황남대총 남분 출토품을 5세기 전엽으로 비정하였다(이희준 2006).

한편 필자는 태왕릉 출토 등자가 보고되기 이전에 칠성산 96호분과 황남대총 남분 출토 등자에 대해서 언급한 바 있다(류창환 2007). 즉 칠성산 96호분 출토 등자를 銅製鍍金 또는 木心金銅板被製로서 병부가 길고 윤부가 도하아트형을 이룬 孝民屯 154號墓, 北溝 M8號墓, 十二台鄉磚廠 88M1號墓, 三合成墓 출토 등자와 같은 B型으로 분류하고, 七星山 96號墳 → 신라 황남대총 남분 출토 木心金銅板被輪鐙으로 이어지는 계보를 상정한 바 있다. 결과적으로 태왕릉 출토 등자는 필자의 관점을 뒷받침하는 것이다. 즉 태왕릉 출토 등자는 이른바 木心金銅板張龍文透彫輪鐙으로, 전체형태와 투조용문의 사실성, 답수부에 미끄럼 방지를 위한 스파이크가 장치되지 않은 점 등에서 황남대총 남분 출토품에 앞서는 형식임은 의심의 여지가 없다. 따라서 태왕릉(5세기 초~전엽)

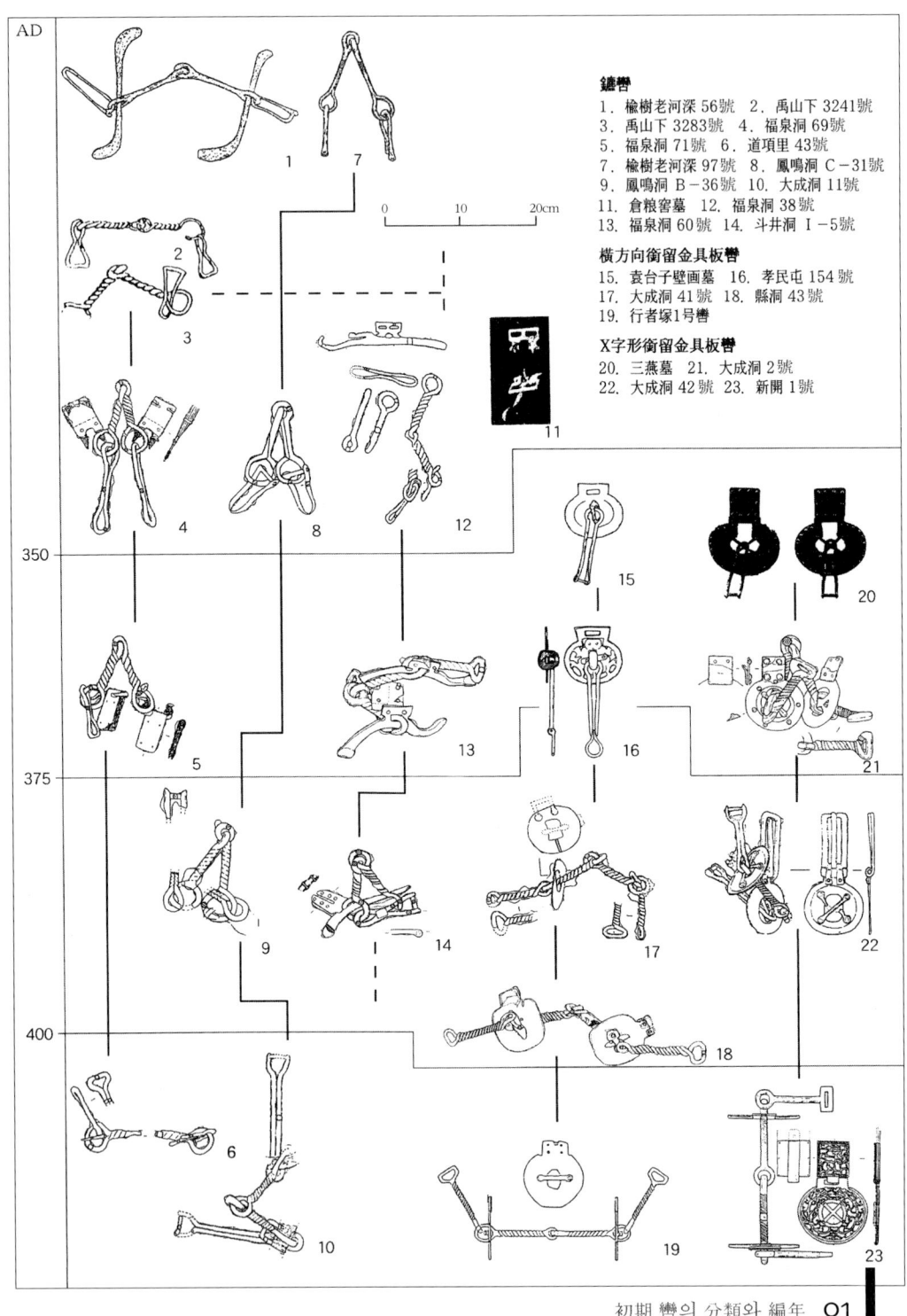

鑣轡

1. 楡樹老河深 56號　2. 禹山下 3241號
3. 禹山下 3283號　4. 福泉洞 69號
5. 福泉洞 71號　6. 道項里 43號
7. 楡樹老河深 97號　8. 鳳鳴洞 C−31號
9. 鳳鳴洞 B−36號　10. 大成洞 11號
11. 倉粮窖墓　12. 福泉洞 38號
13. 福泉洞 60號　14. 斗井洞 I−5號

橫方向銜留金具板轡

15. 袁台子壁画墓　16. 孝民屯 154號
17. 大成洞 41號　18. 縣洞 43號
19. 行者塚1号轡

X字形銜留金具板轡

20. 三燕墓　21. 大成洞 2號
22. 大成洞 42號　23. 新開 1號

0   10   20cm

初期 轡의 分類와 編年　O1

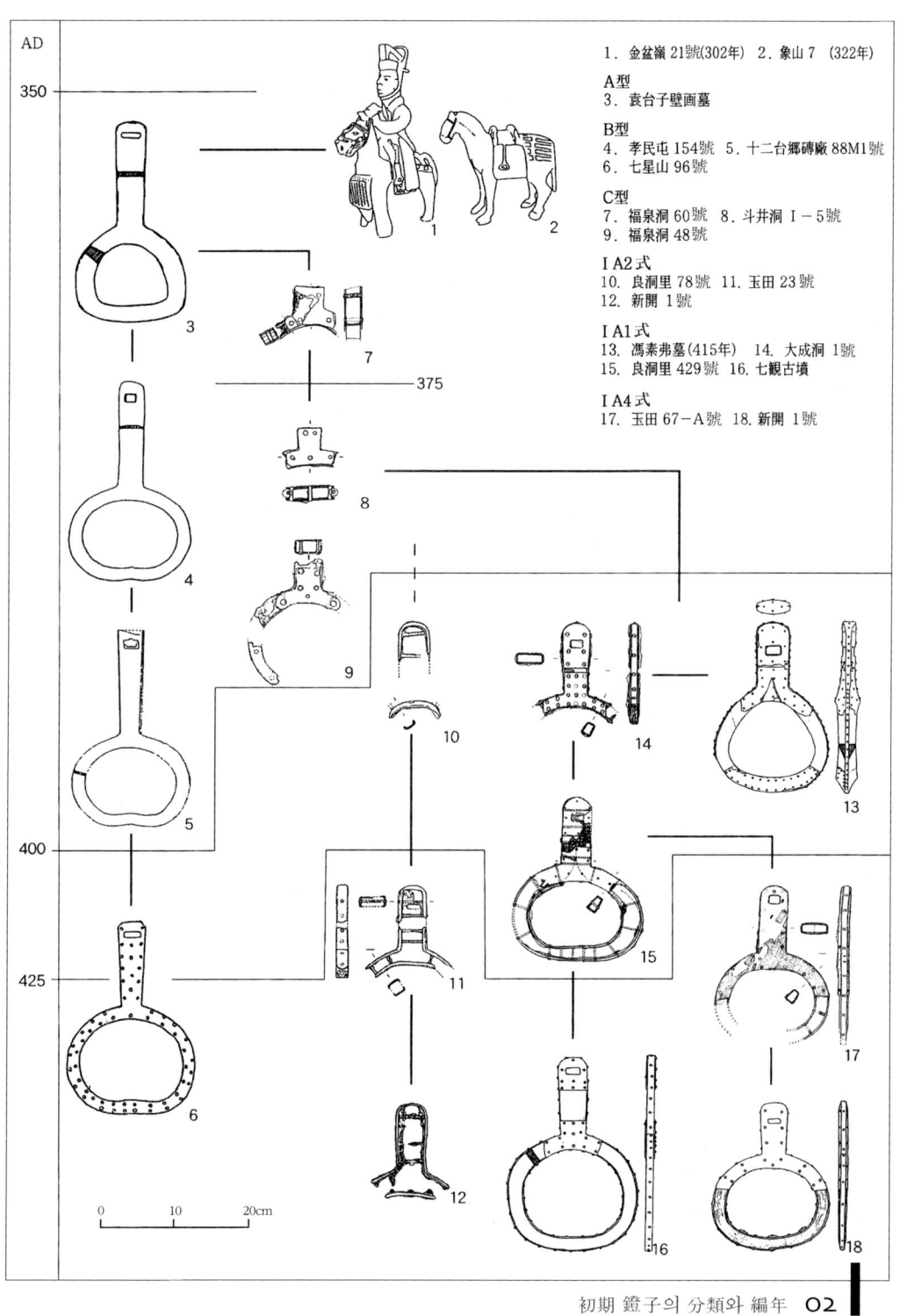

AD

350

375

400

425

0 10 20cm

1. 金盆嶺 21號(302年) 2. 象山 7 (322年)

A型
3. 袁台子壁畫墓

B型
4. 孝民屯 154號 5. 十二台鄕磚廠 88M1號
6. 七星山 96號

C型
7. 福泉洞 60號 8. 斗井洞 I－5號
9. 福泉洞 48號

I A2式
10. 良洞里 78號 11. 玉田 23號
12. 新開 1號

I A1式
13. 馮素弗墓(415年) 14. 大成洞 1號
15. 良洞里 429號 16. 七觀古墳

I A4式
17. 玉田 67－A號 18. 新開 1號

初期 鐙子의 分類와 編年 02

→ 신라 황남대총 남분(5세기 중엽)의 순으로 형식편년하는 것이 합리적이라고 생각한다. 이러한 결론은 태왕릉 출토 등자의 연대 등을 통해 광개토대왕(391~412)의 陵墓로 추정한 위의 桃崎祐輔의 견해와 다르지 않다.

이 밖에도 초기마구의 편년 연구에 있어서 역연대를 직접적으로 알려주는 자료는 아니지만 초기마구와 함께 출토되는 각종 유물에 대한 형식학적인 연구성과도 중요하다(신경철 1994, 류창환 2004, 桃崎祐輔 2005, 諫早直人 2009).

이상과 같이 역연대를 알 수 있는 자료와 공반유물에 대한 편년연구 성과, 그리고 앞서 검토한 비와 등자에 대한 형식 편년과 배열 결과 등을 종합하여 초기 비와 등자의 분류와 편년안을 제시하면 도 01 · 02와 같다.

3. 한반도와 일본열도에 있어서 초기마구의 수용과 확산

1) 한반도(도 03~05)

4세기 전반 : 金盆嶺 21號墓의 騎馬俑과 象山 7號墓의 陶馬俑에 의하면 4세기를 전후한 시기에 單鐙에 의한 기마문화가 개시되고 곧 이어서 雙鐙에 의한 기마문화가 성립되었음을 알 수가 있다.

그러나 이 시기의 중국 동북지역에서는 기마문화를 알려주는 실물 마구의 사례는 극소수로 3세기 중엽에서 4세기 전반의 시기로 편년되는 고구려의 만보정 242호묘, 우산하 3241호묘, 서해리 2-1호묘에서 발견된 마구가 전부이다. 그것도 안장이나 등자 없이 꼬거나 꼬지 않고 만든 2연식 함과 2조선 삽자루a형 인수 또는 2조선 표형 인수를 특징으로 하는 표비만 발견되고 있다.

이러한 표비의 기원에 대하여는 잘 알 수 없으나 현재의 자료로 볼 때 夫餘의 유적으로 파악되고 있는 楡樹老河深 中層 墳墓 출토 표비들과 관련성이 높아 보인다. 왜냐하면 유수노하심 중층에서 출토된 다수의 마구 중에서 56 · 97호묘 출토 표비는 2공식 표와 꼬지 않은 2연식 함, 2조선 삽자루a형 인수를 특징으로 하는데, 이는 위의 만보정 242호묘와 서해리 2-1호묘 출토 표비의 특징이기도 하기 때문이다. 즉 부여의 표비와 고구려의 초기 표비는 계보를 같이 하는 것으로, 현재까지의 출토예로 보면 부여 이후 고구려를 비롯하여 중국 동북지역에서 일반적으로 사용된 표비가 아니었을까 생각된다. 어쨌든 이 시기에는 아직 金盆嶺 21號墓의 騎馬俑이나 象山 7號墓의 陶馬俑과 같은 鐙 騎乘에 의한 기마문화를 입증할 만한 자료가 확인되지 않는 것이 현실이다. 그 존재 여부의 확인은 앞으로의 과제라고 생각한다.

중국 동북지역에서 성립된 표비 중심의 기마문화는 곧바로 한반도 남부로 확산되는데, 부산 복천동 38·69호분과 청주 봉명동 C-31호분, 경주 황성동 575번지 20호분 출토 표비가 그러한 사례이다. 이들 고분은 대개 4세기 전반대로 편년되므로 해당지역 最古의 기승용 마구일 가능성이 높다. 따라서 이를 통해 한반도 남부 초기마구의 기원을 추정할 수 있을 것으로 생각되므로, 이를 구체적으로 살펴보기로 하자.

우선 복천동 38호분에서 출토된 표비는 2공입문이 부착된 표와 꼬아 만든 2연식 함, 2조선 표형 인수를 특징으로 하는 이른바 2공입문식 표비이다. 이러한 2공식입문 표비는 이 시기에 해당되는 사례가 많지 않아서 불확실하긴 하지만 遼寧省 北票 倉粮窖墓에 유례가 있는 것으로 보면 역시 모용선비를 비롯한 중국 동북지역에서 유래한 표비

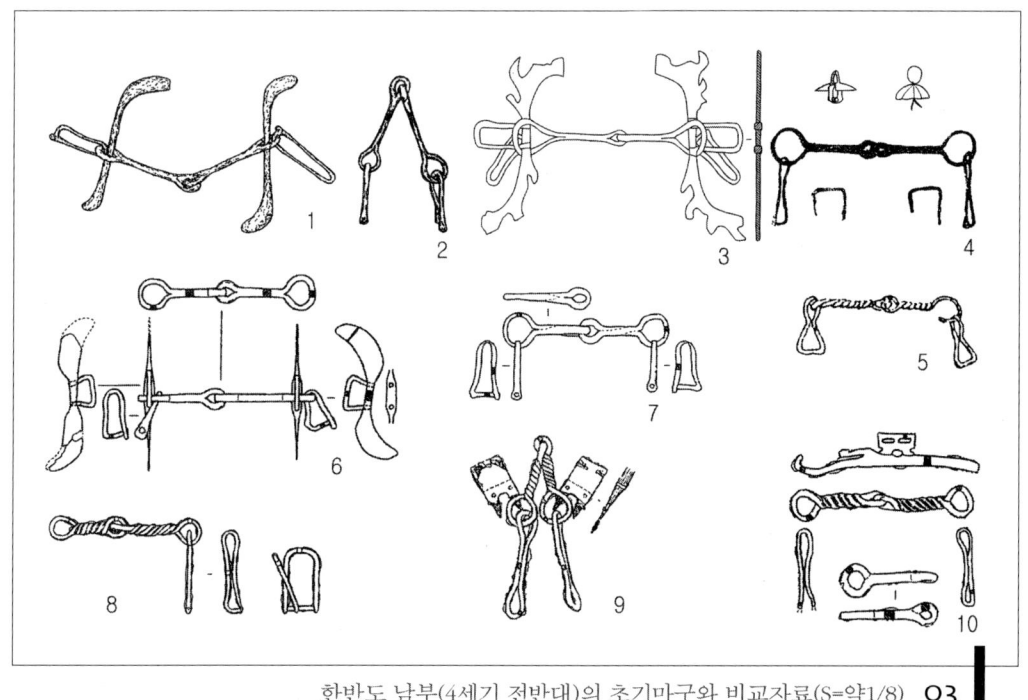

한반도 남부(4세기 전반대)의 초기마구와 비교자료(S=약1/8) **03**

1. 유수노하심 56호, 2. 유수노하심 71호, 3. 만보정 242-1호, 4. 서해리 2-1호, 5. 우산하 3241호, 6. 금릉동 78-1호,
7. 봉명동 C-31호, 8. 황성동 575번지 20호, 9. 복천동 69호, 10. 복천동 38호

가 아닌가 한다.

　이와 달리 고구려지역의 표비와 연결되는 표비도 있다. 복천동 69호분 출토 표비가 그것이다. 이 표비는 꼬아 만든 2연식 함과 2조선 표형 인수를 특징으로 하는데, 이는 고구려의 우산하 3241 · 3283호묘, 고력묘자촌 19호묘 출토 표비에서도 관찰되는 특징 이기도 하다. 이밖에도 경주 황성동 575번지 20호분에서 출토된 표비 역시 고구려지역 에서 도입되었을 가능성이 높아 보인다. 즉 이 표비에서 관찰되는 꼬아 만든 2연식 함 과 2조선 삽자루a형 인수가 고구려의 우산하 3241호묘나 서해리 2-1호묘 표비에서 확 인되고 있기 때문이다.

　한편 봉명동 C-31호분 출토 표비는 위의 사례들과 달리 부여의 유수노하심 56 · 97 호묘 출토 표비와 연결되는 것이어서 주목된다. 그것은 양자가 똑같이 꼬지 않은 2연식 함과 2조선 삽자루a형 인수로 구성되는 등 같은 형식에 속하는 표비이고, 더구나 이러 한 특징을 지니는 표비가 기원전후 부여지역에서 일반화된 것으로 본 견해(諫早直人 2009)도 있기 때문이다. 그렇지만 양자 사이에는 상당히 긴 시간차가 있기 때문에 부여 에서 백제지역으로 직접 전래된 것으로 보기는 어려우며, 현재로서는 고구려나 그 주 변 지역에서 전래된 것이 아닌가 생각된다. 즉 서해리 2-1호묘 출토품이 그 사례로, 이 로써 유수노하심 56 · 97호묘 → 서해리 2-1호묘 → 봉명동 C-31호분으로 이어지는 계 보를 상정할 수 있다고 본다. 그러나 이러한 표비의 구체적인 전래 과정에 대해서는 아 직 확실하게 알 수는 없다. 이에 대해서는 후술하기로 한다.

　4세기 중 · 후반대 : 이 시기는 앞 시기와 달리 慕容鮮卑의 본거지였던 遼寧省 朝陽 일대에서는 유명한 袁台子壁畵墓를 비롯하여 이에 후속하는 孝民屯 154號墓, 北溝 M8 號墓, 十二台鄕磚廠 88M1號墓, 三合省墓, 西溝村墓 등에서 비 · 안장 · 등자 · 행엽 등 으로 구성된 마구들이 다수 확인되고 있다. 더구나 이들 마구의 대부분이 금동제라는 점에서 앞 시기와는 확연하게 구분된다. 이로써 모용선비지역에서는 늦어도 4세기 중 엽 경에 이른바 '鮮卑系 馬具'(董高 1995, 류창환 2004)와 雙鐙에 의한 기마문화가 성 립 · 완성되었음을 알 수가 있다.

　이러한 선비계 마구-초기마구는 곧바로 인접한 고구려와 한반도로 확산되는데, 그 러한 사실은 이 시기 백제와 신라, 가야지역에서 출토되는 여러 초기마구에서 어렵지 않게 확인할 수 있다. 그 예로 우선 금관가야의 김해 대성동 2호분과 42호분에서 발견 된 X자형함유금구판비를 들 수 있다. 이 판비는 일반적인 판비와 달리 함유의 중앙에 배치한 함유금구가 X자형인 점이 가장 큰 특징으로, 앞서 언급했듯이 모용선비의 三燕

墓에서 유래하여 한반도로 전래된 판비임에 분명하다. 즉 선비계 마구의 형식과 제작 기술이 한반도 남부로 확산되었음을 보여주는 좋은 자료인 셈이다.

한편 이 시기에 처음으로 보이는 횡방향함유금구판비 역시 중국 동북지역에서 한반도 남부로 확산된 자료이다. 이 판비는 원형 함유와 함유금구가 一자형인 점이 특징으로, 한반도 남부의 두정동, 대성동, 양동리, 현동, 월성로 가-13호분, 옥성리, 중산리 등 백제와 신라·가야지역에 걸쳐서 폭넓게 분포되어 있다. 이 판비의 기원에 대해서는 선비지역에서 구하는 견해가 유력한 데, 필자 역시 위에서 언급한 袁台子壁畵墓, 北溝 M8號墓, 西溝村墓, 三合省墓 등에 유례가 있는 것에서 모용선비지역에서 개발되어 한반도 남부로 확산된 판비로 생각하고 있다.

이처럼 이 시기 한반도 남부의 초기마구가 선비계 마구와 관련성이 높음을 알 수가 있는데, 그렇다고 해서 이 시기 한반도 남부의 마구 모두를 수입품으로 볼 필요는 없다. 왜냐하면 4세기 전반대의 복천동 38·69호분 출토 표비를 잇는 2공입문식 표비와 2조선 표형 인수가 대성동 2호분과 복천동 60·71호분 등에서 출토되고 있기 때문이다. 더구나 이 시기에 수용된 횡방향함유금구판비의 경우에도 중국 동북지역에서 찾아지지 않는 여러 가닥의 철봉을 꼬아 만든 1조선 인수라든지 평면 제형의 함유를 가진 횡방향함유금구판비가 한반도 남부의 백제와 신라, 가야지역에 분포하고 있기 때문이다.

즉 이 시기에는 중국 동북지역에서 마구를 수용하는 한편 이를 변용한 마구를 재지에서 제작하기 시작했음을 알 수 있는데, 김해 대성동 3호분에서 출토된 행엽도 그러한 사례의 하나가 아닌가 한다. 이 행엽은 철판 1매를 오려서 심엽형의 신부와 세장방형의 입문을 하나로 만든 이른바 심엽형행엽으로, 편년상 한반도 남부 最古의 실물 행엽으로 추정된다. 이 행엽에 대해서 袁台子壁畵墓나 효민둔 154호묘에서 출토된 판비의 경판을 모델로 하여 낙동강 하류에서 고안·제작한 것이라는 견해(신경철 1994)가 있는데, 이것은 아마도 당시 북방에서 4세기대에 해당되는 심엽형행엽의 출토예가 없다는 점을 고려한 결론이 아닌가 생각된다. 하지만 이제는 모용선비의 묘인 十二台鄕磚廠 88M1號墓에서 같은 형식의 심엽형행엽이 확인되어 역시 중국 동북지역에서 유래한 것임이 분명해졌다. 그러나 양자는 재질과 제작방법에서 확연하게 차이가 난다. 즉 대성동 3호분의 예는 철판 1매로, 十二台鄕磚廠 88M1號墓의 예는 금동판과 투조동판을 겹쳐서 제작한 점이다. 여기에서 주목해야 할 것은 재질의 차이가 갖는 의미이다. 주지하듯이 4세기 중·후반대의 모용선비의 마구는 철지금동장제가 많으며, 반면에 한반도 남부의 경우는 철제품이 많다. 이는 마구의 기능이나 성격과 관련이 있는데, 즉 모용선

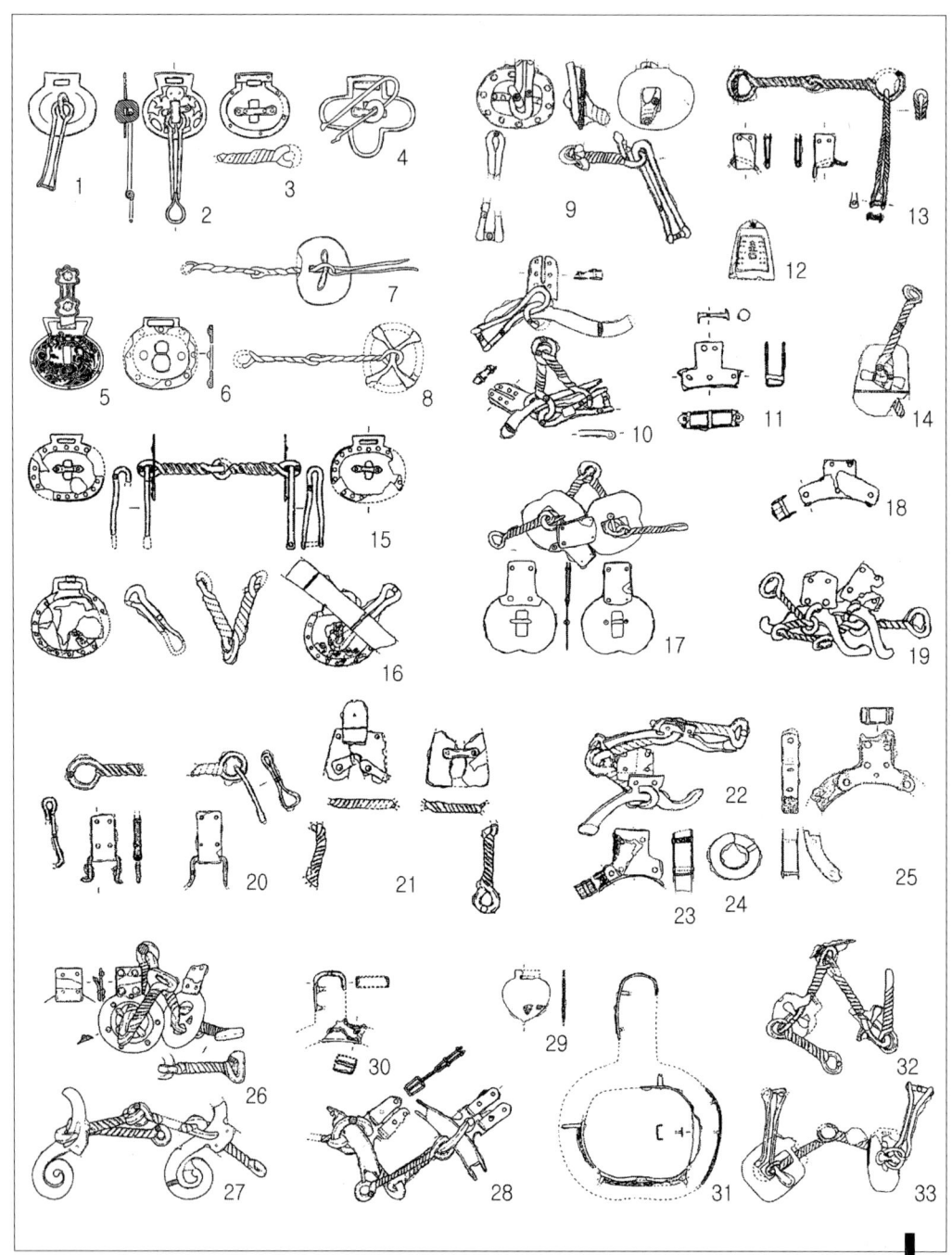

한반도 남부(4세기 중·후반대)의 초기마구와 비교자료(S=약1/8) 〇4

1. 袁台子壁畵墓, 2. 孝民屯 154號墓, 3. 三合省墓, 4. 十二台鄕磚廠 88M1號墓, 5. 西溝村採集品, 6. 王子墳山腰 M9001號墓, 7·8. 北溝 M8號墓, 9~11. 두정동 I -5호, 12. 봉명동 A-52호, 13. 봉명동 B-79-2호, 14. 송대리 13호, 15. 월성로 가-13호, 16. 임당 G-6호, 17. 중산리 I B17호, 18·19. 중산리 I B1호, 20. 복천동 71호, 21. 복천동 95호, 22~24. 복천동 60호, 25. 복천동 48호, 26~28. 대성동 2호, 29. 대성동 3호, 30. 대성동 47호, 31~33. 대성동 57호

비는 계층성을 반영한 장식성이 강한 금동장 마구를, 한반도 남부에서는 실용성이 강한 철제마구를 주로 제작했던 것이다. 이러한 차이가 김해지역에서 심엽형행엽이 철제로 제작된 배경으로, 이는 결국 중국 동북지역의 마구가 김해지역에서 변용·제작되었음을 보여 주는 것이라 할 수 있다.

이와 달리 한반도 남부지역에서 독자적으로 개발한 것으로 판단되는 마구도 있다. C형과 ⅠA2식 등자가 그것이다. 먼저 C형 등자는 병부와 윤부의 접합부를 역Y자상의 철판으로 보강한 것이 특징으로, 봉명동 C-9·C-10호, 두정동Ⅰ-5호, 복천동 48·60호, 중산리ⅠB1호분 등 백제와 신라, 가야지역에서 발견 사례가 점차 증가하고 있다. 이러한 C형 등자는 현재 중국 동북지역에 같은 사례가 전혀 없기 때문에 한반도 남부지역에서 독자적으로 개발했을 가능성이 크다. 다만 시공간적인 분포로 볼 때 어느 특정지역에서 개발되어 파급된 것으로 보기는 어려우며 각 지역에서 거의 동시다발적으로 출현한 것이 아닌가 한다. 한편 병부와 윤부의 측면 일부를 철판으로 보강한 ⅠA2식 등자도 대성동 47·57호분, 옥성리 가-35호분 등에 출현하는데, 이에 대해서는 후술하겠다.

이 밖에도 등자와 더불어 중장기병의 존재를 알려주는 마주도 이 시기에 나타난다. 현재 중국 동북지역에서 발견된 실물자료는 모용선비의 朝陽 十二台鄕磚廠 88M1號墓 출토품이 유일하지만 안악 3호분 등 고구려 고분벽화를 통해 4세기 중엽 이후 동북아시아에 마주와 마갑으로 중무장한 중장기병이 존재했음을 쉽게 알 수가 있다. 이러한 마주 또는 마갑을 동반하는 중장기병 역시 한반도 남부지역에서도 확인된다. 김해 대성동 57호분 출토 마주가 좋은 사례로, 얼굴덮개부의 상판이 분할된 특징 등에서 위의 朝陽 十二台鄕磚廠 88M1號墓 출토 마주에서 유래한 것일 가능성이 크다(이상률 2005). 즉 마주 역시 위에서 언급한 여러 선비계 마구와 동반하여 한반도 남단의 김해지역까지 파급되었던 것이다.

5세기 전반대 : 한반도 남부에서 비와 안장, 등자, 행엽, 마주 등의 초기마구가 특정지역 중심에서 주변의 여러 지역으로 확산되는 시기이다. 한편으로는 모용선비·고구려 마구의 색채가 점차 소멸되고 백제·신라·가야마구가 발현되기 시작하는 시기이기도 하다.

그러한 사례로 우선 환판비의 출현을 들 수가 있다. 환판비는 함유금구의 형태에 따라 X자형 환판비와 ⊥자형 환판비로 대별된다. 이 중 X자형환판비는 모용선비묘인 요령성 방신촌 북구 M8호묘 출토품의 계보를 잇는 것으로 실물자료는 아직 없으나 4세기 후반대에 선비계 마구와 동반되어 도입되었을 가능성이 크다. 이후 여러 마구들과 함께 꼬아 만든 1조선 인수(대성동 20호분, 울산 하삼정 3호 목곽묘), 1조선 삽자루형 인수(복천동 35호분)를 가진 환판비가 재지에서 제작되기에 이른다.

⊥자형환판비에 대해서는 선비계 또는 고구려계의 4세기대의 비가 한결같이 횡방향 또는 X자형의 함유금구를 취하고 있는 것에 비하여 이 비가 종방향을 취하고 있는 것에 주목하여 낙동강 하류역에서 자체 개량·발전시킨 것으로 본 견해(김두철 1991)가 있다. 즉 함유금구의 형태는 함외환이 물리는 방향과 직결되는 것으로, 이후 함유금구가 기본적으로 종방향으로 배치되는 커다란 변화가 일어난다. 다만 ⊥자형환판비의 출현지 또는 제작지에 대해서는 복천동 31호분에서 환판비가 발견된 이후 청주 신봉동과 경주 사라리 13호분 부곽 등에서도 발견되는 등 한반도 남부 전역으로 분포범위가 넓어지고 있어서 새로운 관점이 요구되고 있다.

한편 이 시기에는 목심등자가 전대의 C형과 ⅠA2식 등자에 이어서 ⅠA1~ⅠA4식으로 분류되는 등 다양한 형식이 제작된다. ⅠA1~ⅠA4식 목심등자의 특징과 분포, 연대 등에 대해서는 필자의 견해를 이미 밝힌 바 있으므로(류창환 1995), 여기에서 군이 재론할 생각은 없다. 다만 몇 가지 더 부언하자면 우선 목심의 병부의 전후면을 철판으로 보강한 이른바 병부이단철판보강의 구조를 특징으로 하는 대성동 1호분, 복천동 21호분, 양동리 429호분 출토 ⅠA1식 등자는 유명한 北燕의 馮素弗墓 출토품과 연결된다는 점에서 이 시기에도 선비계 마구의 영향이 지속되고 있었음을 지적할 수 있다.

이와 달리 재지에서 개발된 것으로 판단되는 등자도 있다. ⅠA2~ⅠA4식이 그것이다. 먼저 ⅠA2식은 병부와 윤상반부의 측면 일부분에만 철판을 보강한 등자로, 사례를 보면 양동리 78·107호분, 옥전 23·67호분 출토품 등 그리 많지 않다. 어쨌든 이들은 앞서 언급한 4세기 후반대의 김해 대성동 47·57호분 출토품의 후속형식으로 한반도 남부에서 초기 등자가 변용·개발되는 과정에서 초래된 여러 형식의 등자 중 하나일 가능성이 크다. 그리고 ⅠA3식은 목심의 측면과 병부의 상반부는 철판으로, 병부의 하반부와 윤부의 전후면은 단면 반원형의 철봉으로 보강한 점이 특징으로, 복천동 22·35호분, 옥전 68호분, 도항리 경13호분 등 주로 가야지역에서 확인되고 있다. 그러나 경주 황남동 109호분 4곽에서 확인되고 있고 이에 후속하는 ⅠB3식이 신라 등자로 정착된 사실을 참고하면 가야·신라 모두에서 공통적으로 성행한 등자로 이해하는 것이 좋다고 본다. 끝으로 ⅠA4식 등자로, 이는 위의 ⅠA1식과 달리 목심의 병부와 윤상반부의 전후면에 각 1매의 역Y자상의 철판으로 보강한 것이 가장 큰 특징이다. 또한 동래 복천동 10호분 등자의 경우 답수부에 미끄럼 방지를 위한 3개의 스파이크가 장치되어

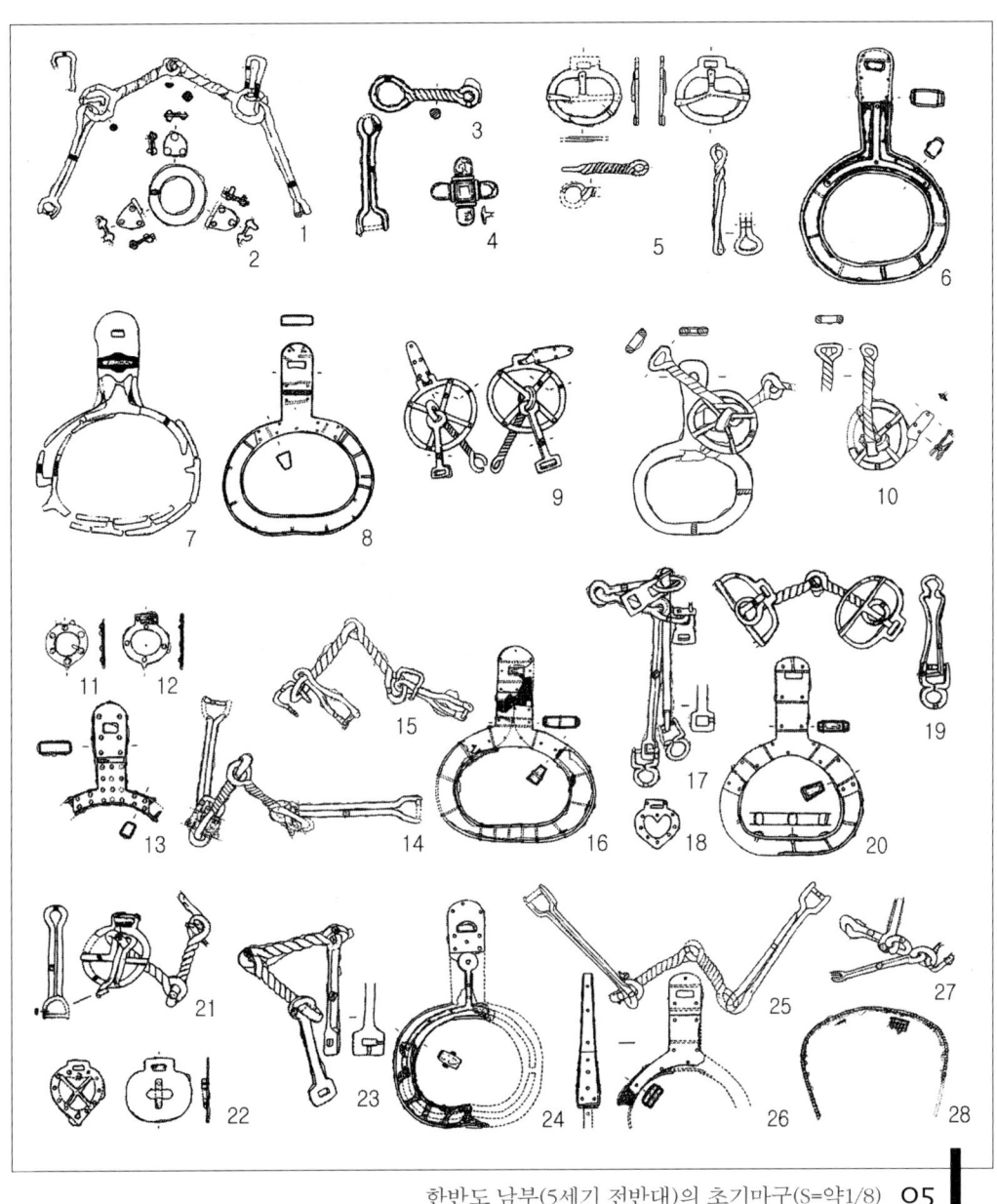

한반도 남부(5세기 전반대)의 초기마구(S=약1/8) 05

1. 마하리 18호, 2 · 3. 신봉동 92-84호, 4. 화산 SM1호, 5. 신봉동 82년채집품, 6. 용원리 9호, 7. 황남동 109호 4곽,
8 · 9. 신흥리 나-39호, 10. 하삼정 3호, 11~13. 대성동 1호, 14. 대성동 11호, 15. 두곡 8호, 16. 양동리 429호,
17~20. 복천동 10 · 11호, 21. 복천동 31 · 32호, 21~24. 복천동 35 · 36호, 25~28. 복천동 21 · 22호

있는 등 신식등자의 요소도 엿보인다.

    한편 마주와 마갑을 동반하는 사례도 많아졌는데, 낙동강 하류역의 김해와 부산, 신라 경주를 비롯하여 함안과 합천 등 4세기대와 달리 꽤 많은 사례가 출토되고 있다. 특히 경주 쪽샘지구 C10호분과 함안 도항리 마갑총에서는 마주와 함께 좁고 긴 소찰로 이루어진 목부분의 頸甲, 작은 소찰로 이루어진 가슴부분의 胸甲, 큰 장방형의 소찰로 이루어진 몸통부분의 腹甲과 엉덩이부분의 尻甲으로 구성된 마갑이 출토되어 고구려 고분벽화에 보이는 중장기병이 존재했음을 잘 보여준다. 이 시기 마주의 계보에 대해서는 중국 동북지역 및 고구려에서 구하는 견해(이상률 1999·2005)와 고구려 남정에 따른 고구려 마주의 영향에 의한 것이라는 견해(김재우 2004)가 있다. 이에 대해서 여기에서 자세히 논의할 수는 없으나 5세기 초두 가야마구를 상징하는 유명한 김해 대성동 1호분의 마구가 모용선비지역 출토품과 공통성이 많다는 점, 경주 쪽샘지구 C10호분에 부장된 마구와 마갑, 마주 등이 고구려 고분벽화의 중장기병을 연상하게 한다는 점, 또한 초기마구가 신라나 가야 사이에 지역성보다는 공통성이 많다는 점 등을 주의할 필요가 있다고 본다. 즉 양자가 인식한 상판 분할형 또는 상판 미분할형 마주 모두가 고구려 고분벽화에서 확인되기 때문이다.

이상에서 5세기 전반대의 한반도 남부에서는 비와 등자, 안장을 중심으로 하는 기본마구와 여기에 마주 또는 마갑이 포함된 갑마구가 출현하였음을 확인하였다. 또한 이들 마구가 기본적으로는 4세기대 마구의 후속형식이거나 모용선비 또는 고구려 마구의 영향에 의한 신형식의 마구라는 사실도 알게 되었다. 그러나 환판비와 같이 전혀 새로운 형식의 비라든지 목심등자 등이 현지에서 개발·제작되는 등 각 지역에서 마구 제작이 본격화되는 것을 엿볼 수 있었다. 이러한 변화는 결국 모용선비와 고구려지역에서 유래한 초기마구가 점차 소멸되고 5세기 중엽경 지역색이 뚜렷한 백제마구·신라마구·가야마구가 성립되는 배경이 된다.

2) 일본열도(도 06)

4세기 말~5세기 초 : 최근 자료에 의하면 일본열도에 초기마구가 도입되는 것은 4세기 말~5세기 초부터로 추정된다(桃崎祐輔 2005, 諫早直人 2009).

兵庫縣 行者塚古墳 출토 마구가 그것으로, 여기에서는 표비 1점과 판비 2점이 출토되었다. 표비는 이른바 3호비로, 인수 없이 꼬아 만든 2연식 함만으로 구성된 무인수 표비이다. 판비는 1호비와 2호비로 2점 모두 이른바 횡방향함유금구판비이다. 이중 1호

비는 원형함유, 병유 입문, 꼬아 만든 2연식 함, 꼬아 만든 1조선 인수가 특징이며, 2호비는 1호비와 달리 제형 함유로 제작된 것으로 꼬아 만든 1연식 함, 2조선 삽자루c형 인수로 구성되었다.

이러한 行者塚古墳의 표비와 판비는 일본열도 最古의 기승용 마구로, 늦어도 4세기 말~5세기 초에 일본열도에 표비와 판비를 동반하는 기마문화가 개시되었음을 알 수가 있다. 또한 일본열도의 초기마구 역시 기본적으로 모용선비계 마구의 확산에 따른 것임을 알 수 있는데, 직접적으로는 한반도에서 전래된 것으로 파악되고 있다. 왜냐하면 1호비는 가야지역의 마산 현동 43호분 출토품과 2호비는 백제지역 출토품과 여러 속성에서 공통성이 많기 때문이다. 그러나 그러한 계기나 구체적인 경로에 대해서는 확실히 알 수는 없다.

5세기 전반대 : 行者塚古墳에 후속하는 마구로는, 大阪 鞍塚古墳·七觀古墳, 奈良 南山 4號墳, 岐阜 中八幡古墳, 長野 新井原 2號墳 출토품 등이 있다. 대개 5세기 전반대로 편년되는 것으로 비·안교·목심등자·운주·교구 등이 확인되는데, 여기에서는 비와 등자를 중심으로 살펴보기로 한다.

먼저 표비는 꼬아 만든 2연식 함만을 가진 무인수 표비(池の上 6號墳)와 여기에 2조선 표형 인수가 조합된 표비(南山 4號墳) 등 2종류가 출토되었다.

판비 역시 2종류로, 횡방향함유금구판비와 X자형함유금구판비가 확인된다. 이중 전자는 鞍塚古墳, 鳥羽山洞窟, 吉ノ内1號墳 등 3례로, 원형 함유, 꼬아 만든 2연식 함을 가진 것에서 行者塚古墳 1호비의 후속형식으로 파악되지만 2조선 표형 인수는 전혀 새로운 것이다. 후자는 新開 1號墳 출토품이 유일한 사례로, 철지금동장용문투조타원형 함유·방형 구금구, 2연식 함, 방형외환 1조선 인수를 특징으로 하는 판비이다. 이러한 판비는 앞서 언급한 北票 喇嘛洞Ⅱ M16號墓 출토품에서 알 수 있듯이 모용선비지역에서 유래하여 한반도의 백제와 신라, 가야지역으로 확산된 후 일본열도로 전래된 것이 분명하다. 구체적으로는 신라지역에서 제작된 것으로 보는 견해(中山淸隆 1990, 桃崎祐輔 2004, 諫早直人 2009)가 유력해 보이기는 하지만 김해 대성동 2·42호분에도 같은 형식의 판비가 있기 때문에 아직 확정하는 것은 곤란하다.

표비, 판비와 함께 환판비도 수용되는데, 七觀古墳 출토 ⊥자형환판비가 그 사례이다. 방형외환의 1조선 인수를 가진 것에서 신라와 가야지역에서 계보를 구할 수 있는데, 함유금구가 정人자형인 것에서 한반도의 고식 환판비에 비해서는 한 단계 늦은 즉 5세기 2/4분기의 자료가 아닌가 한다.

한편 이 시기에는 목심등자도 수용되는데, ⅠA1식(七觀古墳, 鞍塚古墳 A), ⅠA2식 (新開 1號墳), ⅠA4식(新開 1號墳, 鞍塚古墳 B, 新井原 2號墳, 中八幡古墳) 등 3가지 형식이 확인된다. 여기에서 주목되는 것은 거의 동시에 여러 형식의 등자가 한꺼번에 확인되는 현상이다. 왜냐하면 같은 시기 한반도 남부지역에서도 ⅠA1~ⅠA4식의 목심등자가 거의 동시에 출현·제작되고 있기 때문이다. 즉 양지역에서 확인되는 등자는 형식이나 속성에서 전혀 다르지 않은 것으로, 이것은 결국 일본열도의 초기등자가 한반도 남부에서 전래되었음을 의미하는 것이다.

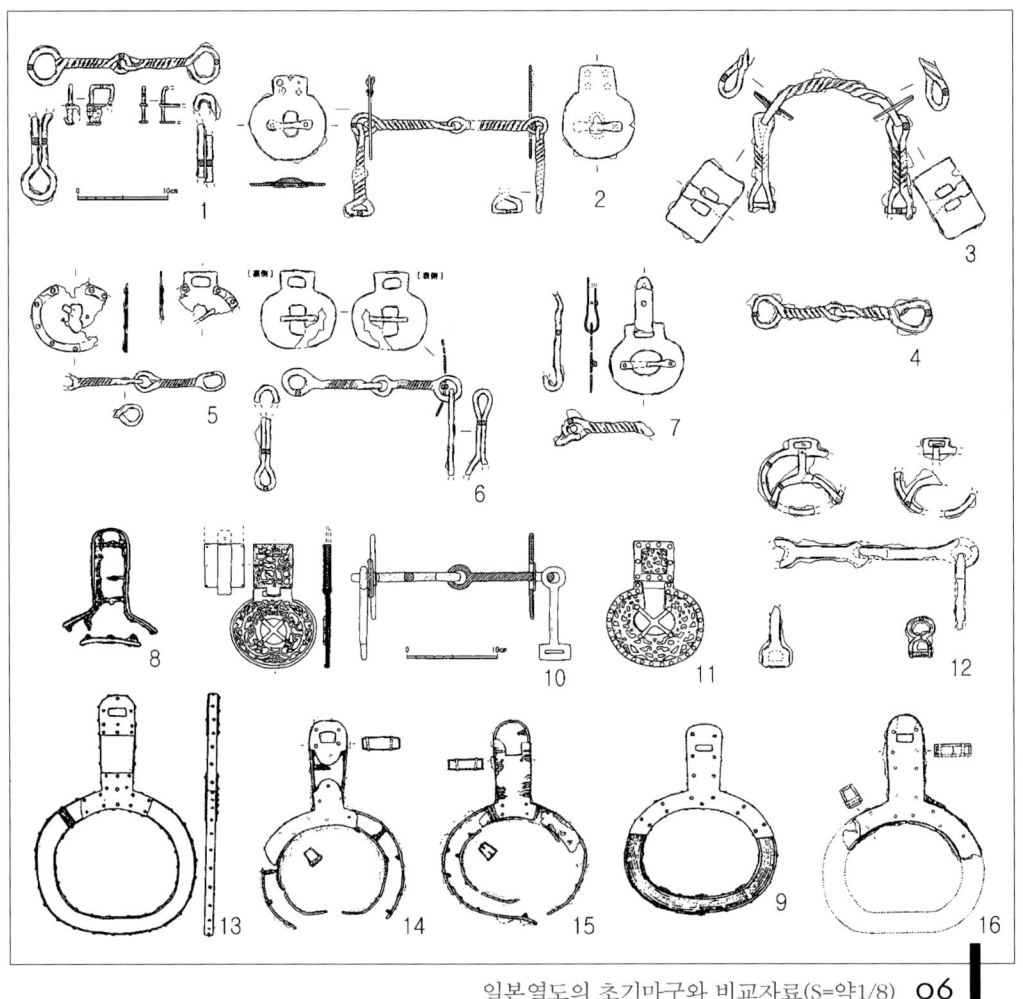

일본열도의 초기마구와 비교자료(S=약1/8) **06**

1. 南山 4號墳, 2~4. 行者塚古墳 1·2·3號, 5. 鳥羽山洞窟, 6. 吉ノ內1號墳, 7·14·15. 鞍塚古墳, 8~10. 新開 1號墳, 11. 北票 喇嘛洞Ⅱ M16號墓, 12·13. 七觀古墳, 16. 中八幡古墳

그러나 이들 목심등자 모두를 이른바 舶載品으로 보는 것은 곤란하다고 생각한다. 왜냐하면 개별적인 규격이 다른 점도 있지만 목심등자의 중요한 요소인 보강철판의 형태를 달리하는 사례도 보이기 때문이다. 즉 신라나 가야지역의 사례와 달리 보강철판의 형태를 달리하는 鞍塚古墳 출토 ⅠA1식 등자가 그러한 사례가 아닌가 한다.

이상을 정리하면 일본열도에 기마문화가 개시되는 것은 4세기 말~5세기 초로 표비와 판비를 동반하는 초기마구가 수용되면서부터이다. 이때는 등자 없이 표비 또는 판비 중심의 기마문화였으며, 이후 5세기 전반 경에 등자를 도입하면서 비·안장·등자를 동반하는 기마문화가 본격적으로 전개된 것으로 보인다.

4. 초기마구로 본 지역간 교류

1) 부여계 표비의 인식과 확산

유수노하심 중층 56·97호묘 출토 표비는 2공식 표, 꼬지 않은 2연식 함, 2조선 삽자루a형 인수를 특징으로 한다. 이러한 특징을 지니는 비는 기원 전후 부여지역에서 성행한 일반적인 비로 파악되므로(諫早直人 2009 : 98), 이를 부여계 표비로 설정해도 좋다고 생각한다.

이러한 부여계 표비는 이후 고구려지역으로 전해진 것으로 추측되는데, 집안 만보정 242-1호묘와 자성군 서해리 2-1호묘 출토 표비가 그러한 사례가 아닌가 한다. 즉 양자는 크기나 형태가 유수노하심 출토품과 다소 차이가 나지만 꼬지 않은 2연식 함과 2조선 삽자루a형 인수로 구성된 것에서 그 형태가 위의 유수노하심 중층에서 출토된 표비와 똑같기 때문이다. 물론 유수노하심의 예가 기원 전후이고, 고구려의 예가 3~4세기로 편년되기 때문에 양자 사이에는 상당히 긴 시간차가 있는 것은 사실이다. 현재로서는 양자 사이를 연결할 만한 자료가 보이지 않으나 앞으로 이들을 연결해 줄 수 있는 자료들이 발견될 것으로 기대한다.

어쨌든 고구려로 확산된 부여계 표비는 계속 남하하여 한반도 남부의 충주 금릉동 78-1호묘와 청주 봉명동 C-31호묘에 등장한다. 이들은 꼬지 않은 2연식 함과 2조선 삽자루a형 인수로 구성된 것에서 부여계 표비가 분명하므로 우선은 부여를 비롯한 중국 동북지역에서 전해진 것임을 알 수 있다. 이와 달리 기승용 마구가 낙동강 하류역에 먼저 도입된 후 한반도 남부의 각지로 확산되는 과정에서 생겨난 것으로 보려는 견해가 있는가 하면 이와 달리 서진의 멸망과 5호16국의 흥망으로 인한 동북아시아의 정세변동과 그에 따른 동시다발적이며 다원적인 교류를 통해 도입된 것으로 보는 견해(諫早直人 2009)도 있다. 이중 전자는 낙동강 하류역을 경유하여 봉명동으로 이입되었다는 관점인데, 사실은 낙동강 하류역에 봉명동 출토품과 같은 형식의 표비가 없고 더구나 이 형식의 표비의 계보가 부여 유수노하심 → 고구려 서해리 2-1호묘 → 봉명동 C-31호묘로 이어지는 것이 분명한 이상 받아들이기 어렵다.

그러나 문제는 후자의 견해가 맞다 하더라도 어떤 과정을 거쳐서 봉명동에 출현하였는지는 여전히 알 수 없는 것도 사실이다. 그런데 봉명동 A-52호묘에서는 모용선비의 요령성 북표 서구촌묘의 「大吉利 宜牛馬」銘 동탁과 유사한 「大吉」銘 동탁이 출토되었는데, 이를 백제와 모용선비간에 있었던 교섭의 산물로 해석한 견해(성정용 2000)가 있어서 주목된다. 즉 이 시기에 백제와 모용선비간에 있었던 직간접적인 교류를 시사하는 것으로, 봉명동 C-31호묘의 표비 역시 그러한 과정에서 모용선비나 그 주변지역에서 동탁 등과 동반하여 백제지역으로 전래되었을 것으로 본다(류창환 2004).

이상과 같이 고구려와 백제지역에서 발견되는 꼬지 않은 2연식 함과 2조선 삽자루 a형 인수로 구성된 표비는 유수노하심 중층에서 유래하는 부여계 표비임을 알 수 있었다. 또한 부여계 표비는 주변지역으로 확산되는데, 그 시공간적인 분포양상으로 보아 부여에서 출발하여 고구려를 비롯한 중국 동북지역을 거쳐서 백제지역으로 파급된 것임을 확인하였다. 물론 이 같은 부여계 표비의 확산은 이들 세력 사이에 있었던 직간접적인 교류 또는 교섭을 주요한 배경으로 하여 이루어졌을 것이다.

2) 선비계 마구의 수용과 확산

앞서 검토하였듯이 모용선비가 자리잡은 지금의 조양 일대에서는 표비와 판비, 안장, 등자 등으로 구성된 「鮮卑系 馬具」(류창환 2004)가 성립된다. 그 시기는 잘 알 수는 없지만 袁台子壁畵墓 출토 마구로 볼 때 늦어도 4세기 중엽을 전후한 시기에는 성립되었을 가능성이 크다.

이후 곧바로 주변 지역으로 확산되었는데, 그 종류로는 표비와 판비, 환판비, 안장,

등자, 행엽, 마주 등 다양하다. 그러한 사례 중에서 횡방향함유금구판비가 대표적이다. 이 판비는 원형 또는 제형의 함유 중앙부에 一자상의 함유금구를 특징으로 한다. 이중 원형 판비는 袁台子壁畵墓, 北溝 M8號墓, 西溝村墓, 三合省墓 등에서 보듯이 모용선비 지역에서 4세기 중엽 경 성립되고 이후 한반도 남부로 확산되는데, 두정동 I-5호분, 월성로 가-13호분, 임당 G-6호묘, 중산리, 대성동 등 백제와 신라, 가야 등 한반도 남부 전역에서 확인되고 있다. 이와 더불어 X자형함유금구판비도 주목되는데, 대성동 2호분 출토 비는 2~3조의 철봉을 꼬아 만든 2연식의 함과 1조선인수, 청동제의 원형 경판, 경판의 중앙부에 배치된 X자상의 함유금구 등으로 구성된 특징적인 비이다. 이러한 특징을 가진 비는 그 계보가 시간의 흐름에 따라 모용선비묘-대성동 2호분-대성동 42호분-新開 1호분 출토품의 순으로 이어지는 것으로 미루어 선비계 판비가 한반도를 거쳐서 일본열도로 확산되었음을 알 수가 있다(류창환 2004).

한편 등자를 통해서도 중국 동북지역 → 한반도 → 일본열도로 이어지는 마구의 전파 루트를 상정해 볼 수 있다. I A1식 등자가 좋은 사례이다. I A1식 등자란 병상반부와 병과 윤의 접합부에 각각 상원하방형과 역Y자상의 금속판으로 보강한 이른바「병부 이단철판보강 등자」를 말한다. 여기에 속하는 것으로 유명한 馮素弗墓 출토품을 비롯하여 대성동 1호분, 양동리 429호분, 복천동 21호분, 신흥리 나-39호분, 鞍塚古墳(A), 七觀古墳 출토품 등을 들 수 있다. 그런데 세부적으로 보면 다소 차이가 난다. 즉 역Y자상 금속판의 양가지가 짧고 병부의 원두정이 종 3열로 배치된 馮素弗墓, 대성동 1호분, 七觀古墳 출토품과 이와 달리 역Y자상 금속판의 양가지가 긴 양동리 429호분, 복천동 21호분, 신흥리 나-39호분, 鞍塚古墳 출토품으로 구분된다. 이 중에서도 鞍塚古墳의 등자(A)와 같이 병상반부의 철판 하연과 역Y자상 철판의 상연이 반원상으로 재단된 것이라든지, 또는 복천동 21호분의 등자와 같이 측면폭이 윤하반부로 가면서 점차 넓어진 것도 존재하는 등 I A1식 등자에 속하는 것이라 하더라도 똑같지는 않다.

이처럼 크게 보면 I A1식 등자에 속하면서도 세부적으로는 외장철판이 다양하다는 사실은 결국 이들이 재지에서 개량·제작되면서 초래된 현상일 가능성이 높다고 생각한다. 그렇다 하더라도 이 등자가 馮素弗墓가 축조되는 5세기 초 이전에 중국 동북지역에서 개발된 것이 분명하고 또한 馮素弗墓, 대성동 1호분 → 양동리 429호분 → 신흥리 나-39호 → 鞍塚古墳(A) → 七觀古墳 등자의 순으로 형식 배열하는 것이 가능하므로 모용선비 → 한반도 → 일본열도로 이어지는 등자의 전파 루트를 상정하더라도 아무런 문제가 없다고 본다.

이상에서와 같이 지금의 중국 동북지역의 조양일대에서는 4세기 중엽경 선비계 마구가 성립되며, 이는 곧바로 인접한 고구려로 확산되는 한편 한반도 남부로 확산되어 간 사실을 확인하였다. 이러한 사실은 결국 백제와 신라, 가야의 초기마구가 선비계 마구를 배경으로 하여 성립되었음을 의미하는 것이다. 나아가 한반도 남부의 초기마구는 바다 건너 일본열도로 확산되어 일본열도 초기마구의 성립 배경이 되었다. 요컨대, 동북아시아의 여러 지역에서 성립된 초기마구는 중국 동북지역 → 한반도 → 일본열도로 이어지는 마구의 수용과 확산에 따른 것이었다.

3) 한반도 남부 초기마구의 공통성과 지역성

주지하듯이 한반도 남부에 자리 잡은 백제와 신라, 가야는 신라에 의해 통합될 때까지 치열하게 대립하였다. 그러한 과정에서 각종 인적 · 물적 교류가 이루어졌는데, 마구도 예외가 아니었던 것 같다.

즉 백제와 신라, 가야에서 출토되고 있는 초기마구를 관찰해 보면 공통성이 많은 것을 확인할 수 있는데, 이는 한반도 남부의 각 세력간에 있었던 각종 교류를 통하여 이루어 진 것으로 생각된다. 특히 비와 등자에 공통성이 많은 사실을 확인할 수 있다. 먼저 표비를 살펴보면, 2조선 삽자루형 인수를 가진 표비가 백제(봉명동 B-36 · 79 · C-31호분), 가야(두곡 8호분, 대성동 11호분, 복천동 22호분, 도계동 19호분), 신라(신흥리 가-1 · 9 · 17 · 37호분) 지역에 분포하고 있고, 또한 꼬아 만든 1조선 인수로 구성된 표비역시 백제(봉명동 C-43호분), 가야(복천동 48호분), 신라(신흥리 나-66호분)지역에서 나오고 있다.

이와 함께 2공입문식 표비 역시 백제와 신라, 가야지역에서 공통적으로 성행한 마구로 인정된다. 왜냐하면 그 사례가 공주 두정동 I -5호분, 중산리 I B1호분, 대성동 2호분, 복천동 60호분 등에서 확인되고 있기 때문이다. 더구나 2공입문식 표비가 모용선비의 倉糧窖墓에서 유래한 것임에 분명하지만, 이를 제외하면 위의 백제와 신라, 가야지역에만 제한적으로 분포하고 있는 것에서 한반도 남부에서 공통적으로 성행한 자료임을 알 수가 있다.

또한 횡방향함유금구판비도 주목되는데, 이 형식의 비는 袁台子壁畵墓 판비로 대표되는 모용선비계 판비로, 이후 두정동, 대성동, 양동리, 현동, 월성로 가-13호분, 옥성리, 중산리 등 백제와 신라, 가야지역에서 수용하고 있다. 이어서 제형 함유의 판비가 재지에서 개량·제작되는데 이 역시 백제와 신라, 가야지역 모두에서 확인된다. 따라서 횡방향함유금구판비를 수용하고 개량·제작하는 과정에서 한반도 남부의 여러 세력 사이에는 정보를 공유했을 가능성이 높으며 그 결과 위와 같은 사례들이 나타난 것이 아닌가 한다.

이밖에도 C형 등자 역시 백제와 신라, 가야의 초기마구는 공통성이 많다는 사실을 잘 알려준다. C형 등자란 이미 언급했듯이 병부와 윤부의 접합부에 역Y자상의 철판을 보강한 것이 가장 큰 특징으로, 종래 사례가 많지 않아서 그다지 주목을 받지 못했다. 그런데 최근에는 봉명동 C-9·C-10호분, 두정동 I-5호분, 중산리 I B1호분, 대성동 2·47호분, 복천동 48·60호분 등 백제와 신라, 가야지역에서 발견 사례가 점차 증가하고 있어 이에 대한 평가가 가능하다고 본다. 그래서 필자는 동아시아 초기등자를 검토하면서 C형이라는 독립형식을 설정하였고, 아울러 시공간적인 분포양상을 검토하여 한반도 남부의 백제와 신라, 가야지역에서 동시다발적으로 수용한 最古의 등자임을 밝혔던 것이다. 요컨대 C형 등자는 외장철판의 특징과 시공간적인 분포로 보아 한반도 남부에서 자체적으로 개량·제작한 한반도 남부 最古의 초기등자로, 백제와 신라, 가야지역에서 거의 동시에 출현하였던 것이다.

이상에서와 같이 백제와 신라, 가야지역의 초기마구 중에서 표비와 판비, 등자에서 관찰되는 형식과 속성에 같은 것이 많이 발견되는 것으로 미루어 3지역의 초기마구가 공통성이 많다는 것을 알 수가 있었다. 그런데 백제와 신라, 가야의 마구 중에는 형식과 속성을 달리하는 것도 있다. 예들 들어 표비와 판비의 경우 함과 인수의 세부형태에서 약간의 차이가 나는 점, 4세기 말~5세기 전엽에 성행하는 I A1~ I A4식 목심등자가 백제를 제외한 가야와 신라지역에서 주로 성행한 점 등이 그러하다. 이러한 양상은 물론 한반도 남부의 초기마구가 공통성이 많은 것이 분명한 사실이지만 각 지역에서 지역성을 가진 마구도 제작되었음을 주의할 필요가 있다.

4) 일본열도 초기마구의 계보와 제작지

일본열도에 초기마구가 수용되는 것은 4세기 말~5세기 초로, 兵庫縣 行者塚古墳 출토 마구가 대표적인 사례이다.

行者塚古墳에서는 1·2·3號轡로 지칭되는 3종류의 비가 출토되었는데, 이중 1호 비는 횡방향함유금구판비로 원형 함유, 병유 입문, 꼬아 만든 2연식 함, 꼬아 만든 1조선 인수를 특징으로 한다. 이러한 특징을 가지는 판비는 앞서 여러 차례 언급했듯이 모용선비지역에서 袁台子壁畵墓가 축조되는 4세기 중엽경에 성립되고 4세기 후반대에는 한반도 남부지역으로 확산되는데, 특히 신라와 가야지역에서는 동남해안을 따라 반월 상으로 집중·분포하고 있다. 그 중에서도 1호비와 마산 현동 43호분 출토품은 원형 함유, 병유 입문, 꼬아 만든 2연식 함, 꼬아 만든 1조선 인수 등 여러 속성에서 강한 관련성을 가진다. 즉 양자는 동일계보를 가진 기술자에 의해 제작되었다고 해도 무방할 정도로 유사성이 높은 것에서 가야에서 일본열도로 전래되었음을 시사해 준다.

한편 行者塚古墳 2號轡 역시 동일형식에 속하는 횡방향함유금구판비이기는 하지만 제형 함유, 꼬아 만든 1연식 함, 2조선 삽자루형 인수로 구성된 것에서 위의 1호비와 구분된다. 제형 함유는 위의 원형 함유와 달리 모용선비나 고구려에는 사례가 없고 4세기 후반대의 백제와 신라, 가야 등 주로 한반도 남부지역에 출토예가 많다. 특히 2조선 삽자루형 인수를 꼬아 만든 사례가 청주 봉명동 B-36호분과 B-79-2호분의 표비에서 확인되는 것을 중시하면 백제와의 관련성이 높아 보인다. 다만 行者塚古墳 2號轡와 같이 꼬아 만든 1연식 함의 사례가 아직 한반도에서 보이지 않는 점을 중시하면 백제마구의 영향을 받아서 일본열도에서 제작되었을 가능성이 크다고 하겠다.

行者塚古墳 출토 마구에 후속하는 마구로는 大阪 鞍塚古墳·七觀古墳·新開古墳, 奈良 南山 4號墳, 岐阜 中八幡古墳, 長野 新井原 2號墳 출토품 등이 있다. 표비와 판비, 등자, 안교 등 여러 종류의 마구가 알려져 있는데, 이하 표비와 판비, 등자를 중심으로 살펴보기로 한다.

먼저 표비 중에서는 南山 4號墳 출토품이 주목된다. 꼬아 만든 2연식 함, 2조선 표형 인수를 가진 것으로, 이러한 특징을 가진 표비는 禹山下 3241號墓 → 복천동 69호분 → 복천동 71호분 → 도항리 43호분 → 南山 4號墳 출토품의 순으로 이어진다. 즉 고구려 지역을 중심으로 성립된 후 한반도 남부의 금관가야지역으로 확산되고 이후 4세기 말 ~5세기 초에 아라가야와 일본열도의 왜로 전래된 것으로 파악된다.

판비는 횡방향함유금구판비, X자형함유금구판비 등 2종류가 확인된다. 이 중 횡방 향함유금구판비는 鞍塚古墳과 鳥羽山洞窟, 吉ノ內1號墳 등 3례로, 원형함유와 꼬아 만든 2연식 함 등에서 공통성을 가진다. 이 형식의 판비는 이미 4세기 말~5세기 초의 行者塚古墳에 보이는 것으로, 그 계보가 한반도 남부지역, 즉 신라와 가야지역에 있는 것임은 앞서 밝힌 바 있다. 다만 行者塚古墳의 사례와 달리 2조선 표형 인수로 구성된 점이 다르긴 하지만 이 역시 고구려에서 유래하여 부산 복천동 69·71호분에 반영되고 있는 것에서 이들 판비가 가야지역에서 유래하였다고 할 수 있다.

이러한 판비와 함께 5세기 전반대 일본 초기마구의 계보를 규명하는데 있어서 빠뜨릴 수 없는 자료가 등자이다. 등자는 모두 이른바 목심등자로 필자의 ⅠA1식(七觀古墳, 鞍塚古墳 A), ⅠA2식(新開 1號墳), ⅠA4식(新開 1號墳, 鞍塚古墳 B, 新井原 2號墳, 中八幡古墳) 등 모두 3가지 형식이 확인된다. 즉 일본열도의 초기등자에는 3개의 계보가 있음을 알 수 있는데, 이중 ⅠA1식 등자는 앞서 언급한 바와 같이 북연의 馮素弗墓 출토품에서 알 수 있듯이 중국 동북지역의 三燕에서 개발되고 이후 한반도 남부지역으로 확산된 등자이다. 김해 대성동 1호분, 양동리 429호분, 복천동 21호분, 상주 신흥리 나-39호분 출토품이 그러한 사례이다. 七觀古墳과 鞍塚古墳의 사례는 이들의 후속형식이 분명한 것으로, 특히 七觀古墳 등자는 長大化되긴 했으나 외장철판의 형태나 원두정을 촘촘히 박은 점 등에서 김해 대성동 1호분 등자의 후속형식임에 의심의 여지가 없다. 반면에 鞍塚古墳의 예는 이른바 「병부 이단철판」이라는 외장철판은 기본적으로 같으나 철판보강의 범위나 철판의 끝을 반원상으로 재단한 점 등에서 馮素弗墓나 대성동 1호분 출토품과는 상당히 차이가 난다. 이는 결국 계보와 제작지를 반영하는 것으로서, 七觀古墳의 예가 김해 대성동 1호분 등자의 제작기술에 의해 제작된 것이라면 鞍塚古墳의 예는 일본열도에서 개량·제작한 것임을 말해준다.

이와 달리 종래 일본열도에서 제작된 것으로 본 등자도 있다. 新開 1號墳 출토 ⅠA2식 등자가 그것으로, 이를 수입품을 모방하여 일본에서 제작한 등자로 파악한 견해(小野山節 1992)가 그것이다. 이는 아마 당시에 한반도에 유사한 사례가 없는 것에서 기인한 것인지 모르겠으나 이제는 김해 대성동 57호분 출토품을 위시하여 김해 양동리, 합천 옥전 등 가야지역을 중심으로 유례가 증가하고 있기 때문에 인정하기가 어렵다. 물론 ⅠA2식 등자는 보강 철판의 구조나 형태가 간소하여 형식편년이 쉽지 않으나 출토 고분의 편년에 따르면 김해 대성동 57호분 → 양동리 78·107호분 → 옥전 67-B호분 → 옥전 23호분, 신개 1호분 B의 순으로 배열할 수 있다고 본다. 이러한 배열은 결국 ⅠA2식 등자가 낙동강 하류역의 김해지역에서 출발하여 합천과 일본열도로 각각 전래되었음을 의미하는 것이 아닐까?

ⅠA2식 등자와 더불어 ⅠA4식 등자의 계보도 중요하다. 왜냐하면 新開 1號墳, 鞍塚古墳, 新井原 2號墳, 中八幡古墳 등 모두 4례가 확인되어 일본열도 초기등자 중에서 사

례가 가장 많기도 하지만 新開古墳과 鞍塚古墳에서는 각각 ⅠA2식과 ⅠA1식 등자와 공반하고 있기 때문이다. 위에서 ⅠA1식과 ⅠA2식 등자는 모두 금관가야지역에서 계보를 구할 수 있다고 했는데, 그렇다면 ⅠA4식 등자도 같은 맥락에서 이해할 수 있는 것인가? 하는 점이 문제이다. 주지하듯이 ⅠA4식 등자는 복천동 10호분, 옥전 67-A호분, 상주 신흥리 나-37·38호분 등의 출토품 등 가야와 신라 주변지역에서 발견되고 있다. 즉 신라의 중심지인 경주지역에서는 아직 출토예가 없다. 문제는 김해지역에도 없다는 것인데, 이를 두고 복천동 10호분을 이미 신라화된 고분으로 보고 위의 일본열도 사례를 신라산으로 파악하려는 견해(박천수 2007)도 있다. 하지만 앞서 여러 차례 언급했듯이 가야와 신라의 초기마구는 지역성보다는 공통성이 많고 더구나 복천동 10호분의 마구가 가야 초기마구의 후속형식이 분명하므로 일본열도의 초기마구를 신라산으로 한정하는 견해는 찬동하기 어렵다. 요컨대 鞍塚古墳에 ⅠA1식과 ⅠA4식 등자, 新開古墳에 ⅠA2식과 ⅠA4식 등자가 공반하는 것은 결코 우연히 아니며 이는 이들 등자의 계보를 기본적으로 가야 초기마구에서 구해야 하는 중요한 근거이기도 하다.

이상에서와 같이 일본열도의 초기마구는 기본적으로 중국 동북지역의 삼연과 고구려지역에서 유래한 것이긴 하지만 한반도를 경유하여 전래된 것으로 파악된다. 그러한 구체적인 과정에 대해서는 잘 알 수 없으나 초기마구에서 관찰되는 여러 속성으로 볼 때 기본적으로는 김해·부산지역의 금관가야 초기마구와 관련성이 높은 것이 인정된다. 하지만 가야 외에도 백제와 신라지역에서 출토되는 마구와도 관련성이 있는 것도 인정된다. 즉 종래와 같이 금관가야라는 특정 창구만을 한정하기는 어려우며, 백제와 신라지역과의 교류에 의한 마구도 엿보인다. 또한 일본열도에서 제작된 마구도 있음을 주의할 필요가 있다고 본다.

5. 맺음말

이상으로 轡와 鐙子를 중심으로 동북아시아 초기마구의 분류와 편년, 수용과 확산, 지역간 교류 문제 등에 대하여 살펴보았다. 그 결과 동북아시아의 초기마구는 모용선비와 고구려의 주 무대였던 중국 동북지역에서 성립되어 한반도를 경유하여 일본열도로 확산되었음을 확인하였다. 이는 부여에서 유래하는 꼬지 않은 2연식 함과 2조선 삽자루a형 인수가 고구려지역에서 확인되고 이후 백제지역에 나타나는 점, 또한 모용선비지역에서 유래한 횡방향함유금구판비와 X자형함유금구판비가 백제와 신라, 가야, 그리고 바다건너 왜 지역에서 발견되고 있는 것에서 입증할 수 있었다.

그리고 초기마구의 구체적인 전래 경로에 대하여는 부여에서 낙동강 하류역의 김해지역으로 곧바로 전래되었다는 견해와 중국 동북지역에서 성행한 기마문화가 한반도를 거쳐서 일본열도로 전래되었을 것으로 추정하는 견해 등이 나와 있지만 현재로서는 특정지역 또는 특정 정치체에 의한 것이라기보다는 동북아시아의 여러 세력 간의 다원적인 교류를 통하여 이루어진 것으로 보았다. 왜냐하면 4세기대만 하더라도 한반도 남부의 초기마구를 보면 시기와 지역을 막론하고 고구려와 모용선비 마구의 형식 또는 속성이 별다른 차이 없이 확인되고 있기 때문이다. 또한 지역성이 엿보이기 시작하는 4세기 말~5세기 전반의 경우에도 이른바 모용선비 또는 고구려 마구의 수용과 확산을 어느 특정 세력이 주도했다고 보기도 어렵다. 즉 초기마구 단계의 마구로 보는 한 백제와 신라, 가야 간에는 다원적인 교섭 또는 교류 루트가 있었다고 보아도 좋다. 일본열도의 초기마구 역시 종래와 같이 금관가야의 영향이 커 보이는 것은 사실이지만 백제나 신라의 영향도 엿보이며 또한 재지에서 제작된 것도 있음을 지적하였다.

이상이 본고의 대강으로, 전고를 수정·보완하긴 했지만 여전히 미해결의 과제가 많다. 초기마구의 구체적인 출현배경과 전래 경로, 부여 마구와 모용선비·고구려 마구와의 관계, 그리고 초기마구의 수용과 확산의 계기나 역사적 배경 등을 밝히는 것이 그것으로 이는 앞으로의 과제이다.

참고문헌

國文

金斗喆, 1991,「三國時代 轡의 研究」, 慶北大學校 大學院 碩士學位論文.

_____, 2000,「韓國 古代 馬具의 研究」, 東義大學校 大學院 博士學位論文.

金宰佑, 2004,「嶺南地方의 馬冑에 대하여-金海 大成洞古墳出土 馬冑를 소재로-」,『嶺南考古學』35.

柳昌煥, 1995,「伽耶古墳 出土 鐙子에 대한 研究」,『韓國考古學報』33, 韓國考古學會.

_____, 2000,「大伽耶圈 馬具의 變化와 劃期」,『韓國古代史와 考古學』, 鶴山金廷鶴博士頌壽紀念論叢.

_____, 2000,「環板轡의 編年과 分布」,『伽倻文化』第13號.

_____, 2002,「馬具를 통해 본 阿羅伽耶」,『古代 咸安의 社會와 文化』, 國立昌原文化財研究所 2002年度 學術大會.

_____, 2004,「百濟馬具에 대한 基礎的 研究」,『百濟研究』第40輯, 忠南大學校 百濟研究所.

박중균, 2000,「百濟 初期馬具 小考-청주 봉명동 출토 재갈을 중심으로-」,『백제문화의 몇 문제』, 호서사학회 춘계 학술발표회자료집.

박천수, 2007,『새로 쓰는 고대한일교섭사』, 사회평론.

成正鏞, 2000,「中西部 馬韓地域의 百濟領域化過程 研究」, 서울大學校 大學院 博士學位論文.

申敬澈, 1985,「古式鐙子考」,『釜大史學』第9輯.

_____, 1994,「加耶 初期馬具에 대하여」,『釜大史學』第18輯.

李尙律, 2001,「天安 斗井洞, 龍院里古墳群의 馬具」,『韓國考古學報』45, 韓國考古學會.

_____, 2005,「三國時代 馬具의 研究」, 釜山大學校 大學院 博士學位論文.

_____, 2005,「新馬冑考」,『嶺南考古學』37, 嶺南考古學會.

李熙濬, 1995,「경주 皇南大塚의 연대」,『嶺南考古學』17, 嶺南考古學會.

桃崎祐輔, 2004,「倭出土의 馬具로 본 國際環境-조선삼국가야·모용선비삼연과의교섭관계-」,『加耶, 그리고 倭와 北方』, 第10回 加耶史學術會議.

日文

諫早直人, 2009,「古代東北アジアにおける騎馬文化の考古學的研究」, 京都大學 大學院 文學研究科 博士 學位請求論文.

金斗喆, 2002,「馬具と地域間交流」,『古代東アジアにおける倭と加耶の交流』, 國立歴史民俗博物館.

桃崎祐輔, 1999,「日本列島における騎馬文化の受容と擴散」,『渡來文化の受容と展開』, 第46回埋藏文化 財研究集會.

_____, 2005,「東アジア騎馬文化の系譜-五胡十六國・半島・列島をつなぐ馬具系統論をめざして-」, 『馬具研究のまなざし-研究史と方法論』, 古代武器研究會・鐵器文化研究會聯合研究集會實行委 員會.

_____, 2005,「高句麗太王陵出土瓦・馬具からみた好太王陵說の評價」,『海と考古學』, 海交史研究會 考古學論集刊行會編.

柳昌煥, 2004,「古代東アジア初期馬具の展開」,『福岡大學考古學論集-小田富士雄先生退職記念-』, 小田 富士雄先生退職記念事業會.

_____, 2004,「轡と鐙から見た韓日初期馬具の系譜」,『それでも騎馬文化はやってきた』發表要旨集, 西都原考古博物館.

成正鏞, 2003,「百濟漢城期 騎乘馬具の樣相と起源」,『古代武器研究』4.

小野山節, 1966,「日本發見の初期の馬具」,『考古學雜誌』52-1.

李尙律, 2003,「加耶, 百濟の初期馬具-その源流と特徴を中心に-」,『東アジアと日本の考古學III』, 交流と 交易, 同成社.

中山淸隆, 2002,「馬具からみた鮮卑・高句麗と伽耶」,『淸溪史學』16・17合輯.

千賀久, 1988,「日本出土初期馬具の系譜」,『橿原考古學研究所論集』9.

穴澤口禾光・馬目順一, 1973,「北燕馮素弗墓の提起する問題」,『考古學ジャーナル』85號.

_____, 1984,「安陽孝民屯晋墓の提起する問題(I)」,『考古學ジャーナル』227號.

_____, 1984,「安陽孝民屯晋墓の提起する問題(II)」,『考古學ジャーナル』228號.

中文

董高, 1995,「公元3至6世紀慕容鮮卑, 高句麗, 朝鮮, 日本馬具之比較研究」,『文物』1995-10.

孫國平・李智, 1994,「遼寧北票倉粮窖鮮卑墓」,『文物』1994-11.

黎瑤渤, 1973,「遼寧北票縣西官營子北燕馮素弗墓」,『文物』1973-3.

于俊玉, 1997,「朝陽三合省出土的前燕文物」,『文物』1997-11.

田立坤, 2001,「袁台子壁畫墓再認識」,『서울大學校 博物館 年報』13.

田立坤・李智, 1994,「朝陽發現的三燕文化遺物及相關問題」,『文物』1994-11.